PLAZA & JANES | LITERARIA

LOS CUADERNOS DE UN VATE VAGO

Gonzalo Torrente Ballester

PLAZA & JANES, S.A.
Editores

Diseño de la colección
y portada de
JORDI SANCHEZ

Primera edición: Setiembre, 1982
Segunda edición: Octubre, 1982

Editado por PLAZA & JANES, S. A., Editores
Virgen de Guadalupe, 21-33. Esplugues de Llobregat (Barcelona)

Printed in Spain — Impreso en España

ISBN: 84-01-38008-1 — Depósito Legal: B. 33.267 - 1982

A Maricarmen y Emilio,
a Diña y Amancio,
a Maruxa y Lois

PRÓLOGO

10 de julio

> *Ya que he perdido la posibilidad de morir desconocido, me enorgullezco a veces de vivir mal conocido.*
>
> J.P. SARTRE

Son las diez de la noche y todavía hace calor, lo ha hecho durante todo el día. Fue a la hora de más bochorno, un poco después del mediodía, cuando el conferenciante dio por concluida la aburrida charla. Hubo un estruendo de sillas y carpetas. No muy lejos de mí comenzó a extenderse un rumor: «¡Está Gonzalo Torrente en el pasillo!» Mis pies me llevaron hacia allí. Vi sus gafas entre muchas cabezas y otras tantas sonrisas. Al rato, todos formábamos un círculo en torno a aquellas gafas que aparentaban atender a una mujer de charla gesticulante y animada; los demás participábamos de oyentes activos en su conversación: sonriendo, serios y circunspectos o riendo francamente según el rumbo que tomase el parloteo. Pasaron varios minutos y comencé a impacientarme. Decidí, sin pensarlo dos veces, cortar el monopolio de aquella charlatana señora. Me acerqué un poco más...

—Don Gonzalo... Perdón... Quisiera agradecerle los buenos ratos que me proporciona la lectura de sus novelas.

Me miró. Hubo un momento de silencio, quizás unos pocos segundos en los que todas las miradas iban de él a mí y de mí a él, expectantes.

—Y..., ¿no tienes una manera honesta de agradecérmelo?

Risas. Me desconcerté un poco; luego, de nuevo sin pensarlo, lo besé ruidosamente dos veces. Así conocí a Gonzalo Torrente.

Ahora, después de haber pasado, junto con otros amigos, todo el día con él; después de haber disfrutado con sus palabras y su presencia; ahora, cuando ya todo ha terminado, me siento feliz pero a la vez muy nostálgica. Hasta ahora yo conocía al escritor, desde hoy conozco también al hombre. Con el primero puedo estar siempre que quiera, con el segundo... ¡Sabe Dios cuándo podré volver a estar! Pero hay algo que me conforta. Entre ambos —escritor y hombre— hay tantas coincidencias que leyendo a uno conseguiré oír la voz del otro. No sé si siempre ocurrirá así, pero, en este caso, el original es, si puede serlo, todavía mejor que la copia. Decididamente volveré a leer sus novelas.

Querido lector: Hoy hace ya varios días que me han ofrecido prologar los *Cuadernos de un vate vago*, de Gonzalo Torrente Ballester, cuyas páginas he leído ya tantas veces. He de confesarte que me he ilusionado y asustado al mismo tiempo: ¡Es tanto lo que se puede decir de ellas! Y, sobre todo, ¡es tanto lo que podemos sentir leyéndolas! Y te aseguro que a mí no me falta capacidad para sentir pero, de lo que no estoy tan segura, es de ser dueña de las palabras imprescindibles y necesarias para expresarlo en toda su riqueza, en toda su exactitud y rigor.

El primer obstáculo que se me presentó venía dado por el hecho de la obligatoriedad de pronunciarme acerca del trabajo de un hombre al que profeso no sólo amistad, sino también profunda admiración, razón por la que la objetividad puede convertirse para mí en un valor inalcanzable en esta tarea, aunque desde ahora te garantizo que mi propósito será lograrla; de no ser así, achaquémoslo a mi escasa sabiduría y prosigamos sin más. Un segundo y no más pequeño obstáculo que surgió ante mi entusiasmo, nació de las características mismas de la obra que supuestamente yo tendría que prologar: ¿qué contenido deberá poseer el prólogo de una obra en cuyas páginas se explican otras obras? ¿Necesita realmente un prólogo? Durante varios días estas preguntas rondaban por mi cabeza y me asaltaban sin más ni más, sin motivo lógico aparente, en los lugares y situaciones más insospechados: comiendo un filete, doblando una esquina o en medio de los rasgos de un sonido africado sordo. De la oscuridad más absoluta pasé a la duda, luego a la inseguridad y, ¡por fin!..., sí, creo que fue un día mientras estaba cepillándome los zapatos cuando, inesperadamente, la certeza me invadió y las sombras huyeron velozmente, como perseguidas del diablo, por los pasillos estrechos de las circunvoluciones de mi cerebro. Sí, éste es el contenido, y sí puede admitir (no sé si necesitar) un prólogo. Efectivamente, *Los Cuadernos de un vate vago* es una obra que explica otras obras, pero es también algo más que eso, mucho más que eso; es una obra que además, y fundamentalmente, explica a un hombre, un ser humano en el que a toda su complejidad inherente se suma su oficio de escritor por lo que, como en todo creador —y no vamos ahora a analizar las causas lógicas o metafísicas— la complejidad es mucho mayor.

Todas las anteriores reflexiones y algunas más, que no cuento para no aburrirte, me han llevado a una evidente conclusión: yo no tengo que prologar una obra literaria, tarea que dados mis conocimientos o mis habilidades, sería harto difícil, sino prologar a un hombre, asunto que, sin duda, es todavía más complicado, pero al mismo tiempo más apasionante y atractivo. Por otra parte, en esta labor, nadie puede entrar en discusión conmigo por un «quítame aquí este punto de vista» o un «sácame allá esa estructura», discusión que dejo para la crítica especializada en estos negocios. Al mismo tiempo, mira tú por dónde elimino mis terrores por lo atinado o desatinado de mis juicios, al instalarme en el terreno de las subjetividades o verdades absolutas, personales, individuales e intransferibles —salvo en las relaciones de dependencia— por lo que vengo a matar dos pájaros de un tiro, amén.

Por todo ello, he pensado que nada mejor para empezar que lo que precede, una página entre otras de mi obsoleto y discontinuo diario, porque estoy segura de que cuando culmines la lectura de estos *Cuadernos de un vate vago*, que el autor ha tenido a bien dar a la luz pública, te ocurrirá lo que a mí me sucedió ese caluroso diez de julio. Y te ocurrirá lo que a mí porque sumergirse en la lectura de este *Diario* es exactamente igual que pasear con su autor por los húmedos y estrechos callejones de cualquiera de nuestros viejos pueblos gallegos. Y es que lo que vas a leer a continuación no sólo contiene el cómo y el porqué del nacimiento de algunas novelas de Gonzalo Torrente, sino y fundamentalmente el alma de su creador; un alma compleja pero sencilla, atormentada pero optimista, tierna pero fuerte.

Las páginas que siguen, a las que tenemos la suerte de acceder por obra y gracia de la generosidad de su autor, constituyen un testimonio único en el que asistimos (permitidme recordar aquí por su paralelismo la «condena» de Miguel Ángel en la magnífica película de Reed *El tormento y el éxtasis*) a la tenaz lucha de un hombre, «condenado» a escribir, con los avatares de la vida, con los caprichos de Fortuna y con su irrefrenable imaginación. Lentamente en ocasiones, con introito en otras y «ex abrupto» en la mayoría, seremos testigos directos y mudos, aunque no impasibles, de la intimidad de un ser de quien, hasta este momento, sólo conocíamos su nombre impreso en letras de mayor o menor tamaño y alguna o algunas de las hijas de su fantasía. Seremos espectadores de primera fila de un duelo sin tregua entre el querer ser y el deber ser, entre la necesidad inmediata y un oficio de futuro incierto que, a veces, incluso se cuestiona: «¿Habré perdido el oficio?»

Sin el menor esfuerzo por tu parte, casi inconscientemente, a medida que te adentres en la lectura de estos *Cuadernos* te verás arrastrado por ese Yo protagonista rodeado de duda y soledad, traspasado por la angustia al sentir el paso inexorable del tiempo y el merodeo de la muerte, presencia casi obsesiva. Te fundirás con ese Yo que ya eres Tú y te hundirás y animarás con él cada vez que él se hunda o se anime. Desearás ayudarle porque conseguirá, como decía Ortega, «apueblarte» en su obra sin que tú te percates de ello. Entonces lo comprenderás mejor: a él, a su obra y a los hombres; y los amarás, porque te darás cuenta, como me ocurrió a mí, de que detrás de un nombre más o menos lejano, más o menos próximo, hay siempre un hombre que sufre, se divierte, se atormenta: vive.

No olvides sin embargo que en este libro, cuya lectura te dispones a emprender, está también el mundo imaginario de Gonzalo Torrente. Para aquellos que ya hayan leído sus novelas todo resultará familiar e identificable. Las idas y venidas de los personajes, los saltos de algunos de una a otra novela, la desmembración de una idea en varias distintas y enriquecidas, la búsqueda de la estructura idónea para el ensamblaje definitivo de las piezas del rompecabezas, y tantas otras cosas, les darán la clave de cómo se gesta este real mundo de ficción que hallamos en las novelas de Torrente. Para aquellos otros que todavía no hayan leído las obras que se perfilan en estos *Cuadernos,* éste actuará probablemente como estímulo para que se decidan a iniciar su lectura. Para unos y otros supondrá un insospechado y siempre grato encuentro con su autor quien, a través de él, nos hace copartícipes, por unas horas, de sus éxitos y sus fracasos, de su eterna incomodidad, de su siempre frustrado asentamiento definitivo.

Si has tenido la paciencia de seguirme hasta aquí, permíteme sólo una última observación. Los *Cuadernos de un vate vago* contiene silencios largos, larguísimos a veces, silencios de semanas o incluso meses. En mi opinión estos mutismos son tan elocuentes como las más expresivas palabras y, probablemente, nos hablen de la dificultad de este oficio tan ingrato para algunos, tan sencillo, por razones que no quiero siquiera imaginar, para los menos. Quizás una novela sea comparable a un embarazo, agradable y molesto al mismo tiempo, seguido naturalmente de un parto que en algunos casos termina pronto, en seguida coronado por la felicidad y el éxito; en otros, el final se realiza, por desgracia, con retraso y, seguramente, sólo por distracción o negligencia de los parteros.

No quiero entretenerte más, lo que vas a leer te dirá mucho más de lo que yo pueda contarte aquí con mis propias palabras. Sólo tienes que volver la página para comprender que ahí, donde habita el sosiego y el espíritu se remansa, donde el desánimo trae de la mano a la depresión, donde las cosas de cada día interrumpen o estimulan el trabajo, donde el dolor físico y psíquico conducen irremisiblemente a la desesperación, a la inactividad, al embotamiento; ahí, donde vive una fantasia capaz de sobrevivir a todos los naufragios, ahí está Torrente, aguardándonos, sin prisas..., pacientemente.

CARMEN BECERRA

TRES EN GÓNGORA SON MAYOR OCTAVAS DE UN VATE SILBO VAGO ERRANTE REALES

Éstas que silba sílabas canoras,
Confeso de convicta gonzalía,
El que es torrente a casi todas horas
Y ballestero audaz su mejor día,
Culto sí, de bucólicas doctoras,
Escucha al son de su polironía
Si ya la torre no te Berengaria
Del aire tañe por Don Juan un aria.

Treguas a tanta falta son de gusto
Y ocio atento, si dédalo la trama,
Elocuentes en mucho espacio justo
Si en tiempo poco cabe tanto drama,
Rito de soledad, altar augusto,
Y oficio frágil de difícil fama.
Término no a su silbo ponga ajeno
No ya por musical, sí por ameno.

Y la fábula así —si la novena
Urdió de realidad, colmó de cuento,
En la de su alta torre amena almena,
Jacinto de aire, fábrica de viento,
Ínsula soliloquio de sirena—,
Del vate vago, con su paso atento,
Los trasgos con ternura traducía
Silbando su secreta melodía.

FRANCISCO CASTAÑO

Al que leyere, si no va de prisa

LA MAGIA, LOS MAGNETÓFONOS Y YO

De los magnetófonos empezó a hablarse, como objetos reales y no de mera fantasía, desiderata de vagos ilusionados, hace ya bastantes años, precedidos, al menos en la imagen, de unos objetos bastante similares que salían en las películas para dar y recoger recados, y se llamaban dictáfonos. Su utilidad en las oficinas quedaba demostrada por el hecho de que un jefe se declarase a la secretaria mediante el aparato, pero nada garantizaba todavía que pudiera servir a un escritor para algo más que para divertirse, o recrearse escuchándose. La descripción del magnetófono, que sucedió al dictáfono, pero, según tengo entendido, sin desplazarlo, nos llevó hasta las más radicales esperanzas a quienes creíamos a la Ciencia capaz de engendrar ese aparato maravilloso merced a cuya intervención o interposición patente las imágenes y los pensamientos se convierten solitos en palabras, escritas, o, por lo menos, habladas. En un principio, las referencias trataban de un carrete de hilo de estaño, en el que se iban quedando los sonidos. Después, de una cinta con la misma función. Llegaba también, con la descripción, el nombre, que era francés, en un principio, como es sólito, *megnetofón*; pero Dámaso Alonso me reconvino por usarlo, habiendo ya, como había, una palabra castellana, magnetófono, de ésas esdrújulas que tanto nos complacen, nos reconcilian con nosotros mismos, y de las que, merced a la técnica, vamos ya teniendo buena copia. En la ocasión a que me refiero, yo no pertenecía aún a la Academia, e ignoraba que al decir «magnetofón» se incurriese en galicismo, pero también hubiera sido posible, de haber accedido ya a ese importante Olimpo, el no haberme enterado. Mis despistes suelen llevarme a situaciones de enredada solución.

Descripciones, dije, no contemplaciones. También podía haber dicho: leyendas. Se corrió, por ejemplo, el que Luis Rosales había traído de América uno de aquellos maravillosos chirimbolos, pero a nadie se le ocurrió añadir que del carrete saliesen ya escandidos los poemas, porque no cabía, ni cabe, en cabezas humanas. ¿Para qué servía, pues? Ni más ni menos que para juegos verbales algo más largos que los que puede contener un dictáfono. Digo, suponiendo que el tiempo de un dictáfono sea menor, que no lo sé. El que tenía un magnetófono jugaba con él y lo usaba como pretexto para congregar a unos amigos e invitarles a unas copas. Es posible, seguramente, que alguien se haya valido de él para enviar a su secretaria mensajes turbadores, pero puedo asegurar que en ningún momento fue mi caso, ya que no tengo secretaria.

El primer magnetófono que vi lo trajo mi hermano Jaime: alguien se lo había prestado para que me lo mostrase y lo hiciese funcionar en mi presencia. Era un «Geloso» de pequeñas dimensiones, con carretes de corta duración, pero en todo caso, seductor: lo que pareció, sin embargo, fue que mi hermano Jaime no sabía manipularlo; que salía la voz remota y débil, que no había atinado con los resortes. Pues se lo habían explicado puntualmente, y, recibida la lección, practicara las instrucciones con éxito. Mi hermano Jaime decía que no se lo explicaba, y yo, en aquel momento, tampoco. Estaba lejos de sospechar lo que fue más adelante mi gran descubrimiento y el aspecto más original de mi hoy larga relación con los magnetófonos: que tienen dentro una bruja, y, a veces, más de una (aunque ésta, como se verá, sea una conclusión provisional). De esto estoy perfectamente persuadido, y guardo (si bien he olvidado dónde) algunas cintas en que se prueba hasta la saciedad de la evidencia. ¿Brujas, brujas de veras, de las de escoba y cabellera de estopa, de las visitadoras de aquelarres y atormentadoras de pobres diablos? Sí, no una clase especial que hubiera podido surgir con los descubrimientos técnicos y que admitiesen una catalogación semejante a ésta: brujas de los magnetófonos. Una de ellas, sin duda, estaba encerrada en el «Geloso» e impedía que mi voz se escuchase con precisión y proximidad: una voz, además, identificable. «¡Pues te aseguro...!», juraba y perjuraba Jaime... ¿Qué podía hacer él contra todas las fuerzas del infierno concitadas, contra las habitantes misteriosas de aquellas interioridades electrónicas? Mi hermano Jaime era mucho más racionalista de lo que yo entonces, y mucho me temo que su prematura y lamentable emigración al otro mundo nos haya acontecido antes del descubrimiento, por él, del mundo indiscutible de las brujas. Pero confío en referirme a ellas más tarde.

Los magnetófonos aparecieron en los escaparates, y yo los contemplaba. Los sigo contemplando ahora, porque me interesan todos, pero entonces yo no padecía del mal de los escaparates, y, ahora, sí. Sabido es que el mal del escaparatismo aqueja solamente a los que padecemos de *angor pectoris*: uno va por la calle, y siente de repente un peso encima del esternón, o una sensación como un cansancio dulce en los antebrazos, y entonces dice: «Ya está ahí.» Y se arrima a un escaparate, y con el disimulo de contemplarlo, magnetófonos o lo que sea, cubre el tiempo indispensable para recuperar la normalidad coronaria: lo cual suele sobrevenir a los pocos minutos (y, si no, ¡malo! Hay que echar mano de la cafinitrina que uno lleva en el bolsillo para eso). Pues, como iba diciendo, aparecieron en los escaparates, innaccesibles por sus precios, tentadores por sus fachas, siempre enigmáticas y científicas. E incluso llegó un momento en que procedían de la industria nacional, un poco más baratos. Pero, de todos modos, tres mil quinientas pesetas, en mil novecientos sesenta, era mucho dinero. Pensaba en la posesión de un magnetófono como puede pensarse en la inmortalidad. Hasta que un amigo de mi pueblo me vendió uno a plazos. Creo que se llamaba Portela, y quizá se llame aún, ojalá, y, si no es así, lo siento, porque me gustaría inmortalizarlo. Merced a la confianza que puso en mí (tres letras de mil pesetas, y las quinientas a tocateja), me vi poseedor de un «Ingra» portátil, aunque un poco pesado: dos pistas, dos velocidades, buena sonoridad. Estaba entonces empezando a pensar *La Pascua triste*: notas sobre esta novela fueron lo primero que grabé, aunque después de convencerme de que dictar directamente al utensilio las páginas de la invención me resultaba imposible: la prosa que uno acostumbra a escribir es escasamente oratoria. ¡Ah, quién poseyese otra clase de estro!

Con aquel «Ingra» adquirí la costumbre de encerrarme, con la luz apagada; de tumbarme y de hablar en voz alta, o decir lo que se me iba ocurriendo acerca del trabajo que trajera entre manos: pues esto puede ser así, pues no conviene que esto otro sea de otra manera. A persona tan reacia como yo a registrar en notas manuscritas sus ocurrencias (lo había intentado fugazmente algunos años atrás, hacia 1940), charlar en la oscuridad le resultaba bastante cómodo, verdaderamente productivo. La operación completa consistía en esto: primero, hablaba y decía mis ocurrencias; después (muchas horas después), al ponerme a escribir, oía previamente lo discutido conmigo mismo, y si no lo tenía rigurosamente en cuenta, lo cual acontecía algunas veces, al menos me servía de acicate, de punto de partida o de hilo conductor. En un principio (*La Pascua triste*) la cosa fue bastante regular, y mis conversaciones con la oscuridad no suponían un interlocutor, ni iban más allá de lo meramente literario. Por otra parte, al no registrar dificultades, pienso que la cosa de la escritura debía de marchar fácilmente, sin más tropiezos que los meramente ocasionales, pero sabiendo qué quería y adónde iba. Que Cayetano Salgado no haya muerto, como estaba previsto, obedece a la lógica de un carácter y de una situación. Clara Aldán, en el momento oportuno, pensó más atinadamente que yo.

No sé por qué razón *Don Juan* fue un libro que me sugirió, o provocó, escasas notas. Adviértase que es el primero de los míos serios en que se incluyen materiales supuestamente maravillosos: lo que los críticos jamás pudieron sospechar fue que en el mundo de lo maravilloso yo había entrado merced a los magnetófonos. Claro que los críticos de mi *Don Juan*, con singulares excepciones, jamás hubieran adivinado eso ni nada: no recuerdo respuestas más estúpidas que las suyas a una obra de arte. ¡Y cuidado que mi experiencia a este respecto va siendo rica!

No puedo precisar cuándo ni cómo, pero es el caso que alguna vez comencé a advertir irregularidades en el comportamiento de mi «Ingra», y no de las de orden mecánico, menos aún de las específicamente electrónicas, ¡nada de eso! El aparato era bueno, funcionaba con precisión, respondía a los resortes. Lo que empezó a inquietarme fue la naturaleza de algunos de sus sonidos no interpretables como irregulares, sino más bien como extraordinarios. ¿No lo es el que, cuando uno se dispone tranquilamente a escuchar su propia voz, sea un improperio lo que oiga? ¿O carcajadas demoníacas, o sonidos ordenados, aunque extraños, semejantes a los de la música moderna, ondas que van hasta el infinito y que regresan *in crescendo* desde lo más remoto del espacio sonoro? Porque una de las particularidades del magnetófono es que *encierra un espacio*, y que no hay más que ponerlo en marcha, aunque nada haya sido grabado en él, para darse cuenta de que *el espacio está allí.* Como que yo llegué a creer que lo que el magnetófono graba no es el sonido, sino el espacio real, y lo seguiría creyendo si no me hubiese persuadido después de que ese espacio *es suyo propio,* y no, como pensé al principio, mera reproducción del nuestro.

Espacio propio, he ahí la cuestión: tan importante e inesperada como que me dan tentaciones de escribirlo con «q» a la inglesa, *question,* para que se vea sin más explicaciones la trascendencia de mi descubrimiento: Un espacio propio, del que se nos comunica el sonido, pero en el que hay más que sonidos; *un espacio habitado* por esos seres que, convencionalmente, llamé brujas, pero que a lo mejor no lo son propiamente hablando, brujas de escoba y cabellera, como dije al principio, sino otra clase de seres, de espíritu guasón, sin pizca de formalidad, aunque enormemente imaginativa; dueños de poderes especiales en relación con los sonidos de nuestro mundo y con nuestros espacios, y, sobre todo, con las personas. ¿Serán eso que los gallegos llamamos «diaños» y que algunos identifican precipitada y erróneamente con satanases? Habría que escudriñar la teología y averiguar si el *diaño* mantuvo en el pasado alguna relación con la electrónica, o si sencillamente la aprovechó, una vez inventada, o si lo que verdaderamente hizo fue provocar su invención para manifestarse mejor a los mortales que mantuvieran con el artilugio magnetofónico unas relaciones algo más que pragmáticas; unas relaciones *poéticas* que autorizasen al diaño, diantre o bruja a manifestarse y actuar en su medio idóneo y con instrumentos propios, así como con modales apropiados: esos silbidos, esas tremendas carcajadas, los improperios ya citados, los consejos susurrados, los desafíos, las cabalgadas de seres desconocidos en bestias más inéditas aún, y, lo que es quizá peor, las bromas meramente técnicas: que pones en marcha los resortes, dices al aire genialidades durante cerca de una hora, y, cuando vas a escucharlas, resulta que es al aire a quien, en efecto, has hablado: lo que el magnetófono te devuelve es nada más que *la sonoridad de un espacio de dimensiones incalculables.* A lo mejor, el espacio de las fugas, de los «scherzos», de las grandes sinfonías: pero desierto.

Miento. Desierto, no. Callado, sí. Pero se advierten siempre las señales de que alguien retiene la respiración mientras escuchas: ése cuya risita o cuya carcajada estallan al final, en retirada. ¿Quién es o quiénes son? No he logrado averiguarlo. Pero ahora mismo los siento, ahora mismo, mientras escribo esto: hace un momento, sonaba regularmente la *Rapsodia en blue.* De pronto, se interrumpió. Los carretes giraban, sin embargo. Escuché. Un corazón palpitaba en algún lugar de varias dimensiones. ¿Me mirarían también, esos que me espiaban desde los ojos mágicos del cachivache? Le detuve la marcha, rebobiné la cinta (los técnicos ya van diciendo *rewindar*), recobré la altura de la grabación en que la música se había interrumpido, y que era un «solo» de piano: el aparato funcionó normalmente, llegó al punto de la interrupción, siguió adelante sin que la música cesase. No había sido borrada por una distracción, ni nada de eso. El silencio fue provocado por una voluntad presentida que habita sin lugar a dudas en ese *espacio propio* del magnetófono. Lo que no he llegado a saber nunca, lo que seguramente no lograré dilucidar, es si hay un espacio común a todos los magnetófonos, o si cada uno dispone del suyo particular, con sus peculiares habitantes o, quizás en algún caso raro, sin ninguno, vacío, como dicen que está nuestro Universo. Confieso que esta última posibilidad me espeluzna, y que de ser así, buena tarea tendrán los metafísicos en explicarlo y justificarlo. ¡Un espacio propio para cada magnetófono, muchos de ellos vacíos, y los hay a millones! ¿Es concebible? Pero, ¿es concebible Dios? ¿Lo son la Creación *ex nihilo* o ese sucedáneo que se ha inventado ahora (sustituto de otros sucedáneos) de la partícula de energía que, en un momento dado, origen impepinable del tiempo, tiene conciencia de sí misma, monta en cólera, o queda fuera de sí y al estallar engendra el universo éste en que vamos tirando? La operación cabe matemáticamente en la cabeza, pero a mí me resulta tan inimaginable como cualquiera de las otras mencionadas; como la multiplicidad de *espacios propios* magnetofónicos, cada uno de ellos con su duende, su bruja, su diaño o lo que sea: ese ser retorcido e impertinente que ahora mismo acaba de interrumpir, segunda vez, la *Rapsodia* para reírse de mí.

Se preguntarán las personas sensatas cómo, siendo las cosas así, mantego y continúo mi relación casi diaria con los magnetófonos. Respondo que por puro masoquismo, pero no es lo que creo. Si la publicación de estos «diarios» inaugura un tiempo de sinceridades personales, por otra parte innecesarias, me siento autorizado a decir la verdad, y ésta, lo anuncio, será de las que desvelan, si no misterios, al menos sospechosos secretos, y de las que implican la respuesta a ciertas preguntas quizá no formuladas, pero pensadas. La que me concierne es ésta: «¿Cómo ha sido posible que este sujeto, de quien no hacíamos caso, nos haya de pronto obligado a tenerle en cuenta? Si hay una trampa, ¿dónde está? Si hay un engaño, ¿en qué consiste?» Pues ya, antes de entrar en menudencias, puedo dar una razonable contestación, que se halla en una palabra y en unos objetos: magnetófonos. En las páginas que siguen hay unos textos que figuran, y son, tomados de unas cintas grabadas a lo largo de unos años. Se refieren a obras escritas y a obras que no se escribirán jamás. A primera vista tienen todo el aspecto de un testimonio de primera mano de cómo trabaja un escritor —no cualquiera, sino éste determinado, preciso, cuyos procedimientos no tienen por qué coincidir con los de otros ni siquiera en sus líneas generales. Bueno, pues, ¡mira!, un documento que acaso tenga interés para quienes se preocupen de esas bagatelas, o para los curiosos... Al crítico, por supuesto, le traen un poco sin cuidado. El crítico se atiene a resultados, no a procesos, conoce la *falacia genética* y sabe que el valor no guarda relación con el proceso. Sabe también (y yo lo tengo dicho muchas veces, cuando era crítico) que nada se parece más a la gestación de una obra de arte excelsa que la de una obra de arte mala, con lo cual ya queda más o menos apuntado cuál es mi punto de vista... Pero, ¿y la trampa?

¡Ah, la trampa! ¿No se le ha ocurrido a nadie pensar que tantas líneas dedicadas a revelar que existe un espacio propio de los magnetófonos obedecen a alguna causa o razón que no depende precisamente de una ocasión de gastar la pólvora en salvas? El que haya sospechado que la trampa está ahí, es el que acierta. Porque lo que no dije aún es que *ese espacio electrónico,* o magnetofónico, contradictoriamente descrito como vacío y como lleno, *contiene además literatura.* De mí se viene diciendo, y es error de entrevistadores apresurados, que dicto mis narraciones al magentófono, cuando la realidad es que *el magnetófono me las dicta a mí.* He aquí la revelación tremenda, la verdad apetecida, la explicación de ciertas irregularidades y de ciertos absurdos: yo escucho al magnetófono y copio lo que me dice. Ese espacio a que me vengo refiriendo, que se revela por una sonoridad opaca que todos los aficionados reconocen, es el lugar donde reside lo que llega a estar en la mente de todos, de donde sale la coincidencia de invenciones simultáneas, cálculos o filosofías, también obras de arte, que antes experimentaban ciertas dificultades de trasmisión y que ahora se hace por un procedimiento más mollar, como quien lava, siempre y cuando el que recibe comprenda el valor de lo que está recibiendo y sea un mecanógrafo lo bastante rápido como para tomarlo sin perder ripio. Sin duda, éste es mi caso, pues, aunque repito ahora las mismas faltas que cuando empecé a escribir a máquina, allá por el mil novecientos diecinueve, la verdad es que ya lo hago con alguna más rapidez: la suficiente.

Voy a decirlo con mucha más claridad y sin tantos circunloquios; voy a decirlo con las palabras mínimas: yo escribí *La saga/fuga,* pero sólo en el sentido material, como la pudo escribir un *medium.* Me fue dictada desde el espacio propio de los magnetófonos por una voz despectiva y admirable, una voz convencida sin duda de su superioridad, recibida por mí con la más humilde pasividad del mundo, con la más absoluta sumisión. Yo creo que de este modo habrá concebido sus *Trenos* Jeremías, aunque El Que Se los Dictaba estuviera más impuesto en el arte del verso paralelístico, que en los ardides de la prosa mi dictador: el cual tampoco se preocupaba excesivamente de las ordenaciones: dictaba y me dejaba que yo me las arreglase solo con aquella balumba de material imaginario. Por eso, ante mí mismo, me atrevo a atribuirme un cierto tipo de intervención, un a modo de razón de ser y de comparecer, al admitir ante mí mismo que la selección y el orden, por lo menos, son míos. Pero, ¿qué son la selección y el orden? Yo mismo sé que nada, o casi nada. Queda no obstante el hecho real en sí: si a Rilke le llegaban en el viento adriático las palabras de su elegía, también a mí llegaron palabras, aunque de menor relieve: aunque no cabalgasen el viento, sino que entrasen a través de un altavoz las más de las veces *made in Japan.* Retengamos este dato curioso, incluso sospechoso: durante el año o dos que trabajé con aparatos españoles, las cosas se desarrollaron con la vulgaridad acostumbrada. Lo verdaderamente extraordinario aconteció cuando empecé a manejar aparatos japoneses. ¿Serán esos, precisamente esos, los únicos capaces del milagro? No es mi intención contribuir a la revalorización de las marcas niponas frente o contra las nuestras continentales, pero, ¿verdad que es raro? Los *Fragmentos de Apocalipsis* me los dictó un aparato japonés. Para *Las sombras recobradas* utilicé uno europeo, y ya se ve la diferencia. Volví al japonés con la obra siguiente, y ahora mismo, en trance de comenzar otra novela, no me he decidido aún con cuál de ellos trabajar. Pero sí puedo decir que, en cierto período muy penoso, utilicé una grabadora americana, prestada.

Antes de terminar, creo oportunas un par de aclaraciones. La primera, referente a esos dolores de los que me quejo constantemente, o de los que me he quejado a lo largo de los años comprendidos por este diario. Pues la mayor parte de ellos eran pura filfa, ya que me desaparecieron en cuanto me quité de fumar (de donde no debe inferirse, sin más, que yo equipare la «filfa» a la nicotina. Nada de eso). Si hubiera abandonado el tabaco en 1966, y no diez años más tarde, mi paso por las Américas hubiera sido un poco menos quejumbroso, incluso hubiera podido ser más cantarín de lo que fue en los períodos alegres, que los hubo. Sin esas puñaladas en el costado, sin esos amagos de cáncer de varia localización, repetidamente sospechados y temidos, y acaso también sin esa soledad real que a veces se percibe, ¿quién duda que hubiera podido divertirme un poco más, e incluso trabajar con más ahínco? Pero yo no podía sospechar que la causa de todos aquellos males fuese la nicotina. Un médico me lo dijo, pero no le hice caso. ¡Qué lástima! Aunque deba preguntarme también, si he de ser fiel a mí mismo y medianamente objetivo, si hubiera aguantado la soledad y los dolores sin el recurso de las pipas y de los cigarrillos.

Tengo que decir también que en estas páginas que siguen no se contiene la totalidad de lo que hablé delante del micrófono entre 1961 y 1976, sino sólo aquello que he hallado y logrado desentrañar. Mi archivo magnetofónico comprende varios kilómetros de cintas grabadas con la particularidad de que lo están en distintos aparatos, a distintas velocidades, y que alguno de los magnetófonos que usé, uno, sobre todo, de velocidades atípicas, al haberme desaparecido por pérdida, olvido o sustracción, que no lo sé, me invalida un montón de carretes que no sé si algún día lograré escuchar de nuevo. Siento sobre todo lo grabado durante un viaje a través del Atlántico, el verano del sesenta y ocho: eran los días de la invasión de Praga, los del viaje de Pablo VI al Perú, y ambos acontecimientos me arrancaron algunos comentarios, yo tumbado en la cama; la radio, abierta, y el barco navegando. Muchas otras cintas quedan aún por explorar: acaso alguna vez mis herederos se decidan a recordarlas todas y copiar de ellas lo que valga la pena. O yo mismo, ¿quién sabe?, si tengo paciencia para hacerlo. Esfuerzos que serían innecesarios si cada carrete, si cada *cassette* tuvieran su número y su fecha y ésta no estuviera equivocada.

Mi relación con los magnetófonos no ha terminado todavía. Ese espacio que se abre cuando el carrete comienza sus revirivueltas me sigue atrayendo por lo que recibe y por lo que devuelve. En cuanto a lo que a las brujas se refiere, brujas o diaños, las últimas noticias son de que me tratan algo mejor, al menos con gran respeto, acaso por mis años, y que me tienen prometido abrirme un día la puerta de su inconmensurable fantasía y dejar que me envuelvan, hasta quedar colmado, los hechos y las figuras que contienen, inéditas, en sus espacios; como que temo carecer ya de palabras para tanto.

Salamanca, últimos días de junio del año ochenta y uno.

N. B. Los textos que siguen reproducen exactamente lo grabado, *con todas las imperfecciones de la espontaneidad.* Corregirlos hubiera equivalido a falsearlos. No aspiran, pues, a ejemplos de prosa, no ya perfecta, sino que ni siquiera correcta. ¿Verdad que da lo mismo?

1961

LA PASCUA TRISTE

4 de diciembre, 1961

Cuatro de diciembre, diez y veinte de la noche. Cansado, desanimado, flojo. Me he metido en cama a las nueve y media porque no aguantaba más. No sé qué diablos me pasa. Esta mañana pasé dos horas corrigiendo nueve páginas, no me gustaron las correcciones, volví por la tarde a corregirlas, y ése fue mi trabajo de hoy. Me decidí por fin por la ruptura de Cayetano y Clara, con una consecuencia imprevista, que fue la visita de Clara, de noche, al pazo de Carlos, y su entrevista con Carlos y Juan, entrevista tampoco muy feliz, de manera que Clara queda ahora más sola que la una, con la decisión de marcharse. Todavía no sé cómo va a desarrollarse el capítulo siguiente, el capítulo segundo. El primero me ha dado treinta y dos folios de los míos. Pero, esta tarde, mientras iba al periódico, pensé que, lógicamente, Cayetano, que está enamorado de Clara, y para quien el hecho de casarse no tiene más valor que el puramente... ¿cómo le llamaríamos?, simbólico, ante la gente, como el hecho de casarse, digo, no le importa desde el punto de vista sentimental, se atreve a visitar a Clara y a proponerle... a pedirle perdón y a proponerle un arreglo: llevársela a La Coruña y ponerle un piso. Esto, en pocas palabras; la cosa, naturalmente, tiene que ser más complicada. Y esta escena, esta proposición, a la que Clara se niega, debe de figurar en el capítulo segundo, en el cual también debe figurar un subcapítulo peligroso, en el cual Clara en la cama, tranquila, físicamente tranquila, quiero decir, cuando se ha masturbado, y aquello ha pasado ya, siente la fascinación del mal, que para ella, hasta ahora, no ha presentado más que una faceta, pero que ahora, complicado con las imaginaciones de su viaje, puede ser más rico en matices. Éste es uno de esos capítulos que tienen que ser breves y que exigen una maestría literaria que yo no sé si en estos días seré capaz de desarrollar. Me parece que, a este respecto, Clara y Cayetano no ofrecen novedad alguna. Podemos, eso sí, presentar a Clara anunciando su propósito de vender la tienda, bien directamente, bien mediante algún procedimiento coral, los personajes del casino. Y no me parece difícil de resolver el problema de la visita de Juan, bien solo, bien acompañado de Carlos, a don Lino. Creo que está bastante clara cuál va a ser la actitud de don Lino. Cómo se siente halagado, cómo se infatúa, no porque crea que va a resolver el problema de los pescadores, sino porque le agrada que se acuerden de él, que confíen en él, y hasta porque comienza a vislumbrar la posibilidad de una intervención en las Cortes. No olvidemos que este hombre todavía no ha abierto el pico en las Cortes. Se ha limitado a votar. Pero esto le ofrece una oportunidad: hay que desarrollarlo en dos o tres etapas, es decir, la simple aceptación con manifiesta vanidad, la propuesta de una gestión ministerial, y, por último, el cambio de opinión, la preparación de un discurso en las Cortes y consulta de los términos y forma de este discurso a Juan. Esto ya debe figurar precisamente en el capítulo de la violación, en el tercer capítulo, y, además, además, inmediatamente antes del incidente entre don Lino y Cayetano.

En cambio, lo que me está quedando difícil es don Baldomero, porque he llegado a la conclusión de que tiene que emborracharse. Él, naturalmente, no prende fuego a las pinturas más que borracho, y, por otra parte, es natural que se emborrache porque se emborracha siempre. Pero, la borrachera por sí sola no basta para empujarlo a quemar las pinturas, porque quemarlas es un acto sacrílego, y aunque tengo previsto que este hombre en la iglesia se arrastre por el suelo, hunda la cabeza en el polvo, podríamos decir, y pida perdón a Dios por lo que va a hacer, nos faltan argumentos suficientes que justifiquen psicológicamente la decisión de quemar las pinturas. No basta lo que hasta ahora está, no basta. Hay que inventar algo, y precisamente este algo lo tengo que inventar mañana. Ahora no se me ocurre nada. Pero mañana tengo que ponerme a trabajar en el segundo capítulo, si es que me encuentro bien, y esto se me va plantear inmediatamente. ¿Podría ser la misa del domingo? ¿Podría ser precisamente el contraste de la iglesia velada, es decir, la tranquilidad de don Baldomero al hallarla (es el domingo de Pasión) con los velos morados cubriendo las pinturas? En fin, no es muy fácil desarrollar este proceso, pero este contraste puede ser un buen punto de partida.

10 de diciembre, 1961

Diez de diciembre, a las once de la noche. He terminado el segundo capítulo. Me da dieciocho folios escasos, y consta fundamentalmente de tres momentos. No sé si habré olvidado algo esencial, pero, de momento, lo he perdido de vista. Primer momento, Carlos y Juan esperan a don Lino y tienen con él la primera conversación referente al asunto de los barcos; segundo momento, Clara está en su tienda y llega Cayetano a pedirle perdón y a proponerle que sea su amiga, que sea su querida y llevarla a La Coruña y ponerle un piso. La novedad es que esta conversación intentan escucharla el juez y Cubeiro. Consiguen averiguar lo esencial, y discuten cómo comunicarlo, porque ninguno de ellos se atreve a ir directamente con el cuento al Casino. Tercer momento: el domingo de Pasión por la mañana, o sea al día siguiente de estos acontecimientos, Paquito que se marcha: está tocando la flauta en medio de la calle y despierta a don Baldomero. Don Baldomero habla con el retrato de su mujer y, luego, se va a misa, y en misa tiene la revelación de que su deber consiste en quemar las pinturas. Realmente no he conseguido recordar si había previsto algo más, pero creo que con estos tres subcapítulos (quedan escritos) los elementos fundamentales de la acción. Entonces nos encontramos con que el próximo capítulo, el III, empezará el sábado de Pasión, es decir, el sábado anterior a Ramos. He pensado como elemento dinámico de este capítulo empezar con una conversación de doña Angustias con Cayetano diciéndole que el cura acaba de pedirle por favor que influya para que no le impidan sacar a la calle la procesión de las palmas. Éste no es el cura de Santa María de la Plata sino el de la playa, el de la parroquia. Entonces, doña Angustias le dice a Cayetano que interponga su influencia en el Ayuntamiento para que no se prohíba la salida de la procesión, y, además, para que se evite toda injuria, todo ataque a la gente que vaya en ella. Entonces, esto es considerado como un acto de tiranía de Cayetano, porque naturalmente éste sube al Ayuntamiento y no pide de favor, sino que ordena simplemente que se dé permiso para la procesión y que no se mueva una rata. Esto se considera un acto de tiranía de Cayetano, y entonces estos comentarios me sirven para enlazarlo con la posición de don Lino, que en cierto modo se hace cabeza de los protestantes, de los rebeldes, con lo cual vamos perfilando ya los acontecimientos del cuarto capítulo.

Tiene que haber en este capítulo también otras cosas fundamentales, que son: la decisión de quemar las pinturas y la quema inmediata por don Baldomero. Don Baldomero ha escondido en la capilla de los Churruchaos una botella de aguardiente y los instrumentos que piensa que son necesarios para llevar a cabo la fechoría. Entonces, es por la tarde precisamente, después del rosario, cuando se queda escondido en la iglesia, espera a que la iglesia esté vacía, deja pasar el tiempo, come su bocadillo y a las doce de la noche, a las once de la noche, cuando ya no hay ruidos, comienza la serie de operaciones que culminan plantando fuego a la cortina del ábside central. Con esto, se marcha.

Esto es el sábado por la noche. Naturalmente, la quema de la iglesia. Van a avisar a Carlos, Carlos manda a Juan al monasterio para que avise al fraile, él va a la iglesia corriendo, llega el fraile, aquello no tiene remedio, se ha plantado fuego a la techumbre, el ábside se hunde... Además, la gente no colabora en la extinción del fuego, con lo cual hemos llegado ya al domingo por la mañana cuando llega Paquito *el Relojero* pegando alaridos, y atraviesa el pueblo, toma el camino del pazo de Carlos y, febrilmente, empieza a preparar su azagaya. Empieza a preparar su azagaya y tiene que hablar con Carlos, explicar a Carlos lo que pasó, y me queda, para meter en este conjunto de cosas, meterlo de una manera armónica, la llegada de fray Eugenio al monasterio y lo que le pasa con el Prior. Entonces, aquí pueden pasar dos cosas, las dos legítimas, pero no sé cuál de las dos pasará. Puede pasar que fray Eugenio se marche del monasterio o pasar, por el contrario, que se arroje a los pies del Prior y le diga que está endemoniado, que lo bendiga y exorcice. O quizá, que él no tiene voluntad y que lo mande a hacer penitencia a una cartuja. Son las dos posibilidades, pero no sé cuál de ellas será la que elija el padre Eugenio.

Y parece que con esto están ya todos los elementos del tercer capítulo. Ahora bien, el problema que tengo es el paso del tercer capítulo al cuarto. ¿Qué cosas pasan durante esta Semana Santa? ¿Qué les pasa a estos personajes? ¿Tengo que seguirles la pista, crear un cuarto capítulo, un nuevo capítulo de la Semana Santa, empezar el cuarto capítulo con una larga narración? Porque me da la impresión de que, pasando como estoy pasando bruscamente de un núcleo a otro, dejando entre ellos una semana de tiempo, da la apariencia —apariencia que corresponde a una realidad— de estar trabajando a saltos, y de que la narración resulta a saltos también. Primer capítulo; segundo capítulo, una semana después; tercer capítulo, otra semana, y, cuarto capítulo, una semana más. ¿Cuál sería el modo de resolver esto sin que resultase violento? Porque, claro, hay una serie de cosas que pueden pasar; es decir, que aunque voy dando a cada uno de los subcapítulos el desarrollo que creo necesario, tengo la impresión de que la cosa va precipitada. Y claro, tal y como marcha todo, tal y como he concebido por necesidad, claro, éstas... En fin, no sé, no sé, no sé... Hay que confiar en que, a última hora, se me ocurra una fórmula, y esta fórmula no puede aparecer hasta que tenga escrito el tercer capítulo, hasta que el tercer capítulo tenga una entidad, que yo pueda, efectivamente, verlo en su conjunto. De todas maneras, el número de acontecimientos que se acumulan en cada capítulo me parece suficiente: después del capítulo cuarto, que será bastante largo, el capítulo quinto es, en el tiempo, inmediato, el capítulo quinto y último. Mira tú que, a fin de cuentas, en qué ha llegado a convertirse Cayetano, lo que ha salido ahí. Y, además, me queda todavía por escribir el segundo intermedio, caray; digo, el primer intermedio, que, como se me olvide, me luzco. Vamos a ver si mañana, lunes, se puede hacer algo: meterme a escribir otro (capítulo), que no sé ni cómo me va a salir.

Bueno. Vamos a oír esto, a ver si oyéndolo se me ocurre alguna cosa más, o se me recuerda algo que esté olvidando.

11 de diciembre, 1961

Once de diciembre, y muy de prisa. Por fin me decidí a añadir un subcapítulo más al capítulo segundo, en el cual don Lino se despacha a su gusto ante el corro de contertulios del casino, como preparación de su actitud, que pronto va a ser pública, ante Cayetano. Entonces, tengo que consignar para no olvidarme los siguientes datos: el alcalde recibe un telegrama del gobernador civil prohibiendo toda procesión; Cayetano dice que quien manda en el pueblo es él, y no el gobernador civil, y ordena al alcalde que la autorice. Esto, naturalmente, se sabe. Entonces, don Lino asume la posición llamemos republicana e incluso llega a hablar con el gobernador civil, del cual se siente después respaldado. De manera que cuando él, el domingo de Pasión, hable con la gente, sabe que detrás de él está la autoridad del gobernador civil. Ya veremos si este problema se va a plantear con alguna procesión más, o si dejamos de lado esto de las procesiones, quedando simplemente con la de las palmas. Segunda cuestión importante: el... la discusión entre Cayetano y don Lino la provoca una delación de Cubeiro. Es decir, Cubeiro, como armadanzas que es, cuando don Lino llega y empieza a perorar, coge el teléfono y avisa a Cayetano, y entonces Cayetano viene al casino, hace frente a don Lino y la cosa termina como termina. Para lo cual hay que añadir unas frases a la última página del capítulo segundo. Vamos a ver si el sistema de causas libres lo tenemos claro.

18 de diciembre, 1961

Día 18 de diciembre a las siete de la tarde, con buen tiempo y mediano humor: vamos a ver si hacemos un resumen de la situación y seguimos adelante. Tengo hasta ahora los personajes en la siguiente situación: don Baldomero metido en la iglesia esperando que sea la hora para ponerle fuego. Tenemos a Carlos hablando con Clara y se trata de una conversación importante en la cual estoy. Don Lino, dispuesto a hablar en las Cortes sobre el caso de los pescadores. Cayetano lo sabe. Cayetano en este capítulo todavía no ha salido, ni creo que salga. Entonces, la marcha del capítulo está prevista de la siguiente manera: Carlos termina de hablar con Clara y comienza un subcapítulo en el cual volvemos a don Baldomero: don Baldomero se despierta, mira la hora que es, tiene hambre, echa un trago, se confunde de botella, bebe gasolina en vez de beber aguardiente, escupe la gasolina, se lava la boca con el aguardiente, se toma uno de los dos bocadillos de tortilla que lleva y pone manos a la obra. De manera que amontona sillas detrás del cortinaje que tapa las pinturas, empapa el borde de las cortinas de gasolina y le pone fuego. Entonces sale rápidamente para ver desde fuera el incendio. Otro subcapítulo, en el cual están en el casino: don Baldomero, perdón, don Lino está perorando, y está presente Carlos. El contenido de la peroración es Cayetano, los errores de Cayetano, concretamente el insulto que significa para la conciencia republicana de la ciudad el haber obligado al alcalde a que firme la autorización para la procesión, y en esto llega alguien diciendo que la iglesia está ardiendo; se deshace la reunión, se van todos a la plaza. Entonces, Carlos tiene que mandar a alguien a buscar al padre Eugenio. Llega el padre Eugenio con el prior, el padre Eugenio está mudo y desesperado, el prior le dice a Carlos que tiene que andarse con cuidado, que si no se va a quedar sin ese monje. Y con esto ya está lo del incendio, entonces nos queda, que yo recuerde, un último subcapítulo, que es el regreso del relojero, Paquito que llega pegando alaridos, que atraviesa la ciudad, que no responde a las preguntas que le hacen más que con miradas terribles; que sigue el camino del pazo, pega un alarido al entrar, viene Carlos y le dice: el culpable es Cayetano. Y esto termina el tercer capítulo. Todo esto da fin al tercer capítulo. Tengo que recordar que, en la escena del casino, Cubeiro le dice al juez: Qué lástima que no esté Cayetano, porque era cosa de telefonearle para que viniese aquí, cogiese a don Baldomero hablando contra él y se armase la gorda. Y entonces pasamos ya al capítulo cuarto, que puede empezar por una entrevista de don Lino con los pescadores, en la taberna del Cubano, un capítulo de gran fantochada, en el cual, entre otras cosas, dice que ellos tienen que constituir una fuerza contra el tirano, contra la tiranía, o alguna cosa así en que se aluda claramente a Cayetano. En que les promete, en que les habla de la República, en que les habla del Parlamento, en que les habla de todas esas vaciedades, y de ahí pasamos inmediatamente al casino, pero, claro, nos falta... ¿Cuándo meto yo a *el Relojero* preparando su azagaya? Tiene que ser al principio de este capítulo; es decir, que Carlos salga de casa y *el Relojero* le enseñe su arma mortífera. ¡Bueno!, vamos a suponer que se empieza el capítulo con eso. Entonces, de casa del Cubano pasamos al Casino, después de cenar, y en el casino después de cenar tiene que volver don Lino a perorar, ahora de un modo desafiante. Vamos a ver dónde están los personajes. Los personajes, ¿dónde están, Gonzalo? Los personajes están: Cayetano en su casa; Carlos y Juan... Juan tiene que estar en casa del Cubano, lo cual es normal. Pero, ¿dónde está Carlos? De que Carlos esté en el pazo o esté en el pueblo hay una diferencia de movimiento. Pueden ser tres cosas: primero, que Carlos esté en su casa; segundo, que Carlos esté en el pueblo, pero no en el casino; tercero, que Carlos esté en el casino. Es decir, no que esté en el casino, sino que venga al casino. Vamos a ver, la marcha del capítulo es así: Don Lino perora, Cubeiro telefonea a Cayetano, Cayetano viene y discute con don Lino, don Lino le echa en cara una serie de cosas, entre ellas la fundamental, el noviazgo con Clara. Es decir, todo el rencor personal de don Lino por el engaño de su mujer se vuelca en este momento y acaba naturalmente acusándolo de haberse enamorado de una mujer que él mismo había despreciado públicamente algún tiempo atrás. Cayetano ha escuchado con calma todas las acusaciones de don Lino, pero es ésta precisamente la que le hace saltar. Lo agarra por las solapas, lo desafía, le dice que le hará comer el camisón de Clara, y sale. Entonces, todos los que están presentes se dan cuenta de que allí va a pasar algo importante, hay un ambiente sombrío, don Lino pasea nervioso, y, entonces, ¿quién es el que sugiere que llamen a Juan? ¿Cubeiro? Pues Cubeiro. Y el subcapítulo termina con la llamada por teléfono a casa del Cubano y el recado de que haga el favor de venir Juan. De aquí pasamos a Carlos. Perdón. De aquí pasamos a Cayetano. Pero, ¿qué hace Carlos? Si Carlos está en casa del Cubano, viene con Juan. Vamos a suponer provisionalmente que está en casa del Cubano y que viene con Juan. Pasamos a Cayetano. Cayetano, que sube la calle, que pasa delante de la casa de Clara, que da la vuelta, que se mete por unas huertas, que llega a las tapias de los patios, que escala una de ellas, que entra en el patio de Clara, empuja la puerta, la puerta está cerrada; empuja una ventana, la ventana está abierta. Entra con precaución. Aquello huele mal. Se da cuenta de que es la habitación de la madre de Clara. Sale y busca la habitación de Clara. Clara se despierta, se encuentra con Cayetano. Cayetano le hace una proposición, ella no la acepta, disputan, Cayetano está fuera de sí, es una mezcla de amenazas y de ruegos, «Perdóname, Clara», le pega el gran puñetazo, la deja sin sentido, se arroja encima de ella, la besa, y ya sabemos entonces que su excitación le impide llevar a cabo lo que se propone, y se cierra la escena mirando Cayetano, aterrado, el dedo de la mano derecha. ¡Esto es enormemente difícil, porque tiene que ser claro y al mismo tiempo no puede ser grosero! Es difícil, necesario, difícil, peliagudo. Dejamos a Cayetano mirando aterrado su dedo índice, y pasamos al casino, adonde acaba de llegar Juan y quizá Carlos. Donde don Lino continúa nervioso, donde la gente está en silencio mirando los relojes, donde hay una atmósfera extraña. Don Lino coge a Juan por banda y empieza a hablarle a tontas y a locas y a repetir cosas ya dichas. Se sienta con él junto a una mesa, la gente se da cuenta de que es allí donde se va a producir el asunto; Juan está despistado, no está acostumbrado al casino, se siente incómodo; don Lino habla, habla, habla, pero no dice nada y en esto entra Cayetano, va derecho a don Lino, arroja el camisón encima de la mesa, el camisón, hay una cosa muda de miradas, Juan se levanta lentamente, Cayetano le dice que no se meta, que no va nada con él, y sobreviene la pelea, con una fase en el casino, breve, y otra fase en la calle, hasta que Juan queda tirado en el suelo, en un charco, majado y sin sentido. Majado y sin sentido. Ahora bien: si Carlos está delante, tiene que pelearse también; entonces, Cayetano les zumba a los dos; si Carlos no está delante, basta con Juan. Ahora, es conveniente que esté Carlos para que, sin dilación, golpeado o sin golpear, sangrando por las narices o por la boca, pueda ir a casa de Clara a recogerla. Esto, claro, es mucho más inmediato, hay más unidad, más continuidad, que si creamos un espacio entre la caída de Juan sin sentido y el aviso que le llevan a Carlos a su casa o a casa del Cubano, la venida de Carlos, el hacerse cargo de Juan, el llevar a Juan a la botica y luego el ir a casa de Clara. De manera que: supongamos la calle vacía, los dos tíos tirados, Carlos que se levanta, que va a buscar el carricoche, lo trae, mete a Juan dentro, lo lleva a la plaza, golpea la puerta, Clara no abre, golpea la ventana, Carlos no sabe naturalmente que puede entrar por el patio. Puede golpear la ventana hasta que Clara abra la puerta, pero es más bonito que Clara esté tirada en la cama, la coja, la envuelva en un abrigo, la meta en el coche y se los lleve para su casa. Si hay una posibilidad racional, verosímil, de que Carlos hunda la ventana del escaparate y entre por ella, es mejor esto, porque seguimos una fase activa de Carlos. Mejor que hacerlo esperar a que Clara salga, mejor que hacerlo esperar. Porque, claro, que empuje la puerta y la puerta se abra no es verosímil, aunque hay otra posibilidad, y es que Cayetano haya salido por la plaza, lo que es mucho más lógico que el que salga otra vez por la tapia, y que deje la puerta abierta. Entonces Carlos se encuentra con que la casa está abierta, entra, la puerta del interior está cerrada, y tiene una cerradura automática, pero puede saltar el mostrador. Entonces será el cierre del mostrador el que hunda. Podemos, ante la dificultad de que sea el escaparate el que hunda, porque el escaparate está protegido por fuera o por dentro con unas maderas, es mejor esto, la salida de Cayetano por la puerta... Pero es que yo no describo la salida de Cayetano, por lo tanto el lector no sabe que la puerta está abierta. Nada. Aquí tiene que haber un acto de violencia, tiene que ser como sea, pero hundir el escaparate. Hundir el escaparate con algo, con una piedra que coja del suelo, con algo así. Que hunda el escaparate y se meta por el agujero. Con lo cual tenemos por primera vez a Carlos activo, a Carlos *haciendo*, mientras Juan está tirado en el fondo del coche, en un rincón del carricoche. En fin, el caso es que una vez dentro, busca a Clara, la encuentra en su habitación, la luz encendida, Clara desnuda y medio tapada por la sábana; boca arriba... boca abajo, tapada hasta la cintura, boca abajo. Carlos corre hasta ella, la sacude, Clara está, no llorando, muda; él busca por allí una ropa, encuentra un abrigo, se lo pone, le pone unos zapatos y se la lleva. La lleva en el coche y no la suelta, la lleva en el coche y no la suelta. Pero, claro, esto no es más que el comienzo del capítulo, porque la segunda parte... Bueno, hay, en primer lugar, lo que estos tres desgraciados dicen allá arriba. Como Clara se preocupa más de su hermano, que está molido a golpes, lleno de cardenales, hay que limpiarle las heridas con vinagre y vendarle las heridas con trozos de sábana. Todo esto lo hace Clara viéndosele las tetas... no tiene puesto más que el abrigo. Hay la posibilidad de que Carlos le dé unas pastillas para dormir y de que él mismo se tome una... En fin, hay una serie de detalles: que sea él quien acueste a Clara, quien le dé la pastilla para dormir, y él se quede con un gran golpe en la cara, con un gran puñetazo en la cara, mirando el alba por encima de los montes.

Y, entonces, ya tenemos que pasar a Cayetano... No; Cayetano, no. Cayetano no tiene nada que ver en esto. Ahora tenemos que seguirlos a los tres: a Carlos, que se ha ido en el coche y ha traído ropa de Clara, ha ido a su casa, ha traído ropa, la que ha encontrado, por la mañana temprano; la viste, le da ropa para que se vista. La inquietud de *el Relojero* que pasea mudo, desconfiado, terrible... Pero, aquí hace falta una pausa, hay que dejar una pausa porque estamos en el Domingo de Pascua, y el Domingo de Pascua el taller... el astillero está cerrado. Entonces, tiene que haber una pausa entre lo que se habla el domingo y lo que se habla el lunes, es decir, que los proyectos fantásticos de venganza tienen que ser el lunes. Y el lunes, la muerte de Cayetano. Tiene que ser el lunes. De manera que, claro, este primer coloquio el domingo por la mañana es fundamentalmente Juan que dice que ahora Cayetano tiene que casarse con ella y Clara que dice que no. Entonces, posiblemente, la solución esté en que el lunes por la mañana llegue el fraile, que se ha enterado, y que el coloquio, en vez de ser entre los tres, sea entre los cuatro, de manera que el domingo, posición de Juan: Cayetano tiene que casarse contigo; posición de Clara: yo no me caso con Cayetano; posición de Carlos: yo me caso contigo. Inmediatamente. Antes de que puedas saber si estás embarazada de Cayetano.

Hay que poner las cosas de tal manera que el lector sepa que Cayetano no se ha tirado a Clara, pero que ellos no lo sepan; esto es lo que tiene que quedar bien claro, sobre esto no puede haber confusión ni duda. Ellos, naturalmente, piensan que Cayetano se ha tirado a Clara y que existe una posibilidad de que Clara esté embarazada. En tanto que el lector sabe que no la ha violado. Toda la dificultad está ahí. El hecho es que Cayetano... que Carlos, mejor dicho, piensa en la posibilidad de que Clara esté embarazada y le ofrece casarse con ella inmediatamente. Clara le dice que tampoco. Clara, amargamente serena, sólo piensa en marcharse. Y, claro, el lunes, cuando hablan de la venganza: de la huelga revolucionaria convocada por Juan, del asesinato perfecto que Carlos puede planear, Clara se ríe de ellos, Clara se sigue riendo de ellos. En cambio, fray Eugenio los toma en serio y habla de perdón y todo eso.

De manera que el cuarto capítulo puede terminar exactamente con la muerte de Cayetano, y ante esta muerte de Cayetano, doña Angustias... la pobre señora, con su hijo muerto, con una expresión estúpida, no entiende lo que pasa. Puede terminar así.

Y luego, en el quinto capítulo, que tiene que ser... Bueno, el quinto capítulo o la continuación del cuarto. ¿Para qué vamos a meter otro capítulo si esto es inmediato? La Guardia Civil, que viene a prender a Juan y la Guardia Civil que prende a don Baldomero porque encuentran unos papeles de Cayetano diciendo que, si lo matan, que el autor del crimen es don Baldomero, y prenden a Juan por sospecha de que haya podido inducir al crimen al *Relojero*. De manera que ambos quedan detenidos. Clara y Carlos solos en el pazo, y, entonces es cuando Clara se acuerda de que su madre está sola, de que llevan tres días sin pensar en ella y van corriendo allá: se la encuentran muerta en el patio, tirada en cualquier rincón. Entonces es cuando toda la fuerza moral de Clara se desmorona y cuando Carlos rompe la cáscara de su huevo, del huevo en que está encerrado y encuentra por fin, por otra parte lógico después de la serie de golpes que ha llevado en los últimos tres días, y ahí terminó. Vamos a ver si es así.

Navidad, 61

Navidad, casi a las doce de la noche. Después de cuatro días sin hacer absolutamente nada. Por diversas razones, cuatro días sin haber escrito una página. Lo más, el haber corregido unas pruebas. Y habiendo mandado al mecanógrafo los últimos folios, uno de los cuales al menos tuve que rehacer, y, aun rehecho, no me gusta. Tendré que rehacerlo de nuevo, tachar, suprimir lo anterior e incorporarlo a las pruebas. No he terminado el tercer capítulo: me falta un subcapítulo, justamente el regreso de *el Relojero*, que, según mis cálculos, va a ocuparme dos folios. En cuanto al desarrollo del tercer capítulo, perdón, quinto capítulo... ¡Cuarto capítulo! Estoy completamente atontado. En cuanto al cuarto capítulo, hay una modificación importante, no en lo que se refiere a la sustancia de la novela, sino a un episodio, a un accidente. Según mis notas y según mi propósito, Cayetano no violaba a Clara, no la violaba de un modo normal, porque en aquel momento, una inhibición sexual se lo impedía. Por eso justamente el subcapítulo correspondiente terminaba mirándose Cayetano la mano cerrada y el dedo extendido. Es decir, simbólicamente se suponía que iba a hacer lo pensado de modo artificial. Y al contarle esto a mi hermano Jaime, que estuvo aquí la semana pasada, me recordó en seguida la violación de Temple Drake en *Santuario*, novela que yo no leí: un gángster, el gángster aquel de quien se habla después de la segunda parte de esa novela, que ésa sí la leí, el gángster viola a Temple Drake con una panocha de maíz. Claro, hay la importante diferencia de que Cayetano no es un impotente ni mucho menos, pero las coincidencias son suficientes como para que se piense que tenía que ver una cosa con otra. En todo caso, siempre sería algo a lo que se agarrarían si lo hiciera así. Por lo tanto, Cayetano va a violar a Clara, la va a violar sencillamente, la va a violar con todas las consecuencias. No vamos a describir la violación, lo vamos a dejar en el mismo momento que antes, pero sin alusión ninguna a una posible artificiosidad en el trámite.

Tengo sin embargo algunas pegas, hay una pega que me preocupa. ¿No es lógico que si el Juez manda detener a Juan por inducción al asesinato, mande también detener a Carlos? Puesto que los dos viven con *el Relojero*... ¿Cuáles son los matices que hay que precisar aquí? Por lo pronto, en el cuarto capítulo tiene que haber una conversación entre el secretario del juzgado y el Juez después de haber interrogado al *Relojero,* de la cual se derivan dos cosas, una, la detención de Juan, y, otra, la detención de don Baldomero, no directamente, sino indirectamente, pues el Juez recuerda que Cayetano había dicho que, si lo mataban, había un papel en el cual denunciaba a su asesino, y entonces el Juez ordena una revisión de los papeles, y encuentran el nombre de don Baldomero. Esto no hay por qué describirlo completo, sino las consecuencias, es decir, hablan de esto, acuerdan detener a Juan y acuerdan hacer una investigación en los papeles de Cayetano, investigación que hará el Juez personalmente por respeto. Ahora bien, esta conversación entre el Juez y el secretario no es una conversación de trámite, sino conversación a lo largo de la cual se descubrirán una serie de motivaciones anormales. Fundamentalmente, al Secretario, tipo nuevo, le parece insuficiente que una cosa de tanta importancia como la muerte de Cayetano se vaya a resolver mandando a la cárcel o al manicomio a un loco. Él dice que hay que buscar algo más, que hay que buscarle más tripas al asunto. Precisamente, hablando de esto, es cuando el Juez recuerda lo que se había dicho en el casino en aquel capítulo, en aquel momento en que Cayetano dice que lo amenazan de muerte. De ahí sale la detención de don Baldomero. Pero antes, o después, puede acordar la detención de Juan. La detención de Juan... ¿habrá también que proponer la detención de Carlos? ¿Por qué razones se detiene a uno y no se detiene al otro? Éste es el problema de este capítulo, el problema que tengo que resolver para mantener la verosimilitud de los hechos. Su verosimilitud y su razonabilidad. Sí. Y hay otro momento, que no lo tengo pensado, que debo entregar a la inspiración momentánea, y es éste en el cual la G. C. se lleva a Juan y quedan solos en el pazo Clara y Carlos. Porque, claro, el recuerdo de la madre abandonada no es súbito, no tiene por qué ser súbito. Tiene que haber una conversación, tiene que haber algo en lo cual estos dos hablen de ellos mismos, considerando que Carlos ya le ha dicho a Clara que se casa con ella para evitar, no ya el que ella pueda tener un hijo sin padre, sino que ni siquiera pueda saber si es hijo de Cayetano o no. Carlos quiere llevar a Clara al convencimiento de que aquello es algo que puede arreglarse. En fin, pueden hacer otros proyectos, nos casamos, nos vamos, vamos a América, nos vamos a París, nos vamos a Alemania, en fin, cualquiera de estas soluciones que se le pueden ocurrir a Carlos. Y ella entonces dice que no. Clara conserva su entereza. Es necesario verla entera, dispuesta a afrontar ella sola su vida, ella no desfallece hasta el último momento, no desfallece hasta que ve a su madre. No hay que hacerlo tampoco de una manera sentimental, porque tampoco es una cosa sentimental. El aguante de un cúmulo de desventuras, y, de todas ellas, la menos desventurada, la que menos le puede afectar es la que colma su capacidad de aguante, la que colma su paciencia, la que colma su resistencia. De manera que, claro, esta conversación tiene que acontecer. En fin, estamos a veinticinco de diciembre, y me falta mucho. Y Dios quiera que los días sucesivos sean tranquilos y no haya nada que me estorbe o que me perturbe, porque el viernes y el sábado no hice nada, y lo que hice estuvo mal, porque esa página de don Baldomero en la iglesia me ha salido mal, me ha salido floja, una página tonta, sin gracia por una parte y por la otra llena de lagunas, mal hilada. Una página inútil, una página que obedece exclusivamente al prurito de objetividad, de ir describiendo lo que hace, cosa por cosa. A esa página podía darle un poco más de aire. A ver si mañana, con la copia en la mano, la rehago, porque esa página no puede quedar como está, tiene que ser más vibrante, más humorística. Hay unos contrastes ahí poco acusados, y es una pena porque es una página importante. No sé cuándo la escribí, qué día de esta semana pasada la escribí. Quizá de prisa, quizá sin ganas, pero no me gusta, no me gusta esa página. Desde que don Baldomero se despierta y empieza a tomar sus bocadillos hasta que planta fuego a las cortinas. No sé. En fin, hay una posibilidad de rehacerla en pruebas. Y cuando lea las pruebas compaginadas creo que voy a tener que hacer algunas tachaduras importantes. Esta novela no va nada cuidada de estilo, nada. Es la clásica novela escrita de prisa. En fin, que Dios me ayude.

Queda luego el problema de la censura, que no sé lo que estará pasando. No sé qué estará pasando con esas dos partes, en manos sabe Dios de quién, con el riesgo de que todo se vaya a paseo.

27 de diciembre, 1961

Veintisiete de diciembre, cinco y media de la tarde, sin ganas de trabajar.

Por lo pronto, una enumeración, una descripción del itinerario y hechos de Paquito *el Relojero* a su llegada a Pueblanueva. Es el domingo de Ramos. Domingo de Ramos, procesión por las calles de la playa: gente, grupos, protestas, contraprotestas, se va a armar, no se va a armar. Hombres en la plaza, comentarios sobre la iglesia quemada. Alarido de *el Relojero,* su aparición por el cabo de la calle, aparición evidentemente exhibicionista: lleva la pajilla hundida en la cabeza, la lleva a la altura del cuello, la flauta a rastras, y el bastón cogido por la contera blandiéndolo como una maza. Le preguntan y no contesta más que con miradas terribles, con miradas feroces. De vez en cuando, se para y da un alarido. Así recorre la calle, pasa por delante de la plaza, por delante del casino, llega a la playa y marcha camino del pazo. Comentarios, chiquillos que van detrás, que le apedrean. Quizás él mismo les larga una pedrada y malhiere a un chico, descalabra a un chico. Mujeres que chillan. Llegada al pazo. Grito. Carlos que corre. Preguntas. Respuesta de Paquito. Y se mete en su cuchitril, abre los cajones de su mesa de trabajo y empieza a buscar afanosamente un trozo de hierro y unos muelles. Después desatornilla todas las partes de su bastón, las ahueca, o sea, mejor dicho, les suprime las divisiones de tal manera que el bastón quede hueco. Y quizá con esto termina el capítulo.

Entonces, se plantea la cuestión de comenzar el cuarto. He pensado en las campanas. Repique de campanas, Carlos se levanta, unas voces en el zaguán que dicen: «Señorito, la leche.» La lechera que trae su leche. Como *el Relojero* no trabaja más que en lo suyo, Carlos tiene que bajar, recoger la leche y hacerse el desayuno. Y es en este momento cuando *el Relojero* le hace la prueba de la azagaya: la clava en el portón. Entonces, Carlos sube, se mete en la cocina y empieza a hacerse el desayuno. Éste es el comienzo del cuarto capítulo. Manera de resolver el problema de *el Relojero.* Entonces: de aquí seguimos... Bueno, de aquí ya veremos lo que seguimos, pero, probablemente, el orden de los subcapítulos será: don Lino entre los pescadores; discursos, promesas, aplausos. Don Lino se envanece, don Lino se envanece. Se crece. Se considera seguro. Tercer subcapítulo, el casino. Con la llamada telefónica de Cubeiro, llegada de Cayetano, acusaciones de don Lino, desafío. Seguimos el episodio de la violación. Volvemos al casino. Pelea. Pelea, Carlos se lleva a Juan y a Clara. Conversación, madrugada... ya veremos si Carlos baja por la ropa o no baja por la ropa. Ya lo veremos. Hay aquí la posibilidad de que Carlos lleve a Juan a la botica, llame a don Baldomero, y don Badomero quede haciendo la cura a Juan mientras Carlos va a buscar a Clara. Y estamos en el domingo por la mañana, el domingo de Pascua por la mañana, y el domingo de Pascua por la mañana, ¿qué sucede? Ésta es la pausa, pero esto son también unas horas en blanco. Cayetano, el domingo por la tarde, encerrado en su despacho, desesperado, arrepentido, luchando consigo mismo, buscando el modo de resolver la situación, pero sin decidirse. Es decir que, por este orden, hay demasiadas horas en blanco. Hacen falta aquí unos toques de vida colectiva, hace falta el casino, la casa del Cubano, hace falta ver qué piensa la gente, hace falta ver a don Lino salir de naja para Madrid. ¡Dios, qué complicado es este capítulo, Dios mío, qué complicado es! Y, aun así, suponiendo que cerremos el domingo con la escena de Cayetano en su despacho, solo en su despacho, todavía nos queda la llegada del fraile, conversación de los cuatro, o de los tres en el caso de que Clara no esté presente; salida precipitada de *el Relojero*, muerte de Cayetano y detención de *el Relojero*. Probablemente el Boticario que sale corriendo para el pazo y cuenta lo sucedido, actuación del Juzgado, detención de don Baldomero, detención de Juan y final. ¡Que van a ser cuarenta páginas! Son más de cuarenta páginas.

1962

DON JUAN
1962

27 de julio, 1962

El 21 de julio, a media noche. Después de haber terminado la historia napolitana, y de haberle intercalado, porque me parecía oportuno, el mito de Adán y Eva (en esdrújula), me lancé alegremente a continuar el capítulo y me encuentro con la sorpresa de que el material con que contaba no me sirve absolutamente para nada. Este material eran los fragmentos de los dramas, o del drama, en sus varias versiones, empezado a escribir, ¡caray!, quince años, ¡quince años!, y que es el germen, o núcleo originario de mi *Don Juan*. Yo estaba muy tranquilo pensando que este drama colocado donde lo iba a colocar sería el final de la novela, y me encuentro con que ni el tono ni el desarrollo ni los personajes de este drama me sirven para nada, porque el Don Juan del drama no es ya el don Juan de la novela; el Leporello del drama no es el de la novela, y las cosas que se dicen en el drama no tienen nada que ver con lo que se dice en la novela. Me llevó la sorpresa de que me ha fallado el suelo y que estoy en el aire, ¡Y yo que pensé que iba a terminar esto rápidamente! En un intento de salvar algo, posiblemente logre salvar algunos fragmentos del primer acto, tan escasos que no valen la pena, y que son el comienzo del diálogo entre don Juan y la Vieja, buena parte del diálogo entre don Juan y Elvira y el diálogo final entre Leporello y don Juan. Esto no es nada, absolutamente nada. Por otra parte, acabo de darme cuenta, me he dado cuenta hoy de que la invención del doble es una puerilidad que no tiene utilidad dramática ninguna y que no es más que un elemento alegórico que la naturaleza del drama no exige en modo

DON JUAN

21 de julio, 1962

El 21 de julio, a media noche. Después de haber terminado la historia napolitana, y de haberle intercalado, porque me pareció oportuno, el mito de Adán y Eva (en esquema), me lanzo alegremente a continuar el capítulo y me encuentro con la sorpresa de que el material con que contaba no me sirve absolutamente para nada. Este material eran los fragmentos de los dramas, o del drama en sus varias versiones, empezado a escribir, ¡caray!, quince años, ¡quince años! y que es el germen o núcleo originario de mi *Don Juan.* Yo estaba muy tranquilo pensando que este drama, colocado donde lo iba a colocar, era el final de la novela, y me encuentro con que ni el tono, ni el desarrollo ni los personajes de este drama me sirven para nada, porque el Don Juan del drama *no es* ya el don Juan de la novela; el Leporello del drama no es el de la novela, y las cosas que se dicen en el drama no tienen nada que ver con lo que se dice en la novela. Me llevo la sorpresa de que me ha fallado el suelo y que estoy en el aire. ¡Y yo que pensé que iba a terminar esto rápidamente! En mi intento de salvar algo, posiblemente logre salvar algunos fragmentos del primer acto, tan escasos que no valen la pena, y que son: el comienzo del diálogo entre don Juan y la Vieja, buena parte del diálogo entre don Juan y Elvira y el diálogo final entre Leporello y don Juan. Esto no es nada, absolutamente nada. Por otra parte, acabo de darme cuenta, me he dado cuenta hoy, de que la invención del doble es una puerilidad, que no tiene utilidad dramática ninguna y que no es más que un elemento allegadizo que la naturaleza del drama no exige en modo alguno, que me lo complicaría y que no tiene finalidad práctica de ninguna clase. Entonces, vamos a ver si ponemos en claro cuál es la historia de don Juan Tenorio cuando llega a Sevilla:

Don Juan llega a Sevilla. Acompañado de Leporello. Se entera de lo que le ha acontecido a Mariana. Esto, dramáticamente, se lo cuenta la Vieja a Leporello, Leporello intenta contárselo a don Juan y don Juan le dice: ya lo sé, ya me he enterado, ya he hecho yo investigaciones por mi cuenta. Viene Elvira, se ofrece a don Juan y don Juan la rechaza; la rechaza diciéndole que lo que le ofrece no le interesa y que le distraería de lo que le trae a Sevilla. ¿Qué es lo que le trae a Sevilla? Ni él mismo lo sabe: hay que hacer hincapié en esto. Entonces, Leporello se convierte en el hombre que le aclara para qué viene a Sevilla, el hombre que le facilita el camino para que don Juan, ante la realidad, reaccione de la manera que desea. Estas facilidades que le da Leporello son, en primer lugar, el abrirle la puerta que conduce al cielo o al infierno. Al salir por esta puerta, termina el primer acto, o el primer cuadro. Y el segundo cuadro es el cementerio, donde puede haber una escena de gran humor: ahí está el Comendador; éste me va a llevar el mensaje. ¿Qué mensaje? ¿Qué pregunta le voy a hacer a Dios? Escena de gran guiñol con el Comendador. Y Mariana. No reconoce a don Juan. Don Juan le dice que es amigo de su marido, y la invita a su fiesta: le dice que vaya un poco antes. Volvemos a casa de don Juan: viene Mariana, don Juan la seduce, don Juan la seduce... ¿Y qué? Aquí estamos en un atolladero: Don Juan la seduce, ¿y qué? ¡Si yo no sé lo que va a pasar aquí! No-sé-lo-que-va-a-pa-sar-a-quí, Gonzalo: me he metido en un lío endemoniado. No tengo idea de cómo va a terminar esto. Hay un salto aquí, hay un vacío. Don Juan seduce a Mariana, restituye a Mariana a su condición de prostituta. ¿Y qué? Hay que sacarle a esto un partido dramático y biográfico.

29 de julio, 1962

Domingo, 9 de julio, a las doce de la noche. Doce de la noche. Desde la última grabación han pasado algunas cosas; la más importante de ellas, que me ha nacido una hija. Tanto la madre como la reción nacida se encuentran en perfecto estado de salud. Aquel tipo de Villarube diría «la puérpera».

Tengo cuarenta y tantos folios de la segunda parte; tengo dos escenas corregidas ya del drama; tengo el comienzo de la tercera escena del tercer cuadro. Y al llegar aquí, catapún, me empantané otra vez, y me empantané porque precisamente llego al punto muerto acusado en la grabación anterior hace ya no sé cuántos días. En la grabación anterior decía: don Juan seduce a Mariana. ¿Y qué? Ese ¿y qué? ya lo tengo resuelto, ya le he respondido, más o menos: al sentirse Mariana otra vez prostituida, don Juan debe sentir arrepentimiento, pero no se arrepiente porque esto acontece delante de sus invitados, y entonces, en vez de una respuesta de humildad, responde con orgullo. Mariana marcha, y Elvira mata a don Juan. Todavía no tengo resuelto en virtud de qué proceso mata a don Juan, pero mata a don Juan. Entonces vienen el juicio y todas estas cosas. Pero el punto muerto, el punto muerto de ahora, que ya estaba muerto antes porque es una parte que no estudié, es precisamente la llegada de Mariana a casa de don Juan: entra con Leporello envuelta en una capa, Leporello le quita la capa y queda con un bellísimo traje color de oro. Y Leporello la manda sentarse, o la manda que se mire al espejo: y ahí estoy, ahí estoy porque se me había ocurrido la peregrina idea de hacer que Mariana dialogase consigo misma a través del espejo, y esto me parece una bobada. Una bobada, una cosa muy hecha que no tengo yo por qué repetir aquí. Y, entonces, el contenido de esta escena no es más que la seducción. Claro: se me está ocurriendo que cuando Mariana se va a mirar al espejo, el espejo se abre y entra Elvira. Y, claro, el monólogo de Mariana podría sustituirse por un diálogo con Elvira. Pero, ¿qué se dicen estas dos mujeres? Porque, claro, una de las cosas que tiene que decirle Elvira es que está don Juan, descubrirle todo el pastel a Mariana, con lo cual, naturalmente, cambia la cosa.

No veo... Es una solución meramente... Un pase de tiempo, porque no quiero que el cuadro sea tan breve que consista exclusivamente en la escena entre don Juan y Mariana. Salvo que me decida a escribir una escena... Pero, claro, tampoco puede ser muy larga, una escena de ocho folios. No puede ser, Gonzalo, una escena de ocho folios con la seducción de Mariana. Mariana tiene que caer inmediatamente, tiene que caer fascinada. Mariana es una criatura sencilla. Me hace falta *algo*, Gonzalo, algo que me complemente este cuadro, algo *necesario*, y no lo veo por ningún lado. Estoy completamente empantanado y sin remedio. El único que puede mantener ahí un diálogo con ella es Leporello, un diálogo lógico, pero no le veo la necesidad. ¿Un monólogo de... Mariana? Sí, pero este monólogo tiene que ser cierto. ¿Qué puede decir Mariana delante del espejo si no es afirmar su amor a don Juan, su caridad por los hombres y su fe en Dios? Esto ya lo sabemos. No le veo la punta, no le veo la punta, ni puedo pasar esta escena por alto. Ni puedo tampoco reducir el drama a tres cuadros cortos.

En fin, por el espejo entra el Comendador, desde luego, pero no debe entrar en este acto, entrará en el siguiente. Y tampoco hay razón para que entre Elvira, a no ser que Elvira esté manejada por el demonio, pero esto es una bobada. Elvira, que entre vestida de hombre por la puerta normal, que entre antes que Leporello y Mariana. Monólogo de Elvira, que se esconde: ve entrar a Leporello y a Mariana. ¿Que la aborde cuando está sola y Mariana la tome por un hombre? ¿Que Elvira mantenga el engaño...? Es una posibilidad: le daríamos más juego a Elvira, evidentemente. Justificaríamos un poco que, al final, asesine a don Juan.

Entonces sería: llegada de Elvira, con un monólogo. Se esconde.
Leporello y Mariana.
Sale Leporello.
Entra Elvira.
Di Stephano pasa a Puskas.
Puskas centra.
Gol.
Diálogo entre Elvira y Mariana.
Se marcha Elvira.
Viene don Juan.
Se lleva a Mariana.

Para lo cual Elvira tiene que marcharse de la casa. No le veo la punta. No veo más que la escena de seducción. Es la única.

A ver qué diablos ha pasado aquí, que estuve grabando y no se grabó. En fin, el añadido consistía en recordar simplemente que, como solución para la entrada de Elvira en la casa, y primera escena quizá del tercer cuadro, podíamos poner la entrada de los músicos que van a tomar parte en la fiesta, entre los cuales viene Elvira. Deja abandonada la guitarra, entra con los demás, vuelve en seguida y entonces sigue la marcha del cuadro tal y como lo había pensado. Esto no es una gran solución, pero es al menos un punto de partida que me servirá para pensar el cuadro alrededor de esto. Hay algunos puntos todavía no resueltos, por ejemplo las razones por las cuales Elvira se vale de los músicos para entrar y no entra por las buenas, puesto que está invitada, pero esto ya lo estudiaremos con más calma. El hecho es que parece que tengo un punto de partida: quizás esto me revuelva el cuadro.

UNA GLORIA NACIONAL

2 de agosto, 1962

Noche del dos de agosto. Una nota breve para esbozar una idea que se me ha ocurrido esta tarde, y que a lo mejor da resultado. Se trata de un drama titulado *Una gloria nacional*. El tema, más o menos, está tomado de ese acontecimiento que me preocupa tanto desde hace algún tiempo, el comportamiento de los españoles con don Benito Pérez Galdós cuando se dijo que le iban a dar el Premio Nobel. Entonces, yo quiero pintar un escritor de edad madura, con una gran obra detrás, en mala situación económica, y de no muy buenas costumbres. Es decir, es un hombre que, en materia de mujeres, anda un poco como andaba don Benito, advirtiendo que este hombre que yo presento es viudo, porque necesito un hijo, una hija, un marido de la hija y la mujer o la novia del hijo. Más o menos, el argumento será: se anuncia que a este hombre le van a dar el Premio Nobel, se organiza una campaña en contra y acaban, naturalmente, no dándole el Premio. Personajes: saldrá don Marcelino, los hijos, el yerno y la futura nuera; la portera de la casa, que le arma un escándalo porque ha recibido a una prostituta aquella noche, algunos amigos escritores, amigos y amigas. Situación, hacia 1910: hay que colocarlo en la *Belle époque*, más o menos en la época en que esto pasó, pero hay que hacer un poco caricatura de la *Belle époque*. Y una chica, que es criada de una vieja que vive en el piso de abajo, que engaña a su ama (que es una beatona) para venir a echarle una mano al escritor. Esta mujer, que en el primer acto, viene a echarle una mano, en el segundo se ha peleado con su ama a causa del escritor, está la campaña en plena efervescencia, y se queda con él. El acto puede terminar diciéndole él: «Ya sabes que en esta casa no hay más que una cama.» «Con eso ya contaba.»

Esta chica se casa con él en el tercer acto, al final del tercer acto él decide casarse con ella. Yo quiero hacer con esta comedia, si llego a escribirla, una gran acusación contra la sociedad española. Una acusación seria y vibrante. De manera que, claro, algunos de estos tipos serán, efectivamente, «tipos», pero es igual, me es igual. Ya veré los que van saliendo, y ya veré la manera de darles una humanidad mínima.

Tiene que haber una escena de escritores, tiene que haber la escena de don Marcelino, en fin, tiene que haber la escena del ministro que viene a decirle que el Estado retira su candidatura en vista de la campaña popular que se hace contra su nombre. Este hombre tiene que hacer la defensa de sí mismo, este hombre tiene que decir, por ejemplo, ante la acusación de su hijo, de ser un escritor burgués: Yo he metido al pueblo en mis novelas, a mi pueblo, a las criadas y a las prostitutas. «¡Ah, precisamente eso, demasiadas prostitutas!» Conflicto de generaciones. El hijo representa a las generaciones nuevas, le dice a su padre que está anticuado, que el arte que practica está pasado de moda; es decir, el chico se pone un poco en la estética modernista frente a la estética realista de su padre. Pero, en fin, trasponiendo a aquel tiempo las cosas que yo oigo en éste.

Un hombre que ha hecho por su patria todo lo que un escritor puede hacer, y se encuentra con la ingratitud de su patria; un hombre que ha hecho por sus hijos todo lo que un padre puede hacer, y se encuentra también con la ingratitud de sus hijos.

Éste es, en realidad, el tema, la idea de la comedia. Yo creo que no es malo, y que con un poco de habilidad puede resultar una comedia excelente. No muy moderna, tampoco, no demasiado universal, pero importante para la vida de este país, importante para lo que la sociedad española piensa de nosotros; importante como desahogo de la actual situación.

Se plantea el problema...

CAMPANA Y PIEDRA

29 de noviembre, 1962

Hoy es el veintinueve de noviembre, con buen tiempo, cansancio, preocupación y muy poco dinero.

Ayer, de repente, se me organizó una novela. Es curioso, cómo las cosas por sí solas buscan su acomodo, porque yo ando hace mucho tiempo con elementos dispersos, posiblemente novelescos, que no lograban cuajar, y todo consistió en que, primero, pensé o recordé mi vieja academia Taladriz como ambiente de una historia novelesca con don M. como protagonista, y de pronto se me ocurrió que en vez de situar la acción en Ferrol, podría situarla en Santiago. Fue esto, la idea de cambiar de sitio, lo que hizo que de pronto surgieran todos esos elementos pensados y olvidados; se organizaran solos e incluso atrajeran nuevos elementos, de modo que tengo actualmente en danza no solamente al bueno de Ramón y a su catedral, sino a don A. T. y sus criadas, a su sobrino, y, claro, a todos los personajes que salen de la academia en sí, de la academia propiamente dicha. Y, además, la historia de B. Bendaña encontró un acomodo en el conjunto, y B. B., convenientemente modificada, se convirtió en personaje. Y, además, con tal fuerza que antes de dormir, B. y la otra muchacha dialogaban solas, y seguí soñando con ellas y me desperté mil veces, y estos dos personajes seguían hablando de sus cosas, y yo como un tonto, medio dormido, escuchaba su conversación. De manera que, ahora, para que no se me olvide todo esto, tengo que anotarlo, siquiera en esos elementos más importantes. Desde el principio, que comenzará con el despertar de algunos personajes y su disposición para el trabajo, y su paso por las calles todavía oscuras de Santiago, hasta la situación y relaciones de algunos de ellos. Don M. M., el pobre, hoy, que debe de tener algo más de sesenta años, en una situación holgada que bien se merece después de lo mucho que sufrió en esta vida, es un maestro de escuela, no sé si ferrolano, pero que vive en Ferrol hace muchos años, licenciado en Filosofía y Letras, director a veces de academia, siempre con mala fortuna, cuyo físico es impresionantemente feo: tiene unos brazos y unas manos que yo creo que le pasan de la rodilla, desmedrado, camina a tumbos y da unos sombrerazos que casi le llega a los suelos el sombrero. Este hombre, que sabía mucha gramática, o, al menos, decían que sabía mucha gramática, era además poeta, poeta de un cursi sublime, buenísimo, buenísima persona, hombre blando, débil, de gran corazón, sin muchas luces, una de estas criaturas que vienen al mundo a sufrir y a ser humillados. Fuera de sus circunstancias familiares, lo traslado íntegro a la novela, con la diferencia de que, en vez de licenciado, el hombre está intentando licenciarse. Es profesor de la academia, y vive en aquella tasca-pensión que, frente a la iglesia de San Agustín, de Santiago, tenía un sujeto espiritista cuyo nombre he olvidado. Aquella horrenda casa, que carecía de ventanas traseras, que no tenía ventilación en la mayor parte de las habitaciones, en la cual pasé no sé si dos o tres noches, y en la que va a vivir este bueno de don M. M. a quien ya tengo adjudicado el nombre de «Don Felipe», pero que aún no sé su apellido. En esta pensión, que podemos llamar «La Flor de Carballo. Vinos y comidas», el padre y propietario, cutre, puritano y espiritista, vive entregado a sus espíritus y a su mostrador, tiene una hija que, en unión de una criada, son las que hacen la comida, limpian los cuartos, lavan y planchan la ropa y sirven a la mesa. Se come en la taberna. Esta hija es una chica de veintitantos años, bonita y codiciada, que mantiene amores ocultos con un seminarista que, muy al principio de la novela, le comunica su intención de ordenarse, con lo cual esta pobre chica queda al garete. Y hace a don Felipe objeto de sus confidencias. Y más adelante se acuesta con él, y más adelante aún el espiritista los echa a los dos de casa y ellos se casan y buscan un cuchitril donde vivir.

El bueno de Ramón, el día en que empieza la novela, va llevado por don Felipe a la academia como profesor de filosofía, porque el profesor de filosofía de la academia se ha marchado inesperadamente a Madrid, de opositor, y como el director le tiene que pagar un tanto, anda buscando un tipo aficionado que no sea licenciado y que le cobre más barato, y ésta es la razón por la cual Sócrates Taciturno entra en la academia de profesor de filosofía, llevado por su amigo don Felipe. Todavía no le tengo puesto nombre a la chica que vive en la casa de don Fulano T., pero la mañana en esta casa comienza con la puta falta de dinero, la imposibilidad de robar nada que pueda servirles para desayunar, y la visita que don Fulano hace a esta chica, que se está preparando para marchar a sus clases, para que les dé algo de dinero. Esta chica es maestra, tiene unas clases de primera enseñanza, o de lo que sea, en la academia, y además, asiste a la Facultad de Filosofía y Letras. Ella defiende su independencia y su dinero, contra su madre, su abuela y don Fulano. Acaba largándole un duro. Don Fulano acaba enviando un libro viejo por la criada a casa de alguien que todavía no sabemos quién es (por este procedimiento del incunable me sacó una vez diez duros), quizá sea al propio don Felipe, a ver qué le dan por él, quizá sea al propio don Felipe, quien le envía seis pesetas o siete. Entonces, don Fulano, desesperado, decide deshacerse del Cristo de marfil, joya que es lo único que le queda en casa, que ha prometido solemnemente a su familia no vender, y que será uno de los temas del principio de la novela. El director de la academia es el recordado don Pepe, a quien vamos a llamar don Celso Pérez Taladriz: maestro de escuela, ex seminarista, maricón y explotador de hombres. La llegada de Sócrates Taciturno servirá pues para describir a este caballero cuyo destino está prefijado para el final de la novela: un escándalo que hay que tapar, y la única manera de tapar el escándalo es que se desprenda de la academia y se la venda a plazos a don C. y a otro. En todo este ambiente de la academia, aparte de otras figuras transitorias, hay que meter a doña P., a su hija, al novio de su hija, a don C., a Paquita, por ejemplo: es decir, destacar unos cuantos personajes del fondo de alumnos y profesores transitorios. En la academia concurren, pues, la mayor parte de los protagonistas o personajes de primera fila de la novela. Hay que describir aquellos bajos mugrientos, aquellos patios con cal de treinta años llena de verdín y de pinturas y mensajes pornográficos de los alumnos, comunicados entre sí por puertas taladradas en las tapias; hay que darle valor a la especial disposición laberíntica de estos patios, de estos bajos y de los pisos de una de las casas que tienen aulas en los bajos y en el quinto. En fin, en el primero y en el último piso. Hay que darle a esto un relieve, un relieve en el cual resalte la complejidad física, irracional, arbitraria: cómo el edificio escolar es el resultado de una serie de agregaciones que se fueron haciendo necesarias conforme crecía la clientela; hay que poblar esto de gritos, y de gritos de profesores por encima de los alumnos, y de gritos de don Celso que, moviendo las nalgas, acude a un sitio y a otro; en fin, hay que hacer un cuadro rápido, cinematográfico de esta realidad, de esta realidad que yo he vivido y padecido durante cierto tiempo, y hay que situar ante esto, estupefacto, a Sócrates Taciturno, que empieza a descubrir un mundo, y al bueno de don Felipe, que ya lo conoce y lo viene padeciendo, y que ante la estupefacción, ante el asombro de Sócrates, ya puede sonreír. Pero, claro, a Sócrates le vienen muy bien los treinta duritos que le van a dar, y no tiene más remedio que transigir. Sobre todo, desde el momento en que encuentra a... vamos a llamarle Amalia a esta niña, en recuerdo de don Fulano, y, entonces, aquel espantoso mundo, aquel infierno, se le ilumina y se le convierte en una especie de paraíso.

Tenemos que poner a Amalia y a Balbina en una clase de una Facultad, que puede ser la clase de M., y, si no, en una clase cualquiera. Balbina y Amalia son amigas; Balbina es hija del sobrino de don Fulano, y nieta de la vieja esa que fue durante muchos años no sólo dueña sino tirana de los almacenes J. Creo que se llamaba doña X... Esta Balbina, una vez que su padre dice: «Cuando yo me casé con tu madre», le interrumpe y le dice: «Tú no te casaste con mi madre. Tú fuiste comprado, o adquirido, por mi abuela para hacer condesa a mi madre, y, como te descuides, ni tú ni mi madre seréis condes nunca.» Porque, recordemos, que el título de conde lo tiene don Fulano, que su sobrino es su único heredero y que se porta tacañamente con don Fulano, y éste es uno de los materiales básicos de la novela.

Esta chica, esta provisional Balbina, es una muchacha que, en secreto y sólo confidencialmente a Amalia, en quien tiene confianza, está contra su mundo. Esta chica se siente republicana, socialista, no cree en Dios, etc., etc. Y está enamorada de un profesor auxiliar joven, más joven que ella, guapo, inteligente y socialista. Yo no sé si este personaje lo sacaremos con relieve o lo dejaremos un poco en la sombra, porque, no sé, no me gusta tampoco historias dolorosas ajenas ponerlas en solfa. Quizá solamente sea un amor a distancia que ella no se atreve a manifestar y en el cual al caballero no se le ocurre pensar. Ya veremos, ya veremos, porque la historia verdadera puede llevarse adelante con modificaciones. Pero, coño, ¡fue tan triste esta historia! ¡Fue tan desventurada, que me parece poco humano hurgar en ella! De manera que puedo conservar el personaje femenino y dejar el masculino así un poco en la oscuridad, en fin, un hombre gallardo y sabio que pasa y del que se habla, del que se habla en las tertulias alrededor de la camilla, del que habla incluso doña ...X porque le está sublevando a los dependientes o alguna cosa de estas. Este personaje le está haciendo la puñeta a doña ...X en la dependencia de sus negocios, de sus almacenes, pero sin llegar a sacarlo personalmente. Es un personaje triunfador, y a mí en esta novela no me interesan más que estos pobres diablos, humillados, algunos humildes, otros insensatos. De manera que don Felipe nos lleva al mundo de la pensión, al espiritista y al seminarista que recibe las órdenes mayores, y a una tertulia de café. Sócrates Taciturno nos lleva a los anarquistas, es decir, nos pone en relación con el sastre de la Torre Berenguela, y ya por ahí entramos en la catedral y en el mundo de los anarquistas, en la taberna en que se reúnen, en el problema de la catedral, si hay que quemarla, si no hay que quemarla, el mitin. Pero, además, Sócrates Taciturno nos lleva a su casa. S. T. vive en un cuarto piso de la calle de Cervantes de una casa que, teniendo los tres primeros pisos tres luces, una de esas absurdideces de las casas de Santiago hace que no tenga más que una luz, la única luz de la casa. En la casa es interior todo, el retrete, la cocina, todo menos la habitación a la que da esa ventana. En la casa viven, además de Sócrates, su padre y su madre. Su padre es un viejo militar retirado, de la guerra de Cuba, con un retiro ínfimo. Un retiro ínfimo que no le permite comprarse un traje desde hace muchos años, lo cual le obliga a quedarse en casa, y en casa viste sus antiguos uniformes. De manera que en verano lleva un rayadillo remendado, y en invierno se pone una pelliza con la estrella de alférez. En este mundo, en una habitación que se ilumina por una claraboya, en una cama de hierro, con un aguamanil de hierro y una mesa de noche llena de papeles, y de libros por el suelo, vive el pobre Sócrates. Tenemos ya su habitación, su contorno. Y esta casa es propiedad de monseñor L. C., que quiere echarlos porque pagan poco y mal, con lo cual entramos ya en relación con Mgr. L. Después, por Amalia, entramos en relación con don Fulano y sus mujeres, y, entonces, la vieja historia que tenía yo pensada del matrimonio de don Fulano, *in articulo mortis* para hacer la puñeta al sobrino y reconocer como hija a Amalia, con lo cual le hace la puñeta al sobrino y, además, cree comprometer los sesenta duros que gana Amalia al mes para poder comer. «Hija mía, el haberte dado un apellido, ¿no lo merece?» Claro, la conversación con Balbina: «¡Qué cosa más rara! Resulta que somos primas desde ayer.» Ambas lo toman a broma. «Mi padre está que echa chispas.»

Y queda lo de las comidas en el hotel, que no sé si situarlas antes o después, si son consecuencia del trato hecho, o si el matrimonio de don Fulano es consecuencia del fracaso de las comidas. Ya veremos. De todas suertes, estos personajes, y alguno más que no recuerdo ahora... ¡Ah, claro, el poeta Fuentes Jorge! Al poeta Fuentes Jorge, que era aquel tío largo vestido de negro, con un gran sombrero, que yo veía por Santiago cuando yo empecé a estudiar, le trasfiero la vida de don M.M., del auténtico, es decir, este hombre que vive en una buhardilla, que tiene una mujer, que se les mueren los hijos tuberculosos, y que ahora, ya de viejo, cuando se va a morir y nadie le hace caso, tiene un buen pasar porque ha encontrado un empleo, es gerente o cosa así de un cine, ochenta duros, que nunca en su vida vio juntos, se pasa la vida pensando, su mujer en los hijos muertos que no se hubieran muerto de haber tenido aquel sueldo antes, y él en los libros que hubiera escrito de haber tenido una holgura. Con lo cual, claro, rozo el mundo de los poetas locales. Hay que recordar que Sócrates es poeta, don Felipe es poeta...

Continúo... caray, se me ha parado el reloj otra vez. ¡Pues sí que me he lucido! En mi puñetera casa todo tiene averías, y mi reloj, por no ser menos, se para.

Continúo después de una sesión del Consejo del Teatro, inútil y estúpida, después de haber trabajado un rato con María José, teniendo que taparme el ojo derecho porque me dolía tremendamente. Estoy fastidiado, y esta última amenaza es mucho más grave que cualquiera de las que hasta ahora he padecido. Pero, en fin, vamos adelante, que Dios aprieta, pero no ahoga..................

(Hay un silencio largo en la grabación.
Lo que sigue es de fecha dudosa)

No tengo la menor idea de cuándo empecé esta novela, pero el balance el día de hoy arroja un total de: cuarenta y seis folios en limpio, dispuestos para la segunda corrección; trece en manos de Godoy, que hacen cincuenta y nueve. Y dos, cuatro... vamos a ver... uno, dos, tres, cuatro, cinco y seis, es decir, sesenta y cinco folios. Tengo en este momento sesenta y cinco folios de la novela, y estos sesenta y cinco folios no constituyen todavía ni siquiera el primer capítulo. He empezado el día con Pablo Bernárdez, y estoy en la sobremesa, a punto de terminar la sobremesa en casa de Balbina. Creo que esto hace el subcapítulo siete, es decir, el despertar de Bernardo es el primero, hasta la llegada a La Flor de Carballo. Don Felipe y... esta chica, Julia, el segundo. Don Felipe y Pablo, el tercero. El cuarto, Pablo con el director en el colegio. El quinto, Amalia y Balbina en la Universidad, en el café y presentación de

Marcelino, que es el ciego. El seis, don Felipe y Julia en La Flor de Carballo. El siete, Marcelino en casa de Balbina con su familia. Y ahora me queda: el ocho, que es Amalia en casa de don Bernardino, en el cual hay como elementos fundamentales una enorme y helada sala, completamente vacía, donde, entre dos ventanas, está colgado el Cristo románico de los Aguiar, con una lámpara de aceite encendida y un reclinatorio de terciopelo rojo deslucido, delante. Luego, la conversación de Amalia con don Bernardino, que está muerto de frío, envueltas las piernas en una manta, repasando un álbum de fotografías de cuando tiraba al pichón con el Rey. Y luego, al marcharse, Amalia pasa por la cocina y habla con su abuela y con su madre. Inmediatamente tenemos que pasar a don Felipe, que se encuentra con Pablo Bernárdez, pero partiendo de la casa de Pablo, porque es interesante ver cómo su madre pega unos periódicos a la pared para colgar los trajes que ha traído Pablo (regalo de Taladriz), y además bendice a la persona que se los ha dado. «¡Aún hay almas buenas en este mundo, patatín, patatán!», lo cual irrita mucho a Pablo. Después, Pablo se va al café, donde está citado con Felipe, hablan de la escuela, lo acompaña hasta allá, y como todavía queda tiempo hasta su hora, se va a dar una vuelta. Entonces volvemos a casa de Balbina y tenemos... el ocho, el nueve, el diez... Balbina a solas con Marcelino. El 11 es la clase que da Pablo de filosofía. El 12 puede ser... Claro, el fin de la clase, pero entonces me queda por el medio un tiempo, el tiempo de la clase de Pablo. ¿Cómo hago esto? ¿Qué orden...? No me acuerdo ahora del orden que acabo de dar a estos folios. Voy a verlo... Pues me parece que no tiene remedio, porque la situación de los personajes no les permite hacer nada importante.......................

Continúo dos horas más tarde, después de una larga interrupción, después de haber escrito cuatro folios, y con un tremendo dolor de espalda: esta máquina está tan dura que me destroza. Tengo los músculos fastidiados. Me he metido además en un lío, ¡ah! Se me ocurrió este asunto de que Marcelino diga que es propiedad de don Balbino, y esto me complica la novela, me la complica de una manera increíble. Yo no sé si esto va a ser una bobada, si esto va a ser un... No sé, no sé. Además, tengo la impresión de que me está saliendo muy seca, incluso pobre. Va a haber que hacer una revisión a fondo de esta novela sobre la copia, porque, no sé, a esta novela la encuentro demasiado pajiza, crujiente. Escribí el principio del subcapítulo VIII, un folio, la llegada de Amalia a casa de don Bernardino. He querido dar una impresión de soledad, de vastedad, de vacío, y no sé si lo doy, no sé. Estoy definiendo mucho, más que describiendo. No sé.

En fin, el hecho es que ahora, por una puñetera confusión de llaves, tengo que quedarme sabe Dios hasta qué hora levantado, con un sueño que no puedo más, y un cansancio, y voy a ver si consigo estudiar algo la situación, porque, realmente, esta novela está poco estudiada, poco planeada. Realmente me he puesto rápidamente a escribirla, sin pensarla, y yo no sé lo que va a salir de aquí, no sé si esta prisa me va a llevar a un fracaso. Realmente, las cosas hay que hacerlas con calma. Hoy estuvo en casa F.V. me habló del *Don Juan,* dice también que es mejor que la trilogía; dice que debía rehacer la última parte, la parte del drama. Tiene razón, pero no tengo ganas. Salió así, pues así sale, y a hacer gárgaras. Si algún día la reedito, la reharé también. A paseo *Don Juan.*

Bueno. Lo que tengo ya resuelto es el lapso ése, que va a ser la entrevista de Marcelino con don Balbino. Yo no sé qué pueden decir estos dos en la situación en que los he dejado, qué pueden decir. Pero hay que juntarlos, claro: no hay más remedio que llevar a Marcelino al despacho de don Balbino. De manera que, ahora, pongo a Amalia en casa de Bernardino... Marcelino, Bernardino, don Balbino: se puede sacar en verso. Vamos a dejarlo en don Bernardo. Don Bernardo Aguiar. Podríamos hacer una revisión de nombres, porque, caray, éste es un talento que me falta a mí. Este talento de los nombres. De manera que, entonces, cuando este pájaro... Vamos a ver, vamos a ver si rehago esto, caray:

Pablo en su casa.
Amalia con don Bernardo.
Pablo en el café con don Felipe; luego lo acompaña hasta la escuela.
Balbina y Marcelo.
Pablo en clase.
Marcelo y don Balbino.
Pablo sale de clase: visita de don C., a quien tenemos que dar nombre. Qué nombre le vamos a poner a don C.? ¿Don Celestino? ¡Otro ino!

No me gusta nada don Celestino, no me gusta nada. ¡Don Abelardo! Vamos a ponerle ese nombre:

Don Abelardo viene a saludarlo: la puerta aquella pequeña, de la clase del bajo, la clase con el piso de cemento, mojado siempre, pisoteado, lleno de papeles, de pisadas, de barro. Don Abelardo que llega, vengo a saludarle a usted, patatín, patatán, y luego le plantea la cuestión: yo soy el profesor de Historia de la Literatura y usted no tiene por qué meterse en mi terreno, limítese usted a la Filosofía. (Platón, etc.).

Bueno, y, ahora, ¿qué? ¡Carajo! Todavía me queda Pablo en casa del pintor, Pablo en su casa, Pablo en casa del canónigo, de manera que toda la última parte del capítulo está dedicada a Pablo. Podríamos enterarnos de que el canónigo ha hecho la reclamación en el subcap. de los trajes y de los papeles en la pared, con lo cual se evitaba esa prolongación del capítulo.

De todas maneras, no lo veo claro. Tendríamos que dejar a Pablo en la puerta de la Universidad, esperando la salida de Amalia, encontrándose los dos, yéndose a una tabernita o a un café, y después de todos estos monstruos que acabamos de ver, ver a dos personas claras e ingenuas: la ingenuidad de Pablo... En fin, terminar de una manera un poco alegre este capítulo: sí, será mejor. Será mejor que Pablo se decida a esperarla a la puerta de la Universidad. De manera que... ya veremos.

¡Dios, este cap. va a tener cien folios! Voy por el folio 69, y me quedan treinta. Va a ser enorme. Pero, claro, ya de esta manera, tengo que hacer un estudio de construcción... Ocho meses, nueve meses, hasta julio. Julio, agosto... ¡qué barbaridad! No voy a tener más remedio que introducir unas narraciones sistemáticamente entre capítulo y capítulo, unas narraciones como las de... Porque, claro, es que, si no, si no, esto es tremendo. Me va a resultar aquí una novela de tamaño interminable, ¡interminable! ¡Jesús! No sé si estoy perdiendo el tiempo, no sé lo que va a ser de mí, no sé si van a salir estas cosas que tengo pensadas! Esta tarde me dio una cita Iquino y después me hizo esperar y no apareció. Me temo que por ese lado no hay nada que hacer. El tío se ha dado cuenta y va a intentar jugar conmigo, y voy a tener que soltarle un exabrupto, y ese exabrupto significa perder treinta mil duros. ¡Son muchos duros! Perder la posibilidad de treinta mil duros. ¡Si estuviera firmado ya...!

A ver si esta ocurrencia nueva me permtie construir esto de una manera lógica y relativamente orgánica, dado que la madre de Pablo le ha dicho después de comer o a la hora de comer, que tiene que ir a ver al casero, lo que hace Pablo, en ese intervalo que le queda y durante el cual yo no sabía qué hacer con él, es irse a la catedral y buscar al canónigo, con lo cual entramos en la catedral.

Entra en la catedral, llega a la sacristía, pregunta por el canónigo, le dicen que está en el coro. El hombre se acerca al coro, oye los gorigoris, deja un recado, se dedica a dar vueltas por la catedral, y ya podemos aquí adelantar algo de lo que pasa, de su teoría de la monstruosidad de la gente y todo eso. Después, habla con el canónigo, se van al claustro, hay un cura mirando. Allá en la esquina del fondo se ponen a discutir hasta llegar a la conclusión de que Pablo le pagará los dos meses atrasados en dos mensualidades, es decir, que los dos meses próximos le pagará doble. Esto, después de haberle amenazado, después de haberle amenazado en serio, una disputa: «Porque yo le hago a usted...» Y entonces el otro dice: «No hay justicia en esta República. ¿Cuándo se ha visto que un mequetrefe como usted pueda amenazar a un canónigo de la S.I.C.? ¡Esta República...!» Y, entonces, podemos tranquilamente terminar con Pablo y Amalia. No van a un café porque él no tiene dinero. Se van a pasear por la Rúa Nueva, por los soportales solitarios y húmedos. ¡Habrá que ver, si salen juntas de clase Amalia con Balbina, o si sale Amalia sola: eso es igual! Lo importante es que... lo importante, lo importante es que este hombre se decida a ir a esperarla y le dice francamente: No te puedo llevar a un café, no tengo dinero. Te llevo a tu casa o vámonos a pasear. Más bien es ella la que lo empuja... ¿Para qué vamos a ir a un café? Para charlar... Y se van a los soportes, se quedan en un rincón, pórtico de Salomé o cualquier sitio de ésos, y allí se quedan hablando. Él le hace una confesión: No quiero engañarte, voy a decirte quién soy, a lo mejor no te gusta salir conmigo, quién soy y cómo pienso. ¡Quién soy y cómo pienso! Y ahí termina el capítulo.

Y yo voy a ver si el rollo va a terminar o no va a terminar.

Aún queda un ratito: un ratito del rollo... Son las dos menos cuarto, esa niña no vendrá hasta las dos y cuarto lo menos, las dos y cuarto a mucho tirar, y yo me estoy muriendo de sueño, me estoy muriendo de sueño.

En fin, hoy he recibido una carta muy alentadora de esa editorial nueva que quiere hacer clientes, y voy a proponerle la reedición de *El golpe de estado de Guadalupe Limón* y de un tomo de ensayos en el que recoja todos los que tengo por ahí publicados, lo mejor de mi labor de ensayista. Y si va bien para la colección, un tomo de teatro literario en el cual vayan *El joven Tobías, El retorno de Ulyses, Atardecer en Longwood* y *Lope de Aguirre.* Esos tres volúmenes para la colección de bolsillo suman setenta y cinco mil pesetas, que no voy a cobrar juntas, sino escalonadamente, y que escalonadamente me pueden ir sacando de apuros. Y además, ponen en circulación obras mías prácticamente desconocidas para la gente de ahora. Lo cual siempre es arriesgado, porque muchas veces el pasado no se debe suscitar. Ya veremos, ya veremos. Es una posibilidad. Tampoco voy a reeditar todo lo mío, sino parte, porque hay cosas que no quiero reeditar, de manera que tengo que buscar los ensayos publicados en *Arbor,* los publicados en *Cuadernos hispanoamericanos,* algo que haya por *Escorial,* alguno de los recogidos en *Siete ensayos,* luego, todo lo que hay sobre Valle-Inclán en el *Arriba,* en el *Ínsula,* todas las necrologías publicadas en el *Arriba,* la de O'Neil, los prólogos, los ensayos sobre Rilke, los artículos sobre Rilke, ¡qué sé yo!, de todo lo que tengo por ahí desperdigado, lo mejor, lo más potable. Si con todo eso compongo un tomito de ensayos, ése que S. no me quiere publicar, y le saco unos miles de pesetas, es lo que salgo ganando. ¡Como hay algunos ensayos buenos, aunque algunos sean más flojos! Es igual, es igual. Vamos a ver si tenemos suerte con todo eso. Pero me hacía falta además lo de la película, porque, claro, veinte mil duritos no estarían mal. Es decir que, en pocos meses, yo podría recobrarme. Termino la novela en marzo. Si la novela son veinticuatro mil duros, la mitad son doce mil...

1966

OFF SIDE

3 de junio, 1966

Hoy es el día tres de junio. Estoy en Madrid, y me pongo a trabajar dispuesto a tomar en serio el trabajo, dispuesto a terminar, en octubre, mi novela. Debía haberlo hecho con el magnetófono pequeño, para trabajar con música, y tapar esos endemoniados ruidos de la Av. de los Toreros, pero me encontré con que estaba suelto un cable, y tengo que trabajar con el magnetófono grande y quedarme sin música.

Bien. Acabo de leer las tres o cuatro páginas que tengo escritas con carácter semidefinitivo, de la escena de la llegada de Sánchez a casa de Landrove. La marcha de la acción está bien, pero el número de detalles que se consignan, las acciones menores que se narran, las descripciones que se intercalan, o no son del todo acertadas, o no son suficientes. Creo que es una escena necesitada de atmósfera y acomodación de detalles, y no los veo por ningún lado. Pero, ¡bueno! esto es cuestión de trabajo, de selección, de volver sobre el tema. Los folios válidos comprenden: la llegada de L. a su casa; la voz de S. que le detiene; el recuerdo inmediato de la última vez que lo vio, en los días finales de la guerra civil; el ardid de que se vale para que S. pueda entrar en la casa sin ser visto, la subida de Landrove, primeras palabras, vacilación de S., lo de sus pies, Landrove lo lleva a la cama, lo acuesta, lo descalza, vierte agua, le echa sal, le mete los pies en el agua. Mientras S. está de esta manera, L. va a la cocina y le prepara la cena. Entonces, la línea general de la acción: es una conversación. Allones... ¡dale con Allones, caray! Sánchez se queda dormido, L. se acuesta y no consigue dormir. Lo importante es la conversación entre S. y L., y el monólogo de L. Antes de dormirse. El monólogo... puede ser aprovechado en parte lo que tengo hecho de la versión anterior. La conversación... pues no lo sé, porque hay dos posibilidades, primero, que haya una primera parte en la cual S. se porte con una dureza inhumana y que su situación haga fracasar esta dureza, y lo humanice; es decir, que el contenido de la primera versión puede disponerse en esta primera parte, trasladar al final de este diálogo la vacilación de S., y, por tanto, el contenido de la segunda conversación, la que tienen mientras está en la cama, mientras le hace la cura, antes de dormirse; que sea humana: la flaqueza de S. destruye su máscara de comunista utópico y lo convierte en un hombre débil, un hombre desamparado, con miedo, y capaz de confidencias. Entonces, hay que ver cómo se plantea esta conversación, cuyos temas son: el estado de vacilación moral en que se encuentra S. a causa de que su mujer y su hijo le han abandonado, y el miedo inevitable del hombre perseguido, sin comer, que no duerme...

Se me está ocurriendo ahora, estorbándome todo, y, sin embargo, es lógico, y es que cuando L. aparece en la alcoba con la bandeja de la cena, S. está profundamente dormido. Es perfectamente lógico: que este hombre esté dormido, profundamente dormido, en el momento en que lo dejan solo, en que el agua con sal le alivia un poco los pies, y en que una cama le permite descansar. Y si esto es así, ¿qué coño hago yo con la conversación de S.?

Vamos a ver: entonces sería, primero, la conversación en que S. muestra la dureza utópica del comunista de acción. Flaqueza. Cambio de situación. Todo lo que acabo de decir menos la conversación entre los dos. Entonces, cuando L. llega con la bandeja y lo encuentra dormido, lo que hace es retirarle la palangana, hacerle la cura, taparlo, dejarlo dormir y acostarse él en el sofá. Vendría entonces aquí el soliloquio, y no hay más que una posibilidad, y es que cuando L. está a su vez durmiéndose, se despierta S. y le pida de comer. Pero, en fin, esto es una per-fec-ta-bro-ma.

Otra posibilidad: hacer la escena más breve, reducir todas sus partes, y que la conversación transcurra mientras L. le lava las heridas y le hace la cura, y cuando lo deja, ya arreglados los pies: ahora te voy a dar algo de comer, marcha a la cocina, y, cuando vuelve, S. está profundamente dormido. Entonces, lo que tendría que hacer L. es dejar la cena y acostarse en el sofá. Esto parece lo lógico, porque lo que no lo es de ninguna manera es que lo despierte cuando le lleva la cena, y que un hombre que tiene tanto sueño se ponga a hablar de su mujer, de su hijo, de la revolución, del comunismo. De manera que lo que tengo que buscar es un diálogo breve, que, además, le va a este tipo, que es de pocas palabras, donde las cosas se digan en sustancia, y que tenga suficiente fuerza y, sobre todo, que contenga los datos necesarios para informarnos de la situación de S., para darnos una idea de su carácter y de su situación, no solamente física, sino moral y sentimental.

Bueno. Y con esto termina la primera parte de la novela. He pensado en la posibilidad de que terminase con la... que tuviese un final grotesco con las imaginaciones de Anglada mientras toca la pianola, pero esto me obliga a alterar el orden de las escenas de este capítulo, y ya veré si lo hago o no lo hago, o si simplemente altero el orden de estas dos escenas.

Bueno. Continuemos.

No se me ocurre otro comienzo para la segunda parte que, en la mañana, el despertar en casa de Landrove, es decir, continuar lo que hemos dejado; la llegada del Policía a casa de Landrove, le deja el desayuno preparado a S., S. desayuna y se marcha *por las terrazas*. Esto de las terrazas... recordemos que es noche todavía, estamos en el mes de noviembre... Esto de las terrazas lo he recordado hoy, porque el piso de Landrove es el que tenía aquel pintor de Orense en la calle Núñez de Arce, rodeado de terrazas de acceso relativamente fácil, de manera que este hombre se marcha por las terrazas. Entonces, el señor L. acude a la llamada de Anglada, tiene una entrevista con Vargas, y antes de ir a casa de Allones, pasa a visitar a Agathy. Hay dos posibilidades. Primera posibilidad, que le diga a Anglada que se haga cargo de Agathy; segunda, que no le diga nada a este respecto; que la conversación que tiene con Agathy sea precisamente la que le impulsa a buscar el dinero para S., y aplazar entonces para otra conversación, días después, el ruego de que, ya que él no puede hacer nada por ella, se haga cargo Anglada de Agathy. Hay algunos detalles, por ejemplo el detalle del dinero que Agathy necesita para vivir, cosas menudas, y viene un segundo problema, que es que tiene que ir a ver a Allones y no sé si esta visita la hace solo o acompañado de Agathy. Realmente no tiene finalidad ninguna ni es en modo alguno justificable que se lleve a Agathy a casa de Allones y la haga testigo de la entrevista. Esto, en la primera redacción de la novela, estaba justificado porque aquí era donde Allones aparecía por primera vez, y por la conversación nos informábamos de varias cosas; pero ahora que conocemos a Allones, la presencia de Agathy es completamente inútil. Entonces, la escena se reduce a la conversación entre Candidiña, Allones y Landrove. La sustancia de la conversación es conocida, de manera que esto está resuelto. Pero da la casualidad de que la marcha de los acontecimientos se detiene aquí. Se detiene aquí, y entonces hay una serie de cosas que tienen que pasar y que yo no tengo todavía situadas en el tiempo y distribuidas en la novela. Las más inmediatas son: la aparición de Verónica en casa de la Viuda, que requiere una modificación, más bien un añadido, en la parte primera, porque en la parte primera he hecho decir a Salustiano Domínguez que le diga a Verónica que tiene que ir a casa de la viuda aquella tarde, y, sin embargo, no hemos visto ir a Verónica a casa de la Viuda. Hay que hacer este añadido, en el cual se pueda ver claramente cómo Verónica empieza a traicionar a Salustiano, aceptando una segunda entrevista para el día siguiente por la tarde, una segunda entrevista, con la posibilidad de que Domínguez, digo Domínguez, Landrove, esté escuchando la conversación y se ponga en relaciones con Verónica; de manera que hay, por una parte, un añadido a la primera parte, y, por otra, un cambio de situación en el asunto del cuadro. La Viuda consigue mandar recado a Landrove, esto tendremos que verlo en la correspondiente escena de la primera parte, y tenemos a L. metido en casa de la Viuda toda la tarde esperando la llegada de Verónica. Naturalmente habrá conversaciones entre él y la Viuda, y le dirá si no es aquél «un pretexto que ha inventado usted para tenerme aquí», bajo su vigilancia. Sin embargo, después, llega Verónica.

Otra cosa que pasa esta tarde o esta noche, es la entrevista de L. con Ma. Dolores a ruegos de Vargas, entrevista a la que va a asistir también Vargas, pero más tarde. Una entrevista que tiene dos partes; una en que L. está a solas con Ma. Dolores, y otra en que están los tres. Esto también está. Con lo cual tenemos también un progreso en la historia de Vargas y Ma. Dolores. Hay el encuentro de L., yendo por la calle, con M. M. va en su coche, lo para, llama a este hombre, a L., y le dice que entre con él en el coche, L. le cuenta que anda buscando treinta mil pesetas para sacar a un amigo de un apuro y entonces el otro le dice: Si usted fuera capaz de decirme dónde tiene el picadero su amigo Anglada, yo sé de quien le daría a usted más de treinta mil pesetas por esa noticia. Lo cual hace moverse, hace progresar las cuestiones personales de

Anglada. Hay que añadir al principio de esta segunda parte una conversación telefónica de Anglada con alguien muy importante sobre el asunto de la Embajada. Tendremos que ver hoy entonces a L. varias veces con A., por lo menos dos. Pero el otro asunto necesita también, requiere también progreso, y, claro, ahora resulta que yo no tengo materia bastante para esta segunda parte. Claro, no tiene por qué ser toda en el mismo día, tampoco lo es la anterior.

Pero, caray, nos queda el problema del cuadro. El problema del cuadro tiene dos partes: en la primera, sí hay un progreso; en la otra, no. Y tenemos que ver a D. actuando en relación con el cuadro, y esto puede ser: D. y Miguel en casa de D. con una serie de invitaciones, en las cuales D. le está dictando nombres a Anglada. A Anglada, ¡qué burro soy, carajo!, a Miguel. Miguel está dirigiendo los sobres de las invitaciones para asistir a la presentación del cuadro en casa de la marquesa de Ponza, en el salón de la marquesa de Ponza el día tal de tal.

Bueno. ¿Qué cosas van a pasar en este capítulo? ¿Cuál va a ser la actitud de Verónica cuando L. se dirige a ella, o, más bien, cuál va a ser la actitud de L. al dirigirse a ella? Porque evidentemente esto no es nada fácil. Voy a cambiar la pista de la cinta porque ésta está terminándose y después es una lata...

... Continúo sin saber exactamente dónde había quedado, porque el final de la pista coincidió con una interrupción larga. Se trata, entonces, de reconstituir la segunda parte y ver cuáles son los materiales que tienen que figurar en ella y de darles orden, composición, desarrollo. Creo recordar que lo que más en el aire está es precisamente el asunto del cuadro. He dejado a D. dictándole direcciones a Miguel, y le planteaba qué puede decirle y, sobre todo, cuál es el modo que tendrá Landrove de abordar a Verónica, o bien si se limita a seguirla; pero, claro está, si V. va a casa de D. tiene razones para ir, porque V. está en casa de la marquesa... Vamos a ver cómo es esto: D. le dice a V. que vaya a casa de la Viuda y le diga que el comprador bien puede, en conciencia, darle algún dinero más; la Viuda tiene el teléfono de D., que figura en su tarjeta. V. no da su teléfono, dice que vendrá al día siguiente. Entonces, la Viuda tiene que hacer dos cosas: primera, mandar recado a Landrove; segunda, telefonear a D. y decirle que el vendedor del cuadro apela a su conciencia. La chica, entonces, viene a buscar la respuesta; la chica puede decir alguna cosa desagradable de D.: Ese señor que he visto retratado, un tipo repugnante, en fin, algo de esto. Dicho con su lenguaje. Y ya está, ya se acabó. ¿Qué hace Landrove? ¿Seguirla, abordarla, entrar detrás de ella en un bar? Ella no va a casa de D., va a casa de la marquesa. D., mejor dicho, Landrove la sigue a casa de la marquesa. Entonces, hay que aplazar el reconocimiento hasta el día en que se expone el cuadro y él ve a Verónica sirviendo el cocktail, y es entonces cuando la aborda. Es la única solución. La única solución es ésa. Entonces... ¡Ay, qué confuso tengo todo esto, qué confuso lo tengo, estoy absolutamente fuera del mundo de la novela! ¡No he recobrado la conciencia de la totalidad material de la novela, no sé por dónde van las cosas! ¡No sé por dónde van las cosas, Dios! Yo creo que el volver a tener la novela entera en la cabeza me va a costar mucho más trabajo que escribirla. Se me está yendo, carezco de una visión panorámica de los hechos, carezco totalmente. No tengo en la cabeza más que lo escrito. Vaya por Dios. Y no puedo dejarlo así, tengo que insistir hasta clarificarlo todo. La historia de Allones, más o menos la tengo. Lo que no tengo son ciertos trámites. Claro, las historias las tengo enteras, lo que me falta son los trámites. Pues sí que he dicho una cosa muy importante, mira tú. Hay que ver que me falta toda la intervención de Landrove en la vida de Miguel y de Verónica, me falta la visita que hace Landrove al taller de Miguel, el descubrimiento de que los cuadros que está pintando (Miguel) no son más que versiones abstractas de cuadros muy concretos y conocidos, lo cual implica el descubrimiento de la farsa de D.; me falta también el desarrollo de las relaciones entre M. y Verónica, es decir, cómo M. llega a admitir la posibilidad de abandonar a D. e irse con V. ¡Carajo! Si no tengo nada de la novela, no tengo absolutamente nada.

Entonces, vamos a ver: en este primer día de la segunda parte, ¿qué cosas hace Landrove? Levantarse a la llegada del policía, ir a ver a Anglada, tener una entrevista con Vargas, otra con Agathy, ir a casa de Allones con la intención de comprarle la novela, ir a casa de la Viuda a esperar la llegada de Verónica, seguirla, volver a casa de Anglada a decirle que no hay compra de la novela. En medio de esto se encuentra con este tipo, el crítico, y después, cuando ve a Anglada, le dice lo que le ha respondido al crítico, y Anglada se queda muy cabreado. Entonces, de aquí parte una acción (secundaria) posterior de Anglada, que contrata a unas putillas para retratarse con ellas desnudas, y enviar estas fotografías a los señores que andan buscando razones para que no lo nombren embajador. Naturalmente, para justificar esto, hace falta que Anglada tenga una conversación con Landrove: tiene que reconvenirlo gravemente por haber deshecho el equívoco. Cuando él (Landrove) le dice que le ha descubierto (al crítico, M.) la verdad, le responde con una especie de meditación sobre los inconvenientes de deshacer la leyenda de cada cual. Él prefiere su mala reputación a ser embajador. Y todo esto transcurre ignorando Landrove el problema de Vargas y la huida de Sánchez. La conversación entre María Dolores, Landrove y Vargas tiene que ser una conversación intensa, tratando solamente del fusilamiento del Sagrado Corazón de Jesús, del problema moral de Vargas: Si no crees, ¿por qué estás preocupado? María Dolores: Para resolverlo, le basta confesarse. Y es la única solución que debe buscar. Caray. Y a todo esto, la búsqueda de las treinta mil pesetas necesarias para que pueda escapar Sánchez, y la llegada de... la proposición que le hace Landrove a la Viuda por teléfono, a las nueve de la noche, diciéndole que tiene que verla, pero que no puede verla hasta la madrugada. Caray.

Naturalmente, al día siguiente lo primero que hace Landrove es ir a cobrar el cheque de la Viuda, correr a su casa, encontrársela vacía y volver a la de la Viuda a devolverle las treinta mil pesetas, y la melancolía con que la Viuda las recibe. En fin...

Y luego hay el desarrollo ulterior de la cuestión de Vargas con María Dolores, la liberación de Vargas, los tratos de María Dolores con Noriega, ¿van a cenar o no van a cenar? Noriega es un punto capaz de renunciar a Vargas por un prejuicio burgués de que no cene su mujer con una prostituta de lujo: tenemos que ver a Noriega en casa con su mujer, tenemos que ver a su mujer interesada y a él censurándoselo. Las mujeres sois unas inmorales: os seduce la prostituta. Había que dar un poco de existencia en la novela al crítico de derechas: es que no hay manera posible más que de meterlo aquí en este encuentro con Landrove...

... ¿Y por qué no lanzar a Landrove, como consecuencia de su conversación con Allones, a visitar a este punto? Una conversación con su casa: ahora estará en tal sitio; de tal hora a tal hora, en tal otro; etc. Todos son los lugares de sus empleos, cuatro o cinco. Y entonces, a este hombre lo espera, se mete en el coche con él, le habla de la novela, de la novela de Allones, entonces es cuando el otro le dice lo de Anglada y lo de conseguir las treinta mil pesetas o más. Porque, si no, falta rigor a este encuentro, es un encuentro casual. Del otro modo lo hacemos voluntario. (¡Vaya, hombre, hoy ando yo sin faja! Por eso tenía frío.) Bueno, pues, sí. Después de Allones, va a ver a este carajo, va a ver a este tipo, que es un hombre que tiene mucha mano y le puede recomendar a una editorial. El otro les da razones de otro orden: que hay crisis del libro, que no se vende, que un libro tan grande cuesta mucho dinero y no hay quien se arriesgue. Entonces Landrove puede decir: Me falla todo, hoy es un día malo; ando buscando treinta mil pesetas para sacar a un amigo de un apuro y no hay quien me las preste.

Bueno, todo esto son materiales informes, y por otra parte son personajes que se están moviendo en un mundo donde no hay más que palabras. Si la pobre Agathy queda sola todo el día, entregada a su melancolía... Entonces, claro, lo de Sánchez se resuelve rápidamente, es decir, la función de este personaje queda totalmente agotada en la segunda parte. Y entonces hay que preguntarse: ¿Sirve realmente para algo? Porque, claro, si este personaje fuese alguien que estuviese actuando, un elemento dinámico, de esta manera, pero durante más tiempo, indudablemente tendría una finalidad; pero es que no la tiene ni le hace falta; es un personaje totalmente inútil, es una cosa que embaraza totalmente. De manera que, en realidad, podría decidirme ahora mismo a suprimirlo, y, entonces tengo totalmente terminada la primera parte, y puedo ponerme con la segunda rápidamente; es decir, puedo empezar ahora a escribir la segunda, porque, en realidad, el tope que me ha detenido es justamente eso: la invención de Sánchez es lo que ha detenido la marcha normal de la novela. ¿Para qué me sirve Sánchez? Para nada: es meter ahí un personaje nuevo completamente inútil. Es decir, me sirve exclusivamente para presentar un matiz del carácter de Landrove y un matiz del carácter de Agathy. Y me sirve también para comprometer a Landrove con la Viuda. Porque, claro, Landrove se ha acostado antaño con la Viuda, por gratitud de la Viuda, y ahora se acuesta con la Viuda por agradecimiento personal. La primera vez no le compromete; la segunda sí. Entonces, este hombre, después de haber pasado la noche con la Viuda piensa razonablemente que debe renunciar a Agathy. Y entonces, quizá, lo primero que hace al descubrir que Sánchez ha levantado el vuelo, es decirle a Anglada cuál es la situación de Agathy para que se haga cargo de ella: que la invite, la proteja, y evite también de alguna manera el suicidio. Entonces Anglada puede protestar diciendo que, en fin, sus proyectos con María Dolores son así y asado, pero Landrove ya conoce a María Dolores y... Pero, claro, lo lógico es que, en esta conversación, se refiera al problema de Vargas. Caray, qué complicado es esto. Porque, claro, la conversación entre Vargas, Landrove y María Dolores, si no sirve para tomar una determinación, no sirve para nada. Entonces, podemos presentar a Anglada desesperado porque Vargas no ha aparecido por su casa, no ha aparecido por el despacho, lo ha dejado colgado; entonces, Anglada empieza a fantasear: Me lo han raptado, voy a llamar a la Policía. ¿Es verosímil? No. Porque Landrove no sabe que Anglada ignora lo de Vargas, de manera que Landrove no puede aconsejar a Vargas que se vaya de casa de Anglada. Esto no es verosímil. Descartado. ¡Descartado! Entonces, hay que buscar un momento en el desarrollo de los hechos en que Landrove echa en cara a Anglada su comportamiento con Vargas. Esto no tiene por qué ser ahora. Pero tendrá que ser en algún momento.

Las ocho y media. Finis.

5 de junio, 1966

Hoy es sábado, cinco, sí, creo que es cinco, y esta mañana entregué a Baeza el original de la primera parte de *Las ínsulas extrañas.* Ayer recibí el resto de la copia, y da un total asombroso de 187 folios: 187 folios que deben de estar escritos a espacio y medio, con lo cual, Gonzalito, te está resultando una novela de tomo y lomo. La he entregado, espero el resultado de la lectura, y puede suceder, naturalmente, que guste o que no guste. Ahora bien, con la copia venía una nota de Ll., a quien considero una lectora inteligente, que considero bastante satisfactoria. Como por otra parte a mí también me gusta (en la medida en que mi juicio puede ser válido), creo que de momento estoy obligado a continuarla. He suprimido de esa copia, siguiendo el mismo criterio que con los folios anteriores, la mayor parte de las acotaciones que Ll. llama de evasión, y he dejado únicamente las que a mí me parecen indispensables: porque tengan gracia, porque tengan valor constructivo, y alguna de ellas porque tiene valor poético.

Y ahora acabo de escuchar mis notas de anteayer, y la conclusión que saco de ellas es que no sé por dónde ando. Dada la situación, dado el material de que dispongo, va a ser inevitable que la segunda parte sea, al menos en su mitad, todo lo que hace Landrove a lo largo del día, porque hasta ahora es Landrove el que conduce la acción: me refiero a la acción de la segunda parte.

Entonces, una de dos: o invento algo interesante en relación con las otras historias, o admito que la técnica de contrapunto utilizada en la primera parte debe ser sustituida, simplemente porque la marcha de la acción lo exige. No debo olvidar, además, que la primera parte está dividida en capítulos y comprende dos días de acción, y que en cada capítulo vemos lo que está haciendo cada personaje en relación consigo mismo, con su situación, con el asunto en que está metido, con lo que le preocupa. Y, claro, hay una posibilidad que no se me había ocurrido hasta ahora, y es que sigamos al fantasma de Sánchez, escondiéndose, perdiéndose en la ciudad, metiéndose en un cine, comiendo algo, apenas sin diálogo: describiendo unas sucesivas intervenciones y un miedo in crescendo. Ya está. Pero, ¿y los demás? ¿Qué hace María Dolores hasta la noche? ¿Qué hace Domínguez? Sobre todo, la parte de Domínguez la tengo absolutamente sin trabajar. ¿Qué hace Domínguez ese día? ¿No me he precipitado demasiado al publicar la noticia el día anterior? Sin embargo, es lógico que la noticia salga el día anterior. ¿Qué hace D. con Miguel y sin Verónica durante todo este día? ¿Qué hace que tenga relación con el asunto del cuadro o con el de Miguel? No se me ocurre absolutamente nada. Porque a María Dolores puedo presentarla por la mañana despertándose sola en su cuarto, contenta de que sea la primera vez que ha pasado veinticuatro horas sin acostarse con un señor; una conversación con Regina, cualquiera de estas cosas. Tiene que telefonear a Vargas y tratarlo todavía de usted. Todo está bien, sin embargo, no hay progreso. Puedo presentar a Anglada telefoneando, como estaba previsto, a su amigo el ministro para que apure lo de la embajada, también; pero falta D. ¿Qué hace D.? D. está limpiando el cuadro, D. está preparando el cuadro para exponerlo. D. está con una bata o un albornoz y unas gafas en su laboratorio, rodeado de potingues, limpiando la pátina y la mierda que tiene el cuadro, devolviéndole su brillo. Bueno. Bien. Ya aparece D., pero éste es un momento insignificante; puede estar proyectando, puede estar con Miguel delante diciéndole: te voy a llevar a tal sitio, te voy a llevar a tal otro, vamos a recorrer todos los museos del mundo; es decir, está seduciéndolo, lleno de temor de que se entienda con Verónica. Te voy a llevar también a algún lugar del Mediterráneo donde se conserva la tradición. Vamos a ir a vivir a París. Te voy a lanzar.

Bueno. Esto ya está. Hay ya algo. Algo concerniente a D. Esto parece que va cobrando forma.

Entonces, ya sabemos lo que hace Anglada, lo que hace María

Dolores, lo que hace D. Por la tarde vemos a Verónica. Bueno. Hay que presentar a Verónica como traidorzuela, esto tiene que quedar claro: como traidorzuela. Si V. es una traidorzuela, V. está en casa de la Viuda y ve allí a Landrove; Landrove sale tras ella, la sigue; V. se da cuenta de que la sigue, comprueba que la sigue; se mete en una cafetería, enfrente de la puerta; ve entrar a Landrove, que no la pierde de vista. Entonces, dice al camarero: dígale a aquel señor que haga el favor de acercarse. Y L. se acerca. ¿Por qué me sigue V.? Landrove le dice que porque le gusta o cualquier otra cosa de ésas. Ella responde: No. Ella le descubre inmediatamente cuál es su juego y cuáles son sus razones, y, claro, vamos a ver lo que sale de esta conversación. Ahora bien, V. cree que el cuadro lo hizo D.

Ya tenemos un elemento dinámico, hay ya un movimiento, un progreso. Bien. Esto es un folletín, carajo. Y todo esto pasa en la tarde del día siguiente. De esta entrevista con Landrove tiene que quedar convenida, porque, naturalmente, a L. le interesa, una visita a casa de D. ¿Y cuál es el momento en que L. puede ir a casa de D. y ver los cuadros de Miguel? ¿Cuál es el momento en que ni Domínguez ni Miguel están en casa y en que L. puede ver los cuadros de M., darse cuenta de lo que son estos cuadros? No lo sé. ¡Ah! Se me está recordando otra cosa: Miguel tiene que hablar con V., tiene que decirle cuáles son las intenciones de D., tanto en el orden sentimental como en el profesional. Y también tiene que haber una conversación bastante dramática entre D. y la marquesa. Una conversación en la cual aparece todo el dramatismo de la puta vieja que no es puta, sino marica. Caray con la conversación. Yo no puedo retenerlo ya, mi fantasía inventa lo que puede, tengo miedo de esa muchacha, quiero deshacerme de ella. El final de V. es que sale para los EE.UU. con el collar de la marquesa. Con carta de presentación para las tortilleras más ilustres de N. Y.

Esta novela va a durar muy pocos días, va a ser una cosa muy apurada de tiempo. No hay por qué dilatarlo, no hay ninguna razón. La única razón para dilatarlo es lo de Allones y Candidiña. Claro, hay que meter por ahí también la boda del Mocetón y Candidiña. La chica tiene pasaporte. (Me he olvidado de esto, claro.) Yo tenía que hacer una especie de exposición de las historias paralelas a cuatro columnas y ver la distribución temporal de los hechos más importantes de cada una de ellas: es la única manera de que la composición no sea un revoltijo. Pero, claro, Candidiña y el Mocetón tienen que marcharse; Allones tiene que terminar su novela. ¿Y si las historias se fueran terminando una tras otra?, es decir, una serie de finales graduados: la historia que primero termina es la del cuadro; después, la de Anglada; luego la de María Dolores y Vargas, después la de Sánchez y, por último, la de Allones. De manera que el libro podría terminar con el suicidio de Allones, que no es propiamente suicidio aunque él tenga intención de suicidarse; lo que pasa es que da un traspiés y se cae.

Entonces esta construcción sería como la escalera de caracol de Santiago, la triple escalera de caracol de Santiago, que termina cada rama en un piso. Y, aquí, en cada parte termina una historia. Mira tú por dónde me acuerdo ahora de la triple escalera y de aquella mañana caliente en que trepamos hasta arriba L. R. y yo, y fue la de Dios. En fin, es un triple o un cuádruple caracol que se va enroscando, y queda exclusivamente la historia de Allones. De manera que, primero, termina la historia del cuadro; después, termina la de Vargas y Anglada y María Dolores; viene luego la de Sánchez y por fin la de Allones. En las historias de Vargas y de Anglada van implicadas las de Agathy y María Dolores. Bueno, claro: la que primero termina es la de Sánchez, realmente. Pero van implicadas las historias de María Dolores y Agathy en las de Anglada y de Vargas. Caray. Y, claro, la de Landrove también. Landrove, melancólicamente... ¡No, porque la Viuda le gusta, la Viuda le gusta!

Pues, mira, no he perdido la tarde. Parece que esto es un progreso, realmente, de la concepción general del libro. Ahora, esta contabilidad por partida cuádruple tengo que hacerla, distribuyéndola incluso por días.

Distribuyéndola incluso por días.

... incluso por días. ¡Carajo, cómo está mi estómago hoy, qué barbaridad! ¡Y mis tripas! Esto es un verdadero órgano electrónico. No sé qué me habrá hecho daño a mí hoy. ¡Ay, lo que me fastidia a mí de Madrid es esto, que tengo que andar comiendo porquerías por ahí, y luego pasarme un mes a régimen estricto!

Bueno, vamos a ver si oyendo esto se me ocurre algo nuevo.

Incierta (quizá la semiborrada el ocho de junio) ¡OJO! ¡OJO!

... esta vida donde no hay una aventura, donde no hay un escándalo, donde no hay una borrachera, donde no hay nada, pero que distingue al escritor, que hace del escritor un ser excepcional, que justifica en parte el desprecio o, al menos, el odio de la sociedad. Son, decía Baeza, escritores sin biografía, y es cierto: yo, que los conozco bien, sé que son personas en cuyas vidas no ha pasado absolutamente nada. En algún caso, me refiero a la vida matrimonial, debe de ser, por una parte, un acoplamiento como quien mete un corcho en una botella, y por otra parte una colaboración intelectual, pero sin que entre ambas exista una corriente cordial que las justifique y las embellezca. Pienso, al menos, en uno de ellos, que tiene una mujer sin ninguna clase de atractivos, una universitaria útil en la que se juntan estas dos circunstancias: es una mujer en la cual el joven en cuestión puede desahogar de una manera regular y metódica sus impulsos vitales, si es que lo son, y, por otra parte, hallar en ella una excelente colaboradora y secretaria. La verdad es que ganan mucho dinero.

Es triste, coño, realmente triste, un modo de vivir sin ninguna clase de poesía, sin ninguna clase de aliciente, sin ninguna clase de alegría, sin sorpresas: parecen alumnos mediocres de los jesuitas. Si se salvan un poco es por su actitud política, si no gallarda en exceso, al menos correcta, moral y ejemplar. En fin, de esta condición se salva evidentemente X..., con sus borracheras y sus putañeos. Entonces, esto me sugiere que en la ampliación prevista del capítulo en el que Anglada habla con el profesor Barrantes, tengo que dibujar en el prof. B. a un tipo de éstos, no sé a cuál, ni si a una mezcla. Cuando el prof. B. desbarra contra el prof. Sanjurjo, al hacer el retrato del otro hace al mismo tiempo el suyo propio, y se ve que uno por exceso y otro por defecto son un par de tipos repugnantes. Con lo cual, además, pues evito el parecido de B. con S. Es decir, tengo que decir de una manera expresa que B. no hace precisamente esas cosas que hizo S. Yo creo que con todo esto los personajes van perfilándose mejor.

Hoy he visto a mi amigo Mariano Sánchez Roca, viejo abogado y periodista, director del primer periódico en el que yo escribí, y, después, subdirector del primer periódico madrileño donde trabajé. He tenido una gran alegría al verlo, y aquella niña, Chitina, con quien yo jugaba a las muñecas, aquella niña que nació precisamente el año en que yo estaba en Oviedo, o, mejor, el año en que me marché de Oviedo, aquella niña es una mujer de... años, bien vestida, bastante atractiva, madre de una niña de once años; no más guapa de lo que era de niña, pero bastante guapa todavía, que trabaja de vendedora, de «vendeusse» en una «boutique» del barrio de Salamanca. Mariano está gordo, un poco deforme la cara, pero conserva la ingenuidad, la alegría y la ligereza de hace treinta años. Tiene sesenta y nueve: para esa edad está bastante bien.

En fin: creo que con esto he consumido mi turno de hoy y no he perdido el día del todo. Por lo menos hay estas notas que permiten conservar, aunque sea sólo en síntesis, las cosas que he andado imaginando. Bueno, la verdad es que también por la mañana he trabajado un poco: estuve corrigiendo lo escrito ayer.

Más aún, he cobrado mis conferencias, de manera que no he perdido la mañana.

8 de junio, 1966

Hoy es el ocho de junio: muchas cosas hechas, poco trabajo positivo. En realidad, todo lo que fui capaz de hacer es un folio. Y no por falta de ganas, sino por ciertas circunstancias totalmente ajenas que me tenían preocupado y me impidieron alcanzar una visión de lo que está sucediendo. Por otra parte, el último día corté el trabajo en un momento del diálogo que exigía continuación inmediata: me olvidé de lo que se iban a decir, y hoy salió algo inesperado que no sé si realmente tiene valor. Esto me sucede muchas veces, dejar el trabajo que exige continuación entonces, y después no saber cómo continuarlo, y que la continuación salga completamente distinta de lo que debiera ser. Esta falta de método, esta falta de rigor es causa de ciertas caídas y algunos defectos de que adolecen mis obras. En fin, ahora, por lo menos, he terminado este diálogo y he dejado abierta la puerta para el inmediato, del cual recuerdo que tengo registrado los principales momentos, pero hay que añadir un matiz nuevo, que es la consecuencia de lo que acabo de escribir. María Dolores, en lo que hoy he escrito, comete uno o dos errores; entonces, cuando viene Regina, a quien manda llamar, comienza diciéndole que está furiosa, y que realmente, no sabe cómo hablarle a un hombre con el cual tiene unas relaciones distintas de las habituales. Más o menos, las putas no sabemos cómo hablar a los hombres honrados, y yo me temo que esta falta de habilidad, de costumbre, quizá de inteligencia, me haga perder a éste. Después, puede venir todo lo contado ayer, todo lo registrado ayer.

Bueno. Me parece que en todo el día de hoy no he tenido ocasión de pensar en la novela. Realmente no estoy en situación de recordar nada. Estoy ahora, como en mis buenos tiempos, angustiado por alguien que tarda, y me cuesta trabajo recordar. La verdad es que no tuve tampoco en todo el día un momento de sosiego que me permitiera volver al tema y pensar algo nuevo. El día resultó totalmente dilapidado. En estas condiciones, me temo que todo lo que haga vaya a resultar inútil, porque estas cosas sólo se pueden hacer cuando está uno metido dentro de la novela, cuando realmente la vida exterior no existe, no existe más que ese mundo en el cual uno se mueve, y del cual uno es testigo, con toda naturalidad. Advierto también que poco a poco voy perdiendo la visión de los detalles ambientales: me está saliendo el diálogo escueto, descarnado: oigo lo que dicen las personas, no veo lo que hacen, no veo el color de la habitación, el color del cielo y de las casas, lo que pasa en la calle, los restos de las copas bebidas anoche encima de la mesa del salón. No pienso en nada de eso. Y, sin embargo, el éxito de esta novela será si acierto con el sistema de acotaciones capaces de crear un ambiente, de sustituir lo que en la novela corriente es la descripción. Todo me sale con torpeza. Realmente es la falta de hábito, la tremenda falta de hábito. También me afecta bastante la falta de soledad, la imposibilidad de encerrarme y no enterarme de nada. Pienso si al regresar a mi casa podré conseguirlo, si lo podré de una manera constante, sistemática, que permita esas dos o tres horas diarias de trabajo que necesito. Aunque sean partidas, aunque sean entre tarde y noche. ¿Qué tendría en su interior un hombre como Kafka? Capaz de hacer su vida normal de empleado de comercio, llevando dentro todos esos mundos que le preocuparían, que le preocupaban de hecho. ¿Cómo podía atender a su trabajo y presenciar al mismo tiempo esas imágenes que, seguramente, no podría controlar? Claro, ese mundo podía más que él, se le había impuesto. Yo estoy en la situación contraria: no me tiene dominado, sino que voy yo a él, intento suscitarlo, provocarlo, y de esa manera, las imágenes son mucho más perezosas, mucho menos coherentes. Yo sé lo que es eso de que lo envuelva a uno un mundo distinto y esté uno como obsesionado por lo que hacen y por lo que dicen los personajes. Esté uno viendo las cosas y pensando al mismo tiempo las palabras con que tiene que nombrarlas. Supongamos que yo me pongo ahora a hacer un ejercicio, y me digo: ¿qué es lo que hay que decir, cómo hay que revestir de carne este diálogo que acabo de escribir? ¿Qué acción secundaria hay que crear como contrapunto? ¿A qué realidades hay que referirse? María Dolores está en su habitación; en la habitación todo está quieto y probablemente todo está en silencio. Es una habitación en un piso muy alto; los ruidos de la calle quedan lejanos, es temprano: lo más que puede oírse es el rumor de una cañería. Precisamente, la habitación de María Dolores está hecha para el silencio. Entonces, por la puerta abierta del cuarto de baño llega el ruido de una cañería. Ella no oye nada más. Está en la cama, y tiene encendida una luz baja, una luz de la mesilla, de manera que la parte superior de la habitación queda en penumbra. La luz de la mesilla cae sobre una alfombra roja donde están unas zapatillas. Hay también unas medias arrugadas, dejadas allí conforme se las quitó. Encima de la mesa de noche hay un vaso y una botella de agua mineral. No hay nada más. Cómo es la cama: una cama moderna, aproximadamente igual a la mía. Y el teléfono es blanco. No hay espejos. En los armarios cerrados no hay espejos. María Dolores no tiene «coqueta»: se arregla en el cuarto de baño. En el cuarto de baño, sí hay un espejo muy grande encima del lavabo, y luces muy fuertes. Allí están los escasos potingues que utiliza para arreglarse, pero, junto a la cama, no; en la habitación de dormir, no. La habitación de al lado no ha sido arreglada todavía, de modo que están encima de la mesa los restos de las copas que tomaron y del café. Quizás estén todos recogidos en una bandeja que María Dolores no ha llevado a la cocina, sino que la ha dejado allí. La alfombra quedó un poco arrugada, y entra la luz de la mañana. Tengo que decir que el rascacielos oculta el sol. Y que su fachada está oscura contra el cielo iluminado, y que por el lado opuesto, por encima de la sierra, el cielo está oscuro todavía, y hay algunas nubes. Y quizás un poco de bruma.

En fin: todo esto, que tengo que decir, no lo he dicho. Y, además, me parece, pedazo de idiota, que estoy borrando todo lo grabado ayer. Me olvidé de darle al mecanismo de cambiar la pista. ¡Vaya por Dios!

1967

1967

[illegible]

[illegible]

Hace [illegible] tiempo [illegible] y bastante más [illegible] natural de quien espera hacer una novela [illegible] de quien se encuentra que [illegible] los [illegible]. Por una parte, un deseo de escaparse del realismo [illegible] por otra parte la invención del personaje J.M. me han descabalado todos mis supuestos y me han dejado como quien [illegible] en pura pelota. No he perdido el tiempo por lo que [illegible] de ideas [illegible] sobre todo [illegible] críticas, que me han llevado a declarar [illegible] todo lo escrito en [illegible] y a imaginar en qué [illegible] consistir su intervención. [illegible] llevarlo a cabo ya es más difícil [illegible] la novela [illegible] J.M. [illegible] J.M. tiene [illegible] en una narración en primera persona en la cual, de una manera [illegible] de J.M. y [illegible] ciertos [illegible], o [illegible], por ejemplo, [illegible] con la [illegible] de [illegible]. La [illegible]

CAMPANA Y PIEDRA

23 de junio, 1967

Hoy es 23 de junio. Como si dijéramos a un paso de la noche de San Juan. Llevo tres días esperando un niño que no viene: nervioso, sin hacer nada, y bastante más de tres en plena crisis literaria: la crisis natural de quien espera hacer una novela, no digo excepcional, pero casi, y de quien se encuentra que le fallan los medios. Por una parte, mi deseo de escaparme del realismo mostrenco en que he caído, por otra parte la invención del personaje J.M., me han descabalado todos mis supuestos y me han dejado como quien dice en pura pelota. No he perdido el tiempo por lo que a ideas, a ebullición de ideas se refiere, sobre todo a ideas críticas, que me han llevado a declarar inútil todo lo escrito en relación con ese personaje, y a imaginar en qué va a consistir su intervención. Pero llevarlo a cabo ya es más difícil, ya exige de mí un arte del que no sé si dispongo. Llamemos a esta parte de la novela *La saga de J.M.* *La saga de J.M.* tiene que ser una narración en primera persona, en la cual, de una manera sistemática, se confunden las cuatro personalidades de J.M. y se dan vueltas a ciertos núcleos igualmente confusos, o confundidos; por ejemplo: la relación de los cuatro personajes con la batalla de Elviña, para convertirse en una especie de mito. La batalla de Elviña, en la cual lo mismo muere el arzobispo, que el canónigo hereje, que el rector de la Universidad. Pero además la batalla de Elviña es una realidad pasada y una realidad futura, porque también el personaje real, José Mosteiro, que soporta estas cuatro personalidades, va a morir en la batalla de Elviña. Tengo claras las significaciones, y tengo una idea del tono humorístico, desenfadado, en que debe estar escrita La Saga, pero no tengo, en cambio, la menor idea de cómo voy a escribirla. Ni la menor idea. Porque, caray: ¡pensar que una carta de G. y una lectura me han metido en este lío! Yo escribo la saga que puede tener cuarenta, cincuenta folios, lo que sea. La divido y la intercalo, o sea, acudo al procedimiento del encarte, perfectamente mecánico. Yo hago de J.M. un personaje real de la novela realista, del modo cómo se lo encuentra Marcelo en la catedral, del modo cómo se lo encuentra don Felipe en la calle, etc. Es decir, que en cada capítulo habrá una aparición de J.M. como personaje de la novela realista. Pero, ¿y qué más? Hay, además, el añadido de los niños en la catedral, que hice uno ya, en su sitio, pero que tengo que hacer otro. Tengo que hacer otro para el primer capítulo. Y tengo también iniciada la relación entre Pablo y Estrella, que le he dado este nombre a la hija de doña Beatriz, Pilar. Pero el esbozo que me salió de la tal Estrella, me ha llevado, o me va a llevar, mejor dicho, por un camino que no es el que yo había pensado. Uno se esfuerza en una cosa, después el personaje sale de otra manera y descabala todos los planes. Una frase bastó para que Estrella saliese distinta, una sola frase. Y ahí está, que yo no sé qué va a salir de ahí. No sé qué va a salir de la lucha de Pablo entre dos mujeres, cada una de las cuales tiene sus atractivos y sus razones. Por otra parte, estoy perfectamente empantanado en la continuación del tema de la conferencia de Marcelo, que es justamente lo que va a venir ahora.

25 de julio, 1967

... Hoy hemos tenido doble fiesta: el santo de Jaime y el cumpleaños de Francisca. Hubo más o menos treinta niños con el consiguiente jaleo. Se les invitó a sandwiches, a «Coca-Cola», a otros bebedizos más o menos mortales y a dos o tres tartas, a escoger: lo que se dice por todo lo alto. Después los niños se fueron al jardín, metieron todo el ruido posible, y ahora deben de haberse desparramado por McKownville, porque no se les oye. El pequeño chillaba hace un momento, quizá con el calor, pero ya parece haber callado. El calor es de los gordos, húmedo y con tal variedad de insectos que uno se queda bobo mirándolos, de tantos colores y tamaños, supongo que además pican: gracias a esas pantallas que tienen las ventanas podemos ventilarnos y vernos más o menos libres de ellos. A los niños hay que ponerles mosquitero, no obstante. Y yo llevo la tarde bebiendo limonada natural, que me hizo F. por litros: azucarada y fría, que es como hace más daño.

Lo que se me ha recordado hoy, pese al jaleo, con cierta insistencia, es aquello que se cuenta en Pontevedra de uno de los Muruais, que salía de noche disfrazado de Urco y pegando gritos por las calles vacías y mojadas. Si esto lo contamos de una manera abstracta, la fórmula sería: el hombre que se disfraza de mito. Y si, después, volvemos a contarlo de una manera concreta, tendremos a J. M. disfrazándose de John Moore, etc., etc. De modo que ese tío que inventé para la novela y que encuentran en la catedral vestido de arzobispo es el hombre que se disfraza de mito. Pues no me parece mal, dicho así, ésta es la verdad: es un modo de decirlo que convence a cualquier pedante, nada menos, ¡hombre disfrazado de mito!, ¿habrá cosa más sencilla y al mismo tiempo más disparatada? ¿Más absurda? Porque de eso de transformarse el hombre en mito tengo ya cierta experiencia, aunque ya lejana, Clavijo, Ulises, pero de lo de humanizarse el mito, nada. Y se me ocurre ahora que...

(Interrupción)

... Pues resulta que alguien se cayó y se hizo una brecha de un centímetro aproximadamente, y hubo que ponerle un esparadrapo y cantarle el sana, sana, culito de rana. Y con esto no sé por dónde iba, de modo que tendré que oír lo último grabado... La cosa es que ya no recuerdo cuál era mi ocurrencia. En cambio, ahora, a la vista de lo oído, lo que puedo añadir es que semejante tema, el hombre que se disfraza de mito, eso es, ni más ni menos, ¿y para qué? Pues, precisamente por eso, ¿para qué?, es por lo que la materia exige por su propia naturaleza un desarrollo humorístico, claro, de esto no cabe duda, o por lo menos a mí me lo parece ahora, pero no quiero renunciar a la visión lírica, la ciudad lo exige, un lirismo bastante húmedo, niebla y mucha fantasía de piedras, todo eso, ya una vez empecé un trabajo diciendo algo así como que la campana crea la ciudad en la niebla, o cosa semejante, pero no tengo a mano el libro para comprobarlo, es un libro que presté y no recuperé, qué le vamos a hacer. La campana crea la ciudad en la niebla o de la niebla, de ahí vino lo de *Campana y piedra.* Pero esto de J. M. disfrazado por las calles y por las catedrales es otra cosa, a lo mejor es un gran disparate, pero aun así es otra cosa. Pero en este momento de lo que tengo repentina conciencia es de que *la ciudad en sí,* la ciudad en cuando *entidad poética* no está suficientemente tenida en cuenta, no pasa de mero escenario más o menos aparatoso, y lo que yo necesitaba es algo extraordinario, algo que sólo pudiera pasar en esa ciudad o que sólo pudiera pasarle a esa ciudad. Bueno, lo que sólo puede pasar en Villasanta de la Estrella es que el botafumeiro se suelte y se estrelle contra la bóveda de la nave, y se desparramen sobre las cabezas de los fieles los tizones ardientes. ¡Dios no lo quiera! Es muy posible que a estas horas ande el botafumeiro paseándose con su habitual majestad y su estremecida voluntad de ascensión... aunque ya no, son seis horas de diferencia, en Santiago es casi de noche. Pero, insisto, necesito que la ciudad como tal cobre una entidad que no tiene, la ciudad no como receptáculo de una sociedad determinad, bueno, yo me entiendo. ¿Y si se la tragara la niebla, si la absorbiese la niebla? Sería demasiada coña, una cosa así, en una novela realista. Pero, la verdad, yo no sé por qué ha de ser una novela realista. *Don Juan* no es una novela realista, vista de cierto modo, aunque... Así le fue, al pobre *Don Juan.* Pero *Campana y Piedra* no tiene por qué ser realista.

Lo que pasa es que con todo este lío de J. M. la novela se me va a hipertrofiar, o, al menos, esa parte de los J. M.

31 de agosto, 1967

Hoy es el treinta y uno de agosto. Ayer hizo un año de mi llegada a esta casa, a esta ciudad, a este país. No me atrevo a hacer un balance. En la columna de ganancias, además de unos dineros que no me sobraron, podría poner una experiencia inesperada de un país, de una gente, de unas costumbres. En el capítulo de las pérdidas, un año estéril. Hallando la diferencia, el resultado se inclina indudablemente hacia las pérdidas. Pero, bueno, no sé hasta qué punto será éste momento y ocasión de mirar hacia atrás con ira. Está hecho, y espero y deseo que la solución, es decir, la marcha, no se retrase. Cualesquiera que sean las ventajas de quedarme aquí, sé que mi pereza se ha agravado, sé que me hundiría en la rutina escolar y que el escritor habría muerto. Es mi carácter el que lo hace así, y es muy tarde para que yo cambie de carácter. A otra cosa. Ayer, por ejemplo, escribí casi tres páginas a un espacio de La Saga de J.M. Tiempo perdido, porque no es lo que yo quiero; porque, para hacer eso, no vale la pena hacer nada. O este embutido en la novela se enciende sólo por su fantasía, por su imaginación, por su gracia, o no sirve para nada. La condenada prisa, que me coge cuando me decido a escribir, es la que me lleva por el camino fácil, olvidando mis propósitos estéticos. Lo que hice ayer es una narración más o menos caprichosa, sin la cual el mundo puede pasarse perfectamente y yo también, y, por supuesto, la novela. No es eso. Ni es tampoco esto que se me ocurrió hoy, este juego de palabras, este Aldobrando Hildebrandini, este juego de palabras entre Hildebrando y Aldobrandini que se me ocurrió, ni el Hippopolitus que se me ocurrió después, porque éstos son meros detalles, pertenecientes a una materia cuya naturaleza no tengo descubierta. ¿Cuál es el tono de la narración, cuál es su marcha, cuáles son las cosas que debo contar? He ahí el problema. Hacer que el Papa hable diciendo «Aquí fabló el buen Papa, bien oiréis lo que dijo», es una gaita más. No se trata de fantasías verbales. Justamente es de lo que debo huir. No se trata de hacer eso, porque soy incapaz de hacerlo, además. Soy incapaz de hacerlo. La fantasía que yo busco es de otra naturaleza, es la materia en sí. El buen camino está, por ejemplo, en la llegada de don Acisclo, don Asclepiadeo o algo así, que era canónigo de la Iglesia-catedral de la Isla de San Balandrán, de San Brandao; que naufragó frente a las Sisargas. Eso ya es otra cosa. Ésa ya es otra manera distinta. Ésta es la línea que yo quiero. Habiéndoseme ocurrido, ya es una buena ocurrencia; habiéndoseme ocurrido, digo, que ambos fueran nigromantes, le saco poco partido a esta situación. Aldobrando, por ejemplo, es elegido Papa merced a su fama de brujo y el pueblo romano espera a su costa comer la sopa boba. Iacobus Marcellinus, por ejemplo, cuenta los prodigios que hacía para entrenarse. Cómo en este entrenamiento llevaba a Aldobrando lo menos dos cuerpos de ventaja. Nada, pues, de fantasías verbales. Hippopolytus es un accidente. Lo importante es que la materia en sí sea fantástica, y ése tiene que ser todo el tono de la Saga en todas sus partes. Todo tiene que ser una mezcla de fantasía poética e intelectual. «Le dije a don Alonso que su querida estaba preñada en el estómago de un homúnculo, y que lo pariría de un vómito, si no de un estornudo.» Ése es el tipo de cosas, mucho más cerca por supuesto de Quevedo que de Joyce, y si no lo consigo, tendré que reformar una vez más la novela y suprimir absolutamente toda mención de Jacobo Marcelino. Tengo que dejarla más cerca de su primitiva concepción. «No me escapé del convento por haber asesinado al santo Veremundo, sino porque se acercaban las tropas del Mariscal de Bendaña a saquearnos. Y aunque había monjes que permanecieron en oración, cayeron bajo la espada del Mariscal. Yo consideré que dejarme matar era un despilfarro, y escapé a los montes próximos, y allí empezó la vida del monje giróvago. No sé si era una tropa de soldados y caballos, o sólo un ejército de caballos con el Mariscal que los montaba a todos. Yo no oí más que un ruido inmenso de caballos al galope como el rumor de muchas tempestades juntas, como si el cielo que cubría el monasterio estallase en truenos en todo su alrededor. Pese a mi diligencia, no me dio tiempo a escapar. No pude descubrir los pasos que separaban del monte, porque se oía ya el resoplar de los caballos. Entonces me escondí debajo de una losa y vi cómo los caballos invadían el monasterio, y por encima del ruido se oía la voz del mariscal que lo cubría todo y ordenaba que no dejasen uno con vida.»

Setiembre 1967 (primeros días)

... Tuvimos que regresar rápidamente, sin detenernos apenas en Nueva York, ni falta que hacía, el calor era horrible, la ciudad aparecía visiblemente transformada, como si le hubieran cambiado la materia, debe de ser algo de la reflexión, un efecto de la reflexión del calor, y la gente desmadejada, las muchachas negras enseñando el culo y las tetas que era un alabar a Dios aquel espectáculo lo mismo en movimiento que en reposo. Yo, el tiempo que tuve que cargar con la maleta creí que no podía más. Menos mal que el autobús de Albany también está refrigerado, y que, cuando llegamos, ya era el atardecido. Los niños, cuando llegamos, estaban todos metidos en la piscina, menos el pequeño, claro, Luis. Pero Juampa chapoteaba que daba gloria verlo, parecía una verdadera rana.

Pues fue un viaje pesado, en este tiempo y hacia el Sur, pero el balance es positivo. Por lo pronto, Washington bien vale una misa, esa explanada entre el capitolio y el monumento a Lincoln abruma un poco, a pesar de que han instalado en el medio el obelisco para que la desolación no sea tan grande, y si bien el monumento a Lincoln es sencillo, el capitolio es un poco abigarrado, un poco excesivo, demasiadas columnitas y pirulitos. Hicimos fotos a tutti plen, también en la Casa Blanca, que es un palacete como algunos de Madrid, no más, y Fernanda salió al lado de la campana que tocó la Independencia, que es un modo bastante barato de inmortalizarse. Digo salió en el caso de que no haya fallado la fotografía, que aun no lo sé. Bueno. De todas maneras ese espacio entre un edificio y otro es formidable, aunque un mediterráneo lo encuentre excesivo, pero a eso hay que acostumbrarse aquí. El año pasado, cuando la reunión de los profesores de Literatura y Lengua, eso de todos los años por diciembre donde se contratan los nuevos, y los sin trabajo andan a ver qué cae, uno que se llama Molina me contó un cuento bastante divertido de Pemán, que anduvo por aquí no hace mucho y al que acompañó ese Molina. Pues Pemán vio el Empire State y se quedó entre perplejo y abrumado, creo yo que desasosegado por aquellas proporciones tan excesivas para su sensibilidad de gaditano, pero encontró en seguida el modo de reducir la torre del E.S.B. a medidas humanas: «Parese... parese... una jeringuiya de inyecsiones.» Y no está mal.

Lo más importante fue la visita a la National Gallery, donde hay cuadros buenos, y estatuas, para dar y tomar, y una sala de españoles que es para quedarse mudo, nada menos, por ejemplo, que las dos putas gallegas con ejercicio en Sevilla, de Murillo, que no sé cómo le llaman al cuadro, y algunos goyas de gran calidad, y de todo: dos San Mauricio, del Greco, el grande y pequeño, nada menos. Pues uno de los goyas es un cuadro muy extraño, algo así como una ciudad encima de una colina, pero ésta de tal manera pintada que parece que la ciudad va por el aire y la colina es la estela de polvo. En cuanto lo vi le dije a F.: «Mira, eso es lo que yo necesitaba para ese pueblo de mi novela, que fuese por el aire», y le saqué una foto al cuadro. Es lo que le faltaba a *Campana y Piedra*, que Villasanta de la Estrella se tomase vacaciones con todos los canónigos dentro. ¡Menuda sorpresa! Aunque mis personajes creo que lo aceptarían como cosa natural. Lo que pasa es que si admito una ocurrencia así, la ciudad que va y viene, me meto de rondón y sin remedio en el irrealismo, al menos para la opinión pública, porque a mí, la verdad, eso de que Villasanta se dé un garbeo por los aires no sólo no lo encuentro imposible sino que tiene que haber sucedido más de una vez. Recordemos que en Villasanta aconteció ya todo lo imaginable, y eso de andar volando, después de todo...

Bueno, y ya nos hemos reunido para empezar el curso, togas y más togas, como en un desfile de modas, europeas y americanas, sencillas y complicadas, severas y multicolores, togas para todos los gustos y todas las vanidades. ¡El calor que pasé debajo de la carpa, y lo pesados que fueron los discursos! Aquí, igual que allá, hay codazos para colocarse en el sitio más distinguido, lo cual, por otra parte, no hace más que comprobar la unidad de estilo de la vanidad humana. Amén. Recibí un sobrecito muy discreto en el que se me comunica secretamente que me han aumentado el sueldo un par de miles de dólares largos, bienvenidos sean, y en mi primera relación con los alumnos he descubierto algunas chicas monas, ¡a ver si duran! Porque aquí se espantan en seguida si la clase es difícil y se dan de baja. Hay una francesita monísima que en seguida se acogió a mí, supongo que por europeo (fue lo que supuse en seguida, pero luego resultó que por español: está enamorada de un mozo de por allá, y sus padres, con los que no se entiende, la facturaron para Albany. ¡Que todavía pasen estas cosas!).

Volviendo a lo de la ciudad que vuela, ¿no se podría combinar esta idea con la anterior, la de la ciudad absorbida por la niebla? Ya sé lo que va a suceder: que esta idea va a entretenerme día y noche, que voy a andar dándole vueltas, y que me desplazará otras imaginaciones. Lo de siempre.

Fecha incierta, 1967 (entre octubre y noviembre)

... La clave de esta novela que tengo vagamente pensada y que estos días parece que se impone con más fuerza que *Campana y Piedra,* está en las relaciones de los dos tipos que viven a cada lado del tajo y que hasta ahora eran dos figuras más o menos fantasmales. Y la clave de estas relaciones es que el tipo B. le dice al poeta que A. no existe. Existió y desapareció, y que entonces él, o sea B., ha seguido viviendo como si A. no existiera, y que todos los habitantes del pueblo le acompañan en esa ficción, y cita algunos casos de respuesta colectiva que caracterizan o han caracterizado al pueblo, por ejemplo, aquella anécdota de Victoriano Taibo en Orense: «Vaite.» A. no existe. A. era mi amigo, me traicionó y desapareció, marchó por la mar. Entonces, todos hacemos como si existiese. No se extrañe usted, por ejemplo, de que figure en la nómina del Instituto, porque esa clase de ficciones administrativas existe y ha existido siempre. En España, como se sabe, los muertos votan, los muertos cobran sueldos, etc., etc. Es decir, B. desarrolla esto. A. le dice al poeta: «ya le habrán dicho que yo no existo. Yo no puedo demostrar que existo. Nadie puede demostrar que existe. Pero yo existo porque me siento. Ahora bien: yo aprovecho esta situación, no sólo para hacer lo que me dé la gana, sino para ser como me dé la gana. Ustedes, los que viven en la realidad, están obligados, no a un comportamiento, sino a un modo de ser limitado por la concepción realista de los demás. Mi especial posición me permite escaparme a las imposiciones de la realidad. Yo no estoy limitado por un carácter, mi conducta es libérrima y absolutamente impensada», y ésta justamente es la base de su afirmación de las personalidades múltiples.

Otro elemento que tiene que ver con esta ficción es que el catedrático de Física le dice al poeta: «No crea usted. Todo eso es una tomadura de pelo, una tomadura de pelo tramada por el pueblo contra nosotros los de fuera», y, entonces, este Catedrático de Física organiza una reunión de todos los forasteros, que son precisamente las fuerzas vivas de la ciudad. Está el Vista de Aduanas, está el Delegado de Hacienda, está el Jefe de Obras Públicas y de tapadillo está el Gobernador Civil. Y entonces organiza una sociedad cuya finalidad es demostrar que A. es un ser real. Se me ha ocurrido también que a este pueblo puedo atribuirle algunas de las caracerísticas de Orense, por ejemplo, la existencia de trescientos ochenta y cinco poetas. «Ser poeta en este pueblo, querido amigo, es muy corriente.» E incluso podemos organizar una gran fantasía para que los poetas del pueblo reciban a este personaje Catedrático de Francés. Puede ser una comida, puede ser una especie de Tenida Masónica. Ya veremos. Algo o mezcla de todo. He pensado también en que tengo que modificar un poco, al transportarlo, todo lo que tenía pensado para la *Saga de J.M.* En vez del general Moore, puede ser un almirante. No hay ya batalla de Elviña, sino que es una batalla naval, ya veremos cuál es. Puede ser la batalla de Rande, y, en esta batalla de Rande, siempre el personaje incorporado por A. desaparece en un barco. Siempre se va a la mar. Puede volver. Y el final de la novela es precisamente éste: A. habla con B. por medio del W.T. y hace la gran escena, y después desciende por el tajo hasta la barca que está al pie de la escalera. Allí se ilumina, aparece vestido de almirante del siglo XIX, y antes de apagar la luz, da un corte de mangas, y entonces se ve a la luz de la luna cómo la barquilla se desliza por las aguas de plata del río Baralla. Lo que yo no sé... que en todas estas fantasías hay unas mujeres que son una tremenda afirmación de la realidad. Una de ellas es la chica ésta; otra es la mujer de B., tipo que hasta ahora no se me había ocurrido, que es una mujer silenciosa y eficaz, una mujer que está constantemente presente de una manera distinta de la palabra... Entre la gente del pueblo, ¿qué otra mujer hace falta? Tiene que haber otra mujer por ahí que nos interese... Esta reunión de poetas no es el reconocimiento de una superioridad. El hecho de que el catedrático de francés haya tenido un éxito y goce ya de una reputación nacional, no le confiere superioridad ninguna sobre los trescientos veinticinco poetas locales, entre los cuales se ha convenido ya tradicionalmente que ninguno es superior a otro, aunque se trate de una convención con la cual secretamente ninguno de ellos está conforme, de manera que lo que pudiéramos llamar las palabras públicas son éstas: «Se le admite a usted como colega si usted seriamente dimite de toda idea de superioridad, usted es un poeta ni más ni menos que cualquiera de nosotros.» Pero luego privadamente son varios los que le dicen que no todos son iguales, que los demás son muy malos, que el único bueno es él, etc. Todo esto, además, hay que hacerlo con la mayor seriedad, sin que se vea por ninguna parte asomo de caricatura. Con seriedad incluso trágica, y además realizando todas estas fantasías con arreglo a la técnica realista más estricta. Esto me parece fundamental. Tenemos que tratar a los fantasmas como si fueran personas de carne y hueso, aunque sean personas de carne y hueso que se conceptúan a sí mismas como fantasmas...

Esto de la técnica realista es aplicable sobre todo a las descripciones, pero he de hacer algo de lo que ya hice en *Don Juan,* pero todavía no tengo en claro cuál va a ser la técnica, ni siquiera la tónica general de la novela. Yo creo que convendría eliminar todo elemento cómico, y convendría eliminar toda palabra deformadora, es decir, renunciar de una vez a lo que he usado y de lo que he abusado en esta novela que está ahora en la imprenta o a punto de entrar en ella, que considero una novela desgraciada. Es decir, entramos en un mundo fantástico con una máquina fotográfica y con un magnetófono en las manos, que es la manera más eficaz de apoderarse de lo que hay en este mundo de irrealidad. Sobre todo, esto, el cuidado máximo en el uso de las palabras. Ni una sola palabra que se interponga entre la visión directa de las cosas... es decir, con esa fuerza y esa solidez con que los canteros de la época románica labraban sus monstruos, quizá con ese mismo sentido. Yo no sé si esto que estoy diciendo anuncia de alguna manera una posibilidad humana, una posibilidad estética, una posibilidad imaginativa. Yo creo que sí. No vamos a pronunciar ni una sola vez la palabra loco, porque en este mundo es una palabra que carece de sentido, aunque es muy posible que convenga que la pronuncie el Catedrático de Física, que la pronuncie cualquiera de estos señores que por carecer de imaginación se consideran engañados y no se avienen a tomar parte en la farsa. «Usted, señor Delegado de Hacienda, usted por cuyas manos pasan las nóminas del Instituto Femenino, usted es el llamado a testimoniar la existencia de este señor, del señor Barallobre. Un hombre que cobra un sueldo, que hace declaraciones juradas, que pone su firma al pie de unas cifras, es necesariamente un hombre real.» Lo cual quizá nos conduzca a la oposición de dos mundos, el mundo de los que creen o fingen creer, y el de los que no creen ni fingen creer. El mundo de los que no tienen imaginación y el de los que la tienen. Quizá esa sociedad esté formada ya, y lo que le diga el Catedrático de Física sea: «Oiga usted, venga conmigo, le voy a presentar a unos señores, va usted a formar parte de una sociedad, es una sociedad de resistencia. Estos señores de aquí nos quieren tomar el pelo. Nosotros somos de fuera y no nos dejamos tomar el pelo. Nosotros creemos que B. existe. Es una sociedad en la cual hay que prestar un juramento. Venga usted, va usted a ser iniciado hoy.» Lo podemos hacer... Aquí sí que podemos hacer una especie de ritual masónico, lleno de misterios. «Nos reunimos en casa de Fulano a cencerros tapados, porque si lo supieran nos destruirían.» Y entonces estos señores inventan algo de lo que sale la afirmación de la realidad de Barallobre. Por ejemplo, puede ser la publicación de la radiografía de sus pulmones que alguien ha descubierto en el archivo del Instituto Antituberculoso, por ejemplo. Publicación de la radiografía de los pulmones. Yo creo que esto puede tener gracia, pero lograr ese tono absolutamente objetivo y serio, ese tono en que cada palabra fuese representación directa de una imagen, de un hecho. Insisto, sin la menor deformación verbal. Los personajes pueden decir lo que quieran, pero el autor no, ni siquiera ese tonillo ligeramente irónico. Decir las mayores cosas con aplomo, con seriedad, incluso con gravedad, llegando si hace falta al tono de la tragedia.

Es interesante también recordar aquí el momento previo al desenlace, la organización épica por Barallobre de la pedrea al tren donde se van el poeta y la niña. Cómo éste hombre recorre las tabernas, las peluquerías, los sitios donde se reúnen los chicos del Instituto, las sastrerías de portal, las casas de los zapateros remendones, todos aquellos lugares... Claro, tenemos que meter alguna cosa moderna, por ejemplo el sitio donde se entrenan los ciclistas, convocando a todos los muchachos de veinte años para que manifiesten a pedradas su protesta porque les roban a la mujer más hermosa del pueblo. Y efectivamente el tren avanza entre una nube de piedras que van rompiendo los cristales, plaf, plaf, plaf... Y el tren no se para, el tren sigue hasta que se pierde. Las últimas piedras le rompen el farol de cola. Esto además hay que describirlo en tonos épicos, es decir una transformación por el tono de lo que le pasó a Machado cuando marchó de Soria con Leonor. No hay que olvidar que el poeta tiene treinta años y que no es humorista. El poeta es un hombre de la meseta, un tipo más bien trágico, que hace poesía social-realista. «Y, usted, ¿cómo haciendo esta clase de poesía ha conquistado el premio March, cómo ha conseguido salir catedrático con el poco francés que sabe?» Físicamente, podíamos hacer un retrato de X. Casi la personalidad del poeta puede ser la de X., es decir, una especie de Y. y Z. injertados en la figura de X. Eso, claro, porque vamos a hacer de él un tipo honrado. De todas maneras, Barallobre puede, en una de sus disquisiciones, hacer la crítica de los escritores madrileños. Puede decirle: «Usted tiene un premio porque pertenece a un partido político.» Se me ha ocurrido también ahora que la tercera mujer, esa que me faltaba, con sentido de la realidad, con los pies puestos en la tierra, es la madre del barbero. Claro, se trata de unos personajes que tendré que estudiar, porque hasta ahora son meros nombres. El barbero guitarrista. ¿Y por qué no poeta también? El barbero es el que hace las coplas de los mayos, y, claro, como tal autor de coplas de mayo, es miembro de la Sociedad de los poetas, que es una Sociedad democrática. Es una cosa en la que hay que insistir. Y, claro, podríamos buscar unos cuantos por ahí, unas cuantas figuras, Don Juan de la Cova, en su taller de santero, fabricando santos de nogal o de ciruelo, y también a un zapatero anarquista. Bueno, si hacemos un zapatero anarquista y filósofo nos va a salir Belarmino, y no se trata de esto. Se trata del zapatero anarquista que hace coplas satíricas... don Juan de la Cova hace dramas y el zapatero anarquista hace epigramas. Sí, hay que buscar una fauna de esta...

13 de noviembre, 1967

Hoy es el trece de noviembre. Día frío, con lluvia, pero no malo. Ha habido carta de mi madre. Todas las viejas están bien, perfectamente. Las puñeteras son inmortales, yo no sé de qué madera están hechas. Contentas, recibieron los regalos... en fin, que esta preocupación que tenía se ha ido ya. Y lo que quiero apuntar ante todo es que ayer domingo por la tarde cogí con furia la novela y escribí diez folios escasos. La había dejado en el quinto y voy por el quince. No he leído lo anterior, pero el caso es que arranqué tanto en la parte que es mera invención como la que es adaptación de materiales antiguos. Me está saliendo un tipo de narración deliberadamente poco lineal. Hay muchas vueltas atrás, muchos materiales que se anuncian y que después habrá que tratar con más consideración... En fin, no sé. El hecho es que estoy contento porque he roto el hielo. El primer capítulo consta de once folios. Los restantes pertenecen ya al segundo capítulo. El primer capítulo es presente; el segundo es ya pasado y pasado del pasado: pasado perfecto y pluscuamperfecto. Y todos los que continúan, quiero decir los materiales que continúan hasta terminar el segundo capítulo, conjugarán estas dos dimensiones del tiempo. Lo que pasó, y lo pasado en relación con lo que pasó. Estoy ahora con la llegada de Julia por la mañana con el café; después, al bajar don Joseíño y encontrarse con el espiritista se enterará de la supuesta muerte de Barallobre. Ida a su casa. Entonces, todavía Barallobre tiene una hermana que le abre la puerta con un loro en un hombro y un borriquito detrás. Fidelidad a los Muruais. No tengo pensado todavía qué es lo que van a hablar Barallobre y don Joseíño. Pero se me ocurrió en cambio la manera natural, y en este caso «natural» es muy relativo, de presentar al almirante. No como personaje del pasado, sino como personaje del presente. Será una trasmutación de la famosa recepción del Urco, río Lérez arriba. Habrá una preparación en la Prensa, una serie de artículos firmados por don Joseíño, y luego la llegada del almirante en una canoa de la armada de Su Majestad, H.M.S., con seis marineros a cada banda vestidos de marineros británicos de su tiempo. Una falúa barnizada, con bronces relucientes, y el almirante a la popa llevando él mismo el timón. Entonces sólo me queda por pensar la aparición del canónigo Balseyro: es decir, el obispo aparece en los funerales de Barallobre; Barrantes aparece en la fiesta intelectual que se dedica a la memoria de Barrantes. El almirante acaba de decirlo. Falta la aparición del canónigo, que tengo que inventar y que no he pensado todavía. Pero más o menos, la estructura de esta primera parte la tengo entrevista, ya que es por una parte la historia de don Joseíño, por otro lado son las apariciones sucesivas de las cuatro hipóstasis de Barallobre. Del canónigo, de momento, no se me ocurre nada que justifique su aparición; aunque tengo pensada la historia, no tengo pensado el papel que le va a corresponder allí. No hay una sola ocurrencia a la que pueda agarrarme, de la que pueda echar mano como principio de una imaginación. El canónigo está ahí, habrá que ir a su casa quizá, pero no se me ocurre nada. Andan por ahí unas imágenes de un tabladillo de cristobitas, pero las encuentro poco apropiadas, las encuentro forzadas. Todas las demás apariciones son lógicas. Que de pronto un cura vestido a la antigua cuente una historia de cristobitas me parece un recurso de poca calidad. Hay que ver entonces, hay que replantearse la cuestión. Todos estos personajes tienen una calle en la ciudad: calle del obispo don Jacobo, calle del poeta Barrantes, calle del canónigo Balseyro, calle del almirante Ballantyne. Lo del almirante Valentin es la visión, diríamos, la evolución de la palabra Ballantyne, que la pronunciación local convierte en Valentín. Podía, a propósito del almirante, inventarle un... en vez de ser una calle pueden ser los jardines del almirante Valentín... Puedo poner el jardín romántico de La Coruña, el jardín de San Carlos. Pero no sé qué es lo que puede sustituir al mausoleo. Puede ser un monumento bastante olvidado, en el cual incluso figuren los versos de Rosalía. Sí, en vez de calle del Almirante Valentín pueden ser los jardines del almirante Ballantyne, con lo cual la equivalencia de John Moore-John Ballantyne es completa. Y además me da ocasión naturalmente para describir estos jardines. Pero queda el canónigo, queda el canónigo con su calle, con su historia, con su dificultad de aparición, y esta dificultad que yo me planteo puede planteársela Barallobre. «Tengo todo resuelto menos esto. ¿Y a usted qué se le ocurre?» E incluso puede salir de aquí una aparición forzada.

Yo atribuyo a Barallobre mis propias dificultades. Si busco una solución, creo que ésta es la más natural del mundo. Hay una preparación, se publica en el periódico un retrato, y una noche pasa por delante de la Peña del Casino, lo ven pasar, se van acostumbrando a su figura. De momento, el canónigo no es más que un cura con una gran teja, envuelto en un manteo que pasa de noche por las calles, de prisa, embozado, misterioso, folletinesco. No debo olvidar que la sociedad de los de fuera, la Asociación de los que no creen en la muerte de Barallobre, si no se constituye en esta parte, debe quedar al menos en trance de constituirse. Promovida por un señor de fuera que ocupa un cargo importante en la ciudad, ya veremos quién es, da lo mismo. Y a la cual se invita a Bastida, don Joseíño Bastida, en su calidad de forastero. Por eso él lo cuenta. Entonces, en la segunda parte es donde tenemos la constitución de la sociedad de ateos. Eso pasa completo a la segunda parte: aunque constituya cierto paralelismo, no importa. Y no hay tampoco por qué meter en ella a Bastida, puesto que la segunda parte se contará en tercera persona, y no es necesario que Bastida esté presente en todas partes. Tengo también que cambiar el nombre de Jesualdo, y en vez de llamarlo Jesualdo Barreiro, habrá que llamarlo Jesualdo Bendaña, porque los personajes míticos de segundo orden son siempre el Mariscal de Bendaña y el canónigo, éste cómo se llama... don Acisclo. Entonces, don Acisclo, que también viene íntegro de «Campana y Piedra» con armas y bagajes, es el que pretendía nada menos que expurgar la biblioteca. Don Acisclo es el que quiere, cuando la guerra, apoderarse de la biblioteca y expurgarla. De manera que la trasposición de este señor nos da ese canónigo que cambio de nombre en cada historia, y la trasposición de Jesualdo nos da el Mariscal de Bendaña, el Mariscal de Bendaña.

14 de noviembre, 1967

Supongo que hoy es el día 14. Sin grandes novedades, ayer escribí cinco folios siguiendo más o menos el mismo impulso imaginativo y estilístico. Me he detenido en un momento que exige cierta meditación, en un momento que no se puede entregar a la ocurrencia momentánea. Tengo que escribir con cuidado el artículo necrológico de Barallobre (escrito por Bendaña), pero lo que no sé todavía es si colocarlo inmediatamente o, siguiendo la técnica hasta ahora usada, interponer una masa narrativa que no tenga que ver con la situación directamente, una de las muchas vueltas atrás, de los muchos pretéritos pluscuamperfectos en que consiste el capítulo. Esto además es un tema que voy a resolver ahora, que lo que voy a anotar aquí es una ocurrencia inmediata: Bendaña se ha dedicado en el exilio, se dedica todavía cuando termina la novela, a la destrucción de los mitos locales, incluso el mito de Santa Lilaila. El papel precisamente del Canónigo Balseyro consiste en hallar un cuerpo momificado, el cuerpo momificado de una mujer que pueda sustituir a la Santa, que está reducida a polvo. Ésta es exclusivamente la razón de su presencia en la novela y la razón por la cual el obispo Fonseca acude a él a pesar de su reputación de brujo y precisamente por ella, y de esto hay un relato antiguo que figura en la biblioteca de Barallobre, y que, naturalmente, desconoce Bendaña. Bendaña ha destruido científicamente, ha reducido a su verdadero papel histórico, los mitos de don Jacobo, de Balseyro, de Ballantyne y está precisamente ahora con el de Barrantes. Su última víctima es el poeta Barrantes. Y lo que es curioso es que su reputación es tan grande y tan sólida, que el pueblo recibe todas estas destrucciones, las recibe pacientemente, como obra que son de un hombre de ciencia. Esto me parece importante, y no es cosa de que se me olvide.

Hay que dar un papel novelesco a don Acisclo, cuya función está clara, cuya personalidad tengo, pero que, hasta ahora, no ha entrado diríamos en el argumento de manera activa.

9 de diciembre, 1967

Hoy es el nueve de diciembre a las nueve y media de la noche. Tengo cincuenta y tres folios de la *Saga de J.B.*, cincuenta y tres folios que no sé si son buenos o malos, pero que, en cualquier caso constituyen un material de base, un comienzo, algo más positivo que las meras imaginaciones e incluso que las meras notas. Hoy he corregido, no a fondo y quizá con no mucho éxito, lo escrito estos últimos días y he llegado a un punto en que dije: Basta. En que dije «basta» porque, si bien tengo en la cabeza un esquema general de lo que constituye esta primera parte, no se me ocurre ahora exactamente qué es lo que sigue y cómo sigue, de tal manera que se impone hablar en voz alta y ver si la cabeza funciona medianamente y me ofrece un camino inmediato. Por lo pronto, no parece que la figura de Barrantes tenga que estar presente a lo largo de lo que hasta ahora he narrado, no fue necesario. Barrantes es un punto de referencia, un elemento activo, pero lejano. Se ha dicho de él lo necesario. Ya veremos si en otro momento la marcha de los hechos nos lleva hacia él. ¿Qué es lo que constituye la materia en esta primera parte? Por un lado, sólo la historia particular del narrador y de Julia, a la cual se le han concedido unas páginas y no nos hemos vuelto a ocupar de ella. La próxima aparición de Julia está prevista para el sábado, pero tengo que pensar si va a ser el sábado o el domingo, un sábado o un domingo. Domingo no puede ser, si va al funeral. Tendrá que ser un día de la semana. Entonces, estas narraciones importantes el mismo día... por la mañana la asistencia a la... al funeral en la colegiata con la aparición sorprendente, incluso para el narrador, del Obispo don Jacobo. Al mediodía la carta de Julia. Algo pasa durante la tarde... referente al obispo don Jacobo. Toda la novela en esta primera parte es la aparición de los cuatro personajes. En realidad, el vate Barrantes ya ha asomado, pero no le hemos visto actuar. Está prevista su llegada a la reunión del pleno de la Sociedad Santa Lilaila. La aparición del almirante también está prevista. Y además el modo como enlaza la historia presente de su llegada río arriba con la historia de los sucesos en 1808. Había quedado alguna vez, y en alguna nota debe constar, que ni al narrador, ni a Barallobre se les ocurre cómo podrá llegar el canónigo. Es decir, que la preparación de la llegada de cada uno de los personajes es inesperada y es distinta, como lo debe ser también el modo que cada uno tiene de contar su historia. Estos modos son los siguientes, por ahora: Arzobispo: discusión entre Barallobre y Bastida; almirante: la historia se cuenta a continuación, sin solución de continuidad; el vate Barrantes: en una entrevista que le hacen después de su intervención en la Junta General de la Sociedad Santa Lilaila. Queda Barallobre, digo Balseyro, el canónigo Balseyro, que no se me ocurre nada acerca del modo de presentar su historia, aunque su historia la conozco. Son por lo tanto cuatro momentos que tienen una preparación. Los momentos de la historia de don José y de Julia son: el primero, la carta, con todo lo que pasa de noche; el segundo, tiene que ser que los sorprenda el espiritista y los eche a la calle. Entonces, esta historia cobra cierta importancia, se autonomiza, se mezcla a la otra, y hay una serie de cuestiones prácticas que resolver, que terminan en el matrimonio de Bastida y Julia. Ya después esta historia pasa a segundo término y sigue en pie la otra. Y esta historia no hay manera de dilatarla, porque no hay dilatación posible, no tiene dilatación posible. Es una historia breve con muy pocos episodios y no necesita más. La sustancia de la historia estará en los diálogos de los personajes. Entonces, esta historia me va a dar tela corta, es decir, que no va a haber un paralelismo completo, sino que esta historia termina antes que la otra: con lo cual, realmente, no hice más que repetir ideas anotadas en otras ocasiones, pero no he resuelto el problema principal, que es el de lograr una continuidad inmediata... Y ahora mismo acabo de darme cuenta de que este carrete me está fallando. Se me va a llenar inmediatamente porque tiene menos cabida que el otro, y debo llevar hablando diez minutos, en vez de los veinte que debe durar uno de estos carretes por un lado. En fin, que no he sacado nada en limpio de este monólogo. He perdido el concierto que estaban dando en la radio, que era bastante bonito, y no hice nada positivo. Como siempre, tengo que entregarme al azar de la inspiración de mañana, confiar en una incitación artificial, una lectura excitante que ponga en marcha de manera adecuada mi imaginación, que pueda agarrar alguno de los cabos del ovillo y tirar de él durante un par de horas. De todas maneras, hay esto que tengo escrito ya, y que quizá lleve una marcha narrativa eficaz a pesar de las idas y vueltas de la narración, que nunca me propuse que fuera lineal, por supuesto. Por el contrario, mi propósito es que la narración en sí sea irregular, pero me temo que en ciertos aspectos resulte bastante esquemática, me temo que le falten ciertos factores que no están más que apuntados, esbozados, y que habría que desarrollar. Precisamente el hecho de haberla iniciado en primera persona, me da pie a que el narrador despliegue libremente su capacidad de fantasía, que tiene ocasiones para desplegarla. En realidad, lo que le falta a la novela ahora es lo que yo quiero que sea su característica: el humor lírico, el humor lírico, esa aspiración mía que a veces logro sin querer, pero que a veces es el resultado de un esfuerzo. Estoy contento de que el esqueleto no sea una construcción intelectual, de que en la narración vayan saliendo unas cosas de otras sin pegotes, sin que se note la ensambladura de las piezas, pero no quiero decir que esta satisfacción sea entera. Incluso será necesario juzgar lo escrito con severidad. Y acabo esta pista del carrete que ya está lleno.

12 de diciembre, 1967

Hoy es el doce de diciembre, las dos y media de la tarde. El profesor Baker me pidió que le diese una conferencia sobre los toros justamente a la hora de mi siesta, y estoy cansado, con necesidad de descanso. Me espera una clase de dos horas y de tema nada fácil, por cierto. Mi novela marcha. No escribo de una manera regular, pero escribo. Cincuenta y siete o cincuenta y ocho folios. El comienzo realmente de la primera parte. Marcha, pero no bien; marcha, pero no a mi gusto. Puedo repetir lo de tantas veces: quizá no sepa lo que quiero, pero lo que quiero no es lo que tengo. Yo tengo una narración en una sintaxis bastante extraña, nada lineal, con muchos retrocesos, en la que más o menos se va perfilando el tema de Barallobre. Pero hay muchas cosas que me faltan. Me falta lirismo, me falta humor, o el humor que tiene es insuficiente para lo que yo quiero. Me falta la presencia física de la ciudad. Hasta ahora el lector no sabe dónde está, ni cómo es el sitio donde está. Yo no quiero dar nombre a esa ciudad, pero quiero que la ciudad tal y como yo la concibo esté presente. Y yo no la he presentado, ni directa ni indirectamente. Mi propósito es presentarla indirectamente, mi propósito es que esté sin describirla, que esté más o menos como está Galicia y como está Pueblanueva en la trilogía, mediante una técnica de descripciones parciales pegadas al hilo de la acción. Por dónde va un personaje, lo que ve el personaje. Pero esto tampoco está hecho. Esa especie de disputa entre los clientes de los dos cafés me ha salido demasiado sociológica y demasiado histórica, cuando lo que yo quiero es llevar a su extremo las posiciones de ambos bandos, pero no por el camino realista, sino por el camino del disparate. Que uno y otro bando terminen en el disparate lógico, que el uno se diga heroico y el otro se diga lírico. Hay demasiada intención satírica en lo que yo hice, y a mí me parece que no tiene por qué haber, ni siquiera parcialmente, elementos satíricos. Es decir, que estos mismos elementos que yo utilizo como sátira, debo usarlos solamente como material estético o suprimirlos. En una palabra, creo que sigo una línea insuficiente, creo que tal y como van las cosas, la narración no tiene suficiente interés y carece de emoción y de gracia, lo cual quiere decir que se impone una refundición a fondo. Pero yo no seré capaz de hacer esta refundición hasta que esté tan metido dentro de la novela, y hasta que la novela esté tan metida dentro de mí que seamos una misma cosa, y que yo respire el aire que respiran los personajes, viva donde ellos viven y sienta lo que ellos sienten. Y evidentemente, mis relaciones actuales con el tema son distantes. Estoy fuera hasta el punto de que me pongo a trabajar sin haberlo pensado antes. Mi vieja costumbre de meditar el trabajo inmediato, la he perdido. Claro está que esto es una consecuencia de la vida que llevo, de este descentramiento que padezco, de no estar del todo ni aquí ni en casa, de no tener una atmósfera propia. No puedo decir que esté en la misma situación que hace un año. He mejorado mucho. Pero tampoco estoy en la situación que requiere la novela. Tengo que crear esta situación. Tengo que despojarme de toda preocupación... no sé... Evidentemente no le concedo al material el tiempo que el material requiere. De manera que lo que voy haciendo es una mera invención de acontecimientos y de diálogos que en buena parte tendré que destruir. No los acontecimientos, pero sí los diálogos y las narraciones. En buena parte, todo este material escrito va a ser inútil, va a ser un material que, lo más, lo más, servirá de punto de partida. Pero, en fin, aun así, es mejor que siga trabajando, porque al menos no pierdo el hilo y mantengo un contacto relativo y leve con la novela. Hay una cosa que se me ha ocurrido y que no he apuntado en ninguna parte, y es que la segunda parte de la novela será en forma dramática, no sé cómo, tengo una idea muy confusa todavía, una especie de drama en que se presenten los acontecimientos capitales de la vida de los personajes. Pero que los representen de una manera libre, operando toda clase de trasposiciones, es decir, atribuyéndole a uno los hechos del otro, mezclando los personajes de distintas épocas, etc., etc. Un drama profundamente fantástico y humorístico, sin sujeción a un escenario, y dándole a los acontecimientos una gran importancia, como que toda la acción y la descripción estará en las acotaciones. Con toda libertad, incluso, para ciertas metamorfosis, y quizá metiendo como personaje básico a Barallobre, es decir, que las metamorfosis de unos personajes en otros, es Barallobre el que las opera. La figura de Barallobre es el soporte físico de esta metamorfosis. Con lo cual encuentro el modo autónomo de dar realidad a estas cuatro vidas, y al mismo tiempo no rompo la continuidad de la narración, salvo probablemente la del almirante, que me parece que la fórmula que he encontrado es buena. Pero, claro, esto requiere decir que la figura del almirante es la que va a tener menos presencia en la parte dramática. No sé. Se me van planteando poco a poco problemas en los que no había pensado: por ejemplo, ayer escribí algo así como que «Lilaila, la novia de Bandaña, es al mismo tiempo una hipóstasis de Santa Lilaila». Esto estaba como supuesto, pero no lo había pensado, no había pensado en que, antes de que se diga esto, el lector ya debe tener una idea de esta hipóstasis, que, además, es preparatoria de la tercera parte, de la Lilaila de la tercera parte. Supone por lo tanto ampliación de alguna parte, supone por lo tanto que este problema esté presente y no coja de sorpresa y se pase por encima, como he pasado yo ayer. E incluso, si es posible, no decirlo. Debo procurar no decirlo, sino hacerlo. Que lo que dice Bastida no tenga que ser dicho, esté ya en el ánimo del lector y esté presente en el texto.

Continúo el 12 de diciembre sin saber de qué voy a hablar. No es más que hablar por hablar, no he pensado absolutamente nada nuevo, ni tengo la cabeza para pensarlo. En realidad estoy un poco atontado. Un día de esos totalmente disipados. Gente, gente, gente, sin un momento de soledad y menos aún de tranquilidad, de esa tranquilidad profunda que hace falta para que surjan las ideas. En realidad, es como vivir en dos mundos, y las condiciones para vivir en el otro son estrictas, quizá demasiado. Porque no puedo decir que haya una preocupación fuerte de orden práctico que me domine, no. Es mera disipación. Creo que la palabra disipación es la apropiada... Bueno. Interrupción al canto, nueva disipación. Me pregunto para qué voy a seguir hablando si tengo la cabeza vacía, digamos, en espera de noticias de mi abogado, el señor que me está tramitando la compra de una casa. Tiene gracia. La compra de una casa que nunca va a ser mía, en ese sentido que entendemos la propiedad en los países, diríamos, de derecho romano. «Jus utendi et abutendi.» Una casa que tardaré veinte años en pagar. Es decir, que tardaría en pagar, que sería mía a los ochenta y dos años, edad que no espero alcanzar en el mejor de los casos, y probablemente a esa edad ya no me interesaría poseer. Malas irán las cosas si continúo aquí durante mucho tiempo. Malas. Pero, ¡en fin! Ni he escrito ni he hablado en ningún carrete sobre este acontecimiento de mi vida que significa comprar una casa en Norteamérica. Una buena casa, eso sí, mejor que la que tengo infinitamente; que, entre músicas y danzantes, me va a costar al mes de cuatrocientos a quinientos dólares, con lo cual mis posibilidades de ahorro serán nulas, absolutamente nulas. En fin, ya veremos. Voy a dejar de hablar porque estoy perdiendo el tiempo y tonteando.

19 de diciembre, 1967

Hoy es diecinueve de diciembre. Hora de descanso, que buena falta me hace. Estoy un poco preocupado porque llevo varias noches sudando, con esa clase de sudor que conozco bien y que aparece en las épocas de debilidad. Convalecencias y cosas así. Estoy preocupado tan fuertemente que esta mañana, contra mi costumbre, hice un desayuno fuerte: un huevo, una gran taza de café con leche, tostadas con mantequilla, y luego no he comido mal. Además, me he decidido a tomar unas vitaminas. Ayer fue un día fatigoso. A las nueve y media comparecí en el despacho de mi abogado, con Fernanda y el señor Di Gaetano, y he firmado cuarenta papeles, entre ellos varios cheques, y la propiedad de la casa se me ha conferido, al mismo tiempo que adquiría una deuda de cuarenta mil dólares, casi el sueldo de dos años. Durante dos años tengo que pagar 551 dólares al mes. Los tres siguientes, 410 dólares, y a partir del sexto, poco más de 300, y así hasta que me vaya o hasta que me muera. En fin, hasta que de un modo u otro abandone este país. Amén. No estoy particularmente emocionado, y el hecho de ser propietario de una hermosa casa no mejora en absoluto la idea que tengo de mí mismo. Una casa la tiene cualquiera. Amén, repito. Lo importante es que en este período de vacilaciones poéticas en que me encuentro he comprendido, primero, que en esto que llamo *La Saga de J.B.* hay una materia valiosa, pero que no está bien realizada, que es el esqueleto de un cuerpo cuya carne espera ser incorporada, espera revestir el esqueleto. Entonces, se me ha ocurrido que el tema de J.B., que ha sido, así como la figura de Bastida, tomada del material de *Campana y Piedra,* vuelva al lugar de origen con las modificaciones y enriquecimientos adquiridos durante el tiempo de separación. Tal y como se me planteaba en *Campana y Piedra* el tema de J.B. no era viable. Ahora, con la invención de Barallobre y la de esta ciudad sin nombre en que acontece la acción, y la invención también del mito de Santa Lilaila y algunas cosas menores, el tema ha mejorado, ha crecido, se ha desarrollado, y creo que puede volver sin gran violencia a ocupar su lugar en *Campana y Piedra.* Evidentemente me obliga a ciertas reformas, casi todas ellas de detalle, y probablemente a la supresión de algún personaje secundario, o por lo menos a no concedérsela —pienso, por ejemplo, en la batalla de Elviña, a no concederle importancia. Y además de algunas supresiones, algunas modificaciones. Por ejemplo: me gusta más esta ciudad que aquélla, por cuanto aquélla es Santiago de Compostela, y ésta es una ciudad que no existe. Me gusta sobre todo su figura física, me gusta su proximidad a la mar, me gusta que la batalla de Elviña sea la batalla de las Islas. Todo esto tiene que incorporarse a la otra novela, y sería algo así como una mudanza para llevar a los personajes con armas y bagajes, de una a otra novela. Evidentemente, en el fondo, es la misma ciudad, sin Universidad, con obispo, con Gobernador Civil. Pero todo esto permite anular la identificación inevitable e inmediata, y abrirme una posibilidad de invención. También... No sé qué iba a decir. Algo se me ha evadido, se me ha marchado. Es que tengo sueño. He dormido mal esta noche, me he levantado a las ocho y estuve despierto desde las siete y media.

[illegible] cuando el [illegible] [illegible] [illegible] con sus [illegible] [illegible] [illegible] y como [illegible] [illegible] [illegible] [illegible] [illegible] [illegible] [illegible] y [illegible] [illegible] [illegible] en [illegible] [illegible] [illegible] [illegible] y [illegible] [illegible] [illegible] de [illegible] [illegible] [illegible] [illegible] de [illegible] [illegible] [illegible] y [illegible] de [illegible] [illegible] [illegible] [illegible] Compostela [illegible] [illegible] [illegible] sobre [illegible] [illegible] [illegible] [illegible] [illegible] [illegible] [illegible] como una [illegible] [illegible] [illegible] [illegible] la misma [illegible] [illegible] [illegible] todo eso [illegible] [illegible] y [illegible] [illegible] [illegible] [illegible] [illegible]

1968

5 de enero, 1968

Hoy es el veinte... ¡Qué disparate, qué disparate! Hoy es el cinco de enero. Estoy cansado, he estado cansado toda la mañana, me he despertado cansado y no he logrado vencer el cansancio. Tengo sueño y miedo. Poco a poco me voy acomodando a la nueva casa, y el proyecto de reunir todos los libros me ha costado ciento ochenta dólares de estantes, pero no tengo más remedio que hacer un esfuerzo, arreglar aquello, poderme encerrar allí y trabajar. No tengo más remedio. Es mi último esfuerzo, mi última tentativa, y si fracaso, fracaso para siempre. Quiero, primeramente, escribir esos ensayos que me faltan para la nueva edición del T.E.C., y, después, ponerme con la novela. La novela se encuentra en situación caótica. Al reunir de nuevo los materiales separados, se me trastrueca el orden primitivo, pero no surge otro. Pienso, veo, siento que hay ahí un montón de vida y de vidas, pero eso es insuficiente. Hace falta una forma y esto no lo encuentro, con esto es con lo que no atino. El problema de siempre, multiplicado, agravado por la urgencia. Hay sobre todo una disculpa intrínseca para desarrollar como me gustaría la totalidad de los elementos que juzgo valiosos. No sé. Ayer por la tarde estuve leyendo a Nietzsche, esa parte de *La voluntad de dominio* que se llama algo así como *El alma de los artistas y de los escritores*, esos aforismos en que se dicen cosas tan profundas sobre nosotros, sobre nuestro arte. Es un libro, son unos capítulos a los cuales he acudido muchas veces y que muchas veces me han salvado, que muchas veces me han devuelto la confianza en mí mismo y me han orientado en mi camino y en mi propósito. ¡Están tan lejos todos ellos de las estéticas actuales!, pero creo que hay en ellos muchas verdades permanentes, muchas. Que yo suelo olvidar. No sé. Quizás esta debilidad orgánica debilite también mi espíritu, no me deje pensar como debo ni lo que debo. Es lo de siempre: quiero algo que no sé lo que es. Necesito alcanzar una luminosidad de la palabra sencilla y suficiente.

Bueno, entonces ya está esto, más o menos. Cada capítulo es una rotación como en C. y P.; la división de los materiales y del tiempo como en C. y P., pero cortando más los capítulos, sin establecer grandes distancias. Terminando cada capítulo, o algunos por lo menos, con el paseo nocturno de este hombre que tiene en casa a las dos locas.

«¡Ahí tiene usted, Bastida, Lilaila en olor de multitud! Ésos son los trucos de que se ha valido siempre la nobleza para ser popular.» Esto es lo que dice Barallobre a Bastida cuando están mirando por los visillos o a través de los visillos la llegada de Lilaila a la plaza de la Basílica, cuando sube las escaleras de piedra, sola; cuando la multitud ha quedado atrás. «Ahí tiene usted todo el secreto del entusiasmo, porque se atreve a subir sola la escalinata de piedra. Es el mismo procedimiento de que se valía Hitler para dominar a sus soldados.» A la puerta de la Iglesia, acompañado de un monago, la espera el cura, con el roquete y el bonete, dándole estado casi oficial, oficialmente eclesiástico, o eclesiásticamente oficial, claro, a la penitencia de Eula... digo, de Lilaila. «Esa alianza entre la nobleza demagógica y la Iglesia democrática.»

También entre lo que tenía que anotar hoy, que no lo dije a su debido tiempo, figura el que Barallobre atribuye a su hermana una personalidad fantástica. «Ahí donde usted la ve, con esa apariencia estúpida, a veces yo mismo no sé quién es. No sé si es mi hermana o es Démeter personificada. Démeter que se ha quedado soltera a causa de una misión misteriosa que tiene...»

8 de enero, 1968

Hoy es el ocho de enero. Si me pongo a hablar es por inercia. Estoy como hace tres días. Igual, si no peor. Con una debilidad profunda que no me deja estar de pie. Quizás en este momento tenga fiebre y, además, con dolor de estómago. Ayer, sobre todo, por la tarde, he tenido un fuerte dolor de estómago, como hacía tiempo que no lo tenía. Yo no sé si ya es que esto se desmorona, o si se trata simplemente de algo pasajero, de una manifestación de eso que aquí llaman el flu, de la puñetera gripe. Es el caso que, por una causa o por otra, no logro recobrar la corriente imaginativa. Estoy perezoso. Después, por una parte el espantoso frío que hace, este frío siberiano que hace doler las sienes. Me encuentro además comprometido y obligado ante Sanmiguel y ante mí mismo a escribir en un plazo breve los ensayos que faltan para la nueva edición de T.E.C., de modo que no tengo más remedio que dedicar lo que me queda del mes a este trabajo y rematarlo. Después ya veré. Y, en último término, un trabajo así quizá sea útil para devolver a mi pensamiento un poco de la agilidad que he perdido. Estoy embotado por completo. En fin, no sé si este bajón biológico será definitivo o si será un mero episodio, pero, por primera vez, estoy preocupado por mi salud. Me gustaría disponer de una de mis antiguas medicinas, tan difíciles de encontrar aquí. Unas fuertes inyecciones de hígado que me devolviesen un poco de vigor.

10 de enero, 1968

Hoy es el diez de enero. En España, sería día de fiesta para mí, porque es mi santo. Aquí lo es también curiosamente, porque por el hecho de regalar unos papeles a la Universidad, han inventado una recepción de la cual voy a ser el protagonista. Estos papeles son: el manuscrito de mi *Don Juan* y tres cuadernos, esos tres cuadernos que titulo *Mi fuero interno,* que escribí durante nueve o diez años y en los cuales buena parte de mi dolor y de mi vergüenza constan con palabras sinceras. Nunca me atreví a destruirlos, e incluso su lectura llegó a ser un refugio peligroso. Y peligroso es seguir teniéndolos. Los entrego por miedo y por falta de valor para destruirlos, con la esperanza quizá de que su existencia sea olvidada... En fin, no sé. Yo mismo no sé si es un ACTO RAZONABLE. Hoy me encuentro a la caída de la tarde. Tengo fiebre. Ahora mismo debe estar subiéndome. De todas suertes, creo que estoy algo más fuerte que en los días pasados, y hoy he soportado el frío mejor que ayer, este frío espantoso, esta temperatura por debajo de los veinte grados centígrados. Hace falta una resistencia de elefante. En fin, voy subsistiendo, gracias a Dios, y si no fuera por este resto de gripe, creo que me encontraría bastante bien. Voy a perder esta semana entera, porque el sábado tengo que irme a Nueva York, pero quiero aprovechar el resto del mes a ver si termino esos trabajos que tengo que mandar a España y a ver si recobro el hábito de trabajar. También espero en este tiempo terminar el arreglo de mi estudio, del que espero hacer un lugar agradable. Estoy cansado, sin embargo. Cansado. Tan cansado que no me considero capaz de escribir, y hablo. Esto me permite estar tumbado, cerrados los ojos y sintiendo cómo me va subiendo la fiebre.

15 de enero, 1968

Hoy es el 15 de enero. También cansado, pero creo que me encuentro mejor. La fiesta del viernes... ¿Del viernes? Del día 10, pasable. La cena del sábado muy divertida. Conocí a Sobejano, que es un muchacho tímido casado con una alemana. Conocí a Ernesto Dacal, a algunas personas más y a una muchacha griega muy interesante, con una cara bizantina, una cara que parece sacada de un icono. Pensaba quedarme el domingo unas horas en N.Y., pero la ciudad estaba vacía, sucia y lluviosa. Regresé temprano. Durante el viaje de regreso pensé muchas cosas, entre otras en *La Saga de J.B.*, que sigue modificándose, y, de pronto, empezó a organizárseme de otra manera, con personajes nuevos, quizá precisamente a causa de esos personajes nuevos que se me metieron ahí. Estos personajes son las tías de Lilaila, se me aparecieron como una mezcla de mis propias tías, de las señoritas de Mendoza, de Pontevedra, y de aquellas de Tejerina, de Estepona, una muy mentirosa. Y, además, el modo cómo entraron y cómo empezaron a desarrollarse, a producirse, no suponía la base narrativa que le estaba dando en esta versión, sino un procedimiento mucho más cerca de la trilogía, es decir, aquella gente empieza a hablar, empieza a actuar, empieza a moverse, empieza a decir cosas. De manera que, posiblemente, depurándolo un poco, quizás el procedimiento mejor fuera ése, que, al fin y al cabo es el que domino, al fin y al cabo es el que domino.

Se puede modificar, se puede depurar en algunos aspectos, dar cabida a otros materiales, pero indudablemente la base del procedimiento debe ser ésa.

Esas dos señoritas son graciosas. Una de ellas se levanta de noche y llama a la puerta de la habitación de la hermana. «¿Estás ahí?» «Sí.» «¿Quién eres, tú o yo?» «¿Cómo dices?» «Que si eres Eulalia o Francisca.» «¿Por qué me lo preguntas?» «Porque estaba despierta en mi cama y me estaba mintiendo de tal manera que creí que eras tú.»

Ese procedimiento, por ejemplo, me permitiría darle la longitud que requiere el cumplimiento de la promesa de Lilaila y, además presentar interviniendo furiosamente a don Acisclo. Interviniendo furiosamente. Don Acisclo persiguiendo la felicidad ajena, persiguiéndola para destruirla. Este personaje puede tener mucha más entidad que la que tenía en la otra versión. Puede tener una entidad terrible. No sólo un cura avaro, demoníaco. Cuando manifiesta su ideal ante el monasterio de San Payo. «Me gustaría que ese monasterio tuviese tres mil ventanas y que detrás de cada una de ellas estuviese una mujer virgen. La castidad de su cuerpo con cilicios y penitencias.» Y también pensé que don Acisclo es capellán de esas monjas. No hay más que doce monjas y las trae fritas. Quiere llevar al convento a la fuerza a la hija del campanero. Sí, puede ser un tipo, don Acisclo. Un hombre que quiere destruir la felicidad.

Hoy es el quince de enero por la noche: Evidentemente todos mis tropiezos, dificultades, vacilaciones, rectificaciones referentes a *La Saga/Fuga de J.B.*, obedecen pura y simplemente al hecho de que es un tema inmaduro, de que no lo he pensado suficientemente, de que todo mi esfuerzo culminó en una sola dirección, sin darme cuenta de que abandonaba caminos laterales importantes y necesarios. Bueno, se debe también a la falta de continuidad, a que hoy pienso en una cosa y mañana en otra. A que, por las circunstancias que sean, no estoy realmente absorbido por la novela. Por lo tanto, todo lo que hasta ahora tengo hecho es inútil como material definitivo, aunque me sirva como punto de partida, como material secundario, como material reformable. Hoy hice una nota en la Universidad y en esa nota decía más o menos que el procedimiento, el estilo y la técnica de la novela, si no son los mismos que he usado en la trilogía, tienen que partir de ella. No tengo por qué ensayar un procedimiento nuevo que no tiene nada que ver conmigo, que no tiene conmigo ni convivencia ni tradición. Todo lo que haga de novedad tiene que operarse sobre el procedimiento usado en la Trilogía, es decir, algo que pudiéramos llamar convencionalmente realismo, en el sentido de que las cosas deben ser realizadas, no aludidas, no narradas; realizadas, es decir, convertidas en reales. De que las cosas, los hechos, las personas tengan una entidad real presente. ¿Por qué voy a abandonar mi procedimiento de la presencia de las cosas y de los personajes? Puedo buscar un procedimiento nuevo para hacerlos presentes, pero en modo alguno recaer ahora a estas alturas en modos alusivos, en modos referenciales, en procedimientos narrativos. Y, claro está, una de las cosas que tengo que hacer presente es la ciudad, la sociedad que la ocupa. No con la serie de bifurcaciones e historias laterales de la Trilogía, pero sí dándole a los personajes necesarios la entidad, la independencia, es decir, la personalidad necesaria. Hay, pues, que concebir en grande, que concebir ampliamente, que dar cabida en la novela a procedimientos que hasta ahora eran mera referencia. Esto me hace renunciar naturalmente a la primera persona, pero no importa. La primera persona y el estilo simpático del bueno de Bastida son perfectamente secundarios, e incluso equivocados. Vamos pues a empezar por el principio, aunque ese principio sea también la llegada de una persona. ¿Qué más da? Si bien no lo va a ser del mismo modo, puesto que el principio es Bastida, el principio es Bastida. La historia empieza por Bastida, el principio es el despertar de Bastida. La historia empieza por Bastida y por Julia, sigue en la academia. De la academia va a casa de Barallobre y eso es precisamente cuando llega Bendaña. De manera que todos los acontecimientos de la llegada de Bendaña tienen que ser descritos. El descubrimiento de luces en su casa, la organización de la rondalla, las palabras que dice Bendaña desde el balcón, la serenata en casa de Lilaila, las tías de Lilaila, personajes recién inventados. Claro está, en su momento, la peregrinación de Lilaila desde su casa hasta la basílica, ante el fervor y el entusiasmo populares. Y esa aparición con un matiz nuevo de don Acisclo. Lo que se me plantea como dificultad, como necesidad de una elección bien meditada, es el aprovechamiento de los materiales de *Campana y Piedra*, porque hay una posible confluencia, y hay también determinados personajes que, o los utilizo aquí, o me quedan inservibles.

Yo no sé si, por ejemplo, la utilización de Marcelo como otro de los centros de la acción de la novela, absolutamente ajeno al mundo de J.B., a las preocupaciones de J.B., no será complicar demasiado. Pero, en último término, puede darle a la novela una construcción bipolar. Es al mismo tiempo la historia de J.B. y la historia de Marcelo, cada una de ellas con un grupo de personajes satélites, algunos de ellos comunes a las dos historias. Porque Marcelo pertenece al mundo de las dos señoritas tías de Lilaila y pertenece al mundo de Balbina. Ahora, traer a Marcelo con todo su mundo y al viejo don Bernardo... En fin, esto impone una construcción rotativa usada en C. y P. y quizás el título de C. y P. De todas maneras, tendría que prescindir totalmente del anarquista. Porque, entonces, ya sería un polo más. Sería demasiada broma, demasiada broma.

Y no es indispensable tampoco el tema de la conferencia de Marcelo, no es indispensable tampoco.

En fin, esto hay que verlo con mucho cuidado, con mucho cuidado. Se va a convertir esto en una novela de mil páginas. Una novela inacabable. Cuya segunda parte no interesa ya. O interesa de otra manera. Después, de todos estos personajes, son muy pocos los supervivientes.

En fin, me he enredado, cuando yo lo que pensaba era anotar simplemente las ideas que tiene Barallobre acerca de los bichos de su hermana, cómo intenta convencer a Bastida de que son humanos, de que son sospechosos y misteriosamente humanos. El loro que habla en latín: Barallobre le aclara a Bastida que son frases pronunciadas por el obispo Bermúdez. La conversación sobre J.B. «La gente no sabe que Bermúdez era Jacobo o Jerónimo; que Balseyro era Jacobo; que Ballantyne era John; que el Vate Barrantes era Joaquín María; y, yo que soy Barallobre»; y responde Bastida: «Y yo, que soy José Bastida.» Y responde Barallobre: «El que usted haya entrado en mi vida es obra del Destino.» También tenía que anotar el que las tías de Lilaila —les tengo que inventar inmediatamente nombres y apellidos— las dos tías de Lilaila son de partidos contrarios: una de ellas, la que dice la verdad, se decide por la muerte de Barallobre y la otra no. Van a ver a la hermana de B. y a darle explicaciones, la una por qué sí, y la otra por qué no. De todas maneras, el personaje Bendaña y el personaje Lilaila tienen que quedar en la penumbra. A Bendaña apenas si lo vamos a ver, vamos a oírlo un momento. A Lilaila, sí: vamos a verla en su peregrinación y en su boda, pero nada más. Estos personajes no convienen, conviene dejarlos en la penumbra. Son personajes que además se marchan. Ahí queda eso, y eso, carajo, es la novela. La novela justamente que han provocado, que han puesto en marcha.

Qué caray, lo que quiero es hacer una novela en que no haya más que vida, nada más que vida. Triste, divertida, dramática, pero vida. La vida sin más mensaje que su propia imponencia y presencia. El hecho de que esté llena de referencias históricas concretas e inserta en una estructura historicosocial concreta, es una exigencia de mi método, no una servidumbre a la que yo me someta.

2 de febrero, 1968

Hoy es dos de febrero...

Estoy trabajando a desgana y a disgusto en los Ensayos teatrales para la segunda edición de *Teatro Español Contemporáneo.*

Por lo tanto, de novela, nada. La novela va creciendo en mi imaginación, va tomando cuerpo, a veces me sorprendo a mí mismo hablando solo, hablando y respondiéndome, es decir, repitiendo el diálogo de mis personajes, y creo que también poco a poco esas imaginaciones van cobrando forma, diríamos literaria, porque el modo como imagino ahora se parece bastante al de *Off-Side.* Mucho diálogo, poca literatura, acotaciones, y la acción fragmentada en pequeñas estampas, en pequeños cuadros, como si dijéramos siguiendo su desarrollo sin ningún elemento narrativo, lo cual me agrada. Porque la primera redacción, ésa que he desechado, era muy narrativa y no me gusta. Empieza con el despertar de Joseíño, a quien seguimos un rato hasta la Academia, y ese mismo capítulo termina con la noticia de la llegada de Jesualdo Bendaña, la serenata que le dan a él y a Lilaila, después de que Joseíño ha ido a ver a Barallobre. En este capítulo, conocemos a los nuevos personajes de invención reciente, las tías de Lilaila, acerca de las cuales tengo alguna nota por ahí: dos personajes femeninos divertidos a los que se puede sacar mucho jugo. El segundo capítulo será, pues, la mañana del día en que aparece... ah, no. El segundo capítulo, el episodio central tiene que ser la penitencia de Lilaila, y entonces será en el tercero cuando aparece la noticia de la muerte de Barallobre. Cuyos efectos vamos a realizar en vez de contar. Realizar en vez de contar. Hay muchas cosas que veo con toda claridad, y al decir veo, quiero decir exactamente eso: veo, porque cierro los ojos y las veo. Tengo, ya, por ejemplo, la plaza de la Basílica que es una plaza de piedra en la cual termina una calle pina y, al otro lado, hacia arriba, hay unas grandes escaleras, con balaustrada de piedra, muy anchas, que se van estrechando, que terminan en una plataforma en la cual se levanta la Iglesia, con una puerta abocinada y una fachada lisa con un gran rosetón. Puede ser la fachada de la Iglesia de Armenteira, y a la izquierda, conforme se sube, está la casa de Barallobre, antigua pero sin escudo de armas, con un velero en el dintel, y, enfrente, está el palacio de Bendaña, derruido, sacado de la novela de Santiago, el del Cristo. Hay otras casas, y hay quizás unos arbolitos en la plaza. Y la iglesia tiene una torre y el comienzo de otra. Y a la izquierda está la capilla de la santa, con un arco por encima de una calle que comunica con la casa de Barallobre. Una de las cosas que pensé fue que a la acción propiamente dicha preceda una descripción bastante topográfica de la ciudad. Quizá con un plano. Si encontrase un dibujante que me supiese inventar la ciudad, que me supiese traducir a un dibujo gracioso lo que yo imagino, entonces podríamos hacer un plano. También he pensado en que esta documentación gráfica puede ir acompañada de otros dibujos, a saber: uno del obispo Bermúdez, otro del canónigo Balseyro, otro del almirante y otro del poeta. El del obispo está tomado de una escultura de la Iglesia. Encima de la mitra del obispo se apoya el capitel de un arco, que sostiene un arco. El dibujo de Balseyro es un dibujo parecido a esos del siglo XV y principios del XVI, del Nostradamus y de otros personajes más o menos misteriosos de la época. El del almirante son en realidad dos dibujos: uno, de la estatua, en que aparece el almirante sujetándose el bicornio mientras el viento mueve la capa; otro, que puede ir en la misma página, que es una visión en detalle de la cara, el bicornio y el brazo aguantando. Y, por último, el dibujo del poeta, es un dibujo de la estatua que le han levantado en la glorieta, que es un busto con un pedestal donde está escrito: «Al Vate Barrantes» y la fecha de su vida y de su muerte. AL VATE BARRANTES. Es decir, que son los dibujos de los personajes tal y como los ve el pueblo, tal y como los puede ver. También he pensado cambiar un poco la cronología y traer a principios del XVII a Balseyro en vez de ser en el XVI, pero ahora mismo no recuerdo por qué, no recuerdo por qué traigo a principios del XVII lo que había puesto a fines del XV, principios del XVI.

Y, por último, la cosa de que acabo de acordarme y que se me ha olvidado, otra cosa que no sé cuál es. Algo que escribe en el periódico don Joseíño. Don Joseíño escribe algo relativo a los cuatro personajes y lo firma J.B., de la misma manera que el artículo necrológico de Barallobre va firmado J.B. Pero, claro, J.B. lo mismo es Bendaña que Bastida.

4 de febrero, 1968

Hoy es el cuatro de febrero. Tengo una nota importante que registrar. Ayer cayó casualmente en mis manos un libro curiosamente ilustrado, y una de esas ilustraciones era la metamorfosis progresiva de unos niños que jugaban a los pasos formando un círculo. Una serie de figuras, cada una de las cuales era un momento distinto, progresivo, del hecho de saltar a la lomba un niño sobre otro. Pero lo interesante de la ilustración era que cada uno de esos movimientos progresivos suponía un grado en la transformación física de los niños, que comenzaban siendo tales y acababan siendo ranas. La última figura era una rana saltando sobre otra. Y, repentinamente, tuve la clave de la aparición del canónigo Balseyro. Súbitamente se me resolvió el problema, y, además, empezó a funcionar la cabeza por su cuenta de tal manera que tres horas después, todo el mundo acostado, la casa en silencio, yo tenía la novela entera en la cabeza con tal vivacidad de imágenes que me era imposible dormir. Si no estuviera muerto de sueño, hubiera bajado y hubiera grabado esta nota, que probablemente habría sido mucho más rica de contenido, porque mi cabeza no está hoy en el mismo estado e indudablemente muchas cosas se me habrán olvidado. Lo importante, sin embargo, es lo siguiente: lo mismo que en el grabado, tenemos a Barallobre y a Bastida hablando, y progresivamente uno y otro se van transformando: Barallobre en el canónigo Balseyro, y Bastida en otro personaje, no importa quién, en otro personaje que tiene que ver con Balseyro. Y no sólo hablan como tales, sino que además actúan, y actúan de acuerdo con la personalidad adquirida, no con la que desde un principio le había atribuido a Balseyro. ¿Quiere usted que vayamos a ver el saco de Roma? Recuerdo que alguna de estas imágenes tenían referencia al saco de Roma, a la invención de los aviones, a un viaje por la fachada de la Iglesia de Santa Lilaila, y algunas relaciones con personajes como Pico de la Mirandola, Paracelso, Nostradamus, todos ellos con el nombre ligeramente cambiado. Nostradamus, por ejemplo, Nostradomus, el de Pico de la Mirandola en Paco de la Mandolina. Y se me ocurrió también, y lo vi en toda su amplitud, ese capítulo dialogado final, con abolición del tiempo y visión caprichosa del espacio, en el cual los personajes antiguos comienzan siendo estatuas de capiteles...

5 de febrero, 1968

Hoy, día cinco. Me encuentro mal, mareado sin una razón aparente. No sé, estos últimos días he dado un gran bajón físico. Mi aparato digestivo me da miedo. Puede salir cualquier día de ahí eso que ando temiendo, que es mi amenaza. Dios dirá. La nota anterior se cortó, no sé por qué. Ya no me acuerdo. Se refería a ese capítulo dialogado en el cual quiero incluir no sólo todo lo que no ha podido caber o no ha tenido cabida en la novela propiamente dicha, sino lo esencial de la proyectada segunda parte. De tal manera que la novela termine efectivamente con la muerte real de Barallobre. Este capítulo, partiendo por lo tanto de la abolición del tiempo, puede contener no sólo esos acontecimientos diríamos argumentales, sino todas esas bromas de que cada personaje se atribuya hechos que corresponden a otros y que los convierte a todos en el único J.B. y hasta es posible meter al otro J.B. que está fuera, a Jesualdo Bendaña, haciendo de J.B. en su Universidad americana. No tengo problema de espacio, naturalmente. Puedo operar todas las transformaciones que me apetezcan, aunque conservando siempre como fondo la fachada de la basílica, que sería algo así como el escenario fijo delante del cual la gente habla y actúa. Surgen, y desaparecen, otros escenarios; en fin, asistimos al desarrollo de unas figuras cambiantes. No tengo ganas de pensar, estoy caído, caído, terriblemente caído. No sé si será esto solamente el hígado, porque en realidad, ahora mismo no me duele nada, estoy únicamente blando, mareado. A lo mejor todo esto que estoy pensando se queda en eso, en meros proyectos. En fin... Y sin embargo, el hecho es que ya tengo la novela en la cabeza, ya la tengo prácticamente hecha. Las cosas se han ido organizando solas, y eliminando solas. Ha podido más la sociedad creada en torno a J.B., que la que había inventado en *Campana y Piedra.* Lo único que me anula C. y P. no es el que haya traído de allí a José Bastida, sino a don Acisclo. Don Acisclo me gusta, es necesario desde todos los puntos de vista. Podemos salvar su personalidad entera, pero enriquecida ahora, enriquecida. También a don A.T. cuyo Cristo, cuya personalidad de mariscal de Bendaña se mantiene aquí, viviendo en su palacio medio derruido frente a la casa de Barallobre. Sí. No sé lo que podré hacer con los otros personajes, algo se podrá hacer siempre. Pero éstos los necesito aquí. Los cambios de ciudad tal y como están, C. y P. ha perdido ya todo interés para mí. Serán seguramente materiales que nunca podré publicar, al menos en ese ambiente y en esa novela. Tendré que reconstruir algo en torno a Marcelo, porque Marcelo es otro personaje bueno. Pero la novela, tal y como está planteada, no me interesa ya.

6 de febrero, 1968

Hoy es el seis de febrero. Me he levantado tarde, he comido y me he metido en el despacho a descansar. Me encuentro quizá mejor que ayer, pero no bien. Posiblemente todo lo que me sucede no sea más que la consecuencia de tener el sueño cambiado. Me acuesto a las once, tardo una hora u hora y media en dormirme, por la mañana estoy muerto de sueño. Como siempre, si por la noche pienso en mi novela, las imágenes se empeñan en mantenerse vivas, y, lo que es peor, vivas por su cuenta, sin que mi voluntad pueda detenerlas u olvidarlas. Claro está que así se va haciendo, si no la novela, por lo menos su material, un material que por sí solo se va concretando y va eliminando imágenes adventicias. Pero se va también reduciendo casi exclusivamente a los personajes Barallobre y Bastida, y el resto me queda un poco en el aire o en la penumbra. Por ejemplo esas dos señoritas, mejor dicho, señora y señorita, tías viejas de Lilaila, son dos conatos de personaje buenos, pero todavía no sé casi nada de ellas, como tampoco sé casi nada de la hermana de Barallobre. Que una cosa es que él le atribuya una personalidad y otra que ella la tenga. Por ahora no la tiene. Y, la verdad, no la he encontrado todavía. Quizá tenga que forzar un poco la imaginación y llevarla por este camino, a ver si consigo que ésta y otras figuras tengan realidad suficiente. Pero una realidad relacionada con el tema. Por lo pronto, la hermana de Barallobre es partidaria de Bendaña. La hermana de Barallobre se entiende bien con una de las tías de Lilaila y está de acuerdo en que Bendaña tome venganza de su hermano. De manera que cuando en el periódico viene su muerte, la noticia de su muerte, ella entra toda jubilosa con el periódico en la mano y le da una interpretación personal, divertida, y cuando empieza la gente a llamar por teléfono a dar el pésame, ella responde como si hubiera muerto de veras. También he pensado en una entrevista entre Bendaña y Barallobre, antes de la muerte. Es decir, que se presente Bendaña inopinadamnte en casa de Barallobre y le diga: te acabo de matar. Y, entonces, no dejaría de ser gracioso el que, allí mismo y a propuesta de Barallobre, Bendaña escribiera el artículo necrológico, porque entonces podríamos asistir al proceso de redacción del artículo, en el cual intervendría el propio Barallobre. Éste podría ser un capítulo lleno de humor. En este capítulo, Bendaña explica las razones que tiene para no matarlo de verdad, sino para darle una muerte simbólica. Y a lo largo de la conversación, concluyen que, en realidad, de no matar Bendaña a Barallobre, éste tendría que suicidarse. Y como uno no está dispuesto a matar ni el otro a suicidarse, la conclusión es que el artículo que van a escribir, que va a escribir Bendaña, es un artículo en el que se da por supuesto que Barallobre se suicidó en una forma poética: se suicidó yéndose en una barca mar abajo, con intención de hundirse en ese lugar Más Allá de las Islas.

Otra cosa que tengo que anotar es la posibilidad de nuevos personajes, considerada como material de la novela. Por un lado Barallobre mantiene la existencia dentro de sí de unos personajes hipotéticos, los cuales resultan de combinar los nombres y los apellidos de los cuatro conocidos, de la misma manera que se ha calculado o se ha conjeturado la existencia de ciertos minerales por las relaciones de los pesos atómicos de los minerales conocidos. Pero, a esto, responde Bastida cuando dice que le está saliendo un personaje como un grano y que le pueden salir más. Claro está: esto representa un intento de autonomía por parte de Bastida con el cual, en principio, Barallobre no está de acuerdo. Pero, claro, Barallobre depende de Bastida por cuanto éste tiene imaginación y Barallobre, no. Entonces, no tiene más remedio que aceptar la invención del personaje de Bastida, que, en cierto modo, trastorna o trastrueca las historias. El personaje que inventa Bastida es un personaje humorista y crítico, un personaje *desmitificador*. Un personaje que le objeta. Esto podrá tener gracia, seguramente, y, además, no excluye el que Bastida dé realidad a muchos más personajes episódicos, personajes que constituyen un fondo, diríamos de monstruos, algo así de amorfo y de vivo como es el fondo de una barca llena de peces recién pescados. En fin, ésa es una posibilidad. Ya veremos lo que da de sí.

8 de febrero, 1968

No sé qué día es hoy, si ocho o nueve de febrero. Lo único que sé es que andamos por la mitad de la semana, seguramente jueves, porque hoy no tengo clase. He venido a la Universidad exclusivamente para almorzar con José Rimanelli, novelista italiano y profesor en ciernes, nueva adquisición del departamento, que será mi compañero a partir de setiembre. Es un tipo divertido, efusivo, que me da, me hace, súbitas e inesperadas muestras de afecto, y que se ha despedido ya como si fuéramos amigos de toda la vida. Me parece muy bien. Estoy empantanado porque creo que he llegado ya a un punto en que todo lo que sea pensar es dar vueltas a la noria, dar vueltas a la noria. Tal y como están las cosas, la inmediata es ponerse a escribir, que es justamente lo que no puedo hacer. Es justamente lo que no puedo hacer. ¡Ay...! Y no puedo hacerlo, porque no quiero empezar la novela sin la seguridad de que podré continuarla de una manera sistemática, dedicándole todos los días algún tiempo y también porque quiero antes ensayar de alguna manera el tono de la narración.. Porque si estoy de acuerdo en que va a ser algo parecido, en su composición y método, a *Off-Side*, no quiere esto decir que vaya a repetir el tono humorístico de *Off-Side*. Más bien se trata de evitarlo y de sustituirlo por un tono lírico humorista, con el cual no he acertado todavía, ni sé si acertaré, ni sé si acertaré. Algo, ayer, me hizo pensar en una nueva complicación, pero quizá sea una inútil complicación, por cuanto me he olvidado. No sé la ocasión, ni recuerdo la ocasión, ni qué fue lo que me dio ese empujón. No sé. Es un episodio que ha quedado oscuro y del cual difícilmente creo que me acuerde, difícilmente creo que me acuerde. Total, que esta nota no es más que la corroboración de un silencio, de un espacio neutro, de una nueva dispersión. Realmente, cuando uno trabaja, debería vivir en una campana de cristal para que no llegase nada del mundo exterior. Yo comprendo que es muy fácil concentrarse para escribir un poema, por muchos días que dure su redacción; pero es difícil mantener esa tensión a lo largo del tiempo que dura la redacción de una novela, y más de una novela grande. Cuando uno se pone a escribir una novela, no puede renunciar a la vida diaria, a lo que la vida trae consigo, a esa serie inevitable de interrupciones, no ya en el caso de un trabajo esporádico como el mío, sino ya de un trabajo sistemático. Lo que creo que es muy difícil es recobrar, no sólo el hilo, sino el acento, la emoción, la tensión, voluntariamente, cuando dos o tres horas de reunión con unos caballeros los han roto. Pero, claro, habría que tener una naturaleza privilegiada, y cierto tipo de voluntad y de ambición que yo no tengo, para que el esfuerzo fuese fértil y duradero. Lo único que hago con cierta asiduidad es pensar, sobre todo en esos insomnios nocturnos en que, por otra parte, lo que pienso carece de cohesión. Son ráfagas fugaces, la mayor parte de las cuales no recuerdo después. Y, claro, como no va esto dirigido, como no es una voluntad dirigida, sino una voluntad libre, porque la imaginación toca donde quiere, y a mí me parece que estoy dando vueltas a uno solo de los temas de la novela, tengo los demás completamente abandonados, absolutamente abandonados. Si...

Bueno. La consabida interrupción, y ya no sé qué decir ni qué hacer; M. que me viene a preguntar si hay una diferencia entre una orquesta sinfónica y una filarmónica, y cómo está constituida una orquesta, y patatín y patatán.

9 de febrero, 1968

Hoy es el día nueve de febrero. Estoy descansando, no digo echando la siesta porque no la puedo echar, y, la cabeza, dando vueltas en torno a algo que no tiene nada que ver conmigo ni con mis habituales ocupaciones y pensamientos. Ayer por la tarde comencé a leer el libro *El desafío americano*, y naturalmente, lo que dice ha desplazado no sé por cuánto tiempo mi imaginación literaria y me ha dejado preocupado por la suerte de Europa y del mundo, pensando en escribir unos comentarios a este libro, en sacar unas consecuencias referentes a España. No lo haré, pero tampoco me esforzaré para dejar de pensar en esto y pensar en lo otro. El libro es interesante, y me explico la sorpresa y preocupación que ha causado, e incluso la alegría que ha producido a los americanos... Ayer y hoy, un solo momento ayer y hoy, he pensado en la novela. Ahora acabo de oír un fragmento de lo grabado ayer, insuficiente para provocar, o para reanudar el curso de las imaginaciones regulares. Todo se ha quedado lejos y oscuro: la ciudad aparece envuelta en niebla, y sus hombres sumergidos en esa oscuridad, que es una oscuridad opaca, porque ni los veo ni los oigo hablar. Es un estado de vacío, pero amenazado constantemente con rellenarse de esa preocupación que ha dejado en mí el libro. Quizá fuese más inteligente ponerse a escribir unos cuantos artículos, hasta cansarme, hasta que el tema se agotase por sí mismo, porque, si no, perderé el tiempo para una cosa y para la otra. Estoy hace días sin noticias. El niño de Pala no debe haber nacido aún. He escrito a M.J. y a G. No me han contestado. He escrito a F. y a V., hoy hace una semana que envié las cartas, no hay tiempo realmente para que me contesten. No sé qué va a pasar con esa novela, ni sé si vale la pena que pase nada, porque la novela la tengo tan lejos, que no puedo ni recordar lo que es. Probablemente se trata tan sólo de un montón de materiales buenos, pero mal usados. En fin, que lo único positivo de ayer a hoy ha sido la idea de que esa animalización a que somete V.I. a sus personajes esperpénticos, o, al menos, a algunos de ellos, no sólo no es original, sino que pertenece a una de las tradiciones más antiguas de la cultura. Una tradición que se remonta a la Biblia, a Platón y probablemente a las culturas orientales, que desconozco. Hay que escribir una nota en que se se diga esto, referente no sólo a Valle sino a Goya. Una nota que concluya diciendo: lo importante no es que se animalice a los hombres, sino cómo los animalizan. O sea, el valor de la operación estética.

12 de febrero, 1968

Hoy es el doce de febrero. Quiero limitarme a recoger algo que cuenta Bastida. Bastida cuenta sus peripecias en la Guerra Civil. Lo llamaron a quintas, le dieron una instrucción somera, lo mandaron al frente. Bastida tiene los pies planos. Un día hubo que correr, y lo hicieron prisionero los rojos. Lo iban a fusilar. Tuvo una conversación con un sargento. «Estoy aquí porque me tocó la china.» El sargento le quita del mono azul las insignias del ejército nacional, y le pone las del republicano. Fusil, el mismo; gorro, el mismo. Entonces Bastida sirve en el ejército republicano. Otro día le toca correr, y le cogen prisionero los nacionales y lo van a fusilar. Tiene una conversación con un teniente y le cuenta sus desventuras. El teniente comprende, y no sólo impide que lo fusilen, sino que hace que lo devuelvan a la retaguardia, porque es mucho más necesario un maestro en la retaguardia que en el frente un soldado con los pies planos. He aquí a Bastida reintegrado a una escuela. Un buen día, a la vuelta de una esquina, se encuentra a don Acisclo. Tropiezan. Bastida le dice: «Perdóneme, señor cura.» Pero a don Acisclo no le basta con la disculpa. «Oiga amigo, ¿usted no era uno que, durante el Frente Popular, llevaba a los niños de su escuela con el puño en alto, cantando *La Internacional*?». «Sí, señor. Pero, ahora, desfilo con los niños con el brazo en alto cantando el *Cara al Sol*. Yo hago siempre lo que me mandan.» Al día siguiente, detienen a Bastida y lo mandan a la Isla de San Simón, donde le dan un traje de preso que le viene grande. Y sigue planteado el problema de siempre: ¿Hago de esta historia, la historia-eje de la novela? ¿O hago una novela en tres ejes? y, si la novela es de tres ejes, ¿le conviene el título de *Saga de J.B.?*

Continúo dos horas más tarde, con ruido de niños, con gritos y otras bromitas de éstas. En el momento en que puse en marcha el aparato, tenía algo que decir, ahora ha volado. De todas suertes, estaba imaginando ahora mismo la conversación entre Barallobre y Bastida, cuando Barallobre dice: «Yo soy Jacobo Balseyro, canónigo de la Colegiata de Santa Lilaila de Barallobre.» «¿Y eso, dónde está?» Entonces, él le contesta algo relacionado con Santiago, por ejemplo aquella contestación que di yo a un profesor frances: «Siga V. la rue Saint-Jacques, y al final.» Entonces, Bastida se presenta también: Yo soy Paco de la Mirandolina. Barallobre reconoce su persona por su belleza y por la fama de sabiduría. Su belleza, su juventud y la fama de su sabiduría. Lo cual dicho con gracia puede tener gracia. Entonces Bastida le contesta que él también conocía su fama, no de sabio, sino de brujo. Barallobre dice: «Ésas son habladurías de la gente, que llama brujos a los hombres de ciencia», y comienza a hacer brujerías, que el otro personaje contempla impasible todo lo más interesado científicamente.»

15 de febrero, 1968

Hoy es el quince de febrero. Quiero recoger aquí las notas de ayer y de esta mañana que he grabado en una cinta cualquiera porque ésta la había perdido. Son dos notas importantes. Anteayer decidí que cada capítulo tendría que construirse al modo de ciertas páginas de *Dónde da la vuelta el aire,* donde hay una acción principal y una acción secundaria, y cuando estaba en este pensamiento, se me ocurrió: ¿Por qué no dos acciones principales? A partir de este momento, hasta que me dormí, y en sueños, y en momentos de duermevela, seguí dando vueltas a la cuestión, que continuó ayer domingo por la mañana, hasta que, después de comer, de pronto pregunté a Fernanda si le parecía que tres acciones, una presente, otra pasada y otra remota podían contarse al mismo tiempo. Con lo cual vi una fórmula para el problema que hace tiempo me preocupa y para el cual no había hallado solución. Había decidido en aquel momento reunir en una sola, en uno solo, todos los materiales de las tres historias y contarlos al mismo tiempo. En esa nota, o en esas notas a que acabo de referirme, figuran los detalles, algunos de los cuales puedo consignar aquí, por ejemplo el que cada historia esté contada en un tiempo verbal distinto, y si es posible con un distinto estilo y por supuesto en distinto ritmo, pero tal y como quedó planteada la cuestión en la nota de ayer, la solución sólo era a medias, puesto que en realidad lo que imaginaba era un mero montaje, era una técnica de encarte de las tres historias.

En la primera nota digo algo así como que tengo que dar una solución que no sea mecánica; y esto se me ocurrió por la noche y lo anoté esta mañana en la segunda nota. Lo que yo pienso que es la solución está expresado en una frase que es algo así como esto: Que las ACCIONES DE DOS PERSONAJES EN DISTINTOS TIEMPOS Y EN DISTINTOS ESPACIOS están alumbradas por el mismo rayo de sol. Pero he seguido pensando en esto, y creo que la única fórmula posible es contemplar al mismo tiempo las acciones distintas y describirlas como si fuera una sola. Efectivamente, con precisión verbal, pero como si fuera una sola. Y todo esto lo pensé precisamente a propósito de uno de los últimos momentos, que es el momento de la batalla. La batalla del obispo, la revolución del canónigo (no es propiamente hablando una revolución, sino una revuelta); la guerra del almirante, la revolución de los federales, del poeta, y la pedrea al tren con que despiden a Lilaila el día de su boda. Entonces, estas cinco contiendas distintas hay que verlas como distintos aspectos de una misma batalla. Éste es el problema. Quiero, además —se me ocurrió hoy— que a continuación de esta derrota, hay que describir el viaje por mar, la marcha al mar de los cinco personajes. Entonces, esto tiene que hacerse en forma poemática. El primero que llega es el obispo; después, el canónigo, etc., etc., y esperan la llegada de Barallobre. Y entonces los cinco, que son en realidad cinco luces, se funden en una sola luz; esta luz se acuesta en la barca, se repite la imagen de Santa Lilaila hundiéndose en el horizonte. Esto es un elemento completamente nuevo que probablemente tendrá un carácter simbólico, yo no sé de qué, pero que por lo pronto es la fusión final de unas imágenes, porque la imagen de Santa Lilaila, Cuerpo Iluminado, navegando en una barca, hay que reiterarla, tiene que ser reiterada porque es la imagen poética fundamental de la novela. De donde resulta que lo que yo comencé concibiendo como novela realista y que después la materia misma se fue abriendo puertas a la fantasía y a la poesía, tiene un semifinal que quizá quiera decir algo, algo, porque después de esto hay sólo el epílogo en que Bastida le dice a su mujer que le acorte la ropa de los cuatro personajes, o quizá de los cinco, porque no solo él va a vestirse de obispo y de canónigo sino también de Barallobre.

En fin, que esto va madurando, esto se va transformando por sí solo sin que yo previamente lo desee, de manera que en cierto modo y a pesar de la necesidad que tengo de organizar intelectualmente estos materiales, van creciendo por sí solos, con lo cual su carácter, su naturaleza se mantiene dentro de lo que yo estimo materiales novelescos propios. Afortunadamente, sigo ajeno al mundo de las significaciones, porque el hecho de que acabe apareciendo un simbolismo no quiere decir nada, porque esto es símbolo de nada, es decir, que sin poner especial empeño en ello, permanezco fiel a mi propósito inicial y no veo la necesidad de abandonarlo.

En fin. Creo que tengo por primera vez una materia original digna de ser tratada cuidadosamente, que exige un tratamiento de humor lírico, puesto que ambas cosas, el humor y el lirismo, le pertenecen.

También he entrevisto momentos descriptivos que yo ahora no podría ni definir ni decir en qué consisten. Quizá baste esta frase: Resplandores en la oscuridad, para que, al oírla, recuerde de qué se trata. Yo mismo no sé lo que es. Creo que se trata de algo caótico, amorfo, constitutivamente grotesco; algo así como un magma de seres pululantes, de forma indecisa, algo que no sabemos si viene o va, si va hacia el caos originario o viene de él. No sé lo que es. Ayer por la tarde en algún momento lo veía. No lo pensaba, lo veía. Pero ahora sólo me ha quedado el recuerdo. Ni sé qué es ni cuándo es. Es algo que está ahí, que por mucho que me empeño no puedo aclarar; algo que saldrá en su momento, supongo, algo que saldrá en su momento. Realmente yo debería poner en limpio todas estas notas y copiarlas a máquina para tenerlas a mano, leerlas con frecuencia para no olvidarme de qué se trata. Pero me temo que muchas cosas se pierdan cuando tenga necesidad de hacer un esquema, un esquema muy general, pero un esquema, tendré necesidad de echar mano de todos los materiales para colocar cada uno en su sitio. Después, antes de empezar cada capítulo, estudiarlo previamente, saber en qué consiste. No más que un esquema, porque lo que se dice un plano o un plan, ya sé que su destino es ser destruido por algo con lo que no se contaba y que, de pronto, se presenta. La experiencia de Clara Aldán me basta.

Es decir, que lo que ayer descubrí es un principio general de construcción que no invalida soluciones ya acordadas. Por ejemplo, el modo de contar la llegada del almirante, la transformación de Barrantes y Bastida y Balseyro y Paco de la Mirandolina, la llegada del obispo a presidir su propio funeral y decir su propia oración fúnebre... Estas cosas no hay quien las mueva. En cambio habrá que ver en cada momento el tratamiento especial de cada una de ellas y cómo la técnica narrativa y constructiva deberá responder en cada caso al procedimiento general, sin olvidar que la inserción de la historia remota, que fue mi primer problema, es más en relación con la primera (novela) que con la segunda; pero esto no interesa porque la primera y la segunda estarán íntimamente ligadas. De manera que en realidad la inserción se realizará en las dos. Ahora bien, esta primera y esta segunda historias, las historias A y B, la historia en presente y la historia en pasado, como son dos historias...

13 de setiembre, 1968

Hoy es el trece de setiembre, o quizá sea el catorce, no lo sé. Por si acaso, es viernes. Llevo un rato grabando con un aparato nuevo y todo lo que he grabado ha sido inútil. Me encuentro ahora con que tengo que volver a empezar, y vamos a ver si hay suerte. El tema de esta grabación son las modificaciones introducidas en el personaje de Lilaila Bastida, después de haberme convencido de que ni aun su nueva visión era eficaz y de haberle andado dando vueltas toda la tarde de ayer. Este personaje, Lilaila, tiene como germen remoto a Margarita, una alumna mía, bonita, bien preparada en latín e inadaptada. Una chica realmente de poca suerte y creo yo que merecedora de mejor fortuna. Hace unos días escribí un fragmento que comenzaba con esta muchacha haciendo ejercicios con una bicicleta fija al suelo, es decir, procurando recobrar la facultad de andar después de haber estado años paralítica de las piernas a consecuencia de una poliomielitis. Su preocupación entonces era recobrar la gracia del andar, la gracia que tiene su madre. El cambio ha consistido simplemente en añadir a la imagen inicial de Margarita la de esta otra alumna mía, María del Carmen, que va a clase en un carrito, es decir, que está todavía paralítica, y que como Margarita, es una chica lista y guapa: aunque claro, esta situación de parálisis la hace muy gorda. El resultado ha sido una visión un poco distinta, pero a mi juicio suficiente. Lilaila comienza en efecto pedaleando en su bicicleta atornillada al suelo, descendiendo de ella y caminando con ayuda de muletas; a la puerta de casa tiene un cochecito como algunos que había en Madrid hace unos años, una «isseta», me parece que se llamaba; una especie de huevo aplastado que no llegaba a ser del todo un coche, pero que ya lo era. Es decir, el automóvil modesto que la niña necesita para poder ir por su cuenta al Instituto sin necesidad de que la empujen, para poder descender de él con ayuda de muletas, etc. Entonces, esta muchacha sencilla coge su coche, se va en él, y al llegar al Instituto, la esperan los chicos del masculino, que la ayudan a bajar, cosa al parecer acostumbrada. Es decir, esta muchacha es popular, es querida por los alumnos de Preu y justamente, este día en que comienza la novela, el cura don Manolito la contempla en el momento en que los muchachos la cogen en brazos para bajarla del coche; entonces, este hombre monta en cólera, y los insulta a ellos y a ella, lo cual justifica el encuentro violento que tienen más tarde en la clase de Religión. Esto creo que confiere a Lilaila una situación patética que la hace más interesante y que le da mayor peso como personaje, y que, además, hace mucho más justificado, mucho más auténtico su dolor, su sentimiento de fracaso como mujer, sobre todo después de que la otra chica, cuando discuten acerca de si van a representar *La Alondra* o *Madre Coraje*, le echa en cara su inutilidad sexual. Al mismo tiempo, la subida de Lilaila a la Casa del Barco contrasta por su dificultad, por su dolor —ella intenta subir en coche, pero el cochecillo, naturalmente, no es capaz de trepar por aquella cuesta; entonces lo abandona, lo deja arrimado a la puerta de la muralla y sube con las muletas, y naturalmente, la subida al principio es naturalmente fácil, pero llega a extenuarla, de manera que, cuando Barallobre le abre la puerta, ella se cae, no puede sostenerse. En fin, creo que todo esto transforma la situación y la hace más atractiva.

Claro está que también se complica más su relación con Briones. Por lo pronto hay que suprimir el hecho de que Lilaila sirva a la mesa. Lilaila no puede servir a la mesa, pero Lilaila come en el comedor al mismo tiempo que Briones, porque viene tarde del Instituto, como él. Viene tarde del Instituto. Y algún día, él le dice: me permite usted acompañarla en la mesa. En fin, habrá que ver cómo se ponen las cosas, cómo queda ella después de la negativa de Barallobre, cómo trasfiere ella su esperanza a Briones. No debo tener embarazo alguno para escribir una novela de amor. Yo creo que he escrito hasta ahora novelas de amor *malgré moi.* Pero, sobre todo, desde el *Don Juan* hasta aquí, anduve un poco despistado a este respecto, y yo creo que es mucho más sincero escribir una novela de amor porque lo siento, que no reducir la historia a una historia mecánica de muñecos, una historia deshumanizada y juguetona. El sostén, el apoyo real, el comienzo de todo el edificio novelesco de *La Saga de J.B.*, es precisamente esta historia; el personaje fundamental es Lilaila. Lilaila tiene que ser un personaje del orden de Magdalena, de Clara Aldán; una mujer, una mujer en cuya vida el sexo y la maternidad tienen una importancia; en el caso de Lilaila, más orientada hacia la maternidad, porque lo que ella precisamente teme es no poder tener hijos, lo que ella precisamente quiere es tener hijos. Es decir, que tener un hijo será su triunfo, tener un hijo será su triunfo. Y quizás esto tenga que aparecer en la novela, quizás ella se acueste con Briones, y cuando le falta la regla, cuando está embarazada, se siente enormemente alegre, se siente realmente superior, se siente realmente mujer. Hasta es capaz de andar.

Ahora tengo que hacer una nota referente a...

25 de octubre, 1968

No tengo la menor idea del día que es hoy. ¿Viernes? Debe de ser entonces el veinticinco de octubre de 1968. Estoy aquí desde las diez y media. He leído una buena hora en un libro de Balzac; me he ido a comer; a la vuelta he perdido el tiempo con el magnetófono intentando trabajar en vano con la segunda serie de pistas y con el propósito de quejarme; de quejarme de mí mismo. Y, de pronto, ese propósito desapareció, porque lo que quiero realmente ahora es discutir conmigo mismo la conveniencia de desarrollar los hechos narrados en esas páginas que escribí estos días y darles la consistencia necesaria para que aparezcan representados y no contados, lo cual, si lo consideramos como procedimiento para presentar un medio, unos personajes, una situación, no está mal. En realidad, estos hechos constituyen una novela distinta. Pero esto no tiene importancia. No una novela distinta, sino una novela previa a la novela. Si el lector se encuentra con una ciudad donde el público se apasiona por la restauración de una tertulia de café, por una disputa de casino acerca de si en el lenguaje hay más palabras para designar el coño o el carajo, cualquier cosa que suceda tiene que ser admitida. Y justamente los hechos narrados en esas páginas son éstos. Naturalmente esto me obliga a un esfuerzo mayor, pero necesario, porque estas «esquisses», estos esbozos de personajes, don Argimiro Vila, el señor Cortázar, don Aníbal Mario, son personajes que reclaman una exposición suficiente de su personalidad. Bueno. Entonces, lo que hay que hacer es retrotraer a este comienzo los fragmentos referentes a Bastida. Y concebir con suficiente calma, digamos, esta parte de la novela, la cual, sin embargo, tiene que ser escrita de tal manera que admita la novela paralela, que admita intercalar los capítulos correspondientes a la novela actual. Entonces, todo el material de la novela remota que tengo, el referente a don Acisclo y a Manolo, el referente a Bastida y a Julia, sirve; en cambio, tengo que desarrollar estas escenas esbozadas, cómo llegan a lanzar la idea, la manera cómo la lanzan, cómo buscan el busto de Coralina Soto, cómo encargan a un pintor su restauración, cómo la entronizan, es decir, todas estas cosas convenientemente desarrolladas, presentadas, adquieren una entidad mayor y potencian, diríamos, su valor novelesco. Lo que no estoy conforme es con el tono irónico usado en esta narración, porque parece que esto predispone al menosprecio de los hechos y de las personas. Hay que hallar un tono más objetivo donde la ironía esté más escondida, donde la ironía consista más en el material usado que en las palabras con que se cuente. En fin, que éste es el cuento de nunca acabar y que esta novela no va a terminar nunca, ni, por el camino que lleva, va a empezar tampoco. Por el camino que lleva tampoco va a empezar.

30 de octubre, 1968

Hoy es el treinta de octubre. Estado de ánimo, completamente igual al del día en que dicté la nota anterior. A pesar de que ando mal del estómago como en mis peores tiempos. No es que hoy haya hecho nada, porque no hice nada: vine a la Universidad, fui a comer al restaurante, regresé, charlé un poco con Jean Paris, me mostró el primer número de una revista en la cual figura traducido al francés el primer capítulo de *Finnegan's Wake*, volví a mi despacho, y releí unos subcapítulos de la novela, exactamente los del comienzo de la acción pasada, y me gustaron. Admito que haya que hacerles algunas reformas, que no son muchas; quizás algunos añadidos que tampoco son muchos, pero me gustó el tono y me sentí interesado. Esto me devolvió un poco la confianza en mí mismo y en mi capacidad, puesto que, lógicamente, debo de ser capaz de continuar de la misma manera y en el mismo tono. Ahora bien: esto no me lleva a estar satisfecho ni mucho menos, porque lo que pudiéramos llamar mi proyecto —más que mi proyecto, mi deseo—, ése de hacer una novela realista y algo más; una novela en la cual lo realista sea un elemento —incluso cómico-realista—, pero conjugado con materiales puramente imaginativos, diríamos puramente poéticos; materiales que no consisten ni en una adición de elementos líricos o de elementos surrealistas como alguna vez pensé, sino algo más sustancial, algo que no es una adición, algo que es el tuétano mismo de la novela. ¿Cómo diría yo?, algo que pudiera ser equivalente a esto mismo: los tres momentos del martirio de San Mauricio, la decisión, el antes del martirio y después del martirio. Así, a primera vista, esto no parece más que una tontería; y sin embargo, para mí en este momento, significa; es el único modo de simbolizar algo que yo no sé lo que es y que no puedo decirlo con palabras. Pues bien: eso, que espero aclarar alguna vez, eso es justamente lo que me falta, lo que le falta a la novela, y me temo que, mientras no lo encuentre, no salga de este pozo en que estoy empantanado, dando vueltas constantemente sobre mí mismo, disgustándome de lo que hago, rectificando, rompiendo, deshaciendo con las patas lo que hago con el pico. Así no puede ser. Tengo que esforzarme de alguna manera, porque ni hago esto ni lo otro, ni otra cosa que perder el tiempo en divagacionees, imaginando materiales que olvido, sin decidirme ni siquiera a tomar notas elementales que me lo recuerden.

23 de noviembre, 1968

Hoy es el veintitrés de noviembre. El día veintiuno he dado una conferencia en la Universidad de O... el día veintidós, ayer, he regresado. Ninguno de los cincuenta o sesenta alumnos que me escucharon ha entendido una palabra; ninguno de la media docena de profesores que me acompañaron sabe una puñetera palabra. ¡Dios mío, Dios mío! En el viaje de regreso, el que me traía, cuyo nombre me callo, hombre bueno y simpático, me invita a que le improvise una conferencia sobre Unamuno. Yo lo hice. Y después me hace unas preguntas tan singulares como éstas: Por qué Tirso de Molina, Galdós y no sé qué otro escritor no son existencialistas; y yo se lo expliqué. La gran flauta a dos voces. Hoy me fui a la biblioteca a buscar un libro de un colega, y he estado leyéndolo por espacio de una hora larga. Mi opinión es ésta: C. es un buen profesor que maneja mucha bibliografía y tiene poco talento. Exactamente un talento medio. Y a otra cosa.

25 de noviembre, 1968

La otra cosa es la de siempre: seguir testimoniando no sé si mi impotencia o mi fracaso o simplemente mi crisis. Esta mañana pensé en la posibilidad de abandonar *La Saga de J.B.* y escribir primero *Campana y Piedra.* Por dos razones: la primera, porque de *Campana y Piedra* tenía mucho escrito, y digo tenía porque no sé dónde está el manuscrito. La segunda, porque algunos personajes de *Campana y Piedra* pasan a *La Saga de J.B.* Entonces me evitaría muchos problemas, trasladándolos de una novela a otra con armas y bagajes, todo lo que se refiere a él en *Campana y Piedra* hay que eliminarlo. Ahora mismo, ahora mismo no sé si lo voy a hacer o no, claro. En primer lugar porque he buscado el original en casa y no lo encontré; lo he buscado aquí y tampoco lo encontré. ¿Qué ha sido de él? No lo sé. Lo único que sé es que no está en España sino aquí. El diablo sabrá dónde.

Se me ha ocurrido desarrollar más uno de los temas secundarios de *Campana y Piedra* que, por razones especiales he cambiado. Antes era Hitler el que se iba a alojar en casa del espiritista, y ahora es Goebbels. Para el caso es igual. De lo que se trata es de hacer una reunión espiritista, traer a Goebbels, que G. se materialice y que responda a las preguntas de don José Bastida: todo esto tomado a coña, todo esto considerado como Sinfonía humorística de la muerte. ¡Dios mío! Nunca he tenido más tiempo que ahora, ni más dinero. ¿Qué coño me falta para escribir, qué coño me falta para que todo esto se convierta en páginas? Me falta decisión. Me falta esa última y decisiva victoria sobre la pereza. Siempre hay algo que me entretiene. Siempre pensando en lo que pasa allá, qué harán mis hijos, cómo resolverán sus problemas. «¿Por qué mató usted a sus hijos, por qué se ha convertido en el Destino de sus hijos?» Y aquí, claro, está la vieja respuesta de Aguirre: «No quiero que te llamen hija de traidor y seas puta de todos.» ¡Dios mío! ¡Dios mío!

Mientras comía tuve otra ocurrencia: la de suprimir la historia presente y dejar la novela reducida a la historia pasada, sustituyendo a Lilaila Bastida por Lilaila Aguiar, y la marcha de una por la otra. Lilaila Aguiar se casa con Bendaña; Bendaña se la lleva a Estados Unidos. Esto es naturalmente renunciar por impotencia, pero quién sabe si al poner lindes a mi propia ambición, no aumento posibilidades reales. Es verosímil que Bastida, mejor dicho, Barallobre, invite a los estudiantes a apedrear el tren porque él está enamorado de Lilaila Aguiar y porque Bendaña ha traicionado los mitos, ha traicionado a la ciudad. ¿Pierdo algo sustantivo? Sí. Pierdo algo sustantivo, que es precisamente lo que tengo en nebulosa. Pierdo la figura de Lilaila Bastida, la figura de Lilaila Bastida. No sé. Tendré que pensar esto. Tendré que ver esto con calma.

1969

15 de febrero, 1969

Hoy es el sábado quince de febrero, y lo que quiero consignar aquí son mis repetidos fracasos al intentar escribir un nuevo comienzo de la novela que se me ocurrió esta última temporada y que considero original y además muy útil. He buscado varios procedimientos: cualquiera de ellos sería bueno, aunque lo que yo quiero es lograr una gran masa narrativa; pero es el caso que ninguno de ellos me ha dado resultado. Lo que escribo es torpe, sin gracia y en cuanto me descuido se me va al diálogo, que es precisamente lo que quiero evitar. Es decir, quiero que esta parte, este nuevo comienzo, carezca de diálogo, de la manera, al menos, como yo suelo usarlo. De todos modos, por si acaso no vuelvo a trabajar en algún tiempo, tengo que registrar aquí algunas de las ocurrencias que constituyen este comienzo, porque me parece que las olvidaré si no las apunto. La comisión permanente del municipio, por nueve votos contra dos y una abstención, acuerda retirar del emplazamiento que ocupa, desde su erección, la estatua del almirante Valentín. Estos dos concejales que han votado en contra son don Argimiro y don Celso. Hay que advertir que Argimiro era el nombre del primer Efesio que llegó a la ciudad, y que Celso era el nombre del primer romano. Hay que inventar un periplo o crónica donde se haga referencia a estos dos personajes. Por un procedimiento o por otro, tengo que llegar a la visita que estos dos caballeros hacen al director del periódico, a ver si consiguen mover una campaña que evite lo que ellos consideran un atentado contra el pueblo. El director del periódico está de acuerdo, no ve más dificultades que la censura, sugiere que su amistad con el secretario del Gobierno Civil podrá facilitarle las cosas. Hay una serie de gestiones, de dimes y diretes, de correcciones de frases, y, al fin, al día siguiente por la mañana, sale el artículo. Durante todo este proceso, que dura una tarde y una noche, ante la ignorancia de estos tres sujetos de quién fue en realidad el almirante Valentín y, sobre todo, qué hizo (vagamente recuerdan haber oído algo de niños), acuden a Bastida, que es un pobre diablo que suele venir por las noches al periódico, encerrarse en el archivo y trabajar sobre los ejemplares coleccionados correspondientes a hace aproximadamente ochenta años. Se supone por tanto que este hombre tendrá una información más completa y, en efecto, Bastida les dice que el almirante Ballantyne, al que el pueblo llama Valentín, era un irlandés al servicio de Napoleón, y que organizó la defensa del pueblo contra el Batallón de los Literarios, que acababa de vencer a los franceses en la batalla de Pontesampayo y que, al retirarse, alentados y empujados por el canónigo de turno, venían al pueblo a apoderarse del Cuerpo Santo para librarlo de las manos de los herejes. Naturalmente, se dan cuenta en seguida de que si aducen esta historia como razón para la gloria del almirante, lo que habrán hecho será empujar, justificar mejor dicho, al alcalde y a los concejales que han aprobado la propuesta. Después de discutir, lo que hacen es decir lo contrario: que el almirante Valentín era un inglés que vino al pueblo y que ayudó a la defensa contra las tropas francesas antes de que éstas se retirasen hacia Pontesampayo y precisamente obligándolas a retirarse...

... De esto evidentemente ya no tiene la culpa el aparato, sino yo. Estoy grabando en el canal dos, puse en funcionamiento el canal uno, con lo cual no grabé en el segundo y borré lo que estaba en el primero. Bien es cierto que todo lo que estuve grabando aunque se haya perdido no importa, porque llegó un momento en que no se me ocurría nada, y, para no perder el hilo comencé a divagar a ver si a lo largo de la divagación recobraba el curso de las imágenes. No sé si en lo anterior a esto hay o no hay una referencia a Unamuno. El viaje que Unamuno hizo a la ciudad a principios de siglo y las opiniones que comunica a un periodista acerca de la ciudad en las que figura la afirmación de que la plaza y la estatua del almirante forman un conjunto único en España, bellísimo arquitectónica y escultóricamente, etc., etc. Entonces, hay una consulta al Gobierno Civil de si Unamuno puede citarse; dicen que sí, y, entonces, el artículo al día siguiente copia la cita de Unamuno que figura en el periódico de la época. Decía que hay que enriquecer en detalles esta narración, hay que darle vida, hay que hacer de ella algo equivalente a la masa narrativa del principio de la Trilogía o de *Don Juan*. Claro, la del principio de *Don Juan* es mucho más fácil porque es en primera persona. He perdido el tiempo, acaban de llegar los niños y a partir de este momento con un poco de suerte habrá gritos y será imposible recobrar el curso normal de las imágenes, precisamente de las imágenes que quiero recordar, que quiero grabar... Que quiero que no se olviden. Las imágenes que quiero que no se olviden, no sé ya cuáles son.

Continúo unas horas más tarde. Ahora mismo he estado dándole vueltas al asunto éste, y aunque no he escrito nada, se me ha ocurrido que entre el periódico y el Gobierno Civil, durante buena parte de la noche, hay un ir y venir de cuartillas; al final, el artículo propuesto por el periódico queda notablemente transformado, queda en realidad convertido en un elogio del alcalde, de tal manera que las sugerencias... ¡Coño, no me sale, yo no sé lo que tengo que decir, caray! ¡Dichosa televisión, dichosas centellas vivas! ¡Jesús, no hay manera de tener un momento de sosiego, de silencio! ¡Qué barbaridad, qué barbaridad!

En fin, parece que ya he conseguido que la televisión no me moleste. De lo que se trataba es de anotar, no el hecho, sino los matices. En el periódico se prepara un artículo cuyo punto de partida es que el alcalde, por ser forastero, no tiene conocimiento suficiente de los sentimientos de su pueblo, y por lo tanto no se da cuenta de que al acordar que la estatua se retire del lugar que ocupa, el pueblo se sentirá molesto. Entonces hay que cambiar esto por consejo del secretario del gobernador en un párrafo que diga que es conocido de todos o son conocidos de todos los desvelos del señor alcalde por la mej... por el mejoramiento de la ciudad y sus preocupaciones por el urbanismo, etc., etc., todo lo cual le ha llevado a pensar en el buen estado de la ciudad vieja, y que la mole de cobre de la estatua y la mole de piedra del pedestal después de tantos años de emplazamiento, pudieran provocar grietas en el lienzo de la muralla antigua que limita por un lado la plaza correspondiente, toda vez que entre el emplazamiento de la estatua y la muralla no hay más que treinta metros de distancia, y que por lo tanto, para evitar que la muralla se agriete, pensó que mejor sería cambiar la estatua de lugar, lo cual evidentemente es una buena idea por la que el señor alcalde debe ser alabado. Ahora bien: parece ser que el subsuelo de la plaza es de roca viva, sobre el cual se asienta directamente el pedestal, de tal manera que, por muy grande que sea su peso, nunca influirá en la muralla. Por otra parte, toda vez que la Ciudad Vieja está declarada conjunto monumental, lo más probable es que el expediente solicitando del ministerio autorización para el cambio fuese lento y de solución remota. Finalmente, toda vez que el peligro temido por el alcalde no existe, quizá fuera conveniente recordar que, según don Miguel de Unamuno, aquel conjunto de la plaza y de la estatua es uno de los más bellos de España.

Ahora bien: toda esta idea hay que desarrollarla de una manera ingeniosa y viva. «Hágame usted un borrador lo más suave posible, y yo se lo corregiré.» De manera que en realidad la primera parte de esta narración es la gestación del artículo que, al día siguiente, va a salir en el periódico.

Después hay que enlazar esto con la idea de restaurar La Tabla Redonda, la idea de restaurar La Tabla Redonda. Y ya entramos por el buen camino.

23 de febrero, 1969

Hoy es el veintitrés de febrero; de 1969, para más precisión. Domingo. He pasado el domingo en casa, forzosamente: mi pierna todavía no me deja salir, no me deja moverme con autonomía. Por la mañana no hice nada, pero pensé mucho, y por la tarde escuché y grabé una versión completa de *Carmen*, de Bizet; y, después, ya puesto a ello, algunas piezas más. Ahora son las ocho y media; estoy oyendo un concierto de flauta, creo que de Mozart, y quisiera... quisiera... no sé lo que quisiera. En fin, ayer, cogí el montón de folios de la novela, repasé algunas cosas, y en conjunto creo que es más el material aprovechable que el desechable. Tengo que pensar que quizá lo que yo quiero es imposible, y que lo posible no es tan malo como yo pienso a veces. Son muchas las páginas que, una vez corregidas, tienen cierta gracia y, por lo tanto, creo que debo alejar el pesimismo, no desesperarme, y seguir haciendo lo que sé y lo que puedo. Son muchos los folios o los grupos de folios que llegan a un punto y se interrumpen, porque en ese punto yo confundí el cansancio con el desánimo y no continué. Falta mucho, evidentemente; pero lo que hay no es inválido, y es mucho lo que hay. Parece que no, pero creo que tengo bien, bien, bien, media novela. Me falta naturalmente completar lo iniciado, coger esos fragmentos interrumpidos y continuarlos; tener paciencia para corregirlos; suprimir y ampliar lo necesario y dar... otra forma a algunas partes, pero seguir, continuar. Cualquier cosa menos esta crisis puñetera de los últimos tiempos, esta actitud negativa, esta creciente convicción estúpida de mi decadencia. Porque, ¿qué es lo que quiero? ¿Sé yo acaso lo que quiero? Además, he encontrado unas cintas antiguas con notas aprovechables. Hoy, por ejemplo, he oído una en que cuento el principio de la biografía del obispo, y no me parece nada mal. No me parece nada mal, incluso literariamente. En vez de fantasear tanto sobre mí mismo, lo que tengo que hacer es trabajar, trabajar humildemente. Si una cosa no sale, hacerla otra vez, y otra vez. Tener suficiente voluntad para cerrar mi puerta a las dos de la tarde y poner un cartel que diga: «El poeta trabaja», o cualquier bobada semejante. Cualquier bobada semejante. Y trabajar. Es mucho más fácil en este momento para mí seguir escribiendo la novela, que empezar el estudio sobre Pérez de Ayala. Éste sí que es difícil. Y no porque lo sea intrínsecamente, sino porque, con mi método de leer por encima, de no tomar notas, de confiarlo todo a la improvisación, no se va a ninguna parte. También por ese lado tengo que poner un poco de cuidado, trabajar con método, y sólo después de hecho, decidir ante un montón de materiales si tengo o no capacidad para darles forma y, sobre todo, para decir algo original. Algo que justifique el carácter del trabajo. Y, si no puedo, renunciar a él, lo cual no significa nada: no significa más que renunciar a él. En último término, si algún día le doy cima, será, si Dios quiere, mi último trabajo de esa naturaleza. Si Dios quiere mi último trabajo de esa naturaleza. Más importante es la novela. Tengo que reconocer y lo reconozco fácilmente que estoy muy atrasado de lecturas. Que en el mundo se hacen cosas que yo no sé hacer, que mis posibilidades en este sentido son muy limitadas. En cambio, todavía tengo por delante un buen trecho de camino, o sea, de carrera de novelista; tengo dos libros empezados: ambos tengo que terminarlos, *La Saga de J.B.* y *Campana y Piedra.* Y todavía después de éstos hay más ideas por ahí, y más que vendrán. Que si Dios me da vida podré escribir. En cambio, como crítico, hice ya lo que tenía que hacer, que no ha sido mucho. A pesar de los pesares, en el país de ciegos el tuerto es rey. A pesar de los pesares... Oigo hablar, me han distraído. ¡Vaya por Dios!

Continúo después de un rato. Lo que me falta, aun aceptando por bueno lo que tengo hecho, es esa visión de conjunto como quien ve enteramente un valle. La tuve en Pontevedra este verano, y, después, no he vuelto a tenerla. No sé a qué obedece, pero sigo viendo fragmentos más o menos amplios, combinaciones, pero eso de tener delante de los ojos la obra entera no lo consigo. Llegué incluso ayer, y es una idea que no tengo por qué desechar, aunque de momento no piense seguirla... coger todos los fragmentos de diario que tengo por ahí, lo que tengo copiado y lo que no tengo copiado, ordenarlos cronológicamente y a partir de cada uno de ellos ir haciendo la historia de la novela, incluyendo en cada uno de los capítulos los fragmentos que componen la totalidad de la novela, lo que tengo y lo que no tengo. Después, esta idea se me fue, justamente al darme cuenta de que lo que tengo no es tan malo. Pero ahí queda, ahí queda por si acaso. Volviendo a la visión de conjunto, lo que sucede es que hay una serie de acontecimientos que todavía no sé dónde colocarlos, quizás otra de las razones por las que no los he escrito. Tal y como van las cosas, el orden sería éste: Primero, la desaparición del Cuerpo Santo. A continuación, la Balada del Cuerpo Santo. Y, después, el comienzo de los hechos propiamente dichos con la cuestión de la estatua del almirante Valentín, de tal manera que esto nos lleva por una parte a plantear una situación general, y por otra al conocimiento sucesivo de una serie de personajes, principalmente de Bastida, a quien, si utilizo el fragmento de la maestra, vamos a conocer en dos situaciones: el pobre hombre que vive en la fonda del espiritista, y el tipo raro que va por las noches al periódico, se encierra en el archivo y toma continuamente notas de la colección de periódicos atrasados desde su fundación. Es decir, el hombre que va apoderándose de la Historia del pueblo y que es capaz, donde no hay historia, de inventarla. De aquí sale todo lo referente al asunto del caballo, es decir, a la solución del asunto del caballo, de la estatua —¿por qué he dicho caballo si la estatua no tiene caballo?—, y lo que con ella se enlaza, es decir, la restauración de la Tabla Redonda. Por otra parte, la preparación de la maestra, las oposiciones, problemas de las oposiciones, que nos lleva directamente a Barallobre, que nos lleva directamente a Barallobre, y, por este lado y por el otro, el contacto entre Barallobre y Bastida. Cualquiera de los dos caminos hubiera sido bastante, pero los pasos que Barallobre da para conocer a Bastida acontecen justamente en un momento en que las dos acciones confluyen. En el momento en que las dos acciones confluyen. Ahora bien, esto... ¿será antes o después de la Tabla Redonda? Parece que es después, en el momento en que Barallobre y Bastida se encuentran, ya tenemos en danza a bastante gente, además de los principales personajes: Barallobre, Bastida, Julia, todos los que han actuado y todos aquellos de quienes se habla: singularmente de Bendaña y de Lilaila Aguiar. Después, tiene que venir... después tiene que venir todo lo que precede a la llegada de Bendaña, lo cual sería ya un segundo grupo de acontecimientos que nos llevaría al mundo de don Acisclo, al mundo de Acisclo y su violín, a casa de las señoritas de Aguiar: la hermana de Barallobre ya la conocemos. Y todo esto termina con la llegada de Bendaña y la fingida muerte de Barallobre. Aquí tenemos, pues, un segundo grupo de hechos que puede constituir una segunda parte. La tercera parte está constituida por todos los asuntos... historias remotas, más le epifanía de Barallobre trasmudado en J.B., en los cuatro J.B., y las historias paralelas de Bastida y Julia y el viaje de Bastida por el interior de J.B., todo lo cual termina... pues no sé cómo puede terminar esto. Bueno, estas series de materiales, como no son causa unos de otros, pueden tener órdenes distintos, pueden ser objeto de distinto modo de composición. Y luego ya no nos queda más que la última parte, creo yo: el desenlace, donde hay ese capítulo fantástico que nunca se me ocurrió someter a crítica, pero recuerdo ahora que el otro día, pensando en él, entreví la posibilidad de suprimirlo. No sé si lo suprimiré o no. O si será modificado conveniente y profundamente.

Bueno, por lo menos algo es algo. Lo que tengo que hacer ahora, ante todo, es agrupar las distintas materias escritas justamente de acuerdo con esta disposición en cuatro partes que acabo de trazar ahora.

26 de febrero, 1969

Hoy es el veintiséis de febrero. Esta mañana me han quitado la escayola de la pierna. Comienzo, pues, la segunda etapa de este proceso de inutilidad al que todavía le queda un mes. Me siento evidentemente más ligero, puedo caminar algunos pasos, pero, paradójicamente, con las muletas voy más lento. Creo sin embargo que pronto podré prescindir de una de ellas. Esta tarde, de regreso del médico, escribí y corregí dos folios, que son continuación de algo que había comenzado el otro día y que ahora continúo. Continué y terminé. El artículo, llamémosle así, titulado: «De Argimiro el Efesio a Celso el Romano, o los primeros cien años de Castrofuerte del Baralla.» Supongo que cuando tenga en limpio estas dos páginas, habré de rehacerlas una vez más, pero, por lo menos, son una buena base. El modo de inserción no tiene que preocuparme, pues lo que haré, creo, es pura y simplemente colocarlas en su lugar sin previa explicación. Hay una frase en ella que indica sobradamente quién es el autor. He pensado que en los folios del comienzo hay que intercalar un párrafo bastante largo en el que se describe cómo esa misma tarde todo el pueblo se ha congregado en la Plaza Vieja: los jóvenes, los maduros, los ancianos, aprovechando la bonanza, han ido de paseo a la Plaza Vieja, han contemplado la estatua del almirante Valentín y se han preguntado por qué quieren retirarla de allí. Dar con esto la primera reacción colectiva del pueblo, reacción por otra parte lógica, y que necesito para preparar el ánimo para otras reacciones colectivas. No sé si he pensado algo más estos días que no haya registrado. Sí. He pensado una cosa más, y es que la constitución de la nueva Tabla Redonda, en vez de ser mollar, está llena de dificultades, precisamente porque los godos pretenden que sea una sociedad legalmente constituida y autorizada, en tanto que sus miembros no desean la menor relación legal con el Estado, sino que lo que quieren es pura y simplemente denominar de una manera determinada una reunión habitual de caballeros en un lugar de un café. Hay, por tanto, un tira y afloja en que ellos se defienden diciendo que en la ciudad hay muchas peñas de café y de taberna que incluso tienen nombre, por ejemplo las peñas futbolísticas, y que ninguna de ellas ha tenido necesidad de registrarse, de solicitar su constitución, de presentar unos estatutos y un reglamento. Me falta, en cambio, la descripción del aspecto misterioso de Barallobre. Barallobre, en cuanto es el Viejo de la Montaña, tiene un pasado siniestro que nadie sabe en realidad en qué consiste. Lo saben sólo algunos viejos. Algunas personas de edad que recuerdan lo sucedido antes de la guerra y al principio de la guerra, y que no suelen contarlo. Pero lo importante de esto es el aura siniestra o al menos misteriosa y un poco terrible que rodea al Viejo de la Montaña, al que se le supone relacionado con las leyendas de pisos subterráneos, de pasadizos misteriosos, de oro enterrado, etc., etc. Todo esto en muy pequeña parte está indicado, sólo indicado. No interesa indicarlo y, en cambio conviene desarrollarlo de una manera cabal. El otro aspecto de Barallobre podemos verlo directamente, podemos presentarlo en vez de narrarlo. Es el aspecto de profesor que todos los días baja desde la Casa del Banco a su Instituto y da diariamente sus clases de Literatura, marcando de una manera clara la diferencia entre el Viejo de la Montaña y su leyenda, y el catedrático que baja a su instituto; más adelante se comprende o se puede comprender con toda claridad cómo a quien mata la necrología publicada en el periódico no es al catedrático de Instituto, sino al Viejo de la Montaña. Por lo tanto el catedrático de Instituto puede subsistir, y el Viejo de la Montaña es el que muere. Aunque toda vez que uno y otro son la misma persona, los naturales de la ciudad ignoran a Barallobre, aseguran que está muerto. Es curioso: estos últimos días he estado tranquilo, las ideas me han andado por la cabeza, no he sentido la menor angustia ni la menor sensación de crisis, y, sin embargo, no hice nada. Creo que el último día en que escribí fue el viernes, es decir, sábado, domingo, lunes y martes sin una sola línea hasta hoy, que escribí dos folios. De manera que, indudablemente, lo que me provoca la crisis es la convicción de que lo que escribo no vale para nada, y lo que me saca de ella es la convicción de que no carece de valor. Posiblemente existe también una preparación de ánimo en pro o en contra, que me hace aprobar o desaprobar lo que escribo. Hoy, quizás el contento de verme libre de ocho libras de yeso en la pierna derecha me ha hecho escribir de un tirón esas dos páginas, corregirlas inmediatamente sin gran disgusto. Ahora son las seis y cinco de la tarde. Me falta cabalmente una hora para ir a mi clase, no es tiempo para empezar nada, y lo mejor que puedo hacer es escribir alguna carta;

pero da la circunstancia de que no tengo la menor gana de escribir ninguna de las muchas cartas que necesito escribir urgentemente. Sobre todo la que tengo que mandar a J., de quien recibí ayer noticias bastante poco satisfactorias.

En este momento lo que estoy haciendo es algo así como si pasase por el interior de mi cabeza una linterna eléctrica iluminando los rincones a ver si en alguno de ellos encuentro algo olvidado; pero la verdad es que todos están vacíos. No soy capaz de recordar nada importante que haya pensado estos días y que convenga registrar para no olvidarlo.

2 de marzo, 1969

Pensar que me encuentro exactamente igual que hace un año, que tengo sin resolver los problemas que entonces se me habían planteado, deja la impresión penosa de no haber caminado hacia delante, sino como un burro de noria dando vueltas y vueltas y vueltas alrededor del mismo centro. He pasado buena parte del día oyendo cintas viejas y buscando en ellas ideas olvidadas que me saquen del pozo, y he encontrado en una de ellas sin copiar, a causa de que entre la primera (nota) y las dos últimas se interpone una que no tiene que ver con la novela; he encontrado referencia a una disposición de los materiales bastante anterior a todas las complicaciones y laberintos en que me he metido hace ahora casi un año, y que supone todavía conservar aquella vieja concepción de dos núcleos activos distantes entre sí veinte años. Esta composición es muy simple: primero, los hechos de 1946; después los hechos de mil novecientos sesenta y tantos. Entre ellos con independencia, la propiamente llamada *La Saga de J.B.*, es decir, la historia de los personajes cuyos nombres empiezan con estas iniciales.

Este tío que está hablando en la radio me está fastidiando, pero, para apagarla, tengo que coger las muletas, desprenderme del micrófono y dar unos pasos que no me apetecen. Esperemos que su voz no tape la mía y que no dure mucho.

La diferencia... Coño, ahora son las noticias, ahora nos va a contar el viaje de Nixon por Europa. Me cago en su madre. Bueno.

Al tío ése le he apagado la voz, lo he dejado lo suficientemente audible para que, cuando venga la música me tape los ruidos.

Estaba hablando de la disposición de los materiales prevista en una nota de octubre de 1967, y lo que quería ver ahora es si, conservando esa disposición, puedo salir del atolladero. Es un error pensar que la inserción más o menos forzada de las historias remotas va a disminuir o a anular el realismo de la novela. Eso es harina de otro costal. Eso es el resultado de un estilo y de ciertos materiales que todavía no he utilizado. Que las historias vayan insertas en el cuerpo de la novela o independientes, es algo que no influye para nada en la poesía imaginativa del relato. Ahora bien: esta situación central tiene que ser central con referencia a dos extremos: central con referencia a los hechos de 1946 y a los más modernos. O quizá, quizás a otros dos grupos de hechos pertenecientes sólo a 1946. Vamos a suponer que conservo únicamente estos materiales, y que la segunda parte antiguamente proyectada sigue descartada como ahora. ¿Qué utilidad tiene esta composición? Teniendo en cuenta sobre todo que la idea de que sea Bastida quien cuenta las viejas historias y algunas de las no tan viejas, es una buena idea a la que no tengo que renunciar, y que, por tanto, *La Saga de J.B.* propiamente dicha, es a saber, las historias del obispo, del canónigo, del almirante y del poeta vienen incrementadas con un episodio de la historia de Bendaña y otro de la historia de Barallobre, centrado el primero en su traición, y centrado el segundo justo en el comienzo de la guerra civil, en su comportamiento con sus compañeros de la Tabla Redonda.

Paréntesis. (Ahora mismo se me está ocurriendo que, en la segunda parte, no hay por qué constituir la Tabla Redonda. El mismo valor novelesco tiene el intento de reconstituirla, la lucha con el gobernador civil que lo impide. Esto no excluye los mejores momentos de la historia, como son... por ejemplo, el descubrimiento del busto de Coralina Soto y su reinstalación en el café. Cierro el paréntesis.) Cierro el paréntesis y he perdido el hilo de lo que estaba diciendo. Moraleja: no hable usted entre paréntesis.

Vuelvo a oír parte de lo anterior, sigo sin recobrar el hilo.

Quizá sea insistir en el hecho de que esos dos episodios de la vida de Bendaña y Barallobre, aclaran a posteriori situaciones a las que en el curso de la novela no se da explicación. Situaciones, comportamientos de uno y otro, que quizás hagan suponer la existencia de otros hechos, pero a los cuales no se hace referencia, no constan, no figuran en el texto porque no nos metemos para nada en el interior de ninguno de ellos. ¿Cuál es entonces el posible desarrollo de esta parte? Dos puntos de partida, paralelos, ambos conducen al mismo resultado, las relaciones de Barallobre con Bastida. Uno es la historia del caballo... Pero, ¿por qué me empeño yo en hablar del caballo si en la estatua no hay caballo? Carajo. Hay muchas estatuas sin caballo, y es lógico que la de un almirante no lo tenga. En todo caso sería la estatua de un navío, tampoco hay navío. No hay más que un señor envuelto en una capa que se lleva el viento, aguantándose el bicornio con la mano. ¿Por qué dije yo esto? Ah, sí. Estaba intentando exponer los hechos. Un comienzo, pues, es la cuestión de la estatua, y otro comienzo es la señorita que viene a ganar las oposiciones al magisterio. Ambos los tengo esbozados, pero ambos de prisa, narrados. ¿Merecen uno y otro el desarrollo? Pues claro que lo merecen, y mi equivocación es no habérselo dado desde el principio. Puesto que en la novela hay un sistema causal, pero es un sistema de causas fútiles, porque ni la cuestión de la jovencita que va a oposiciones ni la cuestión de la estatua tienen importancia. Es decir, que no es que yo prescinda del sistema causal; lo que hago es sustituir causas profundas por causas triviales, pasiones por tonterías, pasiones por tonterías. Entonces, tengo que dar a esto un desarrollo cabal, lento, detallado. Presentar a los personajes viviendo, viviendo. Entonces sería la única manera de que todo esto cobre una entidad, un desarrollo lento en el cual tienen cabida todas las escapatorias fantásticas que sean necesarias. Léase: tengo que empezar una vez más, tengo que recorrer de nuevo los caminos recorridos, unas veces de prisa, otras veces sin ella. Me propongo seguir adelante, y quizá siga dando vueltas a la noria.

Bueno. Pues ya tengo en danza a don Celso y a don Argimiro, ya tenemos en danza al alcalde. Vamos a seguirles, a ver qué hacen y a ver qué dicen, y vamos a no incurrir en el error de hacerles tan ignorantes del pasado como los hice en la correspondiente narración. Entonces, ¿cuál es la diferencia entre la *Trilogía* y *La Saga de J.B.*? En que allí busco deliberadamente una profundidad, y aquí busco una futilidad; en que allí excluyo la fantasía, y aquí le doy cabida. Probablemente en que los hechos tienen aquí más importancia por cuanto son más insólitos. Tratado de esta manera, naturalmente, se puede aceptar la famosa discusión y división de la ciudad en dos bandos de acuerdo con lo previsto y descartado... y establecer una entrada gradual de personajes en distintos capítulos para poner en danza los distintos mundos de la ciudad. Así podemos entrar en el círculo de las tías de Lilaila, donde don Acisclo aparece como un hombre un poco raro, pero cortés, casi, casi versallesco, con su violín debajo del brazo, tocando una sonata y acompañado al piano por la tía de Lilaila, la que no miente. Bueno, la otra no es la tía, es la madre. Creo que he decidido que sea la madre y no la tía.

De manera que no renuncio a los personajes, ni renuncio al argumento, ni renuncio al orden cronológico, ni falta puñetera que hace. Como decía aquel cretino, yo soy un clásico. Y como dice Rimanelli, yo soy un humanista: lo dice de mí. Mira tú por donde vengo a deshacer ahora todo lo que hice durante un año; vengo a reconocer mi pérdida de tiempo y, sobre todo, la inutilidad estética de todas esas complejidades que anduve inventando, que me empantanaron y que no eran en modo alguno exigidas por la naturaleza de los materiales. Todas ellas respondieron a incitaciones exteriores que, en el fondo, tomo en serio a causa de mi inseguridad, a causa del hecho lamentable de no aceptar de una vez para siempre mi divergencia absoluta con todas esas escuelas cuyos ecos me llegan, las más de las veces de manera conceptual y quizás arbitraria, y que en el fondo me importan un pito. Yo soy un escritor anticuado, y toda mi posible fuerza me viene de ese hecho. Ni más ni menos. También Cervantes fue en su tiempo un escritor arcaizante. Esto no supone naturalmente comparación alguna, pero sí un discipulaje cada vez más consciente y voluntario. También tiene gracia, coño, que venga uno a reconocer esto después de tantos entusiasmos y tantas depresiones. Y que lo que yo tenga que aprender haya de aprenderlo de mí mismo. Mira tú a lo que se llega. ¿Cuáles son, por tanto, los hechos principales? Partiendo de la estatua, vamos a la Tabla Redonda, que no se reconstituye. El conocimiento de Barallobre y Bastida y el doble matiz de sus relaciones, laboral y amistoso. ¡Ay! La llegada de Bendaña. La supuesta muerte de Barallobre. Reacción de los godos. Funerales. La historia particular de Bastida con Julia. Después de las historias particulares de Bastida con Taladriz. Las sucesivas apariciones de Barallobre en los funerales, el viaje por el aire con Bastida, la conmemoración del desembarco del almirante, su presencia en el café con la correspondiente entrevista, que se publica en el periódico. Naturalmente los artículos... ¡Ah! Lo de... ya me acuerdo, lo de Bendaña no son ya artículos en el periódico, sino que ese artículo que tengo hecho lo tengo que reformar y convertirlo en una entrevista, es decir, el periodista va a ver al profesor recién llegado, y éste cuenta que está preparando un libro, que ha venido a buscar ciertos documentos. Éste es el libro en que se desbaratan los mitos. Esto es anterior a la primera aparición de Barallobre en el funeral. Las cuatro apariciones de Barallobre, son respuesta, como lo es también el artículo que publica J.B. (Bastida) en el periódico.

Ahora, la cosa consiste en decidirme de una vez para siempre por las dos partes, antigua y moderna, o por una. El hecho de que me decida por una, que puedo dividir, no empece... ¿por qué habré dicho yo ahora no empece? Lo que quería decir es que no me impide escribir una novela posterior con la historia de Lilaila Bastida. Así, en este momento, me da la impresión de que es un pegote. Creo por lo tanto que la división debe ser dentro de la materia del año 1946.

Yo creo que no hay más hechos ya. Después de esto viene el final, nada más que el final. Tomar las cosas con calma y abrir constantemente puertas a la fantasía. Y tener muy presente, esto se me ha ocurrido no sé si ayer u hoy, que Belalúa le dice en secreto a Bastida: «Fuera de aquí los niños de las escuelas no dicen que haya cinco, sino cuatro provincias gallegas. En el mapa de España no figura nuestra ciudad. En Madrid nadie conoce la existencia de Castrofuerte del Baralla. Castrofuerte del Baralla es un secreto de Estado. Los funcionarios que nos envían, vienen bajo juramento. Estamos castigados.» Creo que ésta es una idea fértil, más bien el germen de una idea que, desarrollada oportunamente, puede dejar todo mi realismo en el aire y crear una sensación de irrealidad.

En fin, si esta nota sirve de algo, no habré perdido el tiempo en tantas vueltas y revueltas como he andado dando estos días. ¡Ojalá!

3 de marzo, 1969

Día tres de marzo. Seis pulgadas de nieve caídas esta madrugada. Llegué tarde, despaché unas cartas, me fui a comer y ahora regreso. Y me pongo a hablar partiendo de una realidad constante: no tengo ganas de hacer otra cosa. Ayer llegué a ciertas conclusiones que si bien se consideran son desoladoras. Porque reducidas a fórmulas matemáticas quieren decir que, de lo escrito en un año, tendrá valor una décima parte, tendrá valor exactamente una serie de folios que procede casi enteramente de *Campana y Piedra* y esto poco que he inventado de las cuatro sagas. El resto, en el mejor de los casos, puede servirme de guía puesto que hay que desarrollarlo, pero, en el mejor de los casos, será otro diez por ciento. *La Saga de J.B.*, la novela condenada a perpetuo... a perpetuo recomenzar. Cuántas veces la empecé y de cuántas maneras la empecé, he perdido la cuenta. Y esto que voy diciendo un día y otro, ante éste o el otro micrófono, no es más que el testimonio, también en el mejor de los casos, de lo revuelta que está mi cabeza, de la versatilidad de mi imaginación, de la pérdida del oficio, de la inconsistencia de mis ideas, de un montón de cosas negativas, absolutamente negativas. Tengo...

4 de marzo, 1969

Día cuatro de marzo. Un poco ligeramente concluí ayer, y está registrado en otra cinta, que tengo que escribir *La Saga de J.B.* más o menos como la *Trilogía.* Esto no es cierto más que en un aspecto, el aspecto que se formula diciendo: tengo que presentar en vez de narrar. Presentar en vez de narrar. ¿Cuántas veces habré pronunciado esta frase a lo largo de un año? No lo sé. Ésta u otras parecidas. Pero la materia que debo presentar, lo que tengo que escribir, las palabras que tengo que repetir, son de otro orden y de otra naturaleza. Puesto que desde el principio el lector tiene que encontrarse con una situación misteriosa, una situación de la cual algunos factores se le ocultan, y no deliberadamente. Por ejemplo: cuando estos dos concejales salen del Ayuntamiento citado, «Yo creí entender por tu mirada...». «Has entendido bien.» «¿Dónde podemos hablar?» Van a dar a una taberna donde se reúnen algunas personas con las cuales estos dos tipos tienen relaciones superficiales, relaciones que en este caso se reducen al mero saludo, pero uno de ellos, o los dos, se sitúan cerca de la mesa donde esas personas se reúnen y empiezan a hablar en voz alta para que deliberadamente los otros se enteren de lo que hablan, y lo que hablan es contar lo que ha pasado en la sesión del Ayuntamiento referente a la estatua del almirante Valentín. Quizá si encuentro la manera, podría también presentar al alcalde hablando con el secretario para que busque la fórmula de comunicar el acuerdo sin que levante sospechas, de manera que tenemos dos indicios de que el mero traslado de la estatua es un acontecimiento de más importancia de lo que a primera vista parece. De aquí derivan dos acciones: dos situaciones. Una, es la reunión del pueblo en la Plaza Vieja aprovechando la tarde bonancible, como quien va paseando, a ver la estatua del almirante Valentín. Otra, estos tipos, Celso y Argimiro, van o se citan con Belalúa, director del periódico; pero esto tienen que hacerlo por sugestión indirecta de uno de los tipos que están en la taberna, de uno de los tipos que están en la taberna. Quizás en la conversación entre estos tres, sea donde Belalúa insinúa su certeza de la situación especial de la ciudad en relación con el poder central. «Fuera de aquí, a los niños de las escuelas se les enseña que hay cuatro provincias gallegas: fuera de aquí, en los mapas no figura Castrofuerte del Baralla; los ministros ignoran nuestros nombres; toda la Administración de la ciudad se concentra en un misterioso negociado que no sabemos dónde está; los funcionarios que vienen de Madrid son todos policías.» Con lo cual ya tenemos un sistema de indicios en marcha. El lector sabe lo que saben los personajes, y no sabe más que el autor, puesto que el autor tampoco sabe si lo que dice Belalúa es cierto o deja de serlo. No lo sabe en absoluto. No lo sabe en absoluto. Y esta ignorancia debe mantenerse hasta el final.

Muy bien, todo esto está perfectamente pensado. No hay más que hacer una cosa, que es escribirlo. Escribirlo con objetividad y con realidad suficiente. Casi nada. Entonces resulta que, sin que yo me haya dado cuenta, en la novela hay una serie de referencias que sitúan históricamente la acción y una serie de referencias que la desrealizan. Esto pasa en tal época, pero tenemos duda de que pase en tal lugar. Toda la vida de la ciudad que se proyecta al exterior, desde el presupuesto de gastos públicos hasta las cartas comerciales, se concentra en un lugar de la Administración central, y allí se redistribuye. Cuando don Argimiro, que tiene un comercio, escribe a Barcelona una carta pidiendo telas, esta carta no va a Barcelona. Cuando desde Barcelona envían telas a don Argimiro, estas telas no van a don Argimiro. Todo se concentra en ese lugar especial que hay en Madrid donde se distribuye la vida de la ciudad. Ese negociado tiene por misión o bien ocultar a los demás españoles que nosotros existimos o bien hacernos creer que existimos.

12 de marzo, 1969

Hoy es el doce de marzo. He ido a comer al restaurante, he venido a mi despacho a reposar, estoy cansado y febril. Fuera hace un frío que pela, y mañana a primera hora de la tarde marcharé a N.Y. donde me voy a mover con dificultad a causa de las muletas. Estos días pasados he ensayado un nuevo comienzo de la novela: en principio tan insatisfactorio como los otros, como los otros destinado al cesto de los papeles. Pero este comienzo me ha puesto sobre la pista de una materia que estaba en mi imaginación desde hacía tiempo, a la que hice repetidas alusiones y aun menciones, pero que hasta ahora tenía un valor meramente funcional. De pronto he descubierto que vale por sí misma, que es una buena materia, y es toda la historia de 1866, que comienza por un artículo publicado por un semanario de la prensa de Villasanta de la Estrella en que se niega antigüedad superior a doscientos años al Cuerpo Santo de Castrofuerte del Baralla. Y ese artículo pone en movimiento a una serie de señores, movimiento de defensa contra los villasantinos y contra los godos en general, dentro del cual cabe la fundación de la Tabla Redonda. Esto empecé a escribirlo como narración para encartarla con la acción presente. Pero, anoche, me acosté temprano, estaba cansado, y sin querer, sin proponérmelo, pensé en la novela, y de pronto, esa materia cobró vida y una exigencia estética que no conduce naturalmente a la narración sino a la realización. ¿Quién duda que esa historia de una manera o de otra es novelescamente tan importante como la presente y debe por lo tanto ser tratada de la misma manera? Todo lo cual está muy bien, pero, si sigo de este modo, *La Saga de J.B.* acabará convirtiéndose en un Manual de Historia Universal inventada. Unas cosas traen otras, y la novela terminará comenzando con la llegada de Argimiro, el Efesio, el siglo X antes de Cristo. Ni sé escribir ni tengo sentido de economía de mi materia, y he perdido el de la forma. No soy más que una imaginación en el vacío, o un señor que presencia el funcionamiento de la imaginación sin que nada de eso alcance una realidad estética de valor suficiente para conservarla. Y todo esto se debe a dos causas: La primera, mi falta de entrenamiento, mi pérdida del oficio. Es el resultado de tres años sin escribir, o escribiendo de prisa y mal; la otra, esta versatilidad que se traduce en funcionamiento fragmentario de mi imaginación, esta imposibilidad de lograr una visión de conjunto, que sería la única que me permitiese eliminar la materia sobrante. Si no hay un todo concebido y aceptado, ¿cómo diablos voy a saber lo que sobra o lo que no sobra, lo que sirve y lo que no sirve? De manera que esto que me ha pasado ayer en una dirección de la novela puede pasarme en todas, con lo cual la novela es imposible. Ahora mismo me encuentro bastante mal, no sé por qué. Tengo la sensación de fiebre. Me molesta la luz. Me molesta incluso hablar. No sé si estoy intoxicado o simplemente cansado. No sé si es el hígado o alguna otra causa de orden espiritual la que me tiene así.

18 de marzo, 1969

Hoy es el dieciocho de marzo, y acaba de llegar la primavera. Por fin. Por fin se puede salir a la calle sin abrigo, pasear tranquilamente, mirar al cielo limpio y con sol. El calor está ahí. Dentro de pocos días será lo contrario de antes: el sofoco, la fatiga, el despacho caliente como un horno y el cuerpo que no responde. No hay más que el otoño. Y me pongo a hablar no sé por qué, porque no tengo nada que decir. Desde hace unos días, desde antes de mi viaje del jueves pasado a N.Y., ni hago nada ni pienso nada. Vivo como si no tuviera dos obras empezadas, sumido en este *dolce far niente.* Ayer tuve una carta de J. donde me dice que el libro se vende bien y que Baeza le ha prometido sacar la trilogía para mayo. Cené con Francisco Ayala, una cena entretenida. Es un hombre simpático. Vi a S. pero nada importante, nada excitante, nada que me ponga otra vez en el camino. Hoy me ha traído Rimanelli la copia de su *Machina paranoica*; estuve hojeándola. Es una novela experimental y, por lo que he visto, muy metida en Joyce. La contemplé, gorda y encuadernada, con indiferencia. Y ahora me preparo a dar mi clase. No sé de qué voy a hablar. Y a recibir esta tarde o esta noche a... X, a quien no conozco y de quien tengo pocos informes personales. No sé si veraces o hijos de la envidia. Lo llevaré a mi casa. Lo llevaré a mi casa, donde habrá treinta personas; acabaré rendido del cuerpo y del espíritu.

Es un dulce caos. Pero, esta mañana, hojeando un libro de Machado he leído lo siguiente: «Nada os importe, decía Juan de Mairena, ser inactuales, ni decir lo que vosotros pensáis que debió decirse hace veinte años, porque eso será acaso lo que podrá decirse dentro de otros veinte, y si aspiráis a la originalidad, huid de los novedosos, de los noveleros y de los arbitristas de toda laya. De cada diez novedades que pretenden descubrirnos, nueve son tonterías; la décima y la última, que no es una necedad, resulta a última hora que tampoco es nueva.» Y esto viene pintiparado a mi situación. He perdido mucho tiempo tomando en serio novedades y procurando asimilarlas con toda seriedad, cuando son inasimilables por mí, supongo que porque no se encuentran a gusto en mi interior y porque dentro de diez años estarán todas olvidadas. Estarán todas olvidadas. Como yo. No sé por qué estos días, al comer, siento mareos, que pueden ser del hígado o de otra cosa que no me atrevo a decir. También recibí ayer carta de mi madre y me dice que está mal, que si diabetes, etc., y yo pienso que si se muere sin mí no me lo perdonaré jamás. ¡Qué enorme error haber venido, qué enorme error! Si hiciera el balance, ¿qué podría poner en el haber? Unos cuadros vistos en los museos. La experiencia de una sociedad que no me interesa, tres o cuatro cosas aprendidas sin las cuales hubiera tranquilamente pasado y que quizá también hubiera aprendido allá. En cambio, en el debe, las consecuencias de todo orden de mi desplazamiento, este *dépaysément* sin solución, esta nostalgia, esta inactividad, éste no me atrevo a decir aniquilamiento, pero casi, que me lleva a no interesarme por nada, a que nada me importe y, a la postre, a no hacer nada, nada. Mi *Saga de J.B.* es una gran idea. Tengo unos materiales riquísimos, divertidos, no sé qué hacer con ellos. «*J'ai perdu jusqu'à la fierté-qui faissait croître mon génie*». No saber qué hacer con ellos, no saber en absoluto: he perdido de tal manera el contacto con el oficio... No soy feliz ni estoy tranquilo. Me falta la paz interior. Tengo conciencia de culpa y no tengo dinero, ni siquiera me queda ese consuelo de decir: Bueno, los duelos con pan son menos. No sé por qué ni cómo he llegado a esta situación. No sé por qué ni cómo. Una acumulación de torpezas, ni siquiera una sobre otra, sino un montón. Y menos mal que en Guadarrama tenía dinero suficiente para pagar el viaje de... y para pagarme el piso de Pontevedra durante dos meses, menos mal. Eso me ha ahorrado doscientos cincuenta dólares que buena falta me harán en el verano. Me harán buena falta, muy buena falta. ¡Qué disparate! ¡Qué enorme disparate, Gonzalo! La corona de los disparates de tu vida, de ese tumulto de disparates que ha sido siempre tu vida. Irreflexivo. En fin...

23 de marzo, 1969

Hoy es el veintitrés de marzo. La abundancia de materiales y el absoluto no saber qué hacer con ellos. Si ayer o antes de ayer se me ocurrió el tema de cambiar la estatua por decisión municipal, no hace muchos días que imaginé el de las lampreas, tema que me parece importante, tema secundario, pero activo, ya que el río Mendo (Mandeo), que Mendo, que todavía... el río lento, de aguas oscuras, el río que no devuelve los cadáveres de los suicidas ni de los abogados, es el río rico en lampreas por excelencia. Los efesios vinieron a estas tierras buscando estaño y no lo encontraron, pero se quedaron en ellas a causa de las lampreas, cuya pesca y exportación acometieron inmediatamente. Atraídos por la fama de las lampreas llegaron los ártabros, que mataron a los efesios y se casaron con las efesias, y levantaron encima del altar de Diana, como protegiéndolo, un dolmen. Rivales a causa de las lampreas, los habitantes de la zona del Tambre hicieron guerra a los de Castrofuerte bajo la reina Lupa, quien, protegida por los romanos, destruyó el burgo y la industria pesquera exportadora de lampreas y redujo a la nada la ciudad milenaria fundada por los efesios. Sin esta guerra, nuestra ciudad hubiera sido en nuestro tiempo la ciudad más antigua de Occidente, puesto que los efesios llegaron a sus riberas mucho antes que los fenicios a Cádiz. Me gustaría saber por qué carajo, a pesar de que estoy hablando en un tono natural de voz y el micrófono está a diez centímetros de mi boca, la grabación es oscura y débil.

Varias horas después, preocupado por algo que pasa en mi garganta. Hablo después de habérmela mondado, como decía don Quijote, para ver si la calidad de mi voz ha cambiado o sigue siendo la misma.

24 de marzo, 1969

Hoy es el veintitrés o quizás el veinticuatro de marzo. Hice ayer dos grabaciones referentes a la novela, y hoy corregí una página y le añadí treinta líneas. No me parece mal después de quince días de no haber hecho nada; pero reconozcamos, Gonzalo, que como trabajo de una jornada no es para cansarse. Menos mal que hay una buena idea que tengo que anotar, o, al menos, así lo creo. Esta idea es el discurso de autodefensa del Rey Artús, detenido y procesado en 1936, que pronuncia delante del Consejo de Guerra. En este discurso, que hoy se me ocurrió escribir de una manera lírica, este hombre rechaza la acusación de separatista demostrando que ya están separados, y que estando separado, y no por su voluntad, mal se le puede condenar por separatista. Entonces este hombre expone ante el tribunal las condiciones reales de la ciudad. Con algunos puntos que conviene no olvidar; por ejemplo: En esta ciudad nunca hubo izquierdas ni derechas, monárquicos ni republicanos, capitalistas ni socialistas; en esta ciudad hubo siempre barallobristas o bendañistas. Se es barallobrista o bendañista como se es guapo o feo, blanco o negro, por nacimiento. Otra... otro de los materiales que debe formar parte del discurso es la especial situación de la ciudad. Cómo Castrofuerte del Baralla es todo lo contrario de aquella Cuenca de cuya invención acusaban a Cánovas del Castillo. Castrofuerte del Baralla existe, pero no consta. Para los niños de nuestras escuelas, Galicia tiene cinco provincias; para los niños del resto de España, Galicia tiene cuatro. Hay una carretera que va de Santiago a Vigo y pasa por Padrón, Cesures, Caldas de Reis, por Pontevedra y por Vigo... llega a Vigo. A la izquierda y a la derecha parten otras carreteras y hay unas señales que dicen: a Villagarcía, a la Estrada, a Santa Eugenia de Riveira; pero hay una carretera que no tiene señales: es la que viene a Santa... a Castrofuerte del Baralla. A Castrofuerte del Baralla llega el tren, tren que no figura en las guías de ferrocarriles. Castrofuerte del Baralla paga impuestos que no constan en Hacienda y recibe cartas que no pasan por los correos ordinarios. Tiene Instituto, tiene escuelas que no figuran en el Ministerio correspondiente. Todos los asuntos de Castrofuerte del Baralla se concentran en un Negociado misterioso adonde va a parar nuestra vida, donde nuestra vida se ordena y distribuye. En el siglo pasado, después de derrotarnos en 1873, los naturales de Villasanta de la Estrella, los villasantinos publicaron un artículo diciendo que Castrofuerte del Baralla no existe, que es una leyenda, que habían venido exploradores y no habían encontrado más que un monte agreste. Cada vez que cambiaba el gobierno, una comisión de Castrofuerte del Baralla visitaba al ministro y le decía: nuestra situación es ésta; y el ministro contestaba: estudiaremos su caso. Cuando vino don Miguel Primo de Rivera sucedió lo mismo, y las mismas palabras respondió el Presidente de la República cuando fuimos a verle. Hartos de esta situación, escribimos una carta a la Sociedad Geográfica de Washington para que enviase un equipo de periodistas y fotógrafos y comprobase la realidad de nuestra situación; fotografiase nuestras iglesias y nuestros monumentos y comiese nuestras lampreas. Pues bien: fueron engañados y enviados al Monte de Santa Tecla: Castrofuerte del Baralla no existe: éstos son sus restos. Somos la ciudad fantasma, la ciudad cuya existencia se oculta, la oveja negra de las ciudades.

Sin fecha, entre el 24 de marzo y el 8 de abril de 1969

Ayer he grabado parte de un carrete pequeño, y hoy, al intentar continuarlo, no lo encuentro. No sé qué diablos pasa a veces, que entran las brujas en este despacho, me lo trastornan todo, y me encuentro las cosas fuera de lugar y a veces fuera del despacho. Bueno. El hecho es que me pongo a hablar sin tener nada que decir. Absolutamente nada que decir. Esta noche he dormido mal, he tenido la imaginación ocupada por pasajes de la novela, pero los he olvidado todos y no sé qué decir.

Esta tarde, que voy a pasar aquí entera, intento trabajar, intento resolver de una vez el ensayo sobre Valle-Inclán. He mandado pedir para eso un libro de Espronceda, porque sospecho que en *El Diablo Mundo* —más que sospecho, recuerdo— hay algo.

8 de abril, 1969

Hoy es el ocho de abril, fin afortunado de las vacaciones. Lo mismo sería si fuera desafortunado. Estoy cansado y soñoliento, con un cuerpo como si fuera a tener gripe. No es imposible que me haya enfriado esta mañana viniendo de casa, tercera vez que lo hago a pie desde el accidente. Vengo apoyado en el bastón con mucha calma, con muchísima calma.

No puede decirse que haya aprovechado las vacaciones, ni tampoco que las haya perdido, porque escribí unos folios que comprenden la historia de Coralina y están en espera de ser corregidos y ampliados si es menester. Lo que pasa es lo que pasa siempre: que me da miedo de leerlos porque quizá no me gusten. Porque temo que acabe amontonándolos con el restante trabajo que tampoco me gusta. No lo sé. Estoy tan desganado de todo, me importa en el fondo tan poco escribir una novela o no escribir ya más en mi vida. ¡Qué más da! Estoy profundamente disgustado, eso sí, cada vez más, cada vez más. La idea de que tengo que permanecer aquí un año más me saca de quicio, me desespera, me hunde. Tengo la sensación creciente de estar prisionero, de estar prisionero no sé de qué, una prisión que no se abre más que a un año de plazo, y yo mismo no me decido a señalar ese plazo, no me decido. Es... es un verdadero desastre. Total, cuando eche una raya por debajo y sume, pondré otros cuatro años de mi vida perdidos. Y los años se podían perder cuando sobraban, pero, ahora que me van faltando, es un disparate. Ahora tengo la ilusión de Santiago. Irnos a Santiago, montar allí un *modus vivendi* como sea. ¿Por qué Santiago? Quizá porque haya más posibilidades económicas, y también porque hay unos lugares agradables donde se puede hablar con la gente. El Hostal, la taberna del Hostal, la cafetería del Hostal, y otros lugares fuera del Hostal. Y porque supongo que habrá una vida intelectual en torno a la Universidad, posibilidad de escuchar a la gente nueva, en fin, vivir. No este acartonamiento progresivo, este frío que me va penetrando, llenando las venas. Eso de estarme cociendo constantemente en mi propia salsa... ¡Qué horror! ¡Nunca pude esperar que el aburrimiento tuviera tanta fuerza, que le envolviese a uno, que le llenase a uno, que le dominase a uno! No sé si ya no habré perdido además definitivamente toda mi capacidad de trabajo y otras muchas cosas, si ya lo único que sabré hacer es estar solo, y hablar y estar solo. Alguien me decía el otro día que si le tengo miedo a la soledad. Quizá le tenga miedo como se tiene miedo a una noche oscura cuando uno, sin embargo no tiene más remedio que entrar en ella y recorrer el camino. Yo estoy de esta manera medroso a la soledad, a esta soledad infecunda, a esta soledad de la que no sale nada. Esta soledad que no es voluntaria, buscada, sino el resul... una falsa alarma... una falsa alarma... Al cabo de tres años no estoy seguro de si es mi puerta o la de mi vecino... Ahora resulta que no tengo cerillas...

Bueno. El caso es que mi historia de Coralina no me gusta. Pero no me gusta como está escrita, no me gustan las palabras. La historia está bien, la historia responde a lo pensado, pero las palabras son grises, son palabras sin brillo. No es que yo quiera escribir brillante, lo que quiero es que cada palabra sea como un pinchazo que despierte imágenes vivas, y esto es lo que le falta. Está contada de una manera vulgar, de una manera absolutamente vulgar. No tiene gracia, en una palabra, no tiene gracia. Son palabras perezosas, cansadas. El otro día leía fragmentos de *Don Juan.* Aquello es otra cosa. Unas palabras tiran de otras. Se siente uno empujado, arrastrado a seguir leyendo. No por la virtud de la anécdota, sino por la virtud de las palabras. Hay una tensión interior en cada sintagma que aquí falta. Esto es una narración desmayada que únicamente se salva por el diálogo, como siempre. Como siempre, se salva por el diálogo, pero una salvación relativa. Es una narración mate, mate. De manera que lo único que he sacado en limpio de ese trabajo es poner en pie la historia en sí, es decir, la parte de la historia de Coralina que está unida a ese capítulo, porque todavía sigue en el periplo de J.B., donde está prevista con otro tono. Pero, bueno, voy a ver si resisto la tentación y no la rompo, a ver si pasado el tiempo me sirve al menos de punto de apoyo. Ya sé que ni hoy ni mañana voy a trabajar. Posiblemente tampoco el jueves. No sé si el viernes podré hacerlo. El sábado tampoco. ¡Así no se puede ir a ninguna parte, coño! Este desorden.

Está Dámaso Alonso aquí cerca y hay que ir a verlo, jueves o viernes. Será el jueves o el viernes. De manera que esta semana, perdida; la semana que viene, comida el martes, comida de compromiso el martes; ¡vaya por Dios! martes, quince. Y otra comida de compromiso el 19. De manera que tengo, coño, todos los sábados del mes machacados. ¡Joder! No tiene uno por delante la posibilidad de hacer un programa y de someterse a él.

Me siento torpe durante las mañanas. Toda la vida me he sentido torpe por las mañanas, incapaz de trabajar con fruto y mediano éxito. Estos cabrones me roban las tardes y las noches. Llego a casa cansado con ganas de meterme en la cama. ¡Ay! El recurso de hablar solo. Mi vicio de toda la vida. Antes, al aire; desde hace unos años, a este aparato que me mira con su ojo de mosca, este aparato, confesor sin alma, implacable. Lo recoge todo pero no responde. Y uno necesita hablar, pero también que le escuchen... ¡Vaya, coño! Ahora me estoy acatarrando, ¡con el calor que hace aquí dentro!

9 de abril, 1969

Hoy debe ser el nueve, miércoles, día de cheque. Once dólares más que el mes pasado. Supongo que con esto se acabará el descuento de la Seguridad Social, que ya se lleva 350 dólares. Ayer tuve una conversación telefónica con Dámaso y Eulalia. Vendrán el veinticuatro. Conferencia el veinticinco. Fuera de esto no hay novedad, porque ayer tuve clase; hoy volveré a tenerla. Ayer regresé cansado, hoy regresaré más cansado todavía y dos horas más tarde. He comido bien, estoy haciendo la digestión un poco pesada. Tengo sueño. Con un poco de suerte pasaré la tarde solo, lo cual es bueno si estoy inspirado, y desesperante si no lo estoy. Siempre hay que contar con un corto viaje al bar a las cuatro y media o cinco, a tomar algo.

Ni he pensado nada nuevo, ni lo podré pensar. Si las cosas van bien, dentro de un rato cogeré el original y me pondré a corregir. Y corregiré o no; es decir, me limitaré a las meras erratas y cosas muy gordas, o entraré en el fondo del texto y lo modificaré. No se sabe nunca. Pase lo que pase, tengo que seguir adelante, con la esperanza de que una segunda vuelta dé ocasión de hacer lo que quiero. Tengo que seguir adelante porque necesito esta base. Yo creo que a continuación, y sin explicación posible, porque no es necesaria, a continuación de lo escrito debo colocar el artículo publicado en el *Eco de Villasanta* que se titula «LA CIUDAD FANTASMA: ¿existe de verdad Castrofuerte del Baralla?» (He decidido por fin llamarle Castrofuerte y no Villafranca. Castrofuerte.) Y luego, al final, separado por unos puntos, una cosa que diga: Después de leído este artículo, don Torcuato del Río decidió que las tropas de Villasanta no volverían a Castrofuerte, y en vista de eso, se suspendieron las obras del campo atrincherado. Esto es el final de la narración A. En cambio tengo que rehacer completamente el comienzo de la narración B., puesto que, para extremar la presencia, llevará forma dramática. Forma dramática en presente. Ahora, ¿dónde va a terminar esta narración? No lo sé. Todavía no lo tengo claro.

14 de abril, 1969

Lunes, catorce de abril. Aniversario de la República española. Hace hoy treinta y ocho años estaba yo empezando la vida. Este día me trae el recuerdo de Josefina, de Bueu, de algunos amigos muertos, de tantas cosas idas. Tantas cosas de cuando yo no era más que un mozalbete que empezaba a ser hombre. Pero, en fin, no me he puesto a grabar para entregarme a los recuerdos remotos, sino para consignar aquí que, esta mañana, creo que he tenido una buena idea, una idea razonable. Entre la novela *Campana y Piedra* y la novela *La Saga de J.B.* hay relaciones. Relaciones importantes. En primer lugar, la rivalidad entre Villasanta y Castrofuerte; luego, el hecho de que algunos personajes, como Taladriz y don Acisclo, proceden de Villasanta; proceden como venidos de allá; tercero, el que José Bastida, en su situación actual, sea la evolución de un personaje extraído de *Campana y Piedra.* Entonces, lo que yo he pensado es la conveniencia, más aún la necesidad, de escribir y publicar primero *Campana y Piedra,* con Taladriz, con don Acisclo, sin Bastida, con los demás personajes, de acuerdo más o menos con el plan trazado sin introducir en él más variaciones que las que supone la supresión de Bastida y la mención, no constante, pero sí frecuente, de Castrofuerte. Porque es estúpido que, siendo bueno el material de la Saga, vaya a perderlo, vaya a abandonarlo. En realidad, yo tenía que haber escrito ya esa novela, y si no lo hice fue porque, al hipertrofiarse el personaje Barallobre, en realidad el personaje de J.B., decidí convertirlo en centro de una narración independiente. Ahora bien: es el caso que yo, o he perdido todo lo que tengo escrito de *Campana y Piedra,* o lo he dejado en España. Tengo la impresión de que, el año pasado, consciente de que me estorbaba aquel texto, de que a veces volvía a él abandonando el de J.B., lo dejé voluntariamente en España. Por lo tanto, es un hecho que no puedo continuarlo, porque la labor previa sería la de adaptación de aquel texto en vista de las necesarias, de las imprescindibles supresiones. Lo cual es una razón más para ir a España este año, para hacer ese viaje veraniego que, más que proyectado, está soñado, y cuya condición principal es que el «Income Tax» me devuelva los mil quinientos dólares pedidos. En ese caso, en esas condiciones, podré ir y pasarme allá un mes, nada más.

Campana y Piedra comenzó siendo una novela realista, estaba lo bastante avanzada y lo bastante madura como para admitir evidentemente desarrollos parciales no realistas. En primer lugar, el personaje Marcelo, que de por sí es un personaje fantástico; en segundo lugar, aquel sector de los niños en la catedral, aquella visión de los niños en la catedral, eran escapatorias bastante importantes; en tercer lugar, las muchas posibilidades que el tema, la ciudad, la catedral y los personajes me ofrecen. Hoy estuve, por ejemplo, recordando aquella escena en que Balbina se desnuda y juega cruelmente con Marcelo. Tendría que buscar las cintas donde hay notas de *Campana y Piedra* y hacer una reconstrucción de los hechos, hacer una reconstrucción de los hechos. Lo que ahora tengo es una visión... ¡Claro! Tengo de esta novela lo que no tengo de la Saga: tengo de esta novela una visión de conjunto, porque aun prescindiendo del personaje Bastida, el material y, sobre todo, el orden del material, no se altera. Toda vez que cada una de las provincias de la novela, aun estando relacionadas entre sí, son provincias independientes; entonces, la supresión del mundo de Bastida no supone en modo alguno la supresión del mundo de Marcelo, ni el de don Acisclo, ni el de Balbina ni el del anarquista aquel cuyo nombre no recuerdo, que era probablemente el menos trabajado de todos. Precisamente una de las cosas que me hicieron abandonar el tema fue lo escasamente visto y estudiado que estaban este personaje y su mundo, de manera que justamente los estudios que tengo que hacer versan sobre este sector de la novela, porque el personaje estaba comenzado, el personaje estaba comenzado, esbozado y puesto en situación, pero justamente al entrar en situación fue cuando yo lo abandoné; justamente cuando el otro personaje aquel, la hija de doña Pilar... no sé cómo se llama, pero yo lo identifico así, empieza a comportarse de una manera imprevista y por lo tanto me altera las previsiones en orden al otro personaje. También anda por allí el fantasmón; claro, al ser Mariscal de Bendaña, también multiplica las referencias a Castrofuerte. Es decir, que, ahora, al pensar esta novela de nuevo, ya la pienso en función de la otra, y son muchas naturalmente las modificacionees que hay que introducir. Pero, claro, Taladriz, por ejemplo, al vender el colegio y huir, en vez de huir a Villagarcía, huye a Castrofuerte, donde después nos lo encontramos en su Colegio-Academia León XIII, que es el mismo que en *Campana y Piedra.* Sí, se mueve un poco la novela pensando en la Saga, se enriquece; pero los esquemas fundamentales continúan. Ya a don Acisclo lo vemos tocando el violín acompañado por la hija del sacristán; pero aquella escena prevista con el arzobispo es la escena que justifica la marcha de don Acisclo a Castrofuerte. A don Acisclo lo echa el arzobispo, lo expulsa. «¡Váyase usted, canónigo de la Puebla, en México; váyase usted!» Entonces, el canónigo se va, aunque todos los meses tiene que venir a Villasanta a cobrar la renta de sus casas, a cobrar los alquileres. Tenemos que verlo ya con su loro y su violín. Y yo creo fundamental que el tiempo que tarde en terminar esta novela, permitirá reposar las alborotadas, desarticuladas imágenes de la Saga, y cuando vuelva a ella, se habrán enriquecido, se habrán organizado, me será más fácil escribir la novela. En realidad, tengo una cantidad tal de notas que no creo que se me olvide nada. Lo que tengo que hacer es copiar las notas de estos últimos tiempos, unirlas al manuscrito para que, cuando vuelva a él, la lectura de las notas me permita recordar todo este proceso de dos años, tan angustioso y en el fondo tan estéril.

Campana y Piedra estaba dividida en varias partes. Eran varios núcleos, varios argumentos independientes *que se enlazaban.*

También recordé esta mañana la escena aquella en que llevan al anarquista herido, para meterlo en el Palacio de Ramírez, y le acompaña el cura, y se encuentran... es el 20 de julio por la noche... se encuentran con un sargento que les da el alto. Debo tener anotada esta escena en alguna parte. En fin, hay que buscar las notas de *Campana y Piedra.*

¡Ay, Dios mío! ¡Qué escaso talento de organización tengo, qué escaso talento de organización! En fin... Si en dos o tres años consigo terminar las dos novelas, he puesto una pica en Flandes. Tendrían que ser dos años o tres excepcionales, de paz, de tranquilidad económica, incluso de tranquilidad política. *Campana y Piedra. Campana y Piedra. La Saga de J.B.*

12 de mayo, 1969

Hoy es el doce de mayo, después de cenar, así como las ocho menos cuarto. He encontrado unos papeles que tenía perdidos, comprendiendo unas partes importantes de *La Saga de J.B.*, y no he tenido paciencia para leerlos, aunque les haya echado un vistazo. En general, están mal escritos, aunque la materia es útil. Creo que mi situación puede resumirse así: lo que me falta es oficio. Tanto tiempo sin escribir y la improvisación con que lo hago, me conducen a redactar una prosa vulgar, sin el menor atractivo, y como consideraciones parecidas a éstas las hice en otros lugares, puedo concluir diciendo: que tengo una materia valiosa tratada con descuido que le hace perder todo su valor. Esto tendría un remedio: escribir todos los días; escribir todos los días y castigar la prosa. Castigarla buscando en ella una sencillez que no sea vulgar, y, por supuesto, abandonando mi tendencia a párrafos largos y complicados que no me salen mal cuando escribo ensayos, pero que no me gustan para la novela. Por lo pronto, toda la parte referente a Coralina he estado *viéndola* escrita de otra manera, escrita estilo pastiche de prosa de folletín del siglo XIX, y tenía mucha gracia. Yo me pregunto si seré capaz de rehacer todo lo que tengo hecho y de escribirlo de otra manera. Creo que éste es hoy el problema. Creo que éste es hoy el problema: armarse de paciencia y hacer como hace Z.: recopiar y, al recopiar, transformar. Una nueva cosa tan nueva en mis métodos, que desconfío mucho de mi capacidad, no para hacerlo, sino ya para ponerme a hacerlo.

Bueno. Y una vez expuestas las consideraciones negativas, tengo que decir que todos estos días, no de una manera constante, pero sí frecuente, he andado pensando cosas de la Saga, sin tomar notas, quizá porque todas las ocurrencias fueron nocturnas o casi nocturnas, cuando no ocurrencias itinerantes. En todo caso, en momentos en que no tenía a mano aparato alguno para recogerlos. He vuelto a imaginar ese momento en que la tía de Lilaila se burla de don Acisclo diciéndole que ella es la verdadera madre de Lilaila y no su hermana; que su hermana, como es tan mentirosa, se avino a pasar por madre de la criatura convencida de que nadie le haría caso y de que todo el mundo lo tomaría por una trampa. Le dice también que se hace pajas los sábados cuando se baña. Una serie de barbaridades, pero que don Acisclo no se escandaliza porque no le conviene. Después he pensado una cosa en abstracto, es decir, escribir dos capítulos consecutivos relacionados por un sistema de causas y efectos recíprocas. No está bien dicho así. Es decir, si se lee un capítulo, lo que pasa en el siguiente... Si se lee primero el capítulo A, lo que pasa en el B es consecuencia de lo que pasa en el A; pero si se lee primero el capítulo B, lo que pasa en el A es consecuencia de lo que pasa en el B. Es decir, un sistema de causas y efectos que no son ni tales causas ni tales efectos, sino una broma de los sistemas de causas y efectos. Esto no lo tengo nada claro, más que el mero esquema abstracto, pero, si tengo de qué rellenarlo, podrá tener gracia. No es absolutamente necesario, pero es una de las muchas maneras posibles de montar algunos de los materiales necesarios de la novela.

Sigo pensando con insistencia en ordenar los materiales según se me van ocurriendo, no sé si a causa de esta otra idea reiterada de escribir, no sólo la novela sino la novela de la novela. Pero me temo que, si insisto en pensar en esto, se me complique mi barullo todavía más y no haga ni una cosa ni otra. Tengamos sentido de la medida y dejemos estas ocurrencias para más tarde.

Otro añadido es para el paso de Coralina Soto por Castrofuerte del Baralla. Para que sea todavía más ambiguo y más dudoso; terminar el capítulo con unos párrafos de las memorias de Coralina en los cuales no cuenta nada ni de lo contado según la tradición del Vate ni de lo contado según la tradición de don Torcuato. Hay que tener en cuenta que, además, más adelante, está la nueva versión, u otra versión más, que es la de Barallobre cuando suplanta al Vate.

Todas estas cosas conviene no olvidarlas, aunque tengo tantas cintas grabadas que prácticamente me resultan inaccesibles, que debiera de hacer un esfuerzo e ir poniéndolas en limpio y, al mismo tiempo, irlas reuniendo en una cinta general por orden de tiempo. Tengo montones de cintas que debo copiar. Ya veremos cuándo soy capaz de hacerlo.

El capítulo que se titula algo así como Memorias o Notas biográficas de J.B., lo tengo concebido en general, pero muchas partes están sin inventar. En realidad, no tengo más que lo que cuenta el obispo y lo que cuenta Barallobre. El canónigo puede contar todo aquello de los líos con su obispo, que tiene gracia. De Ballantyne, tiene que ser algo relativo a Napoleón, pero no tengo la menor idea. No lo he pensado, como tampoco he pensado lo del Vate. Pero quizá lo del Vate convenga que sean sus relaciones con su prima, dándole a todo esto un aire mitológico. Después, después hay lo de Bendaña, que no me acuerdo de nada, y lo de Bastida, que puede ser algo de su infancia, pero, sobre todo, su paso por la Universidad: el hambre pasada en la Universidad, los *cafés con media* por treinta céntimos en el «Bar Flor», el viaje de regreso gracias a los duros que le presta el sereno. Y retirarlo de donde está y colocarlo aquí, su encuentro con don Acisclo y su ingreso en la cárcel. Éste puede ser un capítulo bueno, que tenga gracia en sí mismo, y que sea de tal manera ordenado que parezca como si el que cuenta todas estas cosas de siete personajes distintos sea el mismo personaje. Sea en realidad J.B.

También convendría organizar en este capítulo una especie de zona confusa en que un personaje cuenta lo de otro, pero desplazado del tiempo, desplazado del tiempo. Se me ocurre ahora que este capítulo, dentro de una confusión aparente, voluntaria, tiene que ser un capítulo construido con arreglo a un criterio rítmico de reiteración diríamos matemática. Es decir, es un capítulo que hay, no que planear, sino de planificar. El paso de unas personalidades a otras, la mezcla de hechos, la confusión, en fin, tiene que ser perfectamente planificada.

Y, de pronto, pego un suspiro fuerte y me acuerdo de que no estoy en España, que es donde quisiera estar. Me acuerdo de que estoy lejos, en una tremenda soledad, con miedo de no volver.

Luego, hay determinado sistema de imágenes, insistentes; sistema con variantes, que me trae fastidiado desde hace tiempo, que me desplaza otra clase de imágenes, que me perturba... ¡Carajo! Necesitaba una especie de barrido espiritual. ¡Necesitaba tantas cosas...! Las condiciones para que yo escribiera, para ponerme a escribir, son tantas que, en realidad, casi son imposibles. Tranquilidad de espíritu, tranquilidad económica, silencio, sosiego, lugar adecuado, vivir en España, tiempo por delante, cuatro o cinco meses al menos... bueno, dejémonos de melancolías y de proyectos vanos.

Esa idea que no tengo grabada, me parece, en ninguna parte, y que he denominado palimpsesto, es justamente la que pudiera aplicarse a las zonas confusas de este capítulo. Es decir, que hay partes de este capítulo en que hay una sobreimpresión semejante a la de los palimpsestos. El texto regular dice una cosa, y el texto que está debajo, en una letra grande y sin separaciones de palabras, dice otra cosa, completamente distinta. Tenía que hacer el plano de este capítulo. No sé por qué carajo el aparato hace ahora ruido.

Porque no es un capítulo fácil. Aunque logre imaginar por separado lo que corresponda a cada personaje, hay que mezclarlo, y la mezcla tiene que tener un aspecto de cosa fluida. Los pasos o tránsitos de unos a otros tienen que ser normales. No quiero que estén pegados, que estén yuxtapuestos, sino que haya una gradación. Y el palimpsesto no sirve para esto, porque el palimpsesto es una técnica que no se puede reiterar demasiado. En fin, si me pusiera a trabajar en este capítulo y me dejara de los demás, ya tenía bastante con él. Porque, además, va a ser un capítulo largo. Muy largo. Y no conviene empezarlo con el obispo, sino precisamente con Barallobre. Es decir, al hablar de Barallobre da una idea de actualidad. Esto de la construcción cíclica hay que estudiarlo, porque no es cosa de que caigamos en el error de fragmentar las narraciones particulares y montarlas de una manera sistemática, no es esto, no es esto. Es mejor que un personaje se confunda con otro; éste con el tercero, éste con el cuarto, y así sucesivamente, pero con unas distancias... Por ejemplo que las brujerías del canónigo no puedan ser confundidas con las brujerías del obispo. Es un capítulo que se las trae. Nada de montaje, desde luego, nada de montaje. Tiene que ser una cosa fluida, con unos núcleos, verdad, pero... Lo veo como una de esas... un reflejo de la luna en el agua, siempre lo mismo y siempre distinto. No está bien esta imagen, no es eso tampoco.

De manera que, por ejemplo, comienza con el cuento de Barallobre referente a su problema cuando empieza la guerra, e insensiblemente, pasamos, por ejemplo, al Vate Barrantes. Lo del Vate Barrantes se confunde con lo del obispo; lo del obispo se confunde con lo de Bastida, y de Bastida puedo muy bien pasar al canónigo, y, del canónigo al almirante. Alguna vez, en alguna nota vieja debe de estar, no sé con qué otra... otro motivo, pensé en que lo correspondiente a un personaje se va degradando, dando cabida a fragmentos de lo del otro personaje; es decir, que es el abandono de un tema por degradación y el comienzo del otro por incremento gradual; que uno pierde intensidad mientras que el otro la cobra; y claro, en ciertos momentos, por ejemplo, cuando Barallobre habla de proclamación de la República federal, se puede meter como un relámpago lo de Barrantes cuando proclama la república federal. En cambio, lo del Inquisidor triunfante tiene que ser otro procedimiento completamente distinto. El inquisidor triunfante tiene que ser el juicio, la acusación de las mujeres, y las consiguientes defensas. No sé... Éste es un sector que no tengo visto, del que he rechazado muchas ideas. Depende, además, de dónde se coloque. Depende de dónde se coloque su contenido.

FARRUCO FREIRE

17 de mayo, 1969

Hoy es el dieciocho de mayo. No, el diecisiete. Hace una tarde con amenaza de tormenta después de dos días de mucho calor. Esta mañana he estado en el campus: había una serie de estudiantes. Me encontré dos chicas, les convidé, me divertí un rato. Pero claro, no me pongo a grabar para contar esto, sino para hacer un estudio inesperado. El otro día, en clase, exactamente el miércoles, 14, no sé por qué, a propósito del texto de un poema de Alberti, se enredaron las cosas y acabé contando la historia de F.F., que los alumnos escucharon más que con atención, con fascinación; fascinación fue la palabra usada por Judy Miller, que ya no es una niña. Al día siguiente fui a N.Y., y por el camino fui pensando en la historia y en la posibilidad de hacer de ella esa novela que tengo pensada hace tantos años, esa novela que si me saliera bien, me daría indudablemente dinero. Una novela que casi, casi podía terminar antes de setiembre. Y pensando cuál es la razón por la cual yo no he escrito este libro cuya historia tengo en todos sus detalles, pienso que se debe a unos hechos sencillos: que tengo todas las peripecias, pero no las personas; es decir, me faltan los caracteres. Tal y como yo cuento la historia, los personajes van arrastrados por los hechos y no son sus creadores. Pero, en fin, supongo que esto no será razón suficiente para que deje dormir este tema tan bonito en el que tantas veces he pensado y que está ahí, latente, pero inexistente, con esa existencia efímera de una narración verbal de veinte minutos. Yo creo que si no hubiera perdido aquel prólogo que le hice a la historia hace bastantes años, caray, tantos años, que se lo leí a A.I. cuando todavía estaba soltera. Debe hacer diez años que se casó... Pues... la falta de aquel prólogo que me había salido muy bien escrito, me desanimó. Y lo bueno de este renacimiento del tema es que me he creído, me he sentido capaz de rehacer el prólogo, de rehacerlo con toda su brillantez, incluso mejorado. Porque el otro día, no sólo conté la historia de F., sino cómo encontré el retrato de F., y, al contarlo, volvieron las palabras y las imágenes. Volvieron simplemente porque es un hecho... son unos hechos que me tengo tan sabidos que si los cuento lo hago siempre con palabras semejantes. Entonces, yo podría tranquilamente escribir el prólogo otra vez, rehacer la historia de Farruquiño, que no sé si la tengo, quizá la tenga Fernanda; rehacerla, perfeccionarla, y terminarla, es decir, añadirle la escapatoria de Farruco, cómo entra en el barco de su padre, cómo asiste a la batalla de Trafalgar, aunque esto puede ser continuación de la historia de Farruquiño, o también algo que él cuenta después. Algo que él cuenta a su madrina. Lo que no sé si es necesario es que ese intermedio que inventé también, de un lefre del arsenal, es decir, del astillero, que mata a un sargento francés, que huye, anda metido en la Guerra de la Independencia de una guerrilla a otra, después va a Madrid, se hace masón, se escapa a la represión fernandina, con dinero; pone una tienda en Ferrol, favorece a los marinos y acaba organizando la «Compañía de Sopiñas». No sé hasta qué punto esto será necesario, sino simplemente un capítulo en letra cursiva hablando de la ciudad, de cómo la ciudad se empobreció y vivía miserablemente, con la consabida cita de don Jorgito, la consabida cita de don Jorgito, el Inglés. Y ahora mismo se me está ocurriendo que, para perfeccionar mi geografía literaria, debía utilizar el nombre de Villarreal de la Mar. Y así tendríamos Pueblanueva del Conde, Villasante de la Estrella, Castrofuerte del Baralla y Villarreal de la Mar. Bueno, de una manera o de otra, llamándose Ferrol o llamándose Villarreal de la Mar, el problema no está más que en recomenzar la historia. Yo creo recordarme que la había recomenzado con la madrina de F. y las dos niñas de don H. de la B. el día de la llegada del barco. Un día de agosto, por la tarde y con calma, con el sol brillando en los maizales y en los castaños. Pero, en fin, tengo otro problema y es si esta historia la voy a contar con predominio de la narración, o si voy a hacer una novela de las mías, si voy a hacer una novela de las mías, con lo cual se me pondría larguísima. Estas indecisiones, parece mentira que me sucedan a los treinta y tantos años de ser escritor y a los veinticinco de haber publicado mi primera novela. ¡Cómo se han hundido en la nada tantos temas posibles! De todas maneras, yo haría bien en grabar en una cinta la historia entera de F, narrarla por lo largo y por lo menudo; narrarla con todos los detalles posibles, es decir, dándole un poco más de cuerpo sin pararme en detalles secundarios y buscando los esenciales, que son los que me han faltado siempre. De manera que, en esta cinta, por ejemplo, en esta pista de la cinta, mejor dicho, podía comenzar la reconstrucción de los hechos que me llevaron al descubrimiento del personaje y cómo pude construir la historia entera, localizándola en Serantes y los personajes de entonces, los Fantasmas, las chicas de la costura, mi abuelo, y todas estas cosas tan novelescas como la novela misma. Aquel prólogo perdido comenzaba contando: «El retrato de F. ya no está en mi casa; el retrato de F. se lo han llevado, lo han vendido aprovechando nuestra ausencia...»

LA SAGA DE J.B.

18 de mayo, 1969

Hoy es el dieciocho de mayo. Y lo que voy a grabar prueba hasta qué punto, a pesar del tiempo que hace que trabajo en *La Saga de J.B.*, la novela está poco pensada. Porque algo estaba en el aire o estaba implícito en ideas anteriores, pero cuya última función en la economía de la novela no se me había ocurrido. Y es lo siguiente: por una parte, está el hecho heroico del último rey Artús, que muere fusilado en 1936 y todo lo que Barallobre dice acerca de este episodio, que no es en el fondo más que la justificación de su propia conducta, es una crítica del heroísmo. O sea, todo lo que Barallobre dice en torno a la frase famosa del rey Artús a su defensor: «Dígale usted al señor Barallobre que el rey Artús espera que Lanzarote venga pronto a ocupar su sitio en el paredón.» Bueno, ahora están ahí dando informes acerca de *Lucía de Lamermoor*, que he escuchado desde las dos y cuarto, y que me ha sugerido esa frase: La voz de Lucía perseguida por la flauta.

Bueno, esto no importa. El hecho es que... caray, voy a bajar esa radio... el hecho es que Barallobre analiza la actitud de don Argimiro, último rey Artús, y la destruye, lo cual pudiera, por una parte, significar una actitud mía personal contraria al heroísmo; pero frente a esto que en parte se narra en las notas autobiográficas de J.B. y en parte fuera de ellas, está el episodio de la muerte de Barrantes, del cual tenemos tres versiones: la versión oficial, que recoge Bendaña en su interviú: Barrantes murió asesinado por una mujer; versión de don Torcuato del Río: «Barrantes quiso hacer un acto heroico, o, mejor dicho, Barrantes, casi moribundo, quiso dar a su muerte un carácter heroico y pidió que le instalasen la barca con el cañón, y yo supongo que, al disparar el cañón, la barca se balanceó y Barrantes cayó a las aguas del Mendo. Entonces, para deshacer el mito de Barrantes, los vencedores organizaron el tinglado de la acusación de asesinato a una mujer a la que no se le pudo probar nada.» Tercero: en el periplo de J.B., en el periplo de Bastida, casi todo el episodio de Barrantes se centra en torno a este tema: Barrantes va a buscar a Coralina su amante (la de él) le dispara un tiro, queda herido, le instalan en el mismo hotel, el doctor Amoedo le extrae la bala y le hace las curas y todo lo demás referente a Coralina; pero, cuando sabiendo que las tropas han salido de Villasanta de la Estrella camino de Castrofuerte, se reúne La Tabla Redonda en torno al lecho del dolor de Barrantes, lo primero que se acuerda es establecer, organizar una defensa dirigida por don Torcuato del Río, defensa que fracasó porque en total y contando las balas de la pistola que se encontró, la pistola con que se agredió a Barrantes, hay un total de veintitantos disparos posibles. No hay más remedio, pues, que renunciar a la defensa. Y entonces es el propio Barrantes quien decide su personal sacrificio para dar al pueblo un símbolo; es decir, decide su transformación en símbolo, para lo cual, efectivamente, organiza lo de la barca. Pero, en esta versión, dispara el cañonazo, abandona la barca, sube por la Rúa Sacra, entra en la Colegiata, se lleva a rastras el cuerpo de Santa Lilaila, lo esconde en la cueva y él mismo baja la escalerilla del tajo después de atravesar la biblioteca de la Casa del Barco, se mete en la barca y se deja llevar por la corriente. De manera que el lector puede creer lo que le dé la gana, y yo le doy versiones suficientes, en un sentido o en otro; pero, en todo caso, frente a la crítica del heroísmo hecha por Barallobre, está el acto heroico indiscutible de Barrantes y su finalidad expresa. Y esto me hace pensar en que estoy conduciéndome muy a la ligera y pensando de mí mismo que no trabajo, cuando en realidad me faltan tantas cosas por estudiar. Porque esta nueva dimensión de los hechos me prueba que probablemente hay muchos otros que simplemente con desarrollarlos en varias direcciones me darían la posibilidad de hacer juegos distintos. Y ahora me tengo que marchar a misa, de modo que esta nota queda aquí.

Después de misa, mientras fumo el pitillo que me va a quitar las ganas de cenar. El caso de Barrantes hay que estudiarlo más de cerca, porque la versión que da Bastida de su periplo, que es una versión fantástica, tiene más intríngulis de lo que parece. El «quid» está en que cuando Barrantes lee el poema que ha enviado a Coralina y que ésta le devuelve: entonces, comprende que aquel poema no lo ha escrito él, sino que lo ha escrito alguien que hay dentro de él. Esto le lleva a interrogarse a sí mismo, a encontrar a otro dentro de sí mismo y establecer con él un diálogo que, entre otras particularidades, tiene la siguiente: Bastida le dice que no es su contemporáneo; Barrantes le pregunta: ¿Qué se dice de mí? Bastida se lo cuenta. Entonces Barrantes tiene una conciencia ambigua de su futuro. De lo que se le va a atribuir y de lo que se le va a negar; y, entonces, decide, a pesar de todo esto: «Yo voy a cumplir con mi deber. Mi deber es morir heroicamente, mi deber es constituirme en símbolo de la libertad del pueblo, símbolo de la libertad de Castrofuerte.» Éste es el caso. La única variación es cuando decide no disparar sobre la tropa, sino antes de que la tropa llegue, para evitar represalias. Reducir el hecho a mero rasgo y buscar la muerte por otro lado.

En el razonamiento de Barallobre, hay una base que no es la cobardía; él dice: «yo no he acudido a la muerte de Lanzarote que me brindaba el rey Artús porque tengo que morir de otra manera; mi muerte es la misma muerte que los otros J.B.; mi muerte es huir en la barca hasta Más Allá de las Islas. No puedo, por lo tanto, traicionar esta muerte mía y aceptar otra que no me pertenece», con lo cual podemos hacer una pequeña coña de la teoría de la muerte propia. Una coña y, al mismo tiempo, una justificación. El razonamiento de Barallobre es justificado y nos reímos de él; o bien al revés: nos reímos del razonamiento de Barallobre, pero es justificado.

Verano del 1969, antes del 31 de agosto

... en una especie de anticipo de mi regreso definitivo, viaje de vacaciones, pasando brevemente por Madrid sin ver a nadie. Cansado y realmente esperanzado. Todo el mundo puede hacerse ilusiones, la esperanza le está incluso permitida al ciudadano que vive bajo el régimen más tiránico, la esperanza es libre y secreta. Yo no puedo decir honradamente que haya perdido mis esperanzas, sino que las conservo, a pesar de todas las rectificaciones a que me obliga la realidad, conservo las esperanzas, y sigo pensando que, aquí, en esta misma habitación en que estoy, conveniente y modestamente decorada y amueblada, voy a escribir mis obras maestras. No «mi», sino «mis». Mis obras maestras. Ya veremos después si viene o no viene el tío Paco con la rebaja. Yo sigo pensándolo. Por lo pronto, mis rectificaciones obligatorias se refieren a la distribución de los muebles de mi estudio: no puedo llevarla a cabo por la razón sencilla de que los hay que no caben por la puerta, lo que me obliga a mantenerlos donde están. Esto no es grave, porque mi capacidad de rectificación corre parejas con mi capacidad de ilusión, de modo que si ya no puedo poner aquí lo que pensaba, puedo en cambio poner otras cosas que me gustarán tanto y me servirán lo mismo. El cuartito pequeño será mi cuarto de trabajo o al menos mi cuarto de lectura. Tengo que cubrir toda una pared de libros, sacrificándola o, más bien, sacrificando los cuadros con que pensaba decorarla, y voy a utilizar la camilla vieja de mamá porque esta habitación no tiene radiador. Entonces, hay que calentarla de alguna manera, y será recurriendo al viejo procedimiento de la camilla. Pondré también mi *rocking-chair*, mira tú. Y con un diván que me he traído de Ferrol y que me están arreglando, y un par de sillas, estará el completo. Desde que estoy aquí, no he hablado con nadie; digamos más bien que no he sostenido una conversación importante con nadie. Todo está más o menos como estaba. No sé cuáles van a ser mi destino y mi fortuna, no lo sé. No voy a tener tanto dinero como esperaba, y los gastos aquí son brutales, estoy asustado: brutales los gastos, menguados los ingresos. No obstante, habrá que vivir y se vivirá.

Tendré silencio y soledad, ambos relativos, porque cuando pienso en el silencio de esta guardilla, suelo olvidar la vibración de la antena, que es endemoniada. Y que no sé si podré ponerle remedio. Creo que sí, pero no lo sé. Y cuando pienso en la soledad, nunca he deseado otra cosa que la soledad relativa, sabiendo que los demás están abajo y oyéndolos a veces. No me importa ni busco otra cosa. La ciudad, realmente yo no he vivido realmente en ella. Estuve al margen, tan al margen, que no me importa lo que pase, lo que haga la gente o lo que diga. Vivo prácticamente extramuros: siempre estuve extramuros de los hombres, de sus vidas y de sus pasiones. Yo quisiera trabajar. Quisiera terminar ese trabajo sobre el personaje literario, quisiera terminar *La saga de J.B.* Quizá tenga más facilidades para las copias, quizá tenga más sosiego, aunque ya J. ha empezado con sus faenas, y no sé si este muchacho va a encargarse de estropearme la estancia en España. Uno está siempre al albur de lo que salga. Y uno no sabe lo que va a salir.

31 de julio, 1969

Es el 31 de julio. Hay unas notas correspondientes a este mes en otro carrete, en otra *cassette* de éstas, que ahora mismo no sé cuál es ni dónde ésta. No creo que sean notas importantes. Ayer estuve en Santiago, donde el médico me hizo un reconocimiento y me dijo que no tenía nada y que mi organismo estaba joven. ¡Ojalá que sea así! Yo no lo creo demasiado, aunque esté convencido de que algo ha quedado por mirar y ese algo sea precisamente peligroso. Pero, bueno, en materia de salud, me he portado siempre como un insensato, y no veo razón para que deje de serlo. Tuve una larga conversación llena de cuentos divertidos, con García Sabell, y de lo que hablamos algo me es útil, algo que tengo que atribuir a don Teodoro del Río, lo que se llama el tren aéreo que no va a ninguna parte, que forma parte de los inventos inútiles de don Teodoro: se hace un puente en forma circular encima del cual va instalada la vía; se lanza un tren y se le deja que adquiera velocidad, y cuando va a velocidad, se le empiezan a quitar pedacitos del puente con los trozos de vía correspondiente, hasta que se le ha quitado todo. El tren seguirá en el aire dando vueltas, siguiendo su trazado circular, y no caerá hasta que se dé cuenta. La teoría en que don Torcuato fundamenta esta invención es la de que el corredor del Maratón no murió al llegar a Atenas o a Esparta, no me acuerdo dónde era, sino por el camino; pero iba tan de prisa y tan obsesionado que no se dio cuenta de que había muerto y sólo cuando soltó su mensaje cayó. ¿Cómo se llamaba el corredor de Maratón?, pregunta don Teodoro. Entonces, lo que hay que conseguir para que el tren camine por el aire es que esté tan obsesionado por su velocidad que no se dé cuenta de que le están quitando de debajo los elementos del puente; es decir, seguirá caminando del mismo modo que el corredor de Maratón muerto siguió corriendo. A esto hay que darle una forma conveniente e insertarlo después. Inventé otra cosa que me va a ser más difícil de reconstruir, porque había un elemento rítmico que he perdido, y es una balada que don José Bastida escribe en su idioma en la que cuenta los amores de un tornillo del 12 con una tuerca del 7, amores imposibles, o por lo menos difíciles. La balada consiste en que en vista de que no pueden casarse, aceptan la necesidad de someterse a una intervención quirúrgica, pero esta operación pueden hacérsela a uno o a otro, puede consistir en reducir el calibre del tornillo o aumentar el calibre de la tuerca, y no salen de esta discusión porque al llegar a la cuarta estrofa vuelven a la primera y entonces el texto se repite indefinidamente. A esta balada le llama don José balada en forma de fracción periódica pura; periódica mixta, mejor dicho, porque la repetición no empieza con las palabras del principio, sino que hay, digamos, tres o cuatro estrofas iniciales y después empieza la discusión y son las de la discusión las que se repiten, de manera que la balada tiene la forma 1 2 3 4 5 6 7 8 5 6 7 8 5 6 7 8 5 6 7 8 indefinidamente. Ahora bien, había un ritmo que yo no sé si era éste: tan ta tan ta tan ta tan / ta ta tan / ta ta ta tan / para pa pan / para pa pan / ta ra ta tan / ta ra ta tan / tan ta tan ta tan ta tan / pa ra pa pan / pa ra pa pan / ta ra ta tan / ta ra ta tan / (me parece que era esto último) en el que cada estrofa está formada por estos cuatro ritmos que son repetición del primero y del segundo, es decir, el ritmo se repite; no el texto, sino el ritmo: ton ta ton ta ton ta ton / ton ta ton ta ton ta ton, de manera que hay dos versos del mismo ritmo y dos de ritmo distinto entre sí y distintos de los dos primeros. Entonces, esta balada puede tener cuatro estrofas y después otras cuatro y la novena es la que repite la quinta. Don Perfecto le pregunta si esto no lo termina y él le dice que no, que no termina por eso, porque es una forma de fracción periódica mixta. Después también pensé en la teoría de don Perfecto acerca de la ciudad, pero la teoría de don Perfecto acerca de la ciudad supone el conocimiento del informe de Bastida, de manera que probablemente lo tengo que intercalar un poco antes, en vez de colocarlo después como pensaba, porque don Perfecto acepta la veracidad del informe de los miembros de la Comisión Geodésica que en 1864 no encontraron Castroforte do Baralla; su interpretación es que en virtud de la colaboración de diversos factores de orden físico y espiritual, llegan momentos en que la ciudad levita. Los factores de orden físico son la niebla gris del Baralla y la niebla azul del Mendo; los factores de orden socioespiritual consisten ante todo en que cuando por alguna razón histórica es escaso el número de godos que hay en la ciudad y la ciudad se concentra en sí misma, le pasa igual que a un místico, llega a levantarse, a levantarse, y se queda en el aire. Entonces, claro está, deja vacío un lugar en la geografía; la gente viene y no la encuentra. Cada vez que los godos vienen a la ciudad con su peso, la sitúan de nuevo en tierra firme y los habitantes de Castroforte de Baralla acaban dándose cuenta de que hay algo más en el mundo que Castroforte y Francia. Éstas son las líneas generales de la teoría de don Perfecto; a esto hay que darle la forma. Había imaginado ayer en el tren, al venir, unos diálogos de este tipo: ¿cree usted en la realidad de lo posible?, ¿qué relación encuentra usted entre lo posible y lo imposible?, ¿piensa usted que lo imposible puede llegar a ser real como posible? Las respuestas de Bastida son todavía más sorprendentes: Creo que únicamente lo imposible es real, porque lo posible es lo racional y lo real nunca es racional. Más o menos por este lado, una conversación de este tenor que es previa a la exposición por Don Perfecto de su teoría. Luego he tenido un conato de continuación del informe de Bastida; no he sido capaz de escribir una sola línea porque tendría que leérmelo entero y no tengo ganas de leerlo, ésta es la verdad. Hace un calor tremendo, estoy lo que se dice asado o cocido, aquí, en mi propio jugo. Hay demasiadas cosas exteriores que me están preocupando. Cátame aquí con una nueva interrupción, es decir, que he trabajado diez días en lo que va de año. De este modo necesito naturalmente treinta años para escribir la novela, como no los voy a vivir pues no podré escribirla.

Es admirable cómo García Sabell, que trabaja mucho más que yo, que va al consultorio mañana y tarde, con una profesión comprometida, porque naturalmente no puede o no debe equivocarse, tiene sin embargo fuerza y ganas de ponerse a escribir todos los días, sea poco o mucho; a escribir y a leer. Desde luego son tíos privilegiados. Yo con esta mente dispersa que Dios me dio, voy a hojear unos cuantos libros que compré ayer. He leído un coloquio sobre la picaresca española por unos señores que hacen sociología de la Literatura, pero que ignoran totalmente la sociedad española y por lo tanto no dicen más que bobadas. Anoche casi me leí entero un libro sobre Caroll y alguna cosa más que he hojeado por ahí. Cada vez estas cosas estructuralistas me satisfacen menos, me parece que ese camino es un callejón sin salida. No van a llegar a ninguna parte, va a pasar como el tren de don Teodoro, el que da vueltas sobre sí mismo.

12 de diciembre, 1969

Hoy es el doce de diciembre, llevo media hora pasando cintas en busca de un trozo vacío y por fin he encontrado éste. Quiero grabar aquí una nota referente a *La Saga de J.B.* Ayer noche estaba desvelado; me levanté, emigré a la cocina con los bártulos y escribí una página, un añadido a la narración de Bastida. Volví a la cama, dormí mal, me desperté como todas las noches con el pecho oprimido, y la cabeza me andaba preocupada con el tema de J.B., y así entre sueños se me ocurrió otro añadido, no sé si en el mismo lugar o en otro, en el cual se diga que don Torcuato no hace el retrato del Vate, o más bien que lo hace usando la técnica de fragmentos muy distanciados. En realidad, las «memorias» son un autorretrato idealizado, en el cual de vez en cuando, se hacen afirmaciones apocalípticas sobre el Vate. Todas estas afirmaciones reunidas son las que constituyen el retrato de Barrantes. Y entonces, recoger seguidas todas estas afirmaciones, ordenadas en función de un verbo: el Vate era tonto, memo, antipático, etc., el Vate tenía, el Vate no sabía, etc., etc. He de organizarme así una serie de cualidades negativas y presentarlas de esa manera ordenadas en columna o a dos columnas, no creo que esto tenga mucha importancia, pero, en fin, es un detalle más. En cambio lo que no he hecho todavía, lo que no he intentado hacer todavía, es ese otro añadido en el cual se describen los ritos de iniciación del palanganato. Creo que tengo ya número suficiente de canciones infantiles para montar con ellas la caricatura y su comentario: pero el hecho es que estoy centrado en esta parte de la novela y no arranco con la otra, que es la importante. A veces, pienso; ayer por ejemplo, estuve viendo la escena en casa de las tías de Lilaila cuando llega don Acisclo; las chicas cosiendo, la tía mentirosa probando un traje a una de ellas, haciendo el redondo, mientras otra de las muchachas lee una novela por entregas, y en un rincón de la habitación la madre de Lilaila borda en oro. Si empiezo la escena así, ahorro el paso de don Acisclo por la plaza, por las calles, pero no sé qué será mejor, no sé qué será mejor. Esa cosa tenía que empezar a escribirla, dejarme de pensarla y empezar a escribirla, porque puede ser una escena graciosa: la conversación de don Acisclo con la tía mentirosa que le cuenta todas esas desvergüenzas que tengo pensadas, de las cuales don Acisclo se defiende, la llegada de Clotilde, hermana de Barallobre; la marcha de la madre de Lilaila, Lilaila que viene de la escuela, que le pide a don Acisclo protección contra el inspector de primera enseñanza que le quiere cerrar la escuela. Todo eso terminando con la ejecución de una sonata para violín y piano. ¡Ah, claro! También don Acisclo les dice que, esas mujeres, ¿qué hacen solas y solteras en la vida?, que lo que tenían que hacer era irse de monjas a Santa Clara. El hombre traza ahí su utopía musicomística; y después de esto hay que saltar a Bastida, y después a Barallobre, a la entrevista de la madre de Lilaila con Barallobre: presentación de Barallobre; visión digamos humana de Barallobre, de un Barallobre que contrasta con el que hemos de ver después cuando trata con Bastida: el Barallobre auténtico, sincero, enamorado, que se va de viaje a París a buscar los libros del año.

En fin, estoy preocupado por esta opresión que siento en el pecho, que de noche me despierta; no sé si será una consecuencia más de mi aerofagia, porque ya esto del corazón empieza a no funcionar. Por lo pronto he disminuido bastante el tabaco. A esta hora he fumado el cuarto del día: uno por la mañana y tres después de comer, y haré ahora lo posible por no volver a fumar hasta después de la merienda. Con esto puedo ir preparando la supresión total del tabaco, que a lo mejor ya es tardía, ya está el daño hecho; pero, en fin, soy un insensato, no quiero darme cuenta de que soy un viejo. Si llego a cumplir los sesenta, entraré en la zona peligrosa: el cáncer, el enfisema pulmonar, la arterioesclerosis de la aorta, *la angina de pecho*, ¡qué sé yo!, todos los peligros que le esperan a uno si no han llegado ya. ¡Ay, Dios mío! con un niño de seis meses, ¡un niño de seis meses! Insensato, me dicen los Suevos cada vez que me ven. Insensato. Bueno, qué le vamos a hacer. Ayer estuvo a verme un caballero de la Universidad de Stonebrooke que ha hecho una tesis doctoral sobre Pedro y que está preparando un libro sobre la evolución ideológica del grupo. Me estuvo haciendo preguntas a las que contesté lo mejor que pude y supe; un muchacho joven y estudioso.

29 de diciembre, 1969

Veintinueve de diciembre. Mejor dicho, el treinta de madrugada. No he podido dormir. Son ahora exactamente las tres y treinta y siete minutos de la madrugada, estoy en el Family Room con la chimenea encendida, la luz apagada y levantada la persiana del ventanal. Fuera, está nevando. Sigue nevando. He pasado un buen rato de pie, con la frente apoyada en el cristal, mirando ese resplandor de la nieve, yo no sé si buscando en él una frialdad de mente (quiero decir, en la frialdad del cristal), una frialdad de mente que me era muy necesaria, porque desde que me acosté hasta que volví a levantarme, se había armado en mi cabeza una zarabanda de tres mil pares de demonios como si tuviera dentro un escuadrón de caballería que me recorriese las circunvoluciones del cerebro o algo parecido. Coño, como si en mi cerebro se estuviesen celebrando unas maniobras militares. Y, por debajo de todo eso, por debajo de todo eso lo que había era mi impotencia. Es curioso, porque hace tres o cuatro días, el día de Navidad... No, coño, no fue el día de Navidad. Vamos a ver: el día de Navidad fue la nevada; el veintiséis estuvimos bloqueados; el veintisiete también. ¡Fue ayer! Es decir, fue anteayer, el veintiocho, cuando logramos salir de casa e ir a comprar leche y pan y nos encontramos en el «Shopping Center» con Castagnino y Rosita; nos metimos en alguna parte a tomar algo, y entonces Castagnino me dio un baño de optimismo, porque resulta que el uno y el otro están entusiasmados leyendo *Off-Side*, que es lo que yo menos podía esperar. Entonces regresé a casa lleno de ánimos, me puse a leer lo escrito y se me cayeron los palos del sombrajo, es decir, el enfoque que le he dado hasta ahora a la novela es un fabuloso error, y he llegado a la conclusión de que la naturaleza de los materiales no permite una ordenación racional, entendiendo por racional una ordenación cronológica e incluso una regularidad causal. Esto es lo que me ha quitado el sueño, esto es lo que ha desencadenado los caballos en mi cabeza, esto es lo que me tiene ahora aquí mirando para el fuego y buscando en el fuego mi inspiración. En resumen: con la frente apoyada en el cristal he llegado a la conclusión de que mi estructura mental no sirve para contar esto, y que necesito que lo cuente otro, que lo cuente otro cuya cabeza le permita implantar en estos materiales el desorden que los materiales requieren, y ando alrededor de esto, ando dando vueltas porque, de todos los personajes que tengo puestos en pie, ¿quién es el que puede contar la novela? En un principio, Barallobre es el que sabe más cosas; pero si la novela la cuenta Barallobre necesito recurrir a otro narrador para que cuente la huida de Barallobre por el río abajo. Jesualdo Bendaña, que en cierto modo pudiera también contarla, está en una situación semejante: Bendaña es un hombre de mente clara y muy racional, de manera que no me queda más que Bastida. Yo pienso que, a pesar de todos los inconvenientes, es Bastida el único que puede contar esto. Yo creo que la fisonomía mental de Bastida le permite iniciar una narración en forma de fuga. El modelo que debe seguir es precisamente el modelo de la fuga, es decir, una reiteración de temas de una manera sistemática o aproximadamente sistemática. Esto tengo que estudiarlo. Esto tengo que estudiarlo, porque desbarata absolutamente todos mis supuestos y me obliga a una consideración nueva de los materiales, pero es la única solución que veo a los problemas del tiempo, por ejemplo. Esta distancia inmensa entre la llegada de Argimiro *el Efesio* y la destrucción de las factorías de pesca y la aparición de santa Lilaila. Es curioso, porque esto me obliga o me va a obligar a renunciar al procedimiento (?). Pero, claro, yo tengo algunos prejuicios, tengo algunos prejuicios que me están perjudicando: yo estoy convencido de que la realidad suficiente no se logra más que mediante una acumulación de detalles, una dilatación, yo creo que hay otros procedimientos. Tendría que pararme a narrar, eso que hago tan pocas veces, ese arte que no tengo nada trabajado. Yo no sé si lo sabré hacer. Bueno, claro, por ejemplo la introducción a *El Señor Llega*, y luego la introducción y los intermedios de *La Pascua Triste*, son narraciones. Realmente son narraciones, relatos, es decir, el modo del tratamiento temporal es completamente distinto del resto de la trilogía, y, claro, la ventaja que tiene el relato, es que lo puedes fragmentar y ordenar como te dé la gana. Realmente parece mentira que en una noche de nieve, caray, haya tanto ruido. Es que se oye mucho más, se oye mucho más que los otros días. Yo no sé si habrá pasado la máquina ya por la Avenida, porque me parecen demasiados coches. Se conoce que la gente que estaba bloqueada en las casas ha empezado a regresar y los que vienen de Nueva York a pasar el fin de año en sus *chalets* de montaña deben aprovechar este sosiego, porque la verdad es que nieva, pero nieva poco. ¡Qué bonita está la noche!

Bueno, hay que dejarse de contemplaciones. La noche está bonita y hay muchas otras noches bonitas.

Es decir, que en realidad yo tengo ensayada la narración. En *Don Juan* también hay partes muy narrativas, y posiblemente no me salga tan mal como al principio creí. Entonces, claro, la narración le abre a uno una cantidad de posibilidades de combinación, incluso de combinación de ritmos, que yo creo que va muy bien a esto, porque lo de Argimiro *el Efesio* no se puede contar de la misma manera, por ejemplo, que esta cosa que se me ha ocurrido el otro día y que todavía no tengo escrito nada, el Homenaje Tubular, el Homenaje Tubular. Pobre don Manuel Mas... ¿cómo se llama, coño? Don Manuel Murguía. El pobre don Manuel Murguía, cuya intemperancia sexual me sirve a mí para esa invención; pues tengo que hacer algún ensayo de esto, algún intento de esto; es decir, que Bastida diga «yo»; que escriba en primera persona y ver cómo me sale.

Estoy preocupado, por otra parte, porque no tengo noticias de mi madre, y estas viejas, allá solas, mi madre con su pierna enferma, con esa indiferencia hacia su propia salud. No sé, no sé qué va a pasar. Siempre ando temiendo que tenga que pegar un salto e irme repentinamente a España o, lo que es peor, que nos tengamos que ir todos.

No sé cómo estará el carrete, que es un carrete de media hora nada más. Aún hay para rato. Voy a ver cómo suena, a ver si ha salido bien.

Se oye con toda claridad, pero estaba demasiado abierto el volumen de entrada y la voz resulta un poco confusa. Bueno, ¿qué quiero decir?, ¿se oye con claridad y es confusa? No. La voz es un poco imperfecta, pero no es confusa. A estas horas, que es cuando tengo el espíritu más espabilado, me falla el sistema glósico o como se llame eso. Tendría que preguntarle a Monsieur Jakobson, a ver por qué, cuando quiero decir una palabra, digo otra. A ver si eso tiene que ver con la afasia famosa.

Bueno, podría, pues, hacer un ensayo construyendo de esa manera esa parte que he pensado. ¡No, coño, no! No. Eso no es así. No es así. Ya empiezo yo ahora a tener la cabeza confusa, además de la palabra. Claro son las cuatro de la madrugada. Ha cesado de nevar, la chimenea se está extinguiendo y yo empiezo a tener hambre. Además de sueño. Hoy es lunes. ¿Es lunes hoy? sí, porque pasado mañana es miércoles. No, si hoy es treinta, hoy es martes. Mañana, miércoles, es cuando tengo que ir a la Universidad. No. Estoy confundido. No sé en qué día vivo. ¡Qué más da! ¡Qué más da!

1970

LA SAGA/FUGA DE J.B.

20 de febrero, 1970

Hoy es el veinte de febrero, hace bastante más de un mes que no hago grabación alguna y en estos cincuenta días, ¡cuántas cosas han pasado, Dios mío, cuántas cosas han pasado! Un viaje improvisado a España, el encuentro de mi madre moribunda y finalmente su muerte, en que yo no estaba. La pobre murió sola o al menos murió sin que estuviera con ella ninguno de los hijos. Cuando la llevaba al hospital en una ambulancia me dijo: «No se puede ser terca en esta vida», y efectivamente, si no hubiera sido terca y se hubiera ido al hospital en setiembre, como yo le aconsejé, habría podido vivir un par de años más. Tenía algo así como 25 de tensión y el corazón hecho polvo. Murió del corazón y, claro, de un avance tan grande de gangrena que ya era incurable. En el hospital no solamente le habrían medicado sino que no le habrían dejado comer las cosas que ella comía, y le hubiera bajado el azúcar, y, en fin, otro sería el resultado. Ahora quedan las otras dos viejas por cuya vida tampoco doy un real. Vamos a ver cuándo tienen su fecha las pobres, con 86 años una y noventa y tantos, no sé cuántos, porque es un misterio la edad de Pura.

Ahora estoy instalado en una suite de la torre «Stuyvesant», por veinte días nada más. Tengo una preciosa habitación, pero un poco fría, no de temperatura, sino de decoración; un dormitorio, una cocina y naturalmente un cuarto de baño. ¡Ah, y un trastero! Tengo un trastero también. Me hago las cenas y los desayunos y a veces el almuerzo, pero generalmente voy al restaurante. A veces vienen a verme Sally, Norah, Berta, en fin, todas estas clientas un poco compadecidas de mi soledad.

Acabo de oír la grabación anterior, la de los últimos días de enero, y reconozco que desde entonces no he vuelto a pensar en el problema: han sido tantas las cosas que me solicitaron que no hubo manera, no hubo manera, ni hubiera sido humano tampoco pensar en la novela cuando había otras cosas reales en qué pensar; pero, en fin, lo de hoy no sé si será una tontería, pero creo que es una ocurrencia que conviene consignar y se refiere al título. Me da la impresión de que *La saga de J.B.* queda un poco en el aire, no suena. *La saga de J.B.* carece de eufonía y, entonces, toda vez que en el proyecto anterior he hablado de una composición en forma de *fuga*, se me ha ocurrido que podría llamarse «La saga fuga de J.B.»; *fuga* en su doble sentido, porque, por una parte, y si insisto en esta idea y si me sale, señala un modo de composición, y por otra parte, si no cambian las cosas, y parece que no cambiarán, la novela se resuelve en una serie de fugas y la fuga es uno de los temas de la novela, saga fuga, «Saga fuga de J.B.», pues parece que suena mejor «La saga fuga de J.B.». «Saga-fuga de J.B.» Sí, evidentemente suena mejor, y es más completo. Vamos a ver si lo escribo a ver: «La saga-fuga de J.B.» Este guión no está bien, no, este guión no me gusta. Claro, podría suprimir el guión y dejar «saga fuga» pero, no; entonces habría que decir la saga y la fuga o la saga y fuga. En fin, no sé, pero no me parece mala idea esta introducción de la palabra *fuga*. Si el título siempre es un poco anuncio y un poco definición, pues ahí está.

Tengo hambre, y lo que me comería ahora de buena gana es una tortilla a la francesa; sin embargo me espera una sopa de puré a la cual echaré algunas cosas, y un trozo de jamón y un par de peras. Son ahora exactamente las seis y veinticinco, estoy un poco cansado. La clase de esta tarde me ha fatigado, y además el hecho de que no me den esta habitación más que por veinte días me plantea el problema de dónde me meto después. Claro que siempre tengo mi casa, que está vacía, pero, ¿qué hago yo solo en aquella casa tan grande, y además prácticamente lejos de la Universidad? Bueno, lejos, no: está a cinco minutos, pero, no sé, no tengo ganas ningunas de ir a casa, porque, además, estando en casa me doy cuenta de las cosas que tengo que hacer allí, de los muebles que tengo que vender, de los libros que tengo que empaquetar; ¡Dios mío! y menos mal que Fernanda me dejó hechos los baúles con la loza y todas esas cosas rompibles, pero de todos modos no sé qué vamos a hacer de todo esto. Luego, la casa. No aparece comprador. Ahora aún hace poco tiempo que la anuncié, no hace más que cuatro días, pero yo pensaba venderla en dos días. Hoy me ha dicho no sé quién que en el periódico de la Universidad se ponen anuncios de esta clase; vamos a ver si da resultado.

Tengo que ir a Nueva York y no tengo ganas ningunas de ir, hay una exposición de la que me han hablado que me gustaría ver. Esas tres horas casi, en autobús son completamente insoportables. También me gustaría ir a Montreal. Quizá me organice un fin de semana si tengo con quién ir, y, claro, todo esto serán interrupciones si logro reanudar el trabajo. Pues me saldrá como siempre un trabajo tartamudo. Bueno, qué le vamos a hacer.

22 de febrero, 1970

Hoy es, tiene que ser o debe de ser el veintidós de febrero. Hace una semana, a estas horas (son las dos y veinte), me acercaba a Nueva York. Los días que llevo aquí muy parcamente registrados en estas notas fueron tediosos, cansados, decepcionantes. En este momento, mi única esperanza es volver, regresar con una esperanza mínima interpuesta. La ocurrencia, primera interrupción de la tarde, la ocurrencia, decía, de aprovechar las vacaciones de Semana Santa, que dadas las fechas de mis clases son unos veinte días, y marcharme a España. Puedo estar en casa catorce o quince días, lo cual me vendrá muy bien tanto desde el punto de vista personal como del de mis asuntos; naturalmente, esto me cuesta cuatrocientos dólares. Cuatrocientos dólares que esperaba obtener de la venta de algunos muebles, pero que según mi experiencia de ayer (hoy no he tenido compradores), me va a ser muy difícil juntarlos, la gente no es que quiera que le regalen las cosas, es que quiere que le den dinero encima. Por la nevera que tiene dos años y la cama de las niñas que me costó doscientos dólares, un total de seiscientos, quieren dar hoy cien, la sexta parte de su valor, agárrate que te puedes caer, tendré que acabar dándolo todo por nada y encima los gastos. ¡Qué lástima de dinero, para embalarlo todo y llevárselo y regalarlo allá, no aquí, regalarlo allá! Después de esto, que es mi queja del día, no tengo nada más que decir, mi cabeza está pobre, todo lo que se me ocurre tiene relación con cosas reales, inmediatas, prácticas. No hago más que imaginar mi casa arreglada, mi casa de allá por supuesto, ¿seré capaz de crear allí un lugar amable?, y el día que lo tenga creado habré de marcharme, porque no sé si podré permanecer indefinidamente en Pontevedra. No lo sé, es mi deseo más íntimo, todo lo demás me importa un pito. Ayer estuve leyendo un rato en... (ininteligible): divierte y entretiene hasta cierto momento, y pasado ese momento se cae el libro de las manos, es una lástima, es una lástima que no haya un atractivo que lo abarque todo, que interesen solamente esas pequeñas historias, esos mínimos detalles. De todas maneras las páginas que leí las leí como dicen los niños saltándome mucha paja. Hay cosas muy bien escritas, con una gran sencillez, cosas certeramente escritas y dichas. No conozco la novela de L., pero supongo que ésta será muy superior, aunque quizá la novela de L. tenga otras virtudes, pero de todas maneras, es una novela a la que falta mucho. Debió haberle costado mucho trabajo hacerla, porque es una perfecta taracea: hay precedentes, alguien hizo eso antes, yo mismo en alguna parte lo hice también, aunque no de una manera sistemática.

Y eso es todo, ésa fue mi actividad intelectual en las últimas veinticuatro horas. Escribí una carta a Fernanda, todavía tengo sin echar la de Dionisio; la de Fernanda admite una continuación: la haré esta tarde. Y no puedo ponerme a escribir porque no tengo qué escribir, no hay ocurrencias, está el pozo seco y me temo que va a estar seco los tres meses que me quedan de estar aquí. Van a ser como esta semana, viviendo de la melancolía y de la nostalgia con la convicción de que cuando esté allí habrá tantas cosas que me molestan y que me desesperan que quizá sea igual, o eche de menos esto. ¡Ay, Dios mío, qué cansado estoy y qué aburrido! Si lo mandase todo a paseo y me acomodase a mi carrera de catedrático, diese mis clases, buscase un suplemento para sostener a la familia con dignidad, siempre tendría mis horas solitarias, mis horas mías y qué me importaría lo demás. Quizás escribiría ese libro, un manifiesto personal como despedida de las letras. El año 38 publiqué mi primer libro, hace treinta y dos años. No puede decirse que mi obra sea copiosa, la verdad es que perdí mucho tiempo, mi madurez literaria fue tardía, pero ahí están la Trilogía, Don Juan... ¿Para qué quiero más? Mi paso por el mundo ya deja huella, y si se borra que se borre, no hay razón alguna para que me sacrifique.

3 de marzo, 1970

Hoy es el tres de marzo. En la primera pista de esta cinta, amén de alguna nota, hay una especie de esbozo de la conferencia que di en Montreal. La conferencia no se pareció mucho al esbozo: sigue una marcha completamente distinta, pero conservo sin grabar, perdón, sin borrar esa cinta por si, una vez oída, encuentro alguna idea que quizá valga la pena. La conferencia de Montreal salió bastante bien, incluso brillante. La conferencia duró una hora y la discusión que la siguió casi otra hora. Creo que se me han aclarado algunos conceptos y creo además que el viaje me fue útil, porque he comprado algunos libros y he dejado encargados otros en los cuales espero encontrar algún apoyo. Vamos a ver si después de todos estos días de dispersión intelectual consigo entrar de nuevo en el carril de mis habituales imaginaciones: no va a ser fácil, porque no logro soportar ni superar la soledad. Lo único que me interesa es recibir carta de Fernanda: cuando la he recibido y leído me dedico a pensar en lo que pasa allá o en lo que voy a hacer allá o en lo que espero de allá, y eso es todo. Sin embargo, estos días se me ha ocurrido, no sé cuándo ni cómo, una idea nueva para el capítulo que estoy escribiendo: existe *una novela* en la cual se cuenta una historia que puede ser la de *Ifigenia,* viuda de Barallobre, y de don Torcuato. Esta novela fue publicada hacia 1875; es una novela escrita en cartas, muy del gusto de la época, publicada con seudónimo, en gallego, con tan mala fortuna que fue considerada inmoral y prohibida su venta; por lo tanto, una novela rarísima, y J.B. la ha encontrado en la biblioteca de un cura de Santiago, personaje de *Campana y Piedra.* La particularidad de esta novela es doble: primero, se anticipa a las novelas psicoanalíticas; segundo, se anticipa a las novelas de tema sexual: consiste en una serie de cartas entre un hombre y una mujer, una mujer que mató a su amante, pero que no logra olvidarlo. Entonces, su corresponsal la va llevando hacia la confesión, en la cual no se evitan, sino al contrario, los detalles más íntimos. Entonces, este hombre empuja a la mujer hasta la convicción de que no ha sido feliz con su amante y de que la razón por la que no puede olvidarlo pertenece a otro orden de cosas; la razón que tiene que ver con su arrepentimiento por haberle dado muerte. La convence también de que la muerte fue bien dada y que puesto que no ha sufrido pena alguna, puesto que se ha podido demostrar que la muerte la había recibido de otra persona, aunque desconocida, y puesto que no debe esperar premio ni sanción moral alguna en otra vida, debe ahogar el remordimiento y no pensar en el arrepentimiento por haberle dado muerte, sino alegrarse por haberse visto libre de un amante que no la hacía feliz, y prepararse para ser feliz en brazos de otro amante. Este otro amante es precisamente el que escribe las cartas. Entonces existe la posibilidad de que esta novela la haya escrito don Torcuato, bien apoyándose en una correspondencia real con Ifigenia, bien inventándola. Esto no lo sabremos nunca, pero sí que podemos ver en esta novela, cuyo autor no se ha conocido jamás, el modo indirecto cómo don Torcuato cuenta, sin dar nombres ni lugares ni otras circunstancias, la historia de sus amores con Ifigenia, su triunfo con Ifigenia. Es decir: si esto es lo cierto, ya tenemos una explicación racional de todo lo que pasó después, incluido el concierto del humo. Tengo la impresión de que se me había ocurrido otra cosa más, pero ahora mismo no recuerdo cuál es, y también de que había pensado algo sobre este capítulo y que, no sé, tenía la sensación de que me faltaba algo, quizás algo de naturaleza rítmica, quizás algo de otra naturaleza; pero, en fin, estoy tan alejado del tema que no recuerdo una época en que me haya sido más difícil entrar otra vez en él. Además, la situación del manuscrito es tal que no me atrevo, no soy capaz de echarle la vista encima. Yo creo que lo mejor será llevármelo conmigo a España y procurar que alguien me lo ponga en limpio, a ver si después, precisamente después, puedo trabajar sobre él, cuando todas las cosas estén puestas en orden y sin tachaduras; que lo pueda leer en voz alta, que pueda darme cuenta de la suavidad o aspereza de su prosa, que pueda ver dónde falta algo, dónde sobra algo, en fin, que pueda darle quizá la forma definitiva. Luego hay cosas a las que hay que volver, por ejemplo, a lo de Argimiro el Efesio. En fin, también está pensado un comienzo de historia del Palanganato, que no está más que iniciada, no está más que iniciada, y hay que contar la historia de la señorita que se tira al río. No sé. A la vista de algunos diagramas se me ha ocurrido, se me había ocurrido a mí hacer también diagramas, incluir diagramas en esta historia. Y, ¿qué más, Gonzalo, qué más? Había algo más; había alguna cosa de naturaleza verbal, aparte de hacer una serie de combinaciones con todo lo que don Torcuato llama al Vate en sus

Memorias, es decir, es un paréntesis que debo prolongar; ¡Dios mío, estoy empezando la novela, parece mentira que lleve tres años largos con ella, parece mentira que haga tres años ya por estas fechas! Yo estaba perfectamente metido en ella antes de irme a España; he trabajado mucho, pero sin intensidad, sin unidad. He andado paseando por el jardín, pero sin entrar en la casa, y la casa está sin construir. Después de todo, el número de páginas válidas que tengo es muy escaso. En fin, estoy cansado y tengo sueño. Es temprano. Incluso creo que tengo hambre.

13 de marzo, 1970

Hoy es lunes, trece de marzo. Día nevado, suelo embarrado, tiempo perdido. Me he cambiado de habitación, el lunes regresaré a mi casa a esperar allí el viaje. He intentado leer: no puedo hacerlo por la mañana; por la noche es inútil que intente leer con luz eléctrica. El libro era una colección de trabajos de Lanson reunidos por alguien con la intención de oponerlo a «Barthes y Cía.» ¡Allá ellos, allá ellos! No hago nada. Mi disposición de ánimo no es para hacer nada. Parece como si mi voluntad hubiera renunciado al trabajo literario, como si me encontrase en un paréntesis, y todas las esperanzas, incluso de mera imaginación, se remitiesen a esa fecha incierta y gloriosa de mi regreso a España. Estoy nostálgico, me siento solo. No sé qué día de éstos tuve una idea, y no puedo decir qué idea era porque se me olvidó. Hoy justamente recordé que había tenido una idea. ¡Tienen gracia! Mis ocurrencias, quiero decir. El otro día estaba preparado para grabar, debe hacer tres noches, y se le ocurrió aparecer a P. y darme la lata dos horas. ¡Pobre chica!

16 de marzo, 1970

... que son exactamente 92 folios, y si no me surge algo que lo complique, con ocho o diez folios más he terminado el capítulo. Entro ahora en una parte difícil, porque no es de invención sino de adaptar lo inventado ya. Se trata justamente de insertar, con las modificaciones necesarias, que serán muchas, el viejo capítulo del viaje por los aires del canónigo Balseiro y de Paco de la Mirandolina, en el cual introduzco una modificación, porque, a fin de cuentas, lo que quiere el canónigo es mostrar a Bastida la llegada del almirante, y Bastida insiste en ver la batalla de Brunete, y hay que llegar a un momento del capítulo en que uno ve una cosa y otro ve otra, en que uno habla de una cosa y otro habla de otra, y una vez terminado esto ya es muy poco lo que queda. Prácticamente no queda más que la carta que recibe Bastida y ahí termina. Quizá no llegue ni a los diez folios, con lo cual he puesto una pica en Flandes, porque he llegado aquí creo que con quince folios de este capítulo, y en este momento, si tengo ciento diez, he escrito ochenta y cinco, de manera que echando cuentas resulta que estos dos meses que llevo en Albany, que los hará mañana, mañana hará dos meses que he salido, han sido realmente fructíferos. No es que sea mucho trabajo noventa y cinco folios, pero hay que tener en cuenta los días del mes de febrero y los del mes de marzo que no he trabajado a causa de las conferencias que tuve que dar, y hay que tener también en cuenta que trabajo únicamente los fines de semana, porque lunes y miércoles es imposible, y martes en el medio no suelo trabajar, de manera que en ese aspecto el trabajo no ha sido malo. Queda ahora pendiente el problema de su valor. Una copia de ciento dieciocho holandesas se la he enviado ya a G. y si termino esta semana creo que la que viene le podré mandar la copia del resto con lo cual tendrá el capítulo leído cuando lo vaya a ver. Si me dice que está bien, me animará para seguir adelante; si me dice que hay que cambiar, corregir o suprimir, tampoco me desanimaré. Si me dice que desmerece al lado del primero, probablemente entraré en un bache que detendrá la novela. Yo personalmente me siento incapaz de hacer el menor juicio. Leo, veo que la narración tiene una tensión, que tiene un ritmo; hay unas cuantas cosas a las cuales se les da la extensión suficiente. La entrevista con Bendaña está completa. El discurso, el sermón de Barallobre se transcribe también completo. El artículo de Bastida, lo mismo, es decir, que esta última parte lleva unos embuchados sólidos y se me ha ocurrido hoy que quizá sería conveniente insertar la historia de don Acisclo, la doble historia de don Acisclo, de manera que tengo que ver esas páginas, a ver qué posibilidades de inserción hay, porque don Acisclo puede contar dos bonitas historias que pertenecen a la novela de la misma manera que pertenece la de don Asclepadeo. Esto lo tengo que estudiar con cuidado, lo tengo que estudiar con mucho cuidado y hacer una inserción inteligente, que me parece que a este capítulo no le falta nada más. No sé, cuando lo lea, pasado algún tiempo, si echaré algo de menos; pero de momento no lo veo. Está bien de dimensiones. Va a ser un poco más breve que el otro, creo, pero no mucho, y hay otro problema que tengo resuelto, lo he resuelto sin planteármelo: estaba ahí subyacente y de pronto lo resolví, y es que el final de la aventura de Julia acontece justamente con la llegada de Bastida a sí mismo después de hecho el viaje, Bastida llega a sí mismo, está esperando a Julia, y Julia llega, y entonces la escena de Julia tiene una parte que he pensado escribir en camelo, es decir, escribir en el idioma particular de Bastida, de la siguiente manera: comienza sustituyendo palabras españolas por palabras del idioma de Bastida: primero, una; después, tres, de manera que se van incrementando conforme él cuenta su intimidad con Julia; se va incrementando la necesidad de sustituir las palabras españolas por palabras secretas, y, claro, en el momento en que se acuestan, entonces lo cuenta con palabras absolutamente secretas, y después van apareciendo las palabras españolas hasta que sigue escribiendo en español, y a esto habría que poner una nota diciendo que he pensado, y no sé cómo insertarla, la frase «a nadie le interesa mi intimidad», es decir, esta frase nos hace pensar con fundamento que el autor de este capítulo es también Bastida. Y ahí termina el viaje. Lo que ahora se me plantea es que, realmente, ese capítulo en primera persona en el cual se cuenta la historia de los J.B., la autobiografía de los J.B., es un capítulo ocioso. Lo que tengo que contar de cada uno lo tengo que contar durante el viaje, y lo que tengo que estudiar es la manera de que estos cuentos se inserten con naturalidad en cada una de las historias del viaje. Si no, me parece falso, me parece un recurso pobre, un recurso nada más que aparentemente valioso; quizá técnicamente, pero no me convence el modo, la verdad es que, o doy grandes porciones biográficas de cada uno, lo cual me metería en un lío que no interesa, porque de Ballantyne lo único que interesa por ejemplo es su rivalidad con Nelson, y sería, pues, ampliar la novela innecesariamente: entonces se termina el viaje y tengo dos cosas claras: una, ese capítulo dramático, y otra, la agitación de la gente en las cinco ocasiones. Ya está. Ya hemos visto a los cinco J.B. marchar seguidos y luego, naturalmente, el colofón ese, lírico; pero yo tengo por ahí unas páginas que no sirven para nada probablemente, pero que daban un poco más de acción, y son precisamente las páginas previas a la muerte de Clotilde por su hermano. Es un acto importante y tiene que formar parte de un capítulo preparatorio, de manera que el orden será: capítulo de la parte dramática, esto, la muerte de Clotilde y cómo la entierra. Naturalmente para que la entierre tiene que saber que allí está santa Lilaila, es decir, que tiene que tener una conversación con Bastida, y esto puede continuar tranquilamente con la parte de la agitación y nada más. Es decir, que, con mucha suerte, puedo tener algo escrito durante el mes de abril, si Dios quiere que llegue a España, que regrese y que vuelva ya, y Dios tenga los aviones de su mano. Poco voy a escribir durante la Semana Santa, durante las vacaciones completas. Por sí o por no, si hago algo será repasar o corregir, de manera que el grueso del trabajo, como los quince días últimos aquí tampoco voy a hacer gran cosa, el grueso del trabajo será en el mes de mayo. Y se me plantea el problema de la mecanógrafa, porque esta Violita famosa es tan lenta, tan lenta, que es demasiado lenta, que no me resuelve nada, absolutamente nada. También tengo que rehacer el primer capítulo y esto me gustaría hacerlo ahora, es decir, que en cuanto termine esto, ponerme con el primer capítulo; buscar una hoja que tengo por ahí que es un comienzo que me gusta, escribirlo y darlo en seguida a copiar, para que cuando mande a Barcelona esa parte del original, ya vaya el primer capítulo y Vergés lo pueda leer en su orden. Dios mío, después de tanto tiempo dándole vueltas a la novela, cuidado que he escrito cosas y que he roto, y que tengo por ahí montañas de papeles inútiles; cuidado que me faltó tanto tiempo una visión de conjunto, que no veía más que fragmentos, y, total, sale lo que yo pensaba. Si los hechos son más o menos los mismos, el modo de contarlos es distinto y quizás el modo de contarlos sea un error. Yo no sé, yo no sé si será un error o no lo será. En fin, Dios dirá. Hay el punto ese de los dichosos estorninos, que yo tengo la idea de alguna película que he visto, y también, no sé, aquella vez que al Valle de Los Corrales se le llenó el aire de bichos, quizá fueran langostas, salía uno a la calle y le golpeaban la cara. Los viejos estaban asustados. Pues de ahí vendrá, digo yo, eso de los estorninos, y quizá también de la película.

Martes Santo, 1970

Estoy en mi buhardilla tumbado, muy cansado. Me pregunto de qué, porque no hice nada: un cansancio que me viene no sé de dónde, un cansancio que me da miedo. Ayer, cuando me acosté, me encontraba mal, y hoy he seguido mal todo el día con este dolor del costado del que los médicos se ríen y que a mí me preocupa y me tiene desconcertado y desequilibrado. Bueno, bueno. No quiere decir nada. Yo mismo no tengo nada que decir. Hay malas noticias de Norteamérica, estoy corriendo el peligro de llegar allá y encontrarme con una huelga de transportes, que si no se resuelve rápidamente, me puede confinar allá por un tiempo indefinido. Realmente he tenido mala pata; los conflictos sociales fueron a acumularse justamente en el momento en que yo soy más vulnerable a ellos. Bueno, hoy he comprado dos libros; no, tres libros: uno de Carlo Bo y dos de Rof Carballo. Estuve hojeando uno de esos últimos, *Entre la palabra y el silencio*, donde recoge sus artículos sobre Rilke, sobre Rosalía de Castro, sobre don Juan. Son unos ensayos de erudición abrumadora; la bibliografía que maneja Rof es increíble. El de Carlo Bo ni siquiera lo hojeé; he visto que es una colección de artículos reunidos bajo el título *¿Somos cristianos todavía?* La pregunta está bien hecha: ¿Somos cristianos todavía? No lo sé. Algo nos queda de cristianos, quizá por aquello de que el alma es naturalmente cristiana, pero lo que se dice ser cristianos enteramente con el pensamiento, palabra y obra, con la sangre, con la esperanza, yo creo que no. Por lo pronto, en todos nosotros convive un sistema de ideas que no está integrado en el Cristianismo, que quizás está en contra del Cristianismo. Hasta qué punto estas ideas son ciertas y verdaderas no lo sabremos todavía, aunque podamos sospechar que buena parte de ellas no son verdad. Muy curiosa esa prisa que se dan los teólogos por reformar el Cristianismo a la luz de la ciencia, cuando no sabemos lo que va a durar la ciencia ni el tiempo que le quedan a esas afirmaciones de ser tenidas por verdaderas. Sea lo que sea, el hecho es que no sé hasta qué punto somos cristianos. Yo sé que lo soy en los momentos angustiosos, medrosos, cuando no hay realmente más clavo ardiendo que el de Dios. Cuando los azares escapan a nuestro control, uno no tiene más remedio que confiar su existencia y su suerte a la voluntad de Dios, a ese Dios que están alejando tanto de nosotros, y ya no sé si le atribuyen voluntad; esa abstracción remota que servirá a los sabios para su teología, pero que a nosotros no nos sirve para la oración. Nos han jodido con el análisis. ¿A quién le va a pedir uno ahora que le ayude, que le proteja, que le tenga presente? ¡Dios mío, Dios mío!, me resulta más difícil creer en ese Dios que en el otro, porque el otro responde a mis necesidades, el otro es mi Padre. Este Dios no sé qué es. Yo me quedo con el otro y sigo rezando cuando entro en un avión, pidiéndole que me proteja de los peligros porque creo firmemente que puede protegerme, que tiene voluntad, que me tiene presente. Señor.

11 de abril, 1970

Hoy es no sé si el 11 o el doce de abril, sábado. Después de dos días de mi regreso, me pongo a grabar para matar el aburrimiento y hacerme la ilusión de que mato la soledad. Llegué anteayer por la noche y ocupo un lugar que se llama «Albert Hall», o cosa así, un departamento que, bien tenido, sería precioso, pero que está completamente abandonado, a pesar de lo cual es habitable. Ayer asistí a la Universidad y me acosté muy temprano. Hoy estoy despierto desde las cuatro, levantado desde las cinco. A las ocho quise ir a la Universidad, esperé el autobús durante media hora y a poco me muero de frío; regresé, y salvo escribir una carta a Vergés, no puedo decir que haya hecho nada, salvo la comida y este reposo relativo al que estoy entregado. Ahora son poco más de las doce; a la una, quizás a las dos, intentaré volver hacia allá, y no ya a la Universidad, sino a mi casa, a ver si hago algo con los cuadros. Estoy cansado y en una situación inestable que, ya lo sé, me impedirá hacer nada positivo. ¡Si por lo menos atiendo mis cartas y termino el arreglo de mi equipaje, me consideraré satisfecho! Escribir, ni pensarlo, pero estoy tan alejado de mis temas que hasta esas ocurrencias inesperadas, a veces tan frecuentes, han desaparecido por completo. Si Dios lo quiere, el día 8 de mayo regresaré a España definitivamente, y para volver aquí habré de pensarlo mucho y tendrán que irme allá las cosas muy mal. He pasado quince días casi feliz: hacía buen tiempo, apenas hubo acontecimientos más o menos perturbadores. Fui con Fernanda a El Ferrol, a Santiago y a Vigo: tres viajes distintos. El resumen, muy bueno. El viaje de regreso, excelente. He venido leyendo la última novela de Vargas Llosa *Conversaciones en la Catedral* que me parece buena, pero no excelente. Llena de trucos, le falta ese algo que le empuja a uno a meterse en un mundo y a no dejarse salir de él. Aquí no me siento inferior. He leído también una antología de Octavio Paz publicada por «Barral»: me parece un poeta mediano y, lo que es peor, agotado, aunque sigue siendo un buen ensayista. He leído también un libro de Chomsky muy interesante sobre lingüística cartesiana. Algo más compré, pero no lo leí.

Y ahora aquí, tumbado, viendo cómo se está oscureciendo la luz, quizá porque el sol se haya toldado. Hablo poco porque no sé qué decir; tengo la cabeza tan vacía que ni siquiera se me ocurren palabras para ir matando minutos y llenando cintas: ésta es mi situación. Cuando me encuentre en casa, estaré tan desentrenado que me va a costar trabajo volver a escribir. Probablemente me lo costará también volver a pensar, y, sin embargo, todo es necesario, dramáticamente necesario. Tengo que escribir la novela, tengo que escribir el otro libro, tengo que escribir artículos para poder seguir viviendo, porque el dinero que voy a ganar allá más bien será poco.

Continúo una hora *después*, y después quiere decir también sin hacer nada. Tarde a perros como tantas tardes. Estoy en la cama, son ya las ocho. Pronto tendré sueño y hablo para oírme, quizá para desdoblarme, para acompañarme a mí mismo. En realidad hoy es un día en que no he cruzado una sola palabra con nadie, y espero que mañana me suceda otro tanto. Cuando se despiden de uno el viernes, dicen «buen fin de semana»: mis fines de semana son silenciosos y lo serían más si yo no hablase para engañarme. Estuye oyendo unas cintas y leyendo unos papeles; fui a mi casa y me traje el manuscrito de *La Saga Fuga de J.B.*, empecé a leer y abandoné la lectura porque no me gusta, no me gusta. Me da la impresión de que tengo que empezar por el principio, tengo que rehacer el libro desde la primera línea o, mejor dicho, desde la segunda, porque la primera sigue siendo aquella de «¡Veciños, veciños, roubaron o Corpo Santo!» y yo creo que es lo único estable de la novela. Por el momento, lo único estable: ¡Quién sabe si dejará de serlo! Si fuese capaz de trabajar, debería repasar todas esas notas y hacer unos extractos de lo que hay en cada una de ellas de positivo; ordenarlas y decidir de una vez qué materiales voy a usar y cómo los voy a usar. Decidirlo de una vez, porque en realidad todavía no lo sé. Creo recordar que la última ordenación después del capítulo inicial, consistía en dos partes paralelas, independientes. Una de ellas, en el mundo de Barallobre y, otra, en el mundo de Bastida. La primera contada en primera persona del presente, perdón, en tercera persona del presente; y la otra, en primera persona del pasado; pero ninguna de las dos está escrita, sino sólo iniciadas. Bueno, no he vuelto a preocuparme de esto porque mi preocupación última y actual es seguir inventando disparates para atribuírselos a don Torcuato del Río, a la tía Celinda y a todos estos personajes de la narración de Bastida, y efectivamente no tengo por qué distraerme de esta parte pensando en otras, aunque hoy se me haya ocurrido algo acerca de la necesidad de introducir en ese capítulo nada más que proyectado, ni siquiera empezado, en que J.B. cuenta su vida, que es la vida de todos los J.B., dar consistencia a la infancia de Bendaña y de Barallobre y a su adolescencia. También he decidido últimamente que Barallobre no sea catedrático en activo, sino suspenso de empleo y sueldo. No sé por qué se me ha ocurrido eso de pronto, y me pareció bueno; posiblemente se trate de un truco inconsciente para eliminar la descripción del Instituto, que por otra parte no tiene el menor interés en la novela. Lo tenía antes, cuando había una primera parte remota y una segunda parte próxima, y cuando el protagonista de la segunda parte era un catedrático de francés; pero, ahora se ha eliminado todo esto, el mundo del Instituto no hace más que estorbarme. Claro que me hace falta cuando Taladriz acude a la cita, pero esto se puede arreglar de otra manera sin necesidad de meter el Instituto por medio. Ya veré, ya veré. Yo no sé si tengo apuntada en alguna parte la explicación que da don Torcuato de la evolución, y menos aún sé si tengo apuntado que esta explicación la da en mitad del discurso de inauguración de la Tabla Redonda: consiste en que en un principio los hombres tenían todos los sentidos —la vista, el olfato, el gusto—, muy juntos y muy próximos al orificio de defecación, vulgo ano, que no era el ano actual; y entonces hay una emigración iniciada por la nariz o quizá por el ojo delantero, seguido de la nariz, que van recorriendo la parte anterior del cuerpo hasta quedar instalados uno encima de otro, de donde procede el gigante monóculo; pero no es monóculo, puesto que el segundo ojo abandona su lugar, dejando, como el primero, un orificio, que es precisamente el ano. Recorre la espalda hasta llegar al cuello, y permanece allí durante mucho tiempo, durante todo el tiempo que los hombres tienen una doble visión, delantera y posterior. Cuando se deciden por la visión binocular, el ojo rodea el cuello y acaba instalándose a un lado de la nariz. Como hace feo, el otro ojo desciende un poco hasta situarse simétricamente. Yo no sé si he inventado algo más estos últimos tiempos atribuible a don Torcuato, como no sea una nota que está precisamente en este mismo carrete acerca de esa novela en cartas encontrada por Bastida. Esta novela precisamente puede llevar un prólogo en que el autor anónimo, a la vez portagonista, según Bastida, dice que publica la novela para mostrar a don Juan Valera cómo se escribe, es decir, que no se pueden ocultar ciertos acontecimientos que el señor Valera escamotea al describir el amor del protagonista por Pepita Jiménez. Si usted no ha hablado para nada del sexo, ¿no encuentra un poco forzado que acaben en la cama? Naturalmente hay un sofisma y precisamente por ser sofisma es por lo que Bastida cree que se trata de un mero subterfugio. Bueno, tengo sueño y dada la hora que es, será inevitable que vuelva a despertarme a las cuatro de la mañana, que intente dormir, que no lo consiga y que pierda las primeras horas de la madrugada. Voy sin embargo a ver si logro leer un poco y prolongar algo más este tiempo para no despertarme tan temprano.

13 de abril, 1970

Hoy es lunes, supongo que día trece. No me desperté a las cuatro como ayer, pero sí a las cinco y diez. Tengo las horas cambiadas y no me queda más remedio que ir poco a poco equilibrándolas. Ahora son las ocho y cuarto: para mí como si fuera medianoche. Esto está en silencio, y creo que dentro de un rato me dormiré. Hoy me fui a la Universidad en el autobús de las siete cuarenta con el propósito de escribir unas cartas: naturalmente, no escribí ninguna, ni las que pueden ser demoradas ni las que tienen mucha prisa: a ver si mañana hago un esfuerzo y las escribo todas, incluida una para Fernanda. Ando cansado todo el día y con sueño. Esto no obstante, hoy di una clase creo que buena, una clase buena que habrá caído en el pedregal como tantas otras, y luego me he gastado 155 dólares en un precioso regalo para Fernanda: regalo de nuestro décimo aniversario, es un abrigo de verano, de piel, muy bonito. La única pega es la talla: no sé si habré acertado. Espero sin embargo que le siente bien. Por lo demás no hice absolutamente nada: una conversación larga con Sally Lawrence, varias conversaciones cortas con diversas personas sin importancia, idas y venidas. Cuando llegué a casa estaba cansado, y descansé mientras la cena se hacía y he cenado exactamente dos patatas cocidas con un huevo duro y un poco de jamón, y un par de cucharadas de mermelada. Es suficiente, pero yo no sé si esta insistencia en el jamón mañana, tarde y noche no acabará perjudicándome. Pude haber tomado unas judías, pero no tenía ganas de cocerlas. Mañana tendré que hacer alguna compra, azúcar, aceite y zanahorias. Las zanahorias y quizás alguna verdura que pueda cocer y poner en puré para variar un poco esta dieta tan monótona que estoy haciendo. No he pensado nada nuevo, nada absolutamente; he recibido una llamada de Montreal y creo que conseguiré el libro de Jakobson, o como tal libro, o en fotocopia, y alguna cosa más; quizá también una fotocopia del libro de Souriau. En fin, me gastaré unos dólares, pero me llevaré unos cuantos libros útiles. Por lo demás las cosas marchan más o menos bien, más bien menos que más. El hombrecito me pagó los 120 dólares que me debía, de manera que casi cubre los gastos del regalo de Fernanda. No veo manera de vender el dormitorio, y creo que lo dejaré aquí a ver si alguien me lo vende. Me faltan todavía algunos paquetes. En fin, rematar este trabajo tan pesado y que tanto me cansa: todavía hoy me duelen los riñones del trabajo de ayer tarde; cuando llegué a casa estaba baldado. La falta de esfuerzo físico. Evidentemente mi cuerpo está muy viciado: a ver si cuando esté en España hago algún ejercicio diario, aunque no sea más que una caminata un poco larga que me espabile los músculos. He sentido un poco de mareo después de comer, pero no es mucho si consideramos el desorden del día: a las nueve menos cuarto me tomé un yogur totalmente innecesario, sobre todo si consideramos que a las cinco me tomé una chocolatina porque tenía hambre y no había a mano nada que pudiera comer sin miedo a hacerme daño. Ahora tengo un poco de manzanilla aquí, que estoy tomando después de haber ingerido las pastillas y con todos estos subterfugios ir engañando lo que sea: el estómago o el riñón. Estoy cansado. Este chico de Montreal que me llamó parece que tiene contrato en la Autónoma de Madrid. Realmente mis amigos son unos carajos: bellísimas personas, pero cuando uno les encarga algo no lo hacen, porque el verano pasado Fulano me prometió hablar al Decano de la Facultad de Letras acerca de un posible contrato, y no lo hizo, porque si lo hubiera hecho me lo habría dicho o escrito. La verdad es que también alguien había prometido hablar a los de «Alianza Editorial» acerca de la Trilogía, tampoco lo hizo, y si he conseguido que los de «Alianza» me la publiquen es gracias a estos otros amigos de menos importancia, pero que toman las cosas más a pecho quizá por no ser tan importantes: en este caso García Hortelano, Carmiña y Tereto, la mujer de Isaac, que son realmente a quienes debo que los de «Alianza» hayan decidido publicar la Trilogía. En fin, mis amigos son tan importantes que como no lo vean a uno en una necesidad urgente, pues se olvidan. El que no llora no mama, y yo no lloro, y el que no está delante corre el riesgo de ser olvidado, y yo soy en muchos aspectos el amigo, el escritor, el hombre de quien sistemáticamente todos se olvidan. Hay que estar en el huevo, en la corriente, en el centro de los acontecimeintos; es decir, en Madrid, y si no se está en Madrid, portarse de otra manera. Pero yo no sé si soy tímido, indiferente, u orgulloso: el hecho es que no estoy, ni escribo, ni doy la lata. Hoy he hablado de Cervantes como fracasado. ¿Qué hubiera preferido él, esta gloria póstuma o un poco de éxito mientras vivía? ¿El reconocimiento de los mejores, precisamente de los que él admiraba? No sé. El mundo se acaba con la muerte; después de la muerte se es indiferente a estas cosas, que no son más que mundanidades. Por lo tanto, agradan si se reciben en vida, y el que las espera para después de la muerte, o es idiota, o piensa que los herederos de uno, los hijos, los nietos, podrán beneficiarse de lo que llega tarde. La felicidad sin embargo nunca es completa: me contaron en Madrid que un día fueron mis hijas a una fiesta de un grupo de jóvenes gallegos y galleguistas. Uno de ellos le dijo a Marisa algo así como que ser hija mía era una de las cosas más vergonzosas del mundo; que yo me había vendido al oro americano, patatín, patatán. ¡Tiene gracia! ¿De qué le vale a uno, coño, ser honesto, si un puñado de bobos se encarga de deshonrarle? En mi país las cosas son así. ¡Vendido al oro americano! Tiene gracia. Cuando estaba en España y no me llegaba el dinero para mantener a mi familia, nadie se preocupó de ayudarme. ¡Qué le vamos a hacer! En fin.

La oposición, el contraste entre Barallobre y Bastida, es algo que no veo claro todavía, no porque no sepa en qué consiste, sino porque no sé si seré capaz de expresarlo artísticamente, y esto es importante, ésta es una de las bases de la novela. Hay una manera de hablar: en el caso de uno, con predominio de imágenes; en el caso de otro, con predominio de conceptos, que yo sería capaz de hacer si me fijara; pero cuando los tíos se ponen a hablar, yo me embalo, no me detengo, no cuido aquí esto y aquí lo otro, y, claro, pues no me sale como yo querría. Después tengo que andar corrigiendo, añadiendo, y, claro, el ritmo ya no es el mismo, la ligazón de las frases varía y mi pensamiento etc., etc. Yo no sé si seré capaz del esfuerzo mental consciente que me permita darle a esta oposición incluso ese matiz verbal. Si yo me pregunto quiénes son estos personajes, ¿qué carajo respondo? Tengo que responder con la historia de cada uno para que de la historia se deduzca el modo de ser, la personalidad. Yo no sé, coño, si este aparato está a punto de parar o no y parece como si me sintiera frenado; todavía queda un ratito. ¿Quién es Barallobre? Barallobre es el niño que va a heredar el secreto de la cueva y del tesoro, y tanto su madre como su hermana, que no es hermana de madre, aspiran a conocer este secreto. Entonces, cada una por su lado hace objeto a Barallobre de un amor tiránico: primero, la madre, y después la hermana. Por fortuna, la madre muere pronto, y el muchacho queda entregado a la hermana, y a la hermana no se le ocurre más que metérselo un día en la cama cuando el muchacho no tiene todavía entendimiento suficiente; jugarle con la pirindolita como en ese libro apócrifamente nietzscheano dice F. que le había hecho su hermana Isabel, y, claro, esto le deja sometido a su voluntad hasta que tiene tal conciencia de pecado que logra apartarse de ella; apartarse de ella sexualmente gracias a la existencia de Lilaila. ¿Cómo se llama esta muchacha, Lilaila Aguiar? Es la razón por la cual Clotilde Barallobre se emplea a fondo para evitar que su hermano se case con Lilaila, pero no por eso consigue que cuando el hermano, a los veintiún años, recibe la noticia que su padre le comunica desde el otro mundo mediante un testamento, claro, no le diga nada a ella, es decir, que su resistencia (que en otros aspectos es nula) se ejerza en éste. Entonces, este hombre sometido a su hermana, haciendo lo que ella quiere, enmadrado a través de Clotilde, se refugia en la biblioteca, se construye un mundo de conceptos, utiliza pintorescamente la escasa libertad de que goza. Bueno, todo esto tenemos que verlo en ese capítulo escrito en tercera persona del presente que comienza con la llegada de don Acisclo a casa de las señoritas de Aguiar y que no sé cómo termina, pero que muy pronto pasa de la casa de Aguiar a la de Barallobre etc., etc. Sí, es el capítulo en el cual Clotilde se lo lleva a Vigo porque cree que ya hace mucho tiempo que no ha jodido, y, como de costumbre, le busca una chica para que el muchacho no pierda demasiado el tiempo pensando en esas cosas. El muchacho que ya es un hombre, ya que tiene cuarenta años, cuarenta añitos. Tenía treinta cuando empezó la guerra. En fin, la diferencia de personalidades está clara, pero cuando entren en relación, a ver qué pasa. Después de todo, este capítulo es demasiado fácil, porque el procedimiento lo tengo ensayado. En cambio, el primero de Bastida, el que va paralelo a este otro, no creo que sea tan fácil, porque el procedimiento no lo utilicé nunca, incluso no estoy muy seguro de cómo es, porque el pequeño ensayo que hice no es satisfactorio. Parece que tengo sueño. ¿Qué hora es? Son las nueve menos veinte. Vamos a ver qué sucede si ahora mismo me pongo a dormir. Me despertaré a las cinco. Claro, son ocho horas y como amanece ya un poco después y me da la luz en las narices, no seré capaz de volver a dormir. Tengamos paciencia, Gonzalo.

¿21 de abril, 1970?

Tengamos paciencia, Gonzalo. No sé qué día es hoy, pero sé que es domingo, que hace un tiempo perro y que todo pensamiento de salir de casa es pura hipótesis. Por otra parte, no tengo necesidad ninguna de salir: he regresado a las tres después de haber almorzado con Rosa y Raúl Castagnino y justamente la nota que voy a grabar se refiere a la comida: ellos me invitaron, yo les guié a un restaurante bastante bueno que hay en la carretera de Schenectady; allí estuvimos un buen par de horas, retenidos en parte por el tiempo y en parte por la conversación; y es curioso, porque el mayor espacio lo consumió mi narración de la Saga. Yo no sé cómo salió la conversación; me preguntó Raúl qué es lo que estaba haciendo ahora, y le di una explicación somera. Me dijo entonces que se la hiciese más amplia, lo que hice fue exponerle la totalidad de los materiales con que cuento, más o menos. La explicación me salió elocuente, detallada y precisa, quizá no tan buena como la que hice hace un mes, o quizás algo más, a Tim y a Jeffrey en el restaurante de «Sears»; no sé si de «Sears», pero, en fin, en un restaurante que hay allí, en Colony. Los dos, Rosa y Raúl, me escucharon con mucha atención y con bastante entusiasmo, a la vista de los materiales, y además comprendieron perfectamente cuál es mi propósito. Pero Raúl me dijo con mucho tino que la dificultad que le veía era la de dar a todo eso una forma adecuada, y a mí no me costó ningún trabajo confesarle que era precisamente mi problema: que lo había ensayado y redactado hasta un número de páginas muy crecido; que me resultó inútil y que de aquello ha sobrevivido, qué sé yo, una quinta parte, y que lo que hago ahora realmente, aunque mi preocupación sea acumular datos y notas de materiales, es andar buscándole la pista a la forma que no aparece, a la forma exigida por los materiales mismos, al tipo de narración, y, sobre todo, al tipo de construcción: para lo cual no tengo un modelo ni hay razón por qué tenerlo: el verdadero modelo de cualquier novela es la novela misma, es lo que debe ser la novela: no un modelo ajeno a ella. Se habla mucho del «modelo», pero yo no sé si he pensado con profundidad suficiente en el tema: recuerdo ahora, en cambio, algo de Ortega y Gasset que yo no me acuerdo cómo es textualmente, pero que venía a decir con cierta aproximación que cada obra lleva inscrita su propia perfección, su propio modelo, y que es mejor o peor según se acerque o se aparte de ese ideal. Lo que pasa es que a mí la palabra *ideal* no me gusta. En fin, que estoy bastante animado porque por lo menos confieso que he jugado un poco, porque al darme cuenta del interés de Rosita y de Raúl, eché mano de todos mis recursos imaginativos y retóricos, y les hice una exposición de la cual estoy realmente contento. Claro está que si después no acierto con la forma, mi fracaso de artista será patente; pero, en fin, el hecho es que de momento estoy animado y vamos a ver cuántos días me dura el ánimo. No hay que pensar en cenar fuera de casa, de manera que voy a ver qué víveres tengo en la cocina, lo que puedo hacer con ellos y a ver si me acuesto temprano, que mañana tengo clase y otras muchas cosas que hacer.

18 de mayo, 1970

Hoy es el 18 de mayo, cuarto día a bordo del *Guadalupe,* en la ría o bahía de N.Y., atracados al muelle de Jersey City, en espera de la salida, que con suerte será mañana. Después de unos días horribles, parece que empiezo a recobrarme: a recobrar mi equilibrio nervioso, mi tranquilidad y espero que el dominio de mi mente. Y digo «espero», porque hasta ahora sigue dispersa sin que nada valioso pase por ella, absolutamente alejado de todo pensamiento creador, víctima de la situación, sin serenidad suficiente para gobernarla, o, mejor dicho, para gobernarme en ella.

Ayer fui a N.Y. y vi con Drosula el *Satiricón* de Fellini, que me ha defraudado. Es una película que quiere ser genial por definición y no lo alcanza: una parte repite el *Satiricón* y otra parte está formada por elementos nuevos, unos tomados de la Historia y otros no sé de qué fábulas milesias, que me traen un eco, pero no sé de dónde. La parte tomada del *Satiricón* tiene cierta unidad; después se pierde en simbolismos sin clave que yo no he logrado entender. La primera parte me parece la mejor, incluso plásticamente. Hace una cosa grotesca donde de vez en cuando pasan ráfagas de Renacimiento; hay composiciones y colores que recuerdan a Tiziano, rápidas visiones de desnudos conocidos...

En fin, para mí el defecto fundamental de la película es doble: por una parte, la falta de unidad; por la otra, el escaso interés temático. Si en todo espectáculo el espectador se identifica de algún modo con el personaje, yo no veo la manera de identificarse con este maricón que se ha buscado Fellini en Inglaterra cuyas desventuras me traen perfectamente sin cuidado. No sé por qué sospechaba que me iba a suceder esto. Antes de ir al cine dije: quiero ver esta película para tener una razón cuando diga que no me gusta. Y lo sospechaba a causa de mi anterior experiencia con *Teorema,* igualmente perdida en simbolismos intraducibles. En fin, que se trata de unas manifestaciones artísticas de las cuales me siento alejado, aunque reconozca el valor de algunos momentos, de algunos fragmentos. En la acumulación de masas humanas, predominando de una manera absoluta las formas curvas exageradas, veo una influencia de Goya. La película quiere ser goyesca; quiere también ser satírica. Está llena de referencias al mundo actual, hay demasiadas cosas ahí metidas. Demasiadas cosas que estorban la limpieza de la narración. Quizás una de las partes más logradas sea el cuento de la matrona de Éfeso, que tiene gracia por sí mismo, los personajes están bien buscados, la narración es muy sencilla, dura escasos minutos...

¡Estas puñeteras niñas podían ir a gritar al vientre de su madre, coño! A ver si cuando el barco salga se marean de una puñetera vez y no salen de la cuna, o de la cama.

Ya me han distraído, ya no puedo seguir pensando.

Como visión de la realidad, es parcial, porque en la realidad también existe la belleza, y allí no hay más belleza que la del efebo éste, protagonista, que es una belleza tan ambigua, que no atrae. Petronio escribe un libro irónico; Fellini se olvida de la ironía. Hay sátira, hay sarcasmo, no hay ironía. Lo único un poco noble de la película es un episodio inspirado en la muerte de Petronio, ¡cosa curiosa!, según la versión que da Sienkiewicz, no porque repita el *Quo vadis?*, sino porque estructuralmente es lo mismo. Es el único momento en la película en que hay un predominio de líneas rectas en la decoración, pero yo creo que el episodio está insuficientemente desarrollado, le falta calor humano. No tiene más que un momento emocionante, cuando el hombre que se va a suicidar se despide de los niños, que es quizás el único momento puro de la película. Luego, esa parte final, en que el efebo anda en busca de la virilidad perdida y la va a encontrar en los brazos de una bruja que se acuesta con las tetas al aire y recibe entre las piernas al rubio. No sé, yo estoy... Si la obra de los hombres va a seguir ese camino, yo no sé a dónde vamos a dar. Me temo que la reacción contra todo esto sea brutal, exagerada e injusta.

Bueno: el niño sigue chillando, o la niña...

22 de mayo, 1970

Hoy es el 23 de mayo, o quizás el 22, día viernes. El viernes de la semana pasada llegué a este barco, el martes hemos comenzado el viaje, de manera que prácticamente son tres días, la tercera parte de los nueve que tardaré en llegar a España. Pensaba que podría trabajar, y por fas y por nefas me resulta imposible: ayer y anteayer porque estaba mareado; hoy, porque no lo estoy. No consigo hilar un pensamiento con otro, todo me distrae, el aburrimiento me tiene anonadado, y luego estos niñatos y niñatas que andan por el barco como por una plaza pública. No hay manera de tener silencio como no sea de noche, muy de noche. Luego, traigo unos libros estúpidos, unos libros que no me dicen nada, unos libros secos, desprovistos de todo encanto, de toda sugestión, libros que parecen de matemáticas, de manera que tampoco puedo leer. No he inventado nada, no he añadido ni siquiera un grano de arroz. Lo único que hice ha sido recordar, recordar algunas cosas mal recordadas. Algunas cosas que tengo grabadas por ahí, no sé dónde. Estoy en un momento grave. Si no lo supero, no sé qué va a ser de mí. ¡Están contentas las niñas!

Llevo tanto tiempo, tanto tiempo sin trabajar, que he perdido los hábitos más elementales. Yo no sé si algún día lograré ponerme a la máquina y escribir algo de corrido. Toda mi confianza está puesta en mi casa, y no sé si será una confianza exagerada. No sé si el mal está dentro de mí, y como siempre que el mal está dentro de mí, espero que el remedio venga de fuera. Si no me disciplino, por lo menos hasta que recobre mis hábitos imaginativos, nada me va a resolver nada, ni nadie; ningún ambiente, ningún objeto me van a dar el empujón que necesito. Sin embargo, pensándolo bien, no tengo derecho a este pesimismo. En primer lugar, estos últimos tiempos estaba muy cansado, y ahora no lo estoy. Tanto no lo estoy, como que me ha desaparecido el dolor del costado, que yo no sé a qué obedecía, pero que venía fastidiándome hace más de dos meses. Y estos días, ayer y hoy, no lo siento. La verdad es que estoy haciendo una cura de reposo y de aburrimiento, y esto quizá no sea malo. Estoy comiendo bien, en la medida en que las comidas de a bordo me lo permiten; no me hacen demasiado daño, de manera que en este orden de cosas no puedo quejarme. No tengo con quién hablar, pero no tengo quien me distraiga. Soy libre de encerrarme aquí todo el tiempo que quiera: de leer, de dormir, de hablar conmigo mismo. Voy a llegar a España, y, por lo menos, estaré cuatro meses sin trabajar: junio, julio, agosto y setiembre: cuatro meses que puedo trabajar, que debo trabajar. Suponiendo que los quince primeros días me los lleve el arreglo de la biblioteca, no me voy a pasar todo el día arreglando la biblioteca, naturalmente. No me será difícil organizar desde un principio un lugar cómodo donde me pueda refugiar, un lugar que ya tengo pensado, que ya tengo estudiado, por una parte; por otra parte, tampoco me lo será levantarme a las ocho todos los días. Puesto que llevo bastante tiempo madrugando, no será ninguna novedad. Quiere decir que a las nueve puedo subir, leer un rato, hacer notas... En una palabra, puedo prepararme e ir haciendo por las mañanas mi tesis, en el supuesto de que siga pensando en ella; salir un poco al mediodía, solo o acompañado de F., quizá trabajar en un café, y la tarde, las tardes, dedicarlas a la novela, dedicarlas con ahínco. Lo de la novela tiene que tomarse en serio. Más o menos, quiero tener ya un orden definitivo para los materiales. En realidad lo que me falta es escribirlos. Hay, por ejemplo, esas dos partes paralelas, con las que tengo que ponerme. Nada de lo que tengo hecho de ellas me sirve, pero sé el contenido de las dos.

En fin, si algo saqué en limpio estos últimos tiempos, fue acordar esa ordenación, esa distribución, de manera que ya no debe darme más quebraderos de cabeza. Ya me dio bastantes. Es un tema sobre el cual no tengo por qué volver a pensar en absoluto. Tal y como he contado la novela las últimas veces, tiene una arquitectura, a mi juicio, original, y al mismo tiempo necesaria. No es una arquitectura caprichosa, sino nacida de la naturaleza de los materiales. Eso, *ya está.* Puedo dibujar un plano, puedo atenerme a él. De manera que lo que ahora hace falta es llenar de piedra esos vacíos, realizar ese plano, levantarlo en el espacio y en el tiempo. Y cuatro meses trabajando todos los días dan mucho de sí. tengo que evitar las siestas, aunque no el reposo. Las siestas me perturban. Podemos organizar, arriba, un té después de comer, F. y yo; un té con conversación o con música, aunque sea con televisión. Evitar el sueño. De manera que a las cuatro todos los días esté en disposición de trabajar. Puedo trabajar de cuatro a ocho o de cuatro a nueve, sin más interrupción que la merienda. Tengo que intensificar mi vida familiar...

25 de mayo, 1970

Hoy es el 25 de mayo, a tres días escasos de La Coruña. Tiempo gris y fresco. Un poco de viento. Llevo un buen rato pensando cosas de la novela: en general, cosas ya pensadas. Sin embargo, bueno es que piense en ella. Es algo así como una recuperación de imágenes olvidadas: tomar tierra otra vez, meterme otra vez en el asunto. Mientras no esté metido hasta las cachas, no podré inventar y escribir. De todas maneras, hoy he tenido una ocurrencia que no es más que una frase, cuando don Torcuato dice: «No es cierto que las cuatro notas de la *Quinta Sinfonía* representen la llamada del Destino. Mi interpretación de la *Quinta Sinfonía* es enteramente sicalíptica. Se explica si partimos de la frase de que los cuatro últimos golpes nadie los da como el propio interesado.» Ayer tuve otra ocurrencia que me parece importante: don José Bastida encuentra que todos los hombres son gigantes, y manifiesta por ellos una admiración sin límites. En cambio, don Torcuato no considera que un hombre sea alto si no mide por lo menos un metro, noventa y cinco. Para él, todos los hombres son de talla media, y entre Barrantes, que mide un metro ochenta, y él, que mide un metro cuarenta, apenas si hay diferencia.

27 de mayo, 1970

Hoy es el veintisiete de mayo, estoy en mitad de la mar y con un poco de suerte llegaré el 30 a Gijón, pero con verdadera suerte llegaré el 29 a La Coruña, porque habiendo sido despachados en Nueva York para La Coruña, a los dos días de salir nos dijeron que se suprimía esa escala y que íbamos directamente a Gijón. Hicimos gestiones, pusimos radiogramas, etc., etc., y todavía ésta es la hora en que yo no sé qué debo hacer en el muelle del Musel, con un equipaje, con mis ciento y pico de cajas de libros, mis baúles, mis bultos, en fin un camión grande que necesito para todo eso. En cambio, si vamos a La Coruña, todo lo tengo ya preparado y no habrá problema. Estoy grabando en esta *cassette* porque no tengo otra y, naturalmente, antes de grabar me puse a escuchar lo anterior, o más exactamente, encontré la *cassette,* me puse a escuchar y luego me dieron ganas de grabar otro poco. No sé lo que dará de sí en este momento mi imaginación, porque ya estoy aburrido de tanto viaje. Ya salí de Nueva York desesperado, después de cuatro días en el muelle de New Jersey esperando que dejara de llover para poder cargar y salir o zarpar. Ya tenía que haber estado en España mucho antes. En fin, las cosas salen así, ¡qué le vamos a hacer! Estoy no sé cómo. He intentado varias veces pensar en la novela y he fracasado y me extraña porque este camarote es bastante solitario, aquí no me molesta nadie y aunque hay los naturales ruidos de la navegación, pronto se acostumbra uno a ellos, sobre todo a esos crujidos que da el barco que parece que se va a desencuadernar, y prácticamente es como si fuera en silencio, de manera que no se trata de nada externo, como no sea lo a disgusto que voy, sino de mi propia cabeza, que es tan sensible a estos cambios y a estas emociones y a estas esperas y a estas desesperaciones, que voy a tardar tiempo (estoy mirando el chisme porque tiene poca cinta, no sea que me pase lo de siempre, que está grabando en el vacío); voy a tardar tiempo, digo, en recobrar la calma y sobre todo en reanudar el curso normal de imaginación. Yo no sé, he hecho tantas cosas en este tiempo que estuve solo en Albany (que yo creo que lo único que he grabado ha sido en España el tiempo que estuve en la Semana Santa, en la Pascua, esos quince o dieciocho días que me pasé allí), como si me hubiera desentendido totalmente del tema, acuciado nada más por la marcha y el deseo de marchar y liquidar aquello. En fin, han sido unos meses perdidos. Vamos a ver si ahora consigo acomodarme, tranquilizarme y entrar por el aro. De todas maneras, hoy, después de comer, durante una siesta frustrada, y digo frustrada porque no logré dormir, anduve dándole vueltas a algunas cosas, al tema de levitación de Castroforte, que yo no sé cómo se va a recibir esto. Me da la impresión de que si las cosas van como yo quiero habrá una preparación suficiente para que se acepte como natural, pero el problema está en que las cosas vayan como yo pretendo conducirlas: inverosímil; bueno, yo creo que la inverosimilitud es una condición muy relativa, depende naturalmente del mundo en que se produzca. Efectivamente en una novela de Galdós, en Orbajosa, no; no puede ir por el aire. Incluso pienso que no sería necesaria esta gradación, esta disposición de inverosimilitudes, de fantasías, como si dijéramos esta escalera que sube hasta llegar a la inverosimilitud mayor que es la levitación. La novela podía igualmente empezar por la levitación y no pasaba nada, a condición de que este hecho esté inserto en el ámbito de un mundo adecuado. De manera que no debo preocuparme por esto. Yo creo que la levitación es necesaria y si logro describirla con efectividad, pues pasa perfectamente. Es curioso, porque desde el momento en que la ciudad donde pasa esta novela se independizó de la ciudad donde pasaba *Campana y Piedra*, pensé que esta ciudad tenía que hacer como el que hace algo extraordinario, y andaba dándole vueltas y no me salía la cosa. Yo creo que es que estaba obsesionado por el mito de las ciudades hundidas, por la leyenda de Doñinos, y, claro, que la ciudad se hundiese no me servía. Yo sabía que había otra solución y no daba con ella, hasta que un día fui con Fernanda a Washington y vi en el Museo un cuadro de Goya, yo no sé cómo se llama, pero que tengo fotografiado, que es una colina polvorienta, como una masa de polvo y encima una ciudad, entonces se me ocurrió inmediatamente lo de la levitación, y desde entonces ha sido uno de esos temas que ha dormitado, que ha despertado, que ha vuelto a dormitar, depende de las muchas vueltas y los muchos proyectos que he tenido sobre esta novela, pero es probablemente una de las constantes y por alguna razón será. Yo no sé si es original: pero por lo pronto hay las islas de Swift y hay aquella comedia de Calderón que es un palacio que va de viaje. Todo tiene precedentes, evidentemente, todo tiene precedentes. En fin, ya va siendo hora de ir a cenar y la cinta se está acabando, de manera que vamos a ver qué dice Purrusalda. Purrusalda es un emigrante asturiano, que vivió muchos años en México y ahora vuelve a España por primera vez, es mi compañero de mesa y le llamo Purrusalda porque siempre habla de las purrusaldas.

9 de junio, 1970

Hoy es el día nueve de junio, primera grabación que hago en España desde mi llegada. Pienso yo que las cosas empiezan a volver a su cauce, que se va estableciendo una normalidad, quizá porque empiezo a encontrarme bien. Verdaderamente estoy como si no hubiera ido a América jamás. Sin recuerdos, nostalgias ni proyectos. He encontrado mi vida de hace cuatro años como quien encuentra un tren acabado de abandonar, y me he subido a ella y encuentro agradable el asiento abandonado. Evidentemente, hay algunas mejoras en mi instalación: comienzo a ver los libros arreglados, y algunos objetos que antes no había, me ayudan a encontrarme a gusto. Me encuentro tan bien, que puede ser peligroso.

Me encuentro bien aquí, en esta habitación alargada, estrecha, de techo inclinado; tan bien, que no echo de menos nada de lo de fuera. Esto no quiere decir que mis cosas estén resueltas, ni mucho menos. Más bien parece que se resolverán a medias. Hoy he tenido noticias de que entraré de nuevo en el escalafón por la puerta de Porriño, que no está mal. De América me han reexpedido una carta del ministro que es la Carabina de Ambrosio. Total, que si me dan una cátedra en Alicante, o me voy a Alicante o me quedo sin la cátedra. Me quedan dos posibilidades: una voy a tentarla mañana: la de que haya un puesto para mí en Santiago. Esto me obliga a terminar mi tesis en un plazo de dos meses y a presentarla en setiembre, en el caso de que burocráticamente sea posible mi nombramiento de agregado con este retraso. Debo, pues, una vez más sacrificar mi novela, y ¡qué le voy a hacer! De todas maneras, hago esta nota, no para dictar estas circunstancias, sin las cuales la cinta puede muy bien pasarse, sino para registrar una idea que he tenido estos últimos días, después de haberle dado muchas vueltas a esa parte en que Bastida habla de sí mismo en primera persona del pasado, y es la idea de que don José Bastida, que es un hombre de humor, multiplica su personalidad, es decir, ha creado unos cuantos personajes trasuntos de sí mismo, a los que da nombres que son deformaciones del suyo, con los cuales dialoga y a los cuales introduce en la narración como si fueran personajes reales. Hay un francés que se llama Bastide, quizás un ruso que se llame Bastidoff, quizás un húngaro, quizás un inglés. Don José Bastida sabe un poco de húngaro, que le enseñó en sus tiempos de seminario el canónigo encargado de confesar en húngaro en la catedral. El idioma no le sirve para nada, y él no sabe de Hungría más que lo que dice el conde Keyserling en su *Europa.* Evidentemente, los cuatro personajes son cuatro personajes literarios: sacados de novelas, de dramas, personajes recompuestos, cada uno de los cuales agrupa ideas afines que pertenecen en realidad a don Joseíño. Yo no sé si esto es una tontería, y no podré saberlo hasta que esté esta parte escrita de esta manera, y a la vista del resultado decir si es una buena idea o no lo es. No sé si porque el próximo sábado pienso dejar de fumar, estoy estos días fumando demasiado, fumando excesivamente. Lo bueno del caso es que si, en efecto, me tengo que poner al trabajo en seguida, mis ideas están tan dispersas que solamente reunirlas y ordenarlas me va a costar un mes. Y lo malo es que con esto no basta, porque después tendré que aplicarlas a un tema que tampoco domino. Ergo, tendré que dedicar a esto todas las horas del día.

Principio de cohesión, tiempo de convivencia, realidad suficiente son las ideas base, las ideas sobre las cuales tengo que montar un tinglado cuyas líneas generales desconozco. Estoy listo. Porque si adquiero un compromiso, y necesito adquirirlo si quiero evitar la ida a América, que es mi segunda posibilidad, no tengo más remedio que cumplirlo.

Tengo tres ideas como tres pivotes, pero no sé qué clase de edificio se puede apoyar en ellas. De manera que habré de apoyarme en el estudio de Pérez de Ayala y dejar mi teoría para mejor ocasión: exponer estos puntos de vista y reducir el estudio, creo yo, a los personajes de la trilogía, a los de *Belarmino...* y a los de *Luz de domingo*, con referencias, cuando sea necesario, a algunos otros. Quizá se pueda hacer un estudio de 50 ó 60 páginas, sin olvidar que tengo que preparar unas conferencias, cinco, sobre Ortega y Gasset, y la teoría de la novela.

24 de junio, 1970

Hoy es el día de San Juan: hace veintiséis días que estoy en España y es la primera vez que cojo el micrófono aunque la verdad no sé para qué lo cojo. Veintiséis días en los que poco a poco me voy incorporando a esta vida y me voy recobrando a mí mismo. Ni estoy del todo incorporado ni estoy en modo alguno recobrado. Los días pasan y yo sigo mirando cómo pasan, entregado a las menudencias, sin escribir y sin leer. La verdad es que si leo, a los diez minutos no puedo continuar, y, si escribo, me duele la espalda. Bien es cierto que podría llevar a cabo alguna actividad intelectual o espiritual de otra clase, pero tampoco. Es una noche de viento, y mi antena vibra demasiado; tanto, que no sé si será mejor coger los bártulos, marcharme a la cama y decir allí lo que tengo que decir. Evidentemente es lo mejor. Sucede además que tengo algo que hacer abajo que nadie me hará porque estoy solo.

Ya estoy abajo, acostado; ya he cambiado la música: primero Chopin; después, Massenet; luego, Mendelssohn. Y yo me pregunto si efectivamente tengo algo que decir. Estoy preocupado con mi dolor de costado; creo que probablemente pasado mañana iré a Santiago a que me vean, que este dolor no me permite estar en una posición normal sino sentado en una silla baja o acostado, y que cada vez que me levanto me resulta difícil y penoso. ¿Qué ha sido de mi novela? Hace seis meses por lo menos que no escribo una sola línea: desde las Navidades. El informe de José Bastida está interrumpido y sin visos de continuidad, porque me resulta difícil leerlo o porque no se me ocurre nada. Lo primero podría resolverse dándolo a copiar; lo segundo es mentira, porque se me ocurren cosas, unas referentes al informe y otras a otros aspectos de la novela. Es pereza. Entonces, es que realmente estoy tan deshabituado a escribir que el hecho de sentarme a la máquina me resulta insólito o insoportable. Hoy, por ejemplo, tenía que haber escrito un artículo para *El Faro* y ni me acordé. Tendría que haberlo entregado mañana. Con mucha suerte lo entregaré mañana, con mucha suerte, pero por la tarde, suponiendo... ¡Vaya, vaya! me interrumpí. Cesó la música de Mendelssohn con amenaza de Jazz, y no sé lo que estaba diciendo. Quizás el que, a pesar de que cuando pienso en la novela tengo ocurrencias, no escribo. Se me ha ocurrido lo de J.B. personaje múltiple; J.B. en este caso José Bastida. Se me ha ocurrido... no sé, algo más se me ha ocurrido, pero estoy tan atontado que no lo recuerdo. Evidentemente estoy en una mala situación mental, la situación de embotamiento. Que yo recuerde, en este tiempo sólo un día pensaba con tal agilidad que yo me sorprendí a mí mismo. Hacía mucho tiempo que mi cabeza no funcionaba de esa manera, pero fue inútil, porque no me puse a escribir y aquello fue el resultado de un estímulo que tampoco puedo situar ni recordar. He pasado ocho días en Madrid, y salvo una noche que tuve una discusión con M. S. sobre la naturaleza de la estética, lo demás no han sido más que conversaciones vulgares u ocasionales, lo demás son conversaciones en las cuales yo no hablo sino escucho: D., P., D.

25 de junio, 1970

Hoy es 25 de junio. Por la tarde he clasificado cintas; algunas las he identificado; después merendé y ahora estoy fumando el pitillo de la merienda. Estoy perplejo y bastante fastidiado, sobre todo ante la imposibilidad de leer. Esta mañana he comprado dos libros: uno, sobre Becket, de una señora checa que trabaja en los Estados Unidos, y, otro, una colección de artículos y trabajos de Eisenstein. He leído un poco y me ha costado un esfuerzo enorme. He tenido que taparme el ojo derecho, y aun así, con el izquierdo, que es el más defectuoso de los dos, por lo menos el que tiene menos vista, me es imposible leer. Tengo que rendirme a la evidencia de que yo no puedo ponerme ahora a leer sistemáticamente varias horas diarias para hacer ningún trabajo de crítica. Si lo hago será con tiempo, trabajando o por lo menos leyendo, si puedo, una hora cada día. Esto, naturalmente, es un tropiezo grave: no sé qué voy a hacer de mi vida. Quizá lo más razonable sea pedir la jubilación, porque si me meto en un instituto, me será imposible leer los cuadernos de los chicos. Pedir la jubilación y buscarme unas clases que no me den excesivo trabajo. Nunca hasta ahora me he dado cuenta del riesgo que corría y ahora es tarde; tengo que someterme a una operación o dos y aún no sé si esto será suficiente para recobrar una capacidad de visión regular, es decir, que todas las circunstancias me empujan hacia la única posibilidad, hacia la novela, hacia esa clase de novelas que yo puedo escribir, que no sé hasta qué punto será perder el tiempo y cultivar un género anticuado o muerto, cultivarlo, además, sin éxito, porque está visto que yo no tengo nada que hacer en este país. También me queda la solución de los tres meses en América, que no será gran cosa tampoco. No es nada que me satisfaga, nada que me satisfaga. Bueno, y, ¿qué hago yo ahora con la idea de los varios Bastidas, esa idea que me ha complicado? Una cosa que estaba tan sencilla, que no sé si es necesaria, pero que puede darle a esa parte de la novela una dimensión fantástica. Luego, la cosa en sí no es buena ni mala: todo depende de cómo salga. Puede ser una estupidez, puede ser genial. Una estupidez, una genialidad. ¿De qué me vale a mí estar inventando cosas si luego no las escribo? Estoy metido en esta buhardilla que ya debía estar arreglada y todavía está intransitable. No he encontrado solución mejor, no sé qué voy a hacer ni qué disposición voy a dar a estas cosas. En fin, Gonzalo, ¡en qué líos te metes, en qué líos te metes! Tengo que repetir lo que decía ayer: mi cabeza no funciona, no sé lo qué le pasa. Está embotada, absolutamente embotada. Hace calor. Esto es una especie de horno.

6-7 de julio, 1970

Hoy es lunes, no sé si seis o siete de julio, después de una semana estéril, una semana especialmente favorecida por visitas de americanos. Me hicieron perder unos, un día; otros, dos. A pesar de lo cual he escrito unos cuantos folios de la novela, quizá diez u once, que no he releído, que no pienso releer, y sobre los cuales no tengo juicio. Me está saliendo una narración desordenada más o menos como el informe ese, o como se llame, sobre la Tabla Redonda, lo cual me parece bien porque van a formar parte de la misma unidad. La invención de esos cuatro personajes, hipóstasis de Bastida, no puedo decir todavía que sea afortunada; por ahora carecen de personalidad. Como realmente no se trata de nada fundamental, si no se imponen por sí mismos, los suprimiré: todo consistirá en empezar de otra manera. Realmente una invención así sólo se justifica por el éxito; sin éxito, no hay nada que hacer. Lo demás va saliendo, lo cual quiere decir que van entrando en la narración unos temas que me había propuesto. Algo pensé hace unos días que no salió porque lo olvidé y no he logrado recordar de qué se trataba. Escribí también —procuraré mañana continuarlo— cuatro folios más o menos de ese trabajo sobre Galdós que me piden en *Cuadernos para el Diálogo.* Tampoco estos días he leído, y eso sí que tengo que hacerlo. Al continuar veré si soy capaz mañana de poner mano a eso y concluirlo; en cambio, de mi trabajo sobre el personaje literario, nada, por la sencilla razón de que me exige lectura y yo no tengo ganas de leer.

27 de julio, 1970

Hoy es el veintisiete de julio. Un poco mareado, un poco cansado, con buena cara. He perdido la mañana en conversaciones más o menos vanas. Estoy haciendo reposo, y me pongo a hablar para no quedarme dormido, porque tengo sueño. Estos días he trabajado. No todos, pero casi todos. A un ritmo estimable, un ritmo de tres folios diarios, pero folios grandes, folios de cincuenta líneas, lo cual quiere decir que voy por el folio 33 y que llevo corregidos 28 ó 26. Lo cual quiere decir también que no puedo tener un juicio de lo que estoy haciendo, que es en realidad el comienzo de la novela: un comienzo, es decir, la parte que corresponde a Bastida, la parte del comienzo que es obra de Bastida, y he metido en esto bastantes cosas, de manera que responde aproximadamente al plan pensado, tanto en el contenido como en la forma: narración desordenada, siguiendo el mismo procedimiento que el «informe» que el propio Bastida escribe. La narración desordenada es el estilo de

Bastida. No sé si todas las cosas que he metido están bien, y no sé si está bien escrito, pero no quiero entrar en esas honduras, porque, entonces, no escribo, y puesto que estoy embalado, continuaré. Si acaso la insatisfacción mía no es actual, es antigua: encuentro que la prosa es un poco mate, no porque yo quiera hacer una prosa artística, sino porque carece de brillo, y a veces es demasiado intelectual. Pero, bueno, esto es una limitación mía, qué le voy a hacer. Me falta, sin embargo, la compensación de ese intelectualismo, que habrá que buscarla en una segunda vuelta, porque, en ésta, no me ha salido. Estoy trabajando un poco sin plan, a lo que sale. Todo lo que he contado hasta ahora estaba previsto, menos lo último, que es una novedad; es decir, los dos últimos sectores son los imprevistos. Creo que ambos son útiles. Vamos a ver, una vez reposado, reposado y puesto en limpio, a ver si una lectura posterior me satisface, que no lo sé. Tengo que aprovechar estos días, porque el mes de agosto, por lo menos la segunda mitad del mes de agosto, será imposible trabajar. Empezarán todos los problemas del traslado, empaquetar los libros, incomodidad, y nueva interrupción. Si consiguiera concluir esta parte, concluir enteramente esto que estoy escribiendo ahora y el «informe», que no sé por qué le llamo «informe», porque no es tal informe, que también está pendiente de conclusión, y que todo me va a dar alrededor de cien folios, es decir, cinco mil líneas. Sería ya un buen progreso. En realidad, cuando tenga hecho esto y la parte paralela, puede decirse que la novela está vencida, porque la mayor parte de los materiales útiles se refieren a sectores posteriores. Con mucha suerte, terminaré en enero, con mucha suerte.

3 de agosto, 1970

Hoy es el tres de agosto, anteayer he trabajado bastante, así como cinco folios; ayer, en cambio, no hice nada porque está aquí C. M. con su mujer, y hemos hecho una divertida excursión que consumió el día y parte de la noche. Hoy tampoco he tenido tiempo ni siquiera de quedarme a solas, salvo este momento después de la siesta, mientras fumo un pitillo. A las seis tendré ya que salir otra vez y no hay que pensar en nada hasta mañana. He estado releyendo un poco el trabajo de estos días. En general, es válido; necesita muchas correcciones e incluso unas ampliaciones, pero he perdido un poco la visión de conjunto de esta parte, de manera que no estoy seguro de lo que debe y de lo que no debe ir. Por lo pronto, tengo que incluir algunos fragmentos reiterados sobre santa Lilaila de Barallobre, de la cual no se dice nada, y no sé si me convendrá meter aquí eso que he llamado la epifanía de J. B.; no la epifanía, la revelación, es decir, el momento en que Bastida recibe la iluminación interior que le permite saber que el número de J.B. es incalculable y cuál es el procedimiento para obtener, diríamos, las características generales puramente nominales de cada uno de ellos. La revelación se limita a esto, porque la que podríamos llamar representación plástica, eso está mejor situado donde lo tengo ahora, es decir, cuando Bastida se encuentra instalado en la personalidad de Jacobo Ballantyne, Obispo-Almirante, de manera que esta revelación (que pudiéramos colocar con su título especial como hemos colocado lo que yo llamo el informe, que no es tal informe), se limita a exponer, como parte sustantiva no sometida a reiteraciones y en estilo caricaturescamente apocalíptico, este conocimiento, esta intuición que Bastida tiene del procedimiento, vamos, del número de J.B. y del procedimiento para situarlos. Quizá quepa perfectamente en esta parte que estoy haciendo ahora, porque, además, hay pie para que él piense esto y además puede ir precedido de una discusión con los cuatro interlocutores acerca de la posibilidad de que Bastida sea también un J. B. Cuando él dice: cómo me voy a encontrar metido en este lío sin comerlo ni beberlo, pues alguno de los otros le dice que los restantes J.B. también se encontraron metidos en este lío sin comerlo ni beberlo; por lo menos, algunos de ellos. En fin, también he pensado, y creo que estará bien, que esta parte se termine contando Bastida cómo, a consecuencia del plebiscito social para aprobar los estatutos de la Tabla Redonda, la ciudad los discute, se ensimisma y entonces él sospecha que la ciudad en aquel momento está levitando, y dice cómo se aproximó a los bordes y vio que efectivamente la ciudad estaba en el aire y que allá abajo quedaba la tierra con una fisonomía semejante a la de un cuerpo al que le han arrancado violentamente un brazo; y además, por encima de la ciudad, caminaba a una velocidad de vértigo el tren ensimismado, es decir, que en esta parte estoy dando cabida a toda clase de fantasías en contraste con el rigor realista de la parte paralela.

15 de agosto, 1970

Hoy es el quince de agosto. Estoy como quien dice despidiéndome de mi salita y pensando que por mucho que me esfuerce no lograré reconstruirla, al menos con la misma gracia y el mismo encanto que tiene. Será sin duda una aproximación, procuraré que sea lo más afortunada posible. Ayer he regresado de La Coruña donde estuve cinco días y donde di otras tantas conferencias ante un auditorio ignorante del español, sobre el tema de Ortega y Gasset y la teoría de la novela. Comencé el lunes; martes, miércoles y jueves compartí el programa con Cela; viernes, con Rafael Lapesa. Escuché dos conferencias de Cela y una de Lapesa; la primera de Cela trataba sobre la muerte de Pío Baroja: era en realidad un capítulo de Memorias escrito bien y agudamente.

17 de agosto, 1970

Hoy es el diecisiete de agosto. Prácticamente he terminado la parte de Bastida y creo que la he terminado con unas imágenes afortunadas. Creo en cambio que hay que releerla con cuidado, suprimir reiteraciones, sustituir por otras algunas expresiones desafortunadas, y probablemente añadir algo que se me haya olvidado. Ahora tengo que terminar eso que llamo el informe e intercalarlo en su sitio, que todavía no sé cuál es. En total, me van a resultar alrededor de ciento diez folios, que es el tamaño asignado a la parte paralela. Mucho tengo que estirar para que dé tanto de sí. Vamos a ver.

Estoy tirado en el sofá con un fuerte dolor de cabeza que no sé si llegará a pasarme y lo siento, porque me gustaría trabajar hoy un rato, tengo por delante unas horas, quizá dos o tres, no sé qué hora es ahora mismo, porque a las nueve aparecerán por aquí Antonio y Consuelo; vamos a ir al teatro, y, antes, a cenar; al teatro, y, antes, a cenar. No es que tenga muchas ganas de ver una comedia de un no sé quién y arreglada por otro no sé quién, que supongo será una bobada; pero, bueno, hay que salir de uno mismo. Total, que me acostaré a las dos, cansado y fastidiado; mañana tengo que ir a Vigo por la mañana y a casa de unos amigos por la tarde. La gente le roba a uno el tiempo, lo desconcierta y si esto pasa aquí, qué será en Madrid. ¿Cuántas tardes del año voy a poder trabajar, cuántas tardes al año? No pasaré un mal mes de setiembre, espero, y con suerte, en cuanto tenga una habitación arreglada, me pondré a trabajar; después ya veré, porque si empiezo a gastar el tiempo en arreglos de casa llega octubre y no he escrito una línea. Hay que aprovechar setiembre, mañana y tarde: mañanas para corregir y tardes para escribir, de modo que el primero de octubre tenga un montón de cosas que dar a copiar. A ver si ya voy poniéndome en serio y consigo terminar en diciembre o enero.

20 de agosto, 1970

Hoy es el veinte de agosto. Me levanté desvelado a las cuatro y media de la mañana; hacia las cinco me puse a trabajar. Volví a hacerlo hacia las nueve y media. En total, esos tres folios de los que no logro pasar. No sé si no habré perdido el control sobre mis ocurrencias y las esté largando todas a riesgo de suprimirlas después. La disertación histórico-crítica va por la página 49; no consigo recordar lo que me falta ni sé cuáles son las cintas donde tengo apuntadas mis imaginaciones. En toda la tarde no hice nada, intenté dormir y no pude. Pienso que qué más da trabajar por la mañana de madrugada o trabajar por la tarde. La verdad es que había un gran silencio, pero yo me caía de sueño. Pienso que son ya pocas las páginas que me quedan por escribir aquí, porque tengo que ponerme en serio a empaquetar libros mañana, tarde y noche; si no, me coge el toro. Faltan exactamente diez días y de esos diez días uno tengo que ir a Vigo y otro a Santiago, de modo que el tiempo apremia y es escaso. Parece mentira cómo nos hemos dormido ante un hecho a plazo fijo e inevitable. Por mucho que hagan los hombres que acompañen al capitoné, nosotros tenemos que preparar lo que ellos no pueden hacer. Yo no sé si el estado de mi cerebro, con sueño insuficiente, es normal, pero esta tarde sólo se me ha ocurrido una cosa que no he escrito y no sé cómo insertar o cómo engarzar con lo que tengo escrito. Lo llamo el episodio de la espinilla. También ando dándole vueltas a una especie de sátira breve del estructuralismo, a unos cuantos fragmentos breves narrativos, que combinados de distinta manera resultan historias distintas. Tengo la idea, pero me falta la materia. Estoy preocupado, porque esto apenas tiene cinta y no quiero estar hablándole al aire. Me había equivocado: hay cinta lo menos para un cuarto de hora. Pues, sí: tengo la forma, pero me falta la materia, no sé si hacerlo precisamente con la historia de las espinillas, pero en cualquier caso no es suficiente para la broma que pretendo, no es suficiente. ¡Cuántas veces he andado dándole vueltas a esto, cuántas veces me he confesado que no se me ocurre nada válido! Es, en el fondo, un problema de ingenio, no de otra cosa; es también un problema de literatura menor. Cualquiera, teniendo la idea, lo haría en media tarde. Yo no soy capaz de hacerlo y, bueno, vamos a suponer que me quede. De aquí al treinta, en las mejores condiciones, termino la disertación historicocrítica, eso que falta y que en las notas llamo el informe. Deseo terminarlo, ponerme a corregirlo y darlo a copiar. Bien. Inmediatamente tengo que empezar a escribir la parte paralela, que requiere una reacomodación de mis hábitos. Durante los últimos tiempos, quise aplicar a esta parte el método de *Off-Side*, narración en tercera persona del presente, detalle, diálogo, presencia de los personajes, y lo que tengo que contar en ella, que no es casi nada, comienza con la visita de don Acisclo a casa de Aguiar, lo que dice y hace con las dos hermanas y con Lilaila, la llegada de la hermana de Barallobre; después, la visita que la madre de Lilaila hace a Barallobre. Posteriormente, Don Acisclo en su casa con el seminarista, la conversación entre los dos hermanos Barallobre, Julia en la iglesia, y entrevista con don Acisclo. Yo creo que no es más que esto, creo que no es más que esto, y, todo esto, ¿me va a consumir cien páginas? Lo dudo, por mucho espacio que gaste en diálogo y por mucho que me demore en las descripciones. No creo que necesite cien páginas. Quizás haya que meter más cosas, pero, ahora, no las recuerdo en absoluto. Bueno. Había estado pensando... interrupción de niños, nada importante. Había pensado un viaje de Barallobre a Vigo con su hermana sin otra finalidad que poner de manifiesto el dominio que ella ejerce sobre él: se lo llevaba a Vigo, telefoneaba a un tapadillo y venía una mujer o iba Barallobre a ver a una mujer. Yo no sé el efecto que causará esto o si es necesario. En cualquier caso, tengo que pensarlo y, además de pensarlo, escribirlo, porque quizás una vez escrito se justifique. Algunas partes las tengo esbozadas, por ejemplo lo de don Acisclo y don Manolito, y lo de Julia en la iglesia. Quizá sirva lo que tengo hecho, en líneas generales; pero hay que tratarlo de otra manera. Quizás únicamente pueda conservar el diálogo. Bueno, cien páginas, tres meses con estas cien páginas, el miedo que me da llegar a Madrid, que me coja la rueda y no poder disponer de esas dos horas diarias que necesito para escribir tranquilamente, es decir, de esas dos horas tranquilas, sin cansancio, sin agitación mental y sin problemas. Todo esto es dificilísimo, dificilísimo, porque los problemas van a surgir a razón de dos o tres por día, y no debo olvidar ni puedo olvidarlo, que el sueldo que me den en el Instituto no me llega y que tengo que compensarlo con alguna clase de trabajo. ¡Dios mío, qué disparate! Hoy anduve dándole vueltas a la idea de escribir una carta al ministro dándole las gracias por el favor que me hizo como me había prometido. Maldita sea la hora en que confié en él. Por incómodo que sea, estaba mejor en Porriño. ¡Qué bien me venía un año más aquí! No este traslado atropellado en un momento malo además, en que se anuncian subidas de todos los productos básicos, empezando por el pan. Tras eso irá todo, irán los colegios de los niños y ¿de dónde voy a sacar el dinero para pagarlos? ¡Ay, Dios míos, qué enorme equivocación la de no haberme profesionalizado, al menos de no haberlo intentado! ¡Qué enorme equivocación no intentar vivir de la pluma y estar atado a un Instituto por un puñado de miles de pesetas!

1971

20 de enero, 1971

Creo que es el veinte, veinte de enero. Llevo aquí unos cuantos días, y aunque he trabajado algo, el ajetreo del acomodo no me ha dado tiempo para dictar ninguna nota. Hice un buen viaje. En Nueva York estuve con los amigos y las amigas. Aquí me fueron a recibir Maquita y Steve, y cátame aquí, alojado en el piso del profesor S. este personaje que tiene una doble casa y que me hace el honor y el favor de alquilarme la mitad, de modo que tengo un piso completo, donde se entra directamente al salón, que es al mismo tiempo la cocina; un pasillín, a la izquierda el cuarto de baño, a la derecha el armario (por el que pasa la chimenea del piso de abajo) y luego un dormitorio que es al mismo tiempo mi cuarto de trabajo. No sé por qué razones de gusto personal, los muebles los ha traído de Canadá y son muebles de estilo rústico: ni feos ni incómodos, pero tampoco bonitos ni demasiado cómodos. Yo he cambiado un poco su disposición, y la mesa la he traído para el dormitorio y colocado al lado de la ventana, con lo cual, a falta de otro escritorio, tengo éste. Me queda un buen salón: cuatro sillones y una mesa baja, así como una especie de armario de media altura encima del cual hay un estante con libros, de S, por supuesto, y una mesa de campaña que suelo cubrir con una manta y en la cual trabajo cuando hace frío en la otra habitación. El tiempo está nevado, tengo dos días de clase a la semana, y lo que hice hasta ahora y pienso seguir haciendo es encerrarme el miércoles mañana o martes por la noche, después de haber hecho la compra; permanecer en casa hasta el domingo, en el caso de que siga yendo como el último a comer a casa de Maquita y Steve, de manera que por lo menos miércoles, jueves, viernes y sábado los paso encerrado y trabajando. Hasta ahora, con cierta regularidad y cierto éxito; cierta regularidad dentro de lo irregular, porque he suspendido todo horario fijo: como cuando me apetece, escribo cuando tengo ganas y duermo cuando tengo sueño. Llevo... vamos a ver, quince folios del segundo capítulo, quince folios que deben representar cinco días de trabajo.

Contra lo que pensaba, el comienzo ha cambiado por completo y esto se debe a una decisión tomada durante el viaje, donde dispuse de siete horas seguidas para dar vueltas a la copia del primer capítulo, pensar en la continuación y llegar como llegué a la decisión de que el segundo capítulo no guarda con el primero una relación estrictamente cronológica, es decir, que hay hechos que son posteriores al primero y hechos que son anteriores. Entonces, pensando en que a la persona de don Acisclo Azpilcueta no se le ha dado bastante relieve en el primer capítulo, decidí comenzar por algo concerniente a él, y anduve dándole vueltas a ver cuál podía ser el acontecimiento en el que don Acisclo apareciese en primer plano; pero como esto coincidía con el hecho de que al rey Artús, es decir, a don Aníbal Mario, tampoco se le daba relieve suficiente, les puse en funcionamiento, y se me ocurrió, y es por lo que ando, que a causa de una faena que hace don Acisclo a una muchachita que los de la Tabla Redonda pensaban tirarse, acuerdan darle una paliza y esta paliza la recibe don Acisclo; es decir, pensé que la recibiese, pero después decidí que no, porque me parece mucho más gracioso que no se decidan a apalearle en virtud de lo bien que don Acisclo toca el violín. Lo cual, y esto ya lo tengo escrito, aunque por anticipado:... este don Acisclo lo que hace es, ante la presencia nocturna de unos caballeros con garrotes, y como último recurso, puesto que no le queda más que esto o tirarse al río, es ponerse a tocar el violín, y efectivamente, gracias al violín, don Acisclo no recibe la paliza. He puesto también un poco en funcionamiento a las tías de Lilaila, que yo no me acuerdo ahora si he hablado de ellas en el primer capítulo o no; pero, en último término, es aquí donde ellas tienen un mínimo papel, y me he formado una especie de puzzle organizando el recuerdo de las señoritas de Tejerina, el recuerdo de la señora y señorita de Mendoza y el recuerdo de mis tías y mi prima, de manera que una de las tías cose para fuera; la otra de las tías borda para fuera, y la sobrina o hija de una de ellas tiene una escuelita de esas que tanto abundaban en

Galicia en mi infancia, como la de mi prima, para lo cual ha habi-itado uno de los bajos de la casa, y creo que con estas fusiones e puede dejar tranquilamente... estoy diciendo yo, dejar tranqui-amente: se puede dejar esquematizado, esbozado en líneas genera-es, un ambiente y una situación social. También he pasado... tam-ién he pasado... ¡en qué estaré pensando yo! He abandonado la rimera persona para usar la tercera. Me parece que sobre esta de-isión he hablado en alguna nota, y es posible que vuelva a hablar n alguna otra, porque los de la gorra de plato se dedicaron a abrir odas las *cassettes,* y cualquiera averigua ahora lo que tiene apun-ado y lo que no tiene apuntado, y esto de cambiar de persona, que s un truco, creo que tiene su importancia: es un truco por cuanto o que voy a contar en este capítulo o buena parte de lo que voy a ontar en este capítulo no lo puede contar como testigo Bastida; ero, sin embargo, tal y como va saliendo el capítulo, lo está con-ando el mismo Bastida, porque la organización de los materiales, os saltos de unas cosas a otras, es decir, la construcción en tirabu-ón, va saliendo igual que en el primer capítulo, que en la primera arte, y por lo tanto está claro que la mente que pensó la primera arte está pensando la segunda, y la mente que la organizó está or-anizándola, de manera que como aquí se habla de muchas cosas le las cuales Bastida no puede tener noticias, y como en la primera arte él habló como testigo, ahora resulta que hay un montón de contecimientos de los cuales, o de cuya autenticidad, el lector lebe razonablemente dudar. Una de dos, o es Bastida el que escri-e, y entonces está inventando, o no es Bastida el que escribe, y ntonces no hay por qué continuar con la forma enrevesada, la for-na de fuga que estoy llevando a cabo como propósito creo que to-al para toda la novela. Aquí, por ejemplo, tengo unas líneas ta-hadas que me parece que estaba mucho mejor con ellas que sin llas. Bueno, el caso es que las cosas se presentan bien; estoy lleno le imágenes y el trabajo consiste más bien en organizarlas que en tra cosa. Hay una serie de acontecimientos capitales que tienen que pasar en esta parte, una serie de sucesos de distinta categoría, lgunos de los cuales no tengo aún bien pensados, y otros no los engo ni siquiera inventados. De las cosas que se me ocurrieron en l viaje y que anoté en un papel porque no tenía tampoco magne-ófono a mano (éste en que estoy trabajando me lo he comprado l otro día), es un incidente entre el Loro de don Acisclo y el Loro lel boticario, un incidente erótico que yo no sé si me saldrá; pero, i me sale, puede llegar a tener gracia, y también, desde luego, aquí

hay que meter la visita de Bastida a Barallobre, de la cual teng
algunas cosas escritas y que he estado justamente repasando y co
rrigiendo ayer, pero a la cual no he llegado todavía. Es decir, a ve
cuál es el momento oportuno de inserción de esas páginas y si l
inserción me llevará a cambiarlas o podré dejarlas como están. Ne
cesariamente tiene que venir la pelea entre Julia y el seminarista
¡Coño, la verdad es que necesariamente en este capítulo tiene qu
venir toda la novela, porque la verdad es que en el tercer capítul
pocas cosas caben, más que un desenlace! Yo pensaba que el viaj
de Bastida a través de los J.B. fuese en este capítulo, pero justa
mente esta mañana, que he comido solo, he pensado que tiene all
una cabida digamos muy lógica, porque éste más bien parece u
acontecimiento previo al desenlace. En el fondo, esta novela es un
novela en tres actos, un drama en tres actos, y yo creo que es que
aunque me empeño en pensar como Bastida, no tengo más remedi
que seguir pensando como quien soy, y no olvides, Gonzalo, t
mentalidad neoclásica, no olvides aquella vez, aquella noche por la
calles de Madrid buscando un taxi desvencijado de los que enton
ces trabajaban, cuando Dámaso te insistía: «Eres un hombre si
corazón, eres un hombre del siglo XVIII.» Lo de sin corazón vamo
a dejarlo; en lo del siglo XVIII, se parece bastante a la verdad. L
mejor definición que podría dar de mí mismo es la de un ilustrado
diríamos salvado o limitado por su creencia en las brujas. Bueno
Está nevando. El arbolito ése de ahí enfrente ya no soporta má
nieve. La nieve debe ser liviana, porque el arbolito no se cae. ¡Coñ
y claro que hay dos personajes en los cuales no he pensado suficien
temente! Uno es Bendaña y otro es Ballantyne; pero de moment
el que tiene que llegar un día de estos, el que está ya cogiendo e
tren en Madrid para llegar a Castroforte del Baralla, es Bendaña,
de la llegada de Bendaña tengo escrita una página, estrictamente l
página de la llegada, escrita y en su sitio (quiero decir que no l
tengo perdida), pero solamente es la llegada, y es otro de esos tro
zos a los cuales hay que llegar y de los cuales hay que partir. L
llegada de Bendaña plantea un cambio de situación, y esto no e
ninguna bagatela. No sé, no sé. Realmente no lo tengo pensado
no lo tengo estudiado; ¡ay! Pero la nieve me ha quitado las gana
de seguir pensando, ésta es la verdad. A ver si mañana tengo mejo
humor y menos sueño que hoy y a ver si despachadas cuatro
cinco páginas me queda un espacio para monologar.

28 de marzo, 1971

Hoy es el veintiocho de marzo. Tumbado y en espera de alguien que vendrá a buscarme para ir fuera. He trabajado, estoy cansado, me duelen los ojos, creo que es un buen momento para hacer examen de conciencia. El segundo capítulo, «Guárdate de los Idus de marzo», está terminado, está hecha la primera corrección, y haré la segunda en Madrid si llego allá. Supongo que la segunda corrección comporta varios añadidos, la copia tiene ciento noventa y una holandesas de treinta líneas; los añadidos previstos y escritos pueden suponer cuatro o cinco páginas más. Si alguno nuevo se me ocurre, que se me ocurrirá, rebasaré las doscientas páginas, más o menos el tamaño del primer capítulo. Las cinco o seis páginas que tiene la balada, que ya está puesta en limpio y titulada, más lo que me dé ese epílogo que pienso poner como prólogo, esa mitad del epílogo que pienso poner como prólogo. Esta tarde he estado revisando los materiales que tengo de la tercera parte. Lo que se dice válidos no son muchos. La mayor parte está sin corregir; contienen tonterías, y en general están mal escritos. Tengo, pues, que hacer más que rehacer; inventar más que copiar, pero se me ha ocurrido una nueva técnica que no sé si podrá llevarse a cabo: la idea de aplicar la que tenía prevista para aquella autobiografía de J.B., de la cual he decidido prescindir, y aplicarla precisamente en el capítulo del viaje, que no es un capítulo sino una parte de él, es posible. Es decir, que dada la naturaleza de los materiales, se pueda contar de esa manera, o haya que adoptar una línea de continuidad temporal regular. Esto es lo que tengo que estudiar, esto es lo que tengo que ensayar y esto me va a llevar más tiempo que otra cosa. Evidentemente, contarlo como está escrito supone una ruptura de técnica y estilo, una ruptura demasiado visible, demasiado violenta; pero pienso, por ejemplo, en escenas como la del canónigo, el intento de restauración del cuerpo de Lilaila, de santa Lilaila, que no sé si exigirán una continuidad o que deben ser fragmentadas. No sé si podrán ser fragmentadas. Tengo que estudiarlo a conciencia y si es posible establecer la división, y otro tanto sucede con la historia de Coralina Soto, con la historia de... las otras las tengo sin escribir. En todo caso sería la prehistoria del Obispo. La prehistoria del Obispo es una cosa seria. Tengo que estudiarla con cuidado y sin precipitarme. Si me sale bien...

Primavera (Pascua), 1971

Hoy es el día de Viernes Santo, no sé qué fecha, probablemente 9. Estaba buscando una cinta vacía, porque pienso ir a tomar el canto ése de la procesión de las Descalzas, y me he encontrado con ésta, empezada por este lado, no por el otro, que me invita a hacer una nota en la cual pueda resumir mi trabajo de estos días, que es ni más ni menos que el siguiente: tengo ante mí cuatrocientas holandesas, o, más exactamente, 196 folios y 204 holandesas, que constituyen los capítulos Uno y Dos de *La Saga/fuga de J.B.* El primero, prácticamente terminado, sin que se me ocurran modificaciones que no sean de mero detalle, y, el segundo, a reserva de meros añadidos o supresiones que puedan surgir y que a lo mejor surgen. Me queda, pues, el tercer capítulo, al cual ayer le di nombre: «Tocata y fuga.» Le he dado nombre, y más o menos tengo en la cabeza sus materiales, con una idea de la composición que tengo que experimentar y que quizás empiece no sé si la semana que viene aquí, en Madrid, o la otra, en Albany. En cualquier caso, la visión de conjunto ya no me falla, y creo que podré ponerme a trabajar en cualquier momento en que tenga ganas. Esto es muy importante: tener ganas. Es lo más importante; pero, en fin, a trancas y barrancas, he llegado adonde nunca pensé llegar, escribiendo de una manera nueva para mí, y metiendo en una narración la mayor parte de unos materiales tan penosamente pensados durante tres años. Carezco de un juicio ajeno sobre lo que llevo hecho, y, el mío, no es suficiente.

Bueno, digo que carezco de juicio ajeno, y no es cierto. Gonzalo lo he leído todo, y le gusta. Lo que pasa es que su opinión sobre el primer capítulo fue mucho más explícita que la del segundo. No sé qué pasaba ayer, que hablaba de una manera rara y sin demasiada ilación. Y tengo también el juicio de la chica que me ha copiado el primer capítulo y de la que me ha copiado el segundo. Lo que pasa es que la que me ha copiado el segundo es una india ecua toriana que no se ha fijado más que en lo verde. Pero, en fin, prácticamente estoy sin juicios. A mí me parece que está bien. A mí me parece que es una novela original, divertida, con trastienda; según Gonzalo, enormemente negativa, aunque tan actual que algunos críticos de este país no van a saber qué decir (puede haber excepciones). Mucho me temo que acudan a referencias fáciles, que en realidad no tienen nada que ver con la novela. Me gustaría que viesen y advirtiesen su intención paródica, pero también cómo esta intención paródica es una intención secundaria, como muchas otras, y que lo importante es la novela en sí, no la parodia.

15 de junio, 1971

Hoy es el quince de junio de 1971

... De pronto, zas, sentí la subida de la fiebre: me puse un termómetro y tenía 37° con cuatro décimas, ya no pude hacer nada. Pasé la noche dando vueltas, con pesadillas: una vez que me puse el termómetro tenía treinta y ocho con ocho. Luego, esta mañana me levanté para estar sentado en un sillón, por no quedarme aquí en la cama donde no haría más que dormir; pero de todas maneras no hice absolutamente nada, absolutamente nada. Miré unas páginas de *Campana y Piedra* que, como historia, me queda ya un poco lejos. Esa historia me interesa un pepino y no recuerdo ahora ni jota de lo que hice después: miré un poco el manuscrito de la Saga, pero ni pensar en hacer nada, ni me han aparecido imágenes útiles: tengo la cabeza llena de arena que me impide funcionar. En fin, aparte de los primeros folios, que son algo escrito hace tiempo y más o menos corregido, tengo quince nuevos, que realmente no sé si valen o no valen: quince folios en los que voy contando menudencias de las historias, y que al ritmo que van, sospecho que no van a alcanzar más allá de treinta folios; treinta folios que yo no sé si el resto pasará de otros treinta. Claro está que eso mismo pensaba cuando empecé la segunda parte, y resulta que me salió mucho más larga que la primera; pero, en fin, de todas maneras me temo que esta vez no sea así, me temo que me va a sobrar tiempo. He aprovechado bastante de lo que tenía, lo he aprovechado con modificaciones no muy importantes, y ayer me quedé en lo más sustancioso de la aventura del Periplo. ¡Qué le vamos a hacer!

21 de junio, 1971

Segunda vez que grabo hoy, veintiuno de junio, segunda vez sin tener nada que decir, simplemente hablar para entretenerme. He echado la siesta, he salido, he regresado, tomé mi merienda y ahora estoy perezosamente tumbado, fumando y fumando, que es lo que Dios manda. Mas no sé lo que estaba diciendo: me he tenido que levantar y se me fue el santo al cielo. Espero que no se haya perdido ningún pensamiento trascendente para el futuro de los hombres, porque la verdad es que mi cabeza estos días anda como un erial: seca, sin más que arena: arena rubia, caliente. Desde luego estoy atravesando uno de los períodos más estériles de mi vida. Son tantas las cosas que entran en esta cabeza desde la mañana hasta la noche, que es un verdadero fundido. No hay sosiego, las imágenes parecen asustadas. Cuando aparecen vienen sueltas, sin coherencia, y me cuesta un tremendo esfuerzo escribir una línea. La falta de soledad, la falta de concentración, el exceso de preocupaciones: ahora me ha dado por pensar que la censura me va a deshacer la novela, lo cual me desanima bastante y por muy dispuesto que esté a sacrificar cosas, hay dos o tres que no puedo sacrificar: el discurso del Loro, por ejemplo, con todo lo que arrastra, me temo que sea una de las cosas que no subsistan. En fin, ya veré. Tuve que telefonear a Vergés. No estaba. Lo haré mañana temprano, a ver si él cree que pasará algo con la censura. No sé, necesitaba un espolonazo fuerte que pusiese en movimiento esas cosas, que ya las sé, porque lo bueno del caso es que en esta parte que estoy escribiendo todo está inventado, y lo que hace falta es que salga. Son cosas que puedo contar aquí. Yo no sé si es pereza o si la pereza es el resultado de esa falta de movimiento interior. No es un problema de invención: ya todo está inventado; es un problema de que vengan las palabras, de que cada imagen traiga su palabra; pero tiene que venir la imagen primero, y las imágenes son las que están muy replegadas, como con miedo. También intento leer y no me sale. No sé, no me interesa lo que leo, cosa que me pasa muchas veces. Por otra parte, por eso no he roto ya lo escrito, confiando en que llegue un momento en que me guste; pero hay algunas correcciones que tampoco me han salido redondas. Claro: para poder corregir, tenía que leer, tenía que meterme en el ritmo y en el tema. ¡Vaya por Dios! ¡Cuánto se va a retrasar esto! Excuso decirte, Gonzalo, dentro de unos días en El Escorial... Allí sí que va a ser Troya, porque cualquiera va desde donde está mi casa hasta el monasterio, en el caso, todavía dudoso, de que a los frailes se les ocurra dejarme trabajar en la biblioteca. Caso todavía dudoso. Ya veremos, ya veremos.

Hoy he tenido una carta de la vieja Pura en la que me dice algo que hace unos años me hubiera apenado. Hoy ya no. Nuestra vieja casa está en venta. Nuestra vieja casa. Por fin, está en venta nuestro mundo. Si mi hermano Álvaro lo supiera lloraría. Ninguno de los tres, incluido el pobre Jaime, hemos sido capaces de ganar dinero para rescatarla y hacerla nuestra para siempre. ¡Qué vergüenza, qué vergüenza! Sabe Dios en qué manos caerá, que destrozarán su nobleza. Lo mejor que podían hacer es derribarla, que, por lo menos, no quedara nada de ella; pero lo más probable será que le echen pisos de cemento encima y le pongan ventanas modernistas. ¡Pobre Casa Torre de Serantes, pobre Casa Torre! Caíste en manos de los Ballester, gente de escaso sentido económico, gente como yo: dilapidamos, no construimos. ¡Pobre casa! Mis ventanas con su luz verde, aquella luminosidad verde en el verano, cuando pegaba el sol a través de las hojas del nogal; los pisos que se movían al caminar; cada puerta y cada ventana que tenían su quejido. Toda mi infancia y toda mi juventud están ahí, están en esas paredes, en las vigas, en los suelos, en las ventanas, en los pocos muebles que deben quedar ya. Mis primeros amores están ahí, mis primeras picardías, también mis primeros sufrimientos. ¡Qué pena! Todo eso quedará ahogado por el cemento. Los recuerdos de todos están ahí, y los destruirá el cemento y las antenas de televisión.

28 de julio, 1971

Empecé una grabación encima de la anterior, me equivoqué al manejar los mandos del micrófono, y lo único que ha salido son los frenazos: por fortuna, porque, si no, hubiera borrado lo anterior. Hoy es el 28 de julio, las 9 y diez de la noche, solo, después de haber cenado, aquí tumbado en el diván, escuchando una barahúnda de coches en la Gran Vía que hacen trepidar las ventanas, un ruido que no hay dios que lo aguante. Hoy ha sido un día tal que el ruido llegaba a las habitaciones interiores. Trabajé un poco, algo así como folio y medio, es decir unas ochenta líneas. Vino M.; charlamos; hice el propósito de trabajar después de cenar, y es posible que lo cumpla, pero también es posible que me vaya a la cama. Estoy cansado del calor: ha sido un día de calor fuerte. Mi organismo lo sintió desde muy temprano. Llegué a Madrid cansado, tuve que tomarme un whisky con café o un café con whisky que me entonase un poco, y así pude dar mi clase, y después me vine a casa, y después no he vuelto a salir. Todo lo que hablé fue con F., que estuvo aquí esta tarde. La verdad es que tengo sueño, la verdad es que, si me pongo a trabajar, no me va a salir. Quizá fuera mejor irme simplemente a la cama. Supongo que llegará un momento en que este ruido pase, pueda leer un poco, escuchar el diario hablado y dormirme. Me hace falta recobrar sueño perdido, dormir diez horas por lo menos si fuera capaz. En fin...

He terminado la escena de Barallobre y su hermana; la continuación no me gusta y la tengo que tachar. He pensado una continuación nueva: ya veremos mañana si me gusta o no me gusta. Así como ayer me salían las cosas solas, hoy trabajé con gran dificultad. Realmente, lo que yo necesito es soledad, pero no ésta de ahora, de estar solo en casa, que me da miedo. Yo necesitaba una casa con un estudio aislado, aunque fuera pequeño, donde meterme, estando la gente cerca, aunque sin oírla. En fin, yo necesitaba Pontevedra, que es lo que me falta, y sustituirla es muy difícil. Las cosas me apartan cada vez más de ese camino. Voy a tener que quedarme aquí, voy a tener que quedarme en esta casa, voy a tener que acomodarla para una larga temporada. En fin. Los condicionamientos otra vez.

Esto es sueño. No son ganas de trabajar, no: esto es sueño. Luego, este puñetero vecino dentista, que está recibiendo gente todo el día. Todo el día está sonando la puerta del ascensor, que no se les ocurre cerrarla de una manera normal, sino batiéndola. El ascensor no hace más que subir y bajar, es un puñetero molino. Toda la tarde, desde las tres, son las nueve y veinte de la noche y todavía está llegando gente. ¡Qué barbaridad, qué barbaridad! Todas son dificultades externas y ajenas. El barullo de la calle es incalculable. La gente sale de los cines, tiene prisa, se atropellan, meten ruido, tocan la bocina, vienen los autobuses... No tengo ganas de mirarlo, a la mierda. ¡Ay!

30 de julio, 1971

Hoy es el treinta de julio, día de mucho calor, día de calor insoportable. Pasa un poco de la una y media, acabo de llegar a casa, me he mudado, y espero a Pala y a Juan, que van a comer conmigo.

Tengo que hacer una nota importante, y es que he decidido intercalar, entre la muerte de Clotilde y el final, una nueva muerte de Clotilde. Es decir: el Narrador, que no se sabe quién es, pero que debe de ser Bastida, se dirige a Barallobre, le echa un sermón retórico, le dice que aquello está mal, que no puede ser, aquella muerte con aquellos detalles; que hay que cambiar las cosas, llevar la escena por otro lado, que incluso se debe suprimir todo el tema del incesto, es decir, reducir las relaciones entre ellos a una mera situación de dominio por parte de Clotilde, pero sin que este dominio llegue a lo sexual, para lo cual baste simplemente suprimir del texto algunas indicaciones, algunas informaciones, y modificar la parte correspondiente de lo que cuenta Bastida. Con estas modificaciones, Barallobre es otro hombre, y la muerte de Clotilde no tiene por qué llevarse a cabo. Barallobre lo acepta, se repite la escena a partir del comienzo, y lo que pasa es que la escena, que lleva un camino completamente distinto, termina matando a su hermana. Entonces, el Narrador vuelve a hacerle la advertencia, y Barallobre le dice: «Mire, es igual. Cualquiera que sea el camino que se lleve, acabaré siempre matando a mi hermana, de manera que vamos a dejarlo aquí», y ahí termina el inciso. Salta directamente a la conversación con don Acisclo, que, por lo tanto, queda sin modificación. Y, entonces, esta parte nueva, así como la otra tiende a lo realista y objetivo, ésta tiene que ser fantástica, por ejemplo, la entrada de Clotilde se refiere a las estatuas, estatuas que no existen. Dice: «¡Qué ocurrencia, estas estatuas, llenas de gallinas, llenas de ratones, llenas de plantas! La mayor parte de ellas habrá que tirarlas, otras las utilizaré. Estos santitos de palo ahora se llevan mucho.» Y también el proyecto de modificación de la Cueva hasta convertirla en la salita en que reciba a sus amigas. «¡Lo que nos vamos a reír aquí dentro! Pero, claro, aquí hay que poner un tapiz, aquí hay que poner unos sillones, aquí voy a traer tal cosa», y todo esto mezclado con descripciones fantásticas, e incluso la propia Clotilde y el propio Barallobre dicen cosas fantásticas. No sé, naturalmente, cuál va a ser el camino que conduzca hacia la muerte, pero tiene que ser así. Creo que esto tiene cierta gracia, y, aunque me amplía un poco el final, no creo que esto estorbe ni estropee nada.

31 de julio, 1971

Hoy es el treinta y uno de julio. Estoy en el jardín. El aire el huerto orea y ofrece mil olores al sentido. Lo que pasa es que, además, los automóviles corren por la carretera, cosa que no sucedía en aquellos tiempos. Realmente, la visión de la tierra es hermosa. Hay una gran variedad cromática: azules, violetas, grises, rosados; el cielo está limpio y el viento menea las páginas corregidas. Total, dos esta tarde, dos escasas; y poner un añadido que no hice todavía. El ruido de ese camión es teóricamente incompatible con la paz del cuerpo. Estoy viendo en la piscina, llamémosle piscina a este charquito, el movimiento de un cisne de plástico que va y viene como si estuviera vivo, aunque este ritmo de movimiento sea demasiado brusco para un animal de verdad. Un animal de verdad hubiera topado con el borde. Antes lo estuve viendo, me acordé del adjetivo *orgulloso* y ahora me estoy acordando del verso de Darío donde está la palabra *signo*. El adjetivo orgulloso es interpretación de un símbolo, y a hacer puñetas. Mi trabajo de hoy ha sido insuficiente. Si mañana no consigo terminar enteramente dos añadidos, los dos bastante largos y uno de ellos muy trabajoso, materialmente muy trabajoso, sucederá que pasado mañana el número de páginas que puedo entregar a esa joven, Mercedes, no pasará de siete, lo cual me obliga a volver a Madrid el martes con trabajo hecho para entregar lo más posible. Confieso que me gustaría pasarme la semana entera sin volver a Madrid. Ya sé que es imposible. Por lo pronto, he prometido ir el jueves a ver a G., y es una promesa a la que no puedo faltar, salvo caso de fuerza mayor.

Por otra parte es evidente que aquí no puedo trabajar. Todavía me falta bastante. El hecho de haber terminado la Saga Fuga no quiere decir que la haya terminado; quiere decir simplemente que he llegado al final, es decir, que todavía me faltan ese prólogo y ese epílogo, y que no sé hasta qué punto me será fácil escribir lo que yo quiero. Estoy muy dudoso acerca del valor estético de este último truco de obligar al personaje a repetir la escena y que la escena sea distinta de la anterior, aunque el final sea el mismo. Vamos a dejarlo ahí, porque es fácil suprimirlo. Es sin duda un procedimiento de realización, un procedimiento irónico, espero que haya precedentes (que yo ignoro). En cualquier caso, es uno de tantos aspectos de la novela, discutibles, y que serán discutidos. Ya veremos, ya veremos qué sucede. Ayer, en casa, Isaac Montero inventó una frase que no recuerdo, en que resumía los vicios de los críticos, algo así como que después del fracaso de la novela realista (no de la mía), de la novela realista española, damos paso a la novela fantástica, lo cual naturalmente no es un juicio, sino eso que los franceses llaman la *constatación*. Me gustaría ya ver el libro impreso y en las tiendas.

1 de agosto, 1971

Hoy es el uno de agosto. Una tarde que para ser gallega no le falta más que un poco de humedad en el aire. He trabajado en el final del tercer capítulo y creo haberlo ya terminado, después de muchas correcciones, de muchos añadidos, de muchas tachaduras y de muchas vacilaciones. Prácticamente no faltan más que el preludio y la coda, que me gustaría, por lo menos el preludio, escribirlo mañana por la tarde. No sé si el lunes en Madrid podré hacer algo; en cualquier caso regresaré el propio lunes. En el martes no hay que pensar, y me queda la tarde del miércoles para terminar, eso si quiero que me entreguen la novela terminada de copiar esta semana que entra. Si no me hubiera metido en ese lío de ir a los toros el martes, lo cual, a decir verdad, me apetece bastante, podría utilizar tres tardes y quizás en ellas dar por terminado el asunto. Este final es una mezcla de narración, lirismo y broma no sé si bien dosificados, con esa identificación final: pensar en el Cuerpo

Iluminado como un faro flotante. Ese suave pero auténtico desacorde final yo no sé si se percibirá bien: un faro en que se resume toda la mitología.

2 de agosto, 1971

Hoy es el dos de agosto. Acabo de oír el final de la grabación anterior. Ya tengo escrita la escena a la que se refiere, y no salió exactamente como estaba previsto, porque Clotilde no dice cosas fantásticas, sino cosas vulgares. Pero, bueno... La escena la terminé, y empecé la de don Acisclo, donde hay una parte que tengo que reformar en sus conceptos; una parte que está bien vista, pero no bien realizada. No sé si será cosa de corrección, de mera corrección, o si habrá que rehacerla. Esta mañana entregué a Mercedes algo así como diecisiete folios corregidos. Ayer por la tarde tenía pensado rehacer las páginas de las procesiones, y cuando llevaba dos líneas escritas y empezaba la tercera, apareció J., y ya no pude trabajar. Total, que tuve que dejar eso al margen y procuraré hacerlo. Si me sale bien, pues bien, y si me sale mal, asunto concluido. Quizá la idea sea buena, pero no sea tan buena la realización. Habrá que hacerlo con mucho cuidado. En cualquier caso, siempre después de lo otro.

Y ahora estoy solo en casa, al mediodía, esperando para comer. En la calle hace cierto fresquito: hay una brisa que rebaja un poco el calor, pero hay un ruido espantoso. Esto del automovilismo, yo creo que es una venganza del diablo. Parece ser que este fin de semana ha costado cien muertos. La cifra no es oficial: lo mismo puede rebajarse que aumentarse. La capacidad de estupidez humana se multiplica por cien cuando el estúpido tiene en la mano un volante. Cada vez que me meto en el autobús, tengo miedo, y no por el conductor, sino por los otros. Generalmente, el ir en el autobús me permite ver las locuras de los demás, el poco caso que hacen de las ordenanzas. Estos estúpidos españoles, que no pueden burlar otras leyes, ejercitan su libertad jugándose la vida y la de los demás. El español con coche no puede tolerar que nadie vaya delante, y así nos va y así nos viene.

He recibido una carta de Munro en que me cuenta los ascensos de R. S. Parece ser que ahora es candidata a *vicedean*. Pues bien, que lo sea. Que siga jodiendo al prójimo. ¡La pobre!

No he visto ningún periódico. No sé qué pasa por el mundo ni me importa. Tengo otras preocupaciones más graves.

Supongo con fundamento que el micrófono estará recogiendo el ruido de la calle, que en este momento es endemoniado. ¡Qué barbaridad, qué barbaridad! Por fortuna, mis nervios están bastante templados, y esto no me saca de quicio, como antaño.

4 de agosto, 1971

Hoy es el cuatro de agosto. Ayer terminé mi trabajo escribiendo esto: En los Prados Cubillos, a tres de agosto de 1971. Tengo que rectificarlo. He tenido ya escrito ayer ese final luminoso que quiero: me ha salido mate, incluso me ha fallado la marcha narrativa. Tengo, pues, que rehacer esas dos páginas, rehacerlas con cuidado, con plena conciencia. Bueno: la consiguiente interrupción. Días y días que se me van al carajo las ocurrencias y todo eso. Esta mañana me fui a mi rincón del café de Miranda y me fracasó el propósito de trabajar, a causa de unas chismosas, encima feas, que se creen que el mundo es suyo. ¡Dios mío, qué mal educados son estos españoles, sobre todo las mujeres! España es el país que inventó el refrán o el dicho de «yo fui a un colegio de pago». A éstas se las nota nada más oírlas.

5 de agosto, 1971

Hoy es el cinco de agosto. Víspera de San Salvador. Tales noches como la de hoy, había verbena delante de mi casa; tal noche como la de hoy, llegó a mi casa aquel alférez de navío alemán que se había perdido. Cuando era niño, tal noche como la de hoy era la víspera del gozo: mañana habría caramelos, abanicos japoneses y sermón en la parroquia. Años después, niñas endomingadas, que me gustaban. Hace, no sé, quizás haya sido en 1926, una de estas noches, oscurísima, bajando por la carretera de Serantellos, toqué por primera vez las tetas de una muchacha, ¡y qué duras estaban, las puñeteras!

Hoy no le he tocado las tetas a ninguna muchacha.

Estoy en Madrid. Por la mañana entregué trabajo, por la tarde trabajé un poco. Estuve toda la mañana mareado. He cenado fuerte. Escribí dos frases después de cenar. Quizá suficientes para continuar mañana. Espero corregir bastante.

Y, ahora, con este ruido de motos y de automóviles, intentaré dormirme, a sabiendas de que mañana no trabajaré, ni pasado, ni el domingo ni probablemente el lunes. A ver si hay suerte y me equivoco.

6 de agosto, 1971

Hoy es el seis de agosto, sobre las cinco y media de la tarde. En la calle, un ruido endemoniado, a pesar de lo cual he trabajado una hora: rehíce el final, y aunque no sé si está en su forma definitiva, constituye al menos una base de trabajo, mejor que en la primera versión. Es más amplio, más sosegado, más eufónico, y creo que más rico en elementos. Quizá le falte solamente una mera corrección verbal.

Caray, vamos a ver ahora si consigo darle al preludio y a la coda, que creo que les voy a llamar así, la forma apetecida, lírica e irónica; un ritmo ágil y un contenido suficiente. La versión anterior, sobre todo, la coda, me parece esquemática, realista, sin fuerza, sin el menor encanto. A ver si me acuerdo de coger los viejos originales, a ver si hay en ellos algo valioso, y en un par de tardes, con un poco de suerte, mañana, sábado, y pasado, domingo, lo escribo.

No creo que me dé para tanto.

Pero, en fin, si al menos termino una de las tardes... a ver si en esta semana próxima Merceditas me lo termina del todo. Me gustaría poder recogerlo el sábado, y, durante la semana, dedicar las mañanas a corrección de la copia, y las tardes a preparar las conferencias de Salamanca.

¡Dios, qué estruendo! ¡Dios, qué estruendo! Realmente, no tengo más remedio que organizarme la habitación central y trabajar allí, porque este tumulto es insoportable. ¡Qué coño pasa hoy en Madrid, que ha estado así todo el día, todo el santo día y toda la santa noche! En fin, yo creo que los nervios están ya habituados, y que únicamente en estos momentos de gran orquesta es cuando saltan. ¡Esos tíos de las motos, con el pedo libre! ¡Jesús! No doy un centavo por los hombres del porvenir. ¡Pobrecillos! Ruido por arriba, ruido por abajo. La Humanidad se va a volver loca. Habrá que hacer curas de silencio. El motor de explosión destroza los nervios y envenena el aire. Ya pueden los hombres estar orgullosos. El motor de explosión, una de las grandes invenciones humanas, la que nos permite trasladarnos rápidamente de un lugar a otro y llegar más tarde que si fuéramos a pie. ¡Qué barbaridad, qué barbaridad! ¡Yo no me explico cómo es necesario este ruido...!

10 de agosto, 1971

Hoy es martes diez. Estoy en Madrid y tengo aquí delante, encima de la mesa, un razonable montón de cuatrocientos y pico folios con *La Saga Fuga* puesta en limpio, y esta mañana he entregado a Merceditas, por fin, el prólogo y el epílogo: el prólogo, al cual he dado, no sé por qué, el título del «Incipit», y el epílogo, al que he titulado «Coda». La Coda me salió en un par de horas. Para escribir el prólogo necesité quedarme aquí ayer, desesperarme, romper y por fin, después de cenar me puse a hacerlo y me salió de un tirón: no sé si lo terminé a las tres de la mañana. Es curioso, porque me pasó lo mismo con *Don Juan*, que tenía la novela terminada y me faltaba el poema de «Adán y Eva», y una noche empecé a escribirlo a las once y lo terminé a las siete o siete y media de la mañana.

Por fin el texto estaba entero, de manera que esta mañana Merceditas se ha llevado las páginas de lo uno y de lo otro y me ha prometido que dentro de dos días me lo tendrá en limpio: entonces sí que podré decir realmente que está completa *La Saga Fuga*. ¡Vaya por Dios, el trabajo que me dio! Y ahora falta saber si va a servir de algo o no va a servir de nada. Podría mandárselo a Vergés por correo, no sé si lo haré; pero toda vez que he logrado ahorrar unas pesetas, me gustaría ir a Mallorca con Fernanda, pasarme allí una semana, y aprovechar el viaje para entregarle el manuscrito a Vergés y que lo vaya leyendo. Después el libro entrará en su vida propia: conmigo ha roto ya el cordón umbilical. Con un poco de suerte, ni siquiera le tocaré en las pruebas: quizá no pase de alguna corrección de detalle; pero lo que se dice modificar sustancialmente no creo que me decida a hacerlo, ni que tenga ganas de hacerlo, ni que valga la pena hacerlo.

He quedado como una mujer que da a luz, vacío y tranquilo, y ahora veré si este vacío vuelve a llenarse, o si he echado fuera de mí todo lo que llevaba dentro y el vacío se aproxima mucho al absoluto. Todo sea por Dios.

Agosto del 1971, últimos días

... ya le advertiré a Vergés que será precisamente la que sufra más modificaciones en las primeras pruebas. Hay algunas cosas en las que tengo que pensar, y durante el mes de setiembre habrá tiempo para hacerlo. De momento, y una vez terminada, no tengo que volver a pensar en la novela durante quince o veinte días. Tengo que desalojar esta preocupación de la cabeza y pensar en otra cosa. Entonces será posible establecer una distancia que me permita leer completamente esta parte, leerla con frialdad, con todos los sentidos puestos en lo que leo. Es curioso cómo funciona el oído, cómo el oído se da cuenta de lo que sobra y de lo que falta; y hay otro sentido, que tiene conciencia de la materia, y se da cuenta de si sobra o falta materia, no palabras. En fin, esta mañana he pensado que, sin querer, en esas frases en prosa que utiliza don José para cubrir las descripciones pornográficas, está en realidad mi ideal de prosa; hay una serie de frases de ésas, casi todas, que obedecen a un ritmo espontáneo mío. Naturalmente, el castellano no lo manejo con esa sabiduría que me permitiría darle ese corte y ese ritmo. Todo es un problema musical. ¡Quién sabe si eso que me falta no lo encontraría en el gallego! Ha sido un gran error en mi carrera literaria el no haber usado el gallego, o no ser, por lo menos, escritor bilingüe. Ahora ya no tiene remedio. Y ya que estoy hablando del gallego, debería hablar de Galicia y de las ganas que tengo de volver allá. Las ganas que tengo, por ejemplo, de irme a Santiago. ¡Si pudiera comprarme allá una casita y arreglarla, una de esas casas de barrio de dos o tres plantas! Arreglarla e instalarme allí hasta la muerte. Porque aquí, si lo del programa de Albany falla, aquí no tengo nada que hacer más que perder el tiempo yendo y viniendo a Orcasitas; cabrearme y quedar incapacitado para hacer nada. Está claro que mientras no terminó el curso, no he podido escribir. Esa mañana todos los días de la semana, enseñando bobadas, fatigando la mente, es absolutamente destructora: le aniquila a uno, le deja a uno incapaz de nada. Tengo que volver a pensar en la jubilación: sería lo único que me permitiría irme a Santiago con una pequeña base, y gobernarse allá, organizarse allá una vida modesta y limpia. En fin, ya veremos; a ver si esto que llaman los condicionamientos, que son la voluntad de los demás, me lo permiten. Pero, desde luego, huir de Madrid es una necesidad vital, es algo que no hay más remedio que hacer.

1972

FRAGMENTOS DE APOCALIPSIS Y OTRAS OCURRENCIAS

11 de julio, 1972

Hoy es el once de julio por la mañana. Hace un día estupendo, y yo probablemente no voy a salir de casa. Ayer fui dos veces a Vigo, y el resultado de mis gestiones pudiera resumirse así: mi gozo en un pozo, porque me ha fracasado el propósito de venirme a vivir aquí, ya que esas casas estupendas que constituían la base de la operación, primero, se dan por sorteo, y, segundo, nunca se adjudican dos a una misma persona, de modo que todos los caminos se me van cerrando, y no quedan más soluciones que las disparatadas, Granada, Oviedo, o bien obedecer a la imposición de la realidad, y marcharme a América, que es el único lugar donde lo tengo todo resuelto, todo lo que pertenece al orden práctico, porque no resuelvo el problema de la pobre Pura, a quien tendré que abandonar, ¡no sé en qué condiciones la voy a abandonar! Me duele en el corazón, esta pobre vieja, noventa y dos años... No es que vaya a abandonarla económicamente, ésta es otra cuestión, sino dejarla sola con su suerte, hasta que se muera. ¡Hasta que se muera la pobre! Tengo que sacrificarla a mis hijos, y bien sabe Dios que me duele. Pero no hay manera de continuar así, y yo comprendo que los que lo estorban o impiden tienen toda la razón legal, y hay que reconocer que, si yo no soy amigo de ellos, ¿por qué van a serlo míos? Yo estoy fuera del huevo, y no tengo por qué pedir los privilegios de los que están dentro de él. Entonces, lo más razonable es empezar desde ahora mismo a organizar la retirada, y hacerlo sin patetismo, silenciosamente, sencillamente, y que Dios me tenga de su mano. Sí, dejo más cosas aquí que a Pura, dejo a mis hijos mayores, dejo a alguien entregado a su suerte incierta, cuál será, no lo sé. Dejo las cosas que amo, que me gustan, las cosas que me rodean... ¡Dios, me está doliendo el hígado de una manera tremenda, tremenda! Ayer me permití el lujo de tomar un trozo de cake que tenía mucha mantequilla, y hoy y esta noche la estuve pagando y la estoy pagando, la estuve pagando con unos pinchazos tremendos. ¡Vaya por Dios! No puedo permitirme el menor lujo gastronómico. No puedo.

Bueno. Aceptaremos la muerte en exilio... ¿Qué le vamos a hacer, Gonzalo, qué le vamos a hacer? Mientras me llega, que Dios me dé suerte y pueda sacar adelante a mis hijos. Gracias a Dios. Si puedo aguantar allá cinco años, y tendré sesenta y siete, regresaré a España (si entonces se puede regresar) con un pequeño retiro, y aquí podré...

En fin: interrupción, accidente, brecha en la rodilla de Francisca, mercromina, tirita, el ritual acostumbrado. Ya no sé qué estaba diciendo ni de qué me estaba quejando. En fin, el resumen es que hay que preparar el viaje de todos. El clan Torrente se muda de unidad de destino. ¡Yo, que pensaba hacerlo al reino de Aragón; yo, que pensaba en Palma de Mallorca no hace más que un año...! Me resigno al regreso, declaro dos años perdidos; perdidos una casa y unos muebles... ¡yo qué sé! ¡Yo qué sé, Gonzalo, yo qué sé! Esta facilidad con que tomo decisiones insensatas, y lo que es peor, con que las llevo a cabo, me hará llegar a la muerte sin un céntimo con que pagarme el entierro; Gonzalo, eres así. ¡Qué le vamos a hacer...!

Y lo malo es que mis condiciones de salud, hoy, no son las mismas que en el sesenta y seis. Por lo pronto, hay una próstata en mal estado y un hígado peor todavía. Ya veremos si la terapéutica o la cirugía americanas mejoran mi funcionamiento.

Pero, bueno, todo no han de ser contratiempos, y ayer, en el segundo viaje a Vigo que hice en el autobús, tres cuartos de hora sin poder hacer otra cosa que pensar o mirar el paisaje, tuve una buena ocurrencia que creo que me permite utilizar casi todos los materiales de *Campana y Piedra* en una novela que puede tener ese título, aunque lleve un largo subtítulo, y que estando como está relacionada con la Saga, pueden mantenerse dentro del mismo ámbito estilístico; puede, por razones de naturaleza, entrar en un ciclo que no sé si continuará o no. No recuerdo qué serie de reflexiones estuve haciendo, aunque me parece que consistían en algo así como la introducción, dentro de un sistema histórico, de otro sistema histórico alejado, y, entonces, surgió la idea de que los vikingos, o los normandos, invadiesen Villasanta de la Estrella. ¡Carajo cómo está esto hoy de interrupciones, vive Dios!

... Naturalmente, un acontecimiento de este orden me desbarata el plan de la novela, me obliga a prescindir, no solamente de un tono, sino de bastantes materiales, pero me permite la introducción de otros. Uno de ellos, una de las cosas que se me ocurrió, es la invención de un Monsieur Mathieu, M. Mathieu, que es un personaje francés que anda por la ciudad y por la novela, y que se dedica a sacar apuntes del Pórtico de la Gloria, y lo que resulta luego es que este M. Mathieu es el Maestro Mateo, que se escapa de su tiempo y viene al nuestro a estudiar su propia obra para poderla llevar a cabo. Precisemos: a estudiar su obra *hecha* para poder hacerla. El disparate es morrocotudo, y creo que puede llegar a cosas graciosas. Ayer, de noche, que dormí mal a causa del hígado, anduve dando muchas vueltas a estas cosas, y comprendí que, tal y como tenía planteado el tema, estaba manejando viejos esquemas míos, viejos esquemas míos, repetidos. Porque, claro, digo que el esquema se repetía por ejemplo, en la presencia del grupo anarquista, y el grupo anarquista tiene una referencia real muy clara y muy persistente en mi imaginación. Pero, como por otra parte, los personajes y los acontecimientos que constituyen este núcleo son interesantes, yo creo que lo mejor será cambiarlos de denominación, y en vez de hacerlos anarquistas, hacerlos, por ejemplo, republicanos. Es decir, una gente para la cual la República es un mito. Son unos republicanos activos y terroristas. Terroristas teóricos. Una de las cosas que hacen, que es la... es el proyecto de creación de una guerrilla ciudadana, de un comando ciudadano. Naturalmente, todo esto se queda en meras palabras, porque cuando viene el emisario y les echa en cara que no han quemado nada, que no han destruido nada, que no han volado la catedral con la facilidad que tienen para entrar en ella, ellos protestan, de acuerdo con aquella escena que tenían prevista. Quiero conservar el personaje Marcelo, con toda su historia, y, por lo tanto, Balbina, el abuelo de Balbina, sus padres, y también quiero conservar la figura de don Fulano Bendaña, por cuanto se trata de un personaje que tiene una relación con La Saga, y porque, además, el tema del Cristo falsificado puede ser útil en cosas como ésta: cuando el cura descubre que el Cristo es falso, da una solución, que es invitar a M. Mathieu a que lo haga otra vez; pero M. Mathieu lo examina y dice: «Yo no lo puedo hacer igual, porque éste es un Cristo del siglo XI y yo pertenezco al siglo XII. Yo lo haría de otra manera, según nuestros procedimientos y según nuestro estilo; pero éste es un Cristo arcaico, y a mí ya no me sale. Si lo hago es una copia, o sea, copia de una copia, falsificación de una falsificación.» Esto es demasiado intelectual, pero tiene gracia. Luego, esta mañana, se me ocurrió introducir aquí un viejísimo tema, que ni siquiera me explico cómo lo he recordado; que puede ser un tema que atraviese toda la novela e incluso una de sus estructuras sustentadoras: Ha muerto, en circunstancias misteriosas, un catedrático de la Universidad, y, entonces, hay dos personajes que sospechan que lo mató otro catedrático, sencillamente porque el muerto había descubierto una documentación que demostraba algo en relación con las columnas torcidas de la Colegiata, y, naturalmente, esta documentación y esta demostración anulaban toda posible hipótesis nueva, y esto hace que este cura y un periodista que he inventado también constituyan una pareja policíaca que anda buscando las pruebas de que el profesor B mató al profesor A. Tienen la convicción, tienen las razones, faltan las pruebas, naturalmente. Y no porque piensen denunciarlo... Claro, todos estos materiales desplazan a materiales viejos que ya no interesan gran cosa, por cuanto la novela es distinta. Hay un Haroldo, personaje que llega al hostal, acompañado de secretarios y secretarias; que alquila cierto número de habitaciones. Cuando están acomodados, sacan cierto número de aparatos: se trata del Estado Mayor que va a dirigir la invasión, y vemos cómo transmiten por radio y por *walkie-talkie* mensajes, órdenes que nos van dando la impresión de que toda Galicia está secretamente ocupada, y todos estos grupos, disfrazados de turistas, no esperan más que la orden de converger sobre Santiago. El periodista sostiene la facilidad de apoderarse, no ya de la ciudad, sino de la Península entera: veinticinco millones de turistas con veinticinco millones de metralletas constituyen un ejército invencible.

En fin, no hay manera, con esta serie de interrupciones inevitables, de mantener una cohesión imaginativa.

¡Ay, ay! Parece que tengo sueño.

Sin embargo, estoy menos cansado que en Madrid, y, salvo el accidente del hígado, y, a veces ciertas dificultades para mear, mi estado general es mejor. Bastante mejor. No me duele la cabeza, el sueño es suficiente; realmente, allí es como quien vive envuelto en veneno.

12 de julio, 1972

Hoy es el doce de julio. Tal día como hoy, sucedió el cuento aquel que me contaba Aileen, de un niño orangista, moribundo, que con su último aliento pidió el tambor, dio un pequeño redoble, maldijo al Papa y entregó su alma al Supremo Hacedor. No creo que hoy, en Belfast, las cosas sean así.

Como no trabajo, me pongo a hablar, y recojo mis palabras como si fueran de oro, lleno kilómetros de cintas como podía llenar de arena estéril una maceta, para no plantar después nada. Esta mañana fui a Vigo, asistí a la conferencia del prof. X, que debe de ser un tío que sabe mucho en materia de técnicas novelescas. Explicó la influencia del cine en la novela contemporánea y, claro, como se trata de una conferencia científica, lo mismo que citó a Cela, a Aldecoa, a Goytisolo, citó a Vicky Baum, a Stefan Zweig y a *Lo que el viento se llevó*. Claro: la actitud científica ante la literatura se parece a la actitud científica ante los tomates: todos los tomates interesan por igual al botánico, aunque sean incomestibles. Después, charlamos un poco, nada sustancioso, y tanto el viaje de ida como el viaje de vuelta se me pasaron pensando en las Batuecas, o, lo que es lo mismo, en mi problema, que, desde ayer, ha adquirido ciertas variantes; ha adquirido... ¿Por qué diré adquirido, si, en realidad, lo que pasa es que yo he tomado una decisión? ¡Coño! Se me va pegando este procedimiento indirecto de hablar de R.N.E., vamos a acabar todos hablando por parábolas. En una palabra, que hemos decidido todos quedarnos en Madrid e irnos a vivir a la casa de la Prensa, decisión razonable desde el punto de vista práctico porque es lo único que tenemos. No se pueden hacer conjeturas, porque en realidad se trata de una experiencia nueva. Físicamente, aquello es un monstruo: cinco bloques de catorce y diecisiete pisos, feísimos, de un color amarillo pálido, y, socialmente, no sé lo que será aquello, porque, aunque en teoría todos sean periodistas, en la práctica quizás haya más hijos de periodistas que periodistas mismos. Habrá, eso sí, gente joven, de esa

9 — 3998

que dice *a lo largo y a lo ancho de toda la geografía española.* En fin, si Dios no lo remedia, allí nos instalaremos, y, por lo menos, en vez de que se lleve el alquiler «La Unión y El Fénix Español», me servirá para pagar una vivienda que, teóricamente, ha de servir a mis hijos más que a mí. No es que me queje de la casa, que la casa no es mala, ni que me queje del lugar, porque no lo conozco, pero si vamos a estar apretados, no sé dónde demonios voy a meter los libros, no lo sé.

Esto aparte, escribí ayer a Pedro una carta, no sé si lo registré ayer aquí, para que influya en ...X y consiga esos tres meses de permiso para ir a América como compás de espera, a ver si puedo salvar al menos la cátedra. Si salvo la cátedra y para el otro curso consigo precisamente la Ciudad de los Periodistas, pues, del mal, el menos. Si allí va a haber un Instituto, y allí voy a vivir yo, parece razonable que intente conseguir un puesto en él, y, si no, pedir la jubilación, y ya veremos qué pasa. Jubilación, y continuar yendo a América. La verdad es que me cansa un poco ya, esto de América.

Campana y Piedra... algunas cosas he pensado, ahora, hace un momento; es decir, ayer por la tarde se me ocurrió que cada uno de sus capítulos o partes tendrían que estar construidos de esta manera: primero, una conversación entre dos personajes, y de esa conversación se van derivando sistemas narrativos referentes a los demás. Una vez agotados estos sistemas, estas secuencias, se vuelve a la conversación, que, naturalmente, tiene importancia en la economía de la novela, y los personajes, también. Entonces, habría que buscar en cada parte un sistema constructivo como éste, que diese al conjunto cierta unidad técnica. Y en cuanto a los elementos materiales, que es en lo que estaba pensando hace un rato, este personaje periodista que estoy medio figurando, que es un periodista que no puede ejercer su profesión porque está castigado, está castigado por el ministerio, y que averigua muchas cosas que importarían... cuyo conocimiento importaría, y él se las calla. Pues sostiene una teoría psicológica que consiste en que, según él, todos los hombres tienen el cerebro igual, pero que lo que hace a los hombres distintos es una cosa que tenemos cada uno en el cerebro, y que no es la misma para todos, sino, justamente, distinta. Entonces hay una persona que tiene un escarabajo en el cerebro, hay otra que tiene un mapa del Polo Sur, etc., etc. Los objetos más dispares, que son los que imponen una manera de ser y de portarse. Lo cual me va aproximando al mundo de J.B. Es decir, a ciertos aspectos de *La Saga.* Lo cual, toda vez que constituye una novela gemela, y que ambas formarán un ciclo, no es ningún defecto. Lo importante es que no sea la misma novela, aunque los procedimientos imaginativos y los procedimientos constructivos sean semejantes. Si no, ¿para qué vamos a hablar de ciclo? Lo importante, naturalmente, es no repetir elementos de *La Saga.* Por lo tanto, *La Saga* puede servirme de modelo y ofrecerme precisamente lo que no debo hacer.

Ayer se me ocurrió también algo de Paganini, pero esto debo de estudiarlo con cuidado porque es evidente que Paganini recuerda a don Acisclo: es la presencia del violín. Y aunque nunca he pensado en Paganini al inventar a don Acisclo, es inevitable pensar en don Acisclo al inventar a Paganini. Lo que se me ocurrió fue que Paganini estaba en Villasanta de la Estrella, pero no toca el violín porque no le ha llegado: está esperando el equipaje y en el equipaje viene su violín. Lo cual, según el periodista, es absolutamente imposible porque un hombre como Paganini no puede abandonar su violín, por lo cual tiene dudas serias de que sea de verdad Paganini. La única manera de probarlo sería tocar el violín. Ahora: como Paganini tiene dos aspectos, el aspecto de violinista y el de hombre que mantiene un pacto con el demonio, mi utilización sería precisamente en este segundo aspecto, y como hombre que tiene pacto con el demonio, podría operar metamorfosis divertidas: ¡podría encerrar a un personaje en una bombilla, o en una metáfora, vaya usted a saber! Hay una imagen de Paganini que yo utilicé una vez ya en un artículo, una imagen de Paganini que procede de Heine: está en las *Noches florentinas* y describe un concierto de Paganini. Quizá fuera un buen punto de partida leer eso, a ver lo que me sugería. De modo que ya tengo tres personajes irreales, que son: M. Mathieu, el rey Haroldo y Paganini. Dos de ellos tienen que ver con Villasanta de la Estrella; el otro no tiene nada que ver. Lo mismo que traigo a Paganini podría traer a Julio César o a Teglatfileser III. En fin, en este momento creo que no es cosa de andar discutiendo las ocurrencias, porque ya vendrá el momento de estudiarlas y seleccionarlas. Como supongo que me quedarán muchas cintas que grabar antes de escribir la primera línea... Es curioso, y ayer lo pensaba también, cómo involuntariamente una modificación, como ha sido ésta de la invasión de Villasanta por los vikingos, atrae unos materiales y desplaza otros. Es decir, que aquella novela realista que yo tenía pensada se ha ido por el aire como Castroforte del Baralla y ha dejado aquí algunos restos. Y lo curioso es que estos restos todavía no los he examinado. Yo creo que la historia de Marcelo puede subsistir completa, con todos los personajes que implica. Es, diríamos, la base humana de la novela. Puede subsistir completa con todos sus episodios, e incluso terminar la novela con la muerte de Marcelo. Lo que pasa es que lo que en la concepción anterior suponía la proximidad y realidad de la guerra civil, se sustituye en ésta por la proximidad y realidad de la invasión. Funcionalmente son lo mismo; ahora, evidentemente, la invasión de los vikingos no es un símbolo de la guerra civil, ni mucho menos. Aquí, por ejemplo, se introduce el concepto y la realidad de los colaboracionistas, cosa que en la otra novela no existía.

Otra modificación es que —creo que esto ya lo apunté—, que los republicanos, este grupo, se quieren constituir en guerrilla urbana. Claro, la guerrilla urbana es una realidad absolutamente actual; la guerrilla urbana puede haber tomado sus organizaciones y sus métodos del gangsterismo, pero no coincide con él. Pero, claro, hay un elemento en la guerrilla urbana, que es esta mentalidad... hitleriana que tienen los jefes de las guerrillas... Por eso tendría que dar una versión humorística de esta terrible realidad actual. Me refiero no tanto a la actividad de las guerrillas urbanas como a la mentalidad de sus dirigentes, es decir, este hombre que se halla en posesión de la verdad, y que en nombre de la verdad decreta el bien y el mal. Yo creo que éste sería un factor interesante, cuya realidad se puede contraponer, naturalmente, a la absoluta irrealidad de la invasión. Y, ¿quién sería el personaje este, el sastre o el estudiante? ¿O serán los dos? Unas mentalidades idealistas... Porque, claro, hay otro tipo de jefe de guerrilla urbana, que yo tenía pensado, que yo tenía estudiado, pero no es aplicable aquí, me parece; es decir, el hombre de instinto asesino que busca precisamente en la ideología el pretexto para asesinar. Es una lástima que don Acisclo no quepa en esta novela, porque estaría bien que los guerrilleros se apoderasen de don Acisclo y que después no se atreviesen a matarlo. Pero pueden hacerlo con otro, claro. Precisamente en el momento en que Villasanta de la Estrella está tomada por los vikingos, es cuando los republicanos se organizan en guerrilla urbana. Porque tiene, claro, las condiciones históricas necesarias para justificarlo, para justificarse. Y es entonces cuando hacen prisioneros. El prisionero que es colaboracionista. Ahora se me acaba de ocurrir la utilización de otro episodio, aquel episodio, no me acuerdo cómo se llama, aquel noble bohemio que escribe las memorias de su viaje a Santiago y que se encuentra que la catedral está sitiada por las tropas de un Deza, que están excomulgados... Pues, claro, podría utilizar esto: los vikingos, que tienen sitiada la catedral, están excomulgados; dentro de la catedral está el estudiante este, herido, y los vikingos ofrecen retirarse a cambio del estudiante; el arzobispo no se lo entrega, y hacer un juego divertido de excomuniones y contraexcomuniones... Porque, claro, una de las circunstancias es que ésta es una ciudad archiepiscopal, pero como en la Edad Media, es decir, la autoridad civil no existe; la autoridad civil es la autoridad religiosa, y esto, claro, puede dar lugar a ciertos episodios graciosos, como estos de que todo el que está fuera, por tener contacto con los vikingos está excomulgado; para entrar en la catedral tienen que desexcomulgarlo, después vuelve a estar excomulgado cuando sale, etc., etc. Esto creo que puede tener gracia.

18 de julio, 1972

Hoy es el dieciocho de julio. Me queda en el carrete un pedacito de cinta que creo suficiente para recoger la expresión sincera de mi estado de ánimo. Mi estado de ánimo perplejo, vacilante, lleno de incertidumbre, y todo por no saber qué hacer de mi vida y de las vidas de los niños a partir del próximo curso. Teniendo como fundamento el tener que pedir la excedencia y quedarme por lo tanto a la luna de Valencia, con lo cual me ha quedado un pareado muy gracioso. Y temiendo tener que irme a América, que, visto así, por encima, es muy risueño, pero que luego, nada más que pensarlo, me llena de melancolía y hasta de angustia. Es decir, que esta mañana le escribí una carta a Munro diciéndole que sí, carta que no he terminado todavía, y después de escrita, me entró un desasosiego tremendo, tremendo, y, claro, son varias las razones y las contrarrazones que juegan en todo este asunto, y que son la causa de mi perplejidad y de mi versatilidad. Se trata de tener un sueldo suficiente, se trata de vivir en lugar favorable a la educación de mis hijos, es decir, en una ciudad universitaria; se trata de evitar en lo posible que los niños se contaminen de esta mierda que domina la sociedad, sobre todo la sociedad juvenil, esta mierda de la que son víctimas los jóvenes, pero que aprovecha a otros, y que ya veremos adónde nos va a conducir; y se trata también de hallar un lugar que favorezca mi trabajo, una casa donde haya un rincón lo bastante aislado como para que yo pueda hacer allí mi vida sin estar infeudado a los gritos de los niños, a sus idas y venidas y a todas estas cosas. Objetivamente, la situación es así: en Albany tengo un sueldo; en Madrid tengo una casa, una casa que va a ser mía por lo que pague mensualmente, a la que sólo puedo renunciar teniendo otra. Evidentemente, si me voy a Albany la casa no la voy a perder, pero tampoco la voy a vivir, y éste es un factor que, en mí, importa mucho; es decir, pienso en una casa desangelada, con esa comodidad sin sal de las casas americanas, que se remediaría llevándome los muebles, pero para eso no tengo dinero. Eso lo haría únicamente en el caso de decir: me voy para no volver. Pero yo nunca he pensado en no volver. De manera que, o me voy allá y renuncio a esto, o me quedo y renuncio a aquello. No puedo, naturalmente, dejar de ir ahora, porque sería una descortesía y, además, una faena, pero sí puedo renunciar el año que viene. Puedo renunciar y que se las compongan sin mí como se las componían antes. Si yo me hubiera quedado en España, si yo no hubiera ido a América, no me hubiera muerto de hambre, yo hubiera resuelto la cuestión de algún modo, y este modo tiene que existir, pero, como le decía ayer a Fernanda, es más difícil que exista dentro de cinco años, cuando yo tenga sesenta y siete y sea un viejo que no quieren en ninguna parte. Este factor de la edad, que Fernanda no entiende porque ella no lo siente, porque ella se piensa que soy tan joven como ella, es un factor importante. De una manera o de otra, aquí, en Granada, en Madrid o en Salamanca, tengo que establecerme de una manera seria y definitiva. Y aprovechar estos ocho años que me quedan de vida administrativa, porque después me echarán de todas partes. Me echarán de todas partes y será muy difícil encontrar algo más que ese retiro más o menos modesto: Claro que si mantengo la cátedra, pues recibiré casi tres trienios más, dos trienios más. Me quedan ocho años, puesto que inevitablemente en junio del ochenta cesaré, y desde agosto del setenta y dos hasta junio del ochenta son sólo dos trienios. Bien, dos trienios más sirven de base al sueldo de la jubilación, más luego lo que pueda sacar de la Prensa, la jubilación de la Prensa, que será poco, pero algo será. Yo pienso que con las dificultades que traiga consigo, es lo más sensato. Ya sé que después me quejaré alguna o muchas veces de haber abandonado lo de América, pero hay que hacer lo que sea de una manera radical, no a medias: no irse a América por cuatro años ni quedarse aquí yendo a América todos los años. Y, además, hay que tomar la decisión pronto. Yo no puedo seguir con esta incertidumbre, este vaivén constante que me tiene subyugado: no hago otra cosa que pensar. Esta noche pasada no dormí hasta las cinco de la madrugada, dándole vueltas, víctima de mi propia imaginación: se desenfrena y no soy capaz de sosegarla.

En fin, la verdad es que a esta cinta todavía le quedan unos minutos: mi queja ya está grabada, y de la misma manera me gustaría grabar mi decisión. ¡Dios mío, en qué lío me he metido yo, en qué lío, con tantos hijos, con la vida tan difícil! ¡Vaya por Dios!

Incierto

(Continuación de una nota regrabada, no recuerdo la fecha, en un carrete de notas regrabadas, que termina: Así siempre, así siempre.)

Bueno. El otro día, revolviendo papeles viejos, encontré el texto de aquella vieja comedia mía, *El hostal de los dioses amables*, y unas cuantas páginas de una narración completamente fantástica que me gustó. Me gustó esta narración (no puedo decir que me haya gustado también *El hostal...* porque no lo leí), pero intenté recordar y no lo logré en absoluto. Sin embargo, lo que tengo escrito es un esfuerzo de invención, un verdadero esfuerzo. Se trata de un individuo perdido en el espacio que se encuentra con una torre que también está perdida, y consigue agarrarse a una ventana, su entrada en la torre y los personajes con los que se encuentra, y un comienzo de situación, una especie de alusión a ciertos personajes: algo completamente distinto de lo que suelo hacer, absolutamente antirrealista, y al mismo tiempo con una significación concreta, desvinculada: Una cosa que me gustaría hacer. Está mal escrita, además, está mal escrita.

EL QUIJOTE COMO JUEGO
FRAGMENTOS DE APOCALIPSIS

7 de setiembre, 1972

Hoy es el siete de setiembre, viernes; no, jueves. Mañana hará una semana de mi llegada, y hasta hoy no puede decirse que haya estado instalado. Después de pasar unos días en N.Y. y otros en casa de S., hoy me encuentro en una habitación en la Torre Mohawk, del Indian Quad., piso bajo, esquina SO. Es una habitación no grande, pero suficiente, con una cocina, un cuarto de baño y un armario: muy caliente, tanto que estoy desnudo en la cama. En principio, el sitio es bueno, y todo depende de que los estudiantes me dejen trabajar y me dejen dormir: esto es lo que voy a probar, y quizá de esto dependa incluso que siga aquí o que me marche de nuevo a casa de S.

En principio, me encuentro mejor aquí, no me siento vigilado, no tengo que sufrir las ocurrencias de este hombre, los caprichos de su humor cambiante, o sus chistes, cuando le da por venir y contármelos. No quiere decir que sea un mal hombre, ni que me estorbe deliberadamente, pero, ¿cómo lo diría?, saber que está allí, al lado, me cohíbe. Aquí hago lo que me da la gana, y allí no puedo hacerlo porque pienso que, a lo mejor, no le gusta. Naturalmente, no he empezado a trabajar, y me he dado cuenta, eso sí, de la dificultad del trabajo que me propongo y de la seriedad con que debo tomarlo. (No sé por qué me parece que la cena me ha hecho daño al hígado.)

En N.Y. he visto un libro, que tengo ahora, cuyo autor no recuerdo: es un ensayo sobre el «Quijote» donde me chafa buena parte de mis ideas, pero, así, me las chafa, porque, además es un libro publicado hace años, quizá doce o catorce. Es un ensayo bueno, quizá su único defecto sea su carácter de paráfrasis, pero hace afirmaciones que coinciden con las mías, fundamentalmente en el sentido de considerar el libro como juego, lo cual no es nuevo, y de considerar a don Quijote como actor. Esto, sobre todo, podría habérselo callado. Naturalmente, esto no me echa para atrás. Yo escribiré mi trabajo, y lo que haré será citar a este hombre con los mayores elogios. Claro está que esto del actor y esto del juego no es lo más importante de mi trabajo, a condición naturalmente de que lo haga.

Esto aparte, la Universidad, mejor dicho, el Departamento, me gusta cada vez menos, y me temo que vaya en decadencia. Tanto, que si me salen las cosas bien en España, no vuelvo: ahora, definitivamente. Son tres meses de pasarlo mal, sobre todo el problema de las comidas y el problema de la soledad. Por cierto que, a los siete días de estar aquí, no tengo noticias de F. Quiero decir noticias posteriores a su viaje, porque justamente ayer las he tenido del día primero, la carta que me escribió el día de mi marcha, día anterior al de la suya. Supongo que el telegrama, si me lo puso, se habrá perdido, como se pierde todo en este país: habrán buscado un teléfono, no lo habrán encontrado... Aunque a veces temo que haya pasado algo. Lo temo y de qué manera.

8 de setiembre, 1972

Hoy es el día ocho. Ha habido carta de F., todo ha ido bien, y las cosas marchan de una manera normal. Yo he pasado la mañana en el despacho, me he metido aquí a las dos menos cuarto de la tarde, y aquí estoy, sin hacer nada, naturalmente, porque esperaba dos visitas, y la segunda se prolongó hasta pasadas las siete. Luego me puse a cenar, fregué la loza y los cacharros y escribí una carta. Quizá sean ahora las nueve y media. No tengo ganas de hacer nada, entre otras razones porque me falta una lámpara de mesa que me permita leer o escribir. La carta la escribí casi a tientas. Confío en que mañana aprovecharé mejor el día, y vamos a ver si de una vez comienzo mi trabajo, que no es muy fácil porque, entre otras cosas, me dejé en España todas mis fichas, es decir, que todo lo que había hecho hasta ahora, allí se quedó, y no sé dónde. La cantidad de ideas allí anotadas que se me olvidarán... Lo de siempre, Gonzalo. Me dejé todas las fichas y me dejé todos los esbozos: tengo que empezar, pues, por el principio y sin materiales. Lo cual no será ninguna catástrofe si consigo elaborar un plan previo y acomodarme a él. Me da la impresión de que lo más difícil del trabajo es su plan, porque, una vez pensado, lo demás es coser y cantar. Entonces quizá sea lo mejor hacer una serie de notas exponiendo brevemente mis ideas, a ver lo que consigo recordar, y una vez hecho esto y teniéndolo a la vista, buscar el orden. Buscar el orden, que no va a ser fácil. Hoy he visto en una reseña bibliográfica, la referencia a un estudio de un caballero de nombre español, un estudio estructural del «Quijote», pero, por la síntesis del artículo, me parece que debe de ser un pequeño camelo. Voy a ver si me hago con él, aun a sabiendas de que no tiene nada que ver con mi trabajo, quizá porque no tenga ganas de citarlo y discutirlo. Lo primero sobre lo que tengo dudas es el mismo título: la estructura lúdica del «Quijote»; el «Quijote» como sistema lúdico; el «Quijote» como juego. Estos tres son los más favorecidos. El menos pedante es el último, pero «el sistema lúdico del Quijote», sin ser tan pedante como el primero, anuncia un poco más el contenido del trabajo. También pudiera ser «el Quijote como sistema lúdico». Si pudiera evitar la palabra lúdico, tampoco estaría mal. «El Quijote como sistema lúdico», pero no puede ser «El Quijote como sistema de juego». Sí «El Quijote como juego», pero la palabra «sistema» debe figurar en el título: «sistema» con preferencia a «estructura». «El Quijote como sistema lúdico» quizá sea lo mejor.

Tengo dudas acerca del modo de escribirlo. Estoy tan asqueado de la pedantería de estos señores a quienes leo de vez en cuando, que si no fuera por mi propósito de hacer de este trabajo mi tesis, lo que haría sería un trabajo humorístico, un trabajo divertido. Pero me temo que una entonación de ese tipo les moleste a esos señores: me refiero a los que van a juzgarlo. Les moleste y hasta se consideren ofendidos. Porque, ¿quién duda de que también ellos son un poco pedantes? Ellos también son un poco pedantes. En fin, tendré que adoptar un tono neutro, objetivo, y a ver qué sale.

Fuera de esto, de vez en cuando me acuerdo de *Campana y Piedra,* alguno de sus aspectos o de sus motivos me vienen a veces a la memoria; hay algunas ideas parciales que las tengo más o menos pensadas, como por ejemplo el golpe de estado contra el rey vikingo, su juicio y condena a muerte, y la subsecuente muerte en la máquina de matar rápida y perfectamente; tengo también la historia del soldado que se ha retrasado porque se ha encontrado con unas muchachas: por lo tanto, la máquina de matar no puede funcionar porque la última pieza la trae él. Lo juzga un consejo de guerra y estrenan la máquina con él. Éstas son pequeñeces. En cambio, todo lo demás se me va: no hay un conjunto, no hay una visión de conjunto. Tanto es así que, ayer, pensé sobre otro tema que anduvo por ahí hace meses, la Isla, la Reina y la Tarasca; pensé y dejé de pensar, porque realmente lo que me solicita es *Campana y Piedra*, acerca de cuyo personaje que tengo más frecuentado le inventé un nombre que ahora no recuerdo, pensé algo acerca de su periódico, acerca de las noticias humorísticas que da su periódico. Esto de las noticias humorísticas pudiera inspirarse en las que daba aquel periódico de Santiago, creo que se llamaba *El Eco*, que él solo hubiera bastado para una antología del disparate. Claro está que yo no voy a dar ese tipo de noticias. Tengo que crear un periódico con una visión particular del mundo, y eso estaría bien. Hay que buscar también el modo de insertarlas, el modo de insertar el tema del periódico.

Unas horas después, exactamente medianoche. Estoy desvelado, y el tiempo que dormí o medio dormí, estuve obsesionado por el problema de la ideología. Creo que lo que pensé medio entre sueños es válido, si bien en este momento me he olvidado, pero no estaría mal intentar recordarlo y hacer unas notas. Creo que vale la pena esforzarse, no ahora mismo, claro, y redactar todas esas ocurrencias.

9 de setiembre, 1972

Hoy es el sábado, supongo que día nueve. Lo supongo sin gran convicción. He pasado el día haciendo cosas, son las cuatro de la tarde, y, a la postre, no hice nada: ir a Stuyvesant Plaza en el autobús de los chicos, echar una carta, comprar algo en el mercado. Al regreso hice la comida, y, después, me quedé dormido, y, al despertarme, me encontraba francamente mal. La primera vez que me levanté no pude hacerlo, porque me caía. Por fin lo conseguí, pero seguía el mareo, y tuve que tomarme un puñado de bicarbonato. Ahora, una taza de manzanilla. Sigo tumbado. Pienso lo que me hizo tanto daño, porque mi comida se redujo a un sandwich de jamón con el pan tostado, una fruta y un yogur, de manera que, por exclusión, tiene que haber sido el yogur el que me hizo daño. Y estoy listo, si a la semana de estar aquí se me ponen las cosas de esta manera, ¿qué va a ser dentro de un mes? Pienso con terror en que me quedan ochenta y un días: lo pienso con terror. Sin embargo, tengo que resignarme y aceptarlo. Desde luego será la época de mi mayor ausencia, pase lo que pase tiene que ser la última. Porque, a fin de cuentas, si empiezo a ponerme así, perderé el tiempo, lo pasaré tumbado en este rincón y en esta cama, nutriéndome de mi propia soledad, sin frutos. ¡Yo, que pensaba ponerme a trabajar esta tarde! Traía el ánimo dispuesto para hacerlo, y aquí estoy sin poder ni siquiera leer. Intenté hacerlo en un libro de Umberto Eco, pero no fui capaz. Empezaré a ponerme bien a la hora del crepúsculo, cuando la falta de una lámpara me lo impedirá. Aparte de eso, tampoco la cabeza me funciona, porque podría por lo menos hacer unas notas con eso que pensé esta noche, pero por mucho que le doy vueltas no me acuerdo, de modo que estoy fastidiado, de todas, todas. Me quedaba el recurso de marmarcharme a N.Y., pero en esta situación no me atrevo. Además, sin previo aviso, llegar allá tampoco está bien. Quizá vaya el jueves para volver el viernes, quizá vaya el viernes para volver el sábado, no sé. Quería comprar ese libro de R. G., *Proyecto de una revolución en N.Y.*; no sé si lo encontraré. En fin, me temo que todo se vaya quedando en nada, y que todo lo real y todo lo posible sea permanecer en esta celda de fraile, práctica y sin estilo, mal construida... ¡Parece mentira que este edificio moderno tenga tantas deficiencias! La alfombra suelta pelotas, hay un lugar donde una especie de tela que recubre... ¡de plástico! esto tiene que ser de plástico... que recubre las paredes está despegada, y, además, hay ratones. ¡Tiene gracia!

Todo es falso, todo es completamente falso. La civilización de la apariencia.

Continúo algunas horas más tarde, después de haber cenado una cena absolutamente aséptica, una cena sin un miligramo de grasa, y estoy aquí tirado como de costumbre. No tengo luz para leer, a ver si el lunes consigo la lámpara de mesa... He andado dando vueltas a algunas imágenes de la novela y a algunos hechos. Tengo que eliminar, a ver si lo consigo, la tendencia a la alegoría: está saliendo sola, y esto, en vez de ser novela, se va a convertir en un alegato que no me interesa nada. La experiencia que quiero hacer no va por el camino de las significaciones: tenemos una ciudad, unas personas, unas situaciones que se desarrollan por sí solas, y entonces acontece el hecho inesperado, imprevisible, incalculable, aparentemente absurdo, de que varias personas ven un indio que se arrastra. Bien. Hay un periódico que tiene que desempeñar un papel importante, que sé teóricamente cuál es este papel, el de tergiversar las noticias; darlas, no precisamente tergiversadas: dar la noticia, pero, contada de tal manera que cambie su naturaleza, y poco después siguen desarrollándose los hechos, y un buen día no son indios, sino miles de indios que se transforman en vikingos, que son vikingos disfrazados. He aquí el meollo de la novela. Los vikingos, el rey de los vikingos, hoy he pensado en su genealogía, he pensado también en atribuirle una serie de títulos, entre ellos el de Gran Encestador. Los vikingos traen la máquina de matar rápida y perfectamente... y aquí me detengo. Aquí me detengo porque ya no es cuestión de ideas generales, sino de hechos concretos, y la idea más importante es la de que este rey es... hay una conspiración entre los oficiales, le destronan y le matan... No sé. Estoy en esos momentos en que no veo nada claro. Tal como está, es un gran disparate sin posibilidades, y la verdad es que no tengo así una inspiración muy clara, y, sobre todo, muy rica. Me falta ese fondo fértil del que van saliendo las cosas. Porque, vamos a ver: estos hechos, estos personajes y estas situaciones, ¿me sirven de algo o no me sirven de nada? Porque es curioso que no vea a ninguno de ellos actuando ante esta realidad, la realidad de la invasión. A ver si el hecho de haber inventado la invasión me obliga a utilizar otros personajes distintos, otras historias que no son las que yo tenía pensadas. Hasta ahora, la cosa es superpuesta, perfectamente superpuesta: no hay una relación orgánica entre unas cosas y otras. Entonces, mi gozo en un pozo, y a empezar de nuevo. Es muy posible que esté perdiendo el tiempo dándole vueltas a una idea que no tiene salida. Sin embargo, la experiencia, teóricamente, es bonita, quién lo duda. Teóricamente es una experiencia bonita, y el estilo está dentro de lo que yo busco. Ahora, habría que preguntarse si hay posibilidad de tratarlo todo de un modo realista, si en este tratamiento, tratamiento realista de una cosa que es irreal, se manifiesta mi actitud fundamental ante el tema, es decir, si se percibirá la ironía de esta actitud. ¡Coño, estoy viendo lugares de Vigo, sitios por donde he pasado y me han gustado! Se me mezclan de tal manera las cosas que no hay posibilidad de que ninguna de ellas salga clara. Yo no sé si esta idea que se me ha ocurrido ahora de emigrar nuevamente a Galicia será el disparate final, o si, por el contrario, debiera quedarme en Madrid, afrontar la situación... Pero yo ya sé que en Madrid va a ser lo de siempre: falta de un lugar para trabajar, perder el tiempo en taxis yendo y viniendo, tan lejos como estará mi casa si me voy a ella. En fin, ¡qué lío, Dios, qué lío! Si me voy a Vigo, yo creo que entre el Instituto y el periódico puedo vivir, ¡coño!, no muy bien, pero puedo vivir. De una manera o de otra, en Vigo se gasta menos. Todo consiste en trabajar un poco más de lo que trabajo. Pero, en Madrid, es imposible disminuir gastos, me queda el Instituto a una hora de distancia, son dos horas que pierdo todos los días, y esto lo voy a experimentar pronto, quiéralo o no. Y va a ser el cuento de nunca acabar, va a ser lo mismo que hasta aquí. De Vigo no tengo experiencia y puedo tener esperanza; de Madrid tengo experiencia y no puedo tener esperanza alguna. Es decir, que si no me puedo marchar a Vigo pronto y me tengo que quedar en Madrid este curso, serán seis meses perdidos: esto no me lo quita nadie. Gozando de la fresca viruta. Es decir, yendo a los sitios para que me vean: el autor glorioso de *La Saga/fuga de J.B.* ¡También tiene gracia el cuento! Vigo, en cambio, hay el problema del piso, que es por donde había que empezar: teniendo el piso, pedir la cátedra y hacer el traslado: esto es. ¿Será posible que haya hecho una tontería dejando la casa de Pontevedra, será posible? Haberme jugado el todo por el todo, y llevar allá a mi familia, que esperara allí... ¡Dios mío, qué disparate es mi vida, cuántas tonterías hago, cuántas digo y cuántas pienso...! No sé lo que quiero o no sé si quiero algo posible... Total, yo pido poco: pido un lugar tranquilo, pido una habitación capaz para mis libros y mis cosas, pido silencio y tranquilidad, pido que llegue el dinero para vivir modestamente. ¡No pido más! ¡Decir a Dios que tengo sesenta y dos años y todavía no lo he conseguido! ¡Dios mío, qué fracaso, qué indiscutible fracaso el mío! ¡Como hombre, como padre de familia, como organizador de una vida o de varias vidas!

14 de setiembre, 1972

Hoy es el miércoles, no, el jueves, creo que catorce. El tío vecino lleva toda la tarde con la TV puesta. Me he tragado un par de conciertos de jazz, y ahora que se ha acabado el canal 17, ha buscado en los otros tres el programa más ruidoso, y son las doce de la noche: esto no hay quien lo aguante. No tengo más remedio que volver a la casa de S., donde al menos hay silencio. Realmente, cometo errores que me cuestan dinero, además. Me cuestan dinero porque esto me lo va a costar. Estoy absolutamente desvelado, fastidiado, voy a tener que fumar, y, lo que es peor, esto no lleva trazas de acabarse. ¿Qué coño estará oyendo el tío? ¿Quién será el cabrón que está diciendo chistes, y quiénes serán los memos que lo están aplaudiendo? Porque yo no oigo más que eso: voz de divo, risas y aplausos. Podría saberlo levantándome de cama y mirándolo en mi tele. ¿Qué sacaba con eso? En fin, ahora grita el tío más todavía que la tele. Y lo malo es que tengo que aguantar aquí por lo menos hasta fin de mes, claro. ¡Coño, qué idea tendrán estos tíos de los demás, qué falta elemental de respeto, a esas horas de la noche, sabiendo que hay alguien que duerme pared por medio! ¡Puerta por medio, coño, que son dos habitaciones separadas por una puerta, joder, y el tío pone ahí la tele a todo gas! En fin... ¿para qué habré vuelto? Muy mal tienen que irme las cosas allá para...

12 ó 13 de setiembre, 1972

Hoy es el día no sé si doce o trece, último día de trabajo de esta semana, con siete días justos por delante, porque el lunes es la fiesta de los judíos y no hay clase. A ver qué voy a hacer yo durante siete días, sin la menor obligación, sin nada que hacer, y con un sábado, un domingo y un lunes festivos. Aquí es difícil estar los días de trabajo, pero los de fiesta es más difícil todavía. En fin, ya veré cómo lleno tantas horas.

Hoy recibí una carta de F., probablemente iba a decir la última desde La Ramallosa, pero espero que no: una carta en la que me habla casi exclusivamente de las posibilidades que tenemos de encontrar un acomodo cerca de Vigo. Por acomodo se entiende en este caso una vivienda. Una vivienda independiente y campesina. Todo gira en torno a una parcela en buenas condiciones que hay precisamente en La Ramallosa: seiscientos metros cuadrados, más o menos, cuatrocientas mil pesetas, también más o menos. De manera que, en el caso de poder juntar ese dinero, con una cantidad razonable, doscientas cincuenta mil pesetas, o trescientas, podría comprarse la parcela y hacer la casa por cuenta de la C. de A. La idea es tentadora, pero tiene el inconveniente de la lejanía, no por mí ni por ella, sino por los niños, de modo que esto nos obligaría sin duda a tener en Vigo un piso pequeño, y esta casa para los fines de semana, quizá para retirarme yo a ella de vez en cuando a trabajar. La idea no es mala, la idea me parece excelente, y no irrealizable. Claro, hay que saber cuánto le costaría a uno amortizarla en la C. de A., calculando de setecientas a ochocientas mil pesetas. Por muy barata que salga la construcción, por mucho que se ahorre, hay que calcular a cuatro mil quinientas pesetas el metro cuadrado, más luego arreglo del jardín, construcción de tapias, en fin, todas esas cosas secundarias, que son tan importantes y no pueden quedar a medias y significan efectivamente dinero. Aun concibiendo la casa más sencilla posible, hay que contar con setecientas u ochocientas mil pesetas. No es imposible, pero hay que pagar amortización y un piso en Vigo, piso que tiene que ser alquilado y que por lo tanto va a costar más caro. Realmente he pasado la tarde pensando en esto, y la idea desplazó a cualquiera otra, pero entre ayer y hoy escribí cuatro holandesas a un espacio que puedo considerar como comienzo del trabajo sobre el *Quijote*. No estoy seguro de que vaya bien, pero por lo menos es algo, algo que podrá ser continuado y que deseo que continúe. ¿Podré hacerlo, dada la falta de libros, dada la carencia total de materiales? No tengo conmigo más que el Quijote y cuatro o cinco cosas que no me sirven para nada: no lo sé. Si todo este tiempo que llevo pensando en el tema me hubiera dedicado a hacer un fichero, por lo menos tendría a mano las citas y algunas ideas. Así, me encuentro como siempre: sacándolo todo de la nada, inventando a puro huevo, y, claro, esto, si se tratase de una novela, ya estaba bien, pero aspira a ser un trabajo por lo menos semicientífico. Ayer o anteayer, Rimanelli me dio el último volumen de *Change,* dedicado fundamentalmente a Joyce, con algunas incursiones por los campos de Rabelais y de Lewis Carroll: se nota en todo la mano de Jean Paris, con sus temas, sus preocupaciones; la orientación es francamente chomskiana y antiestructuralista. Supongo que se trata de un grupo disidente, porque en algunas partes se respira desprecio por el estructuralismo, al que considera como cosa superada: siempre detrás de estos fenómenos hay enemistades personales y políticas. Pero, en fin, el volumen es interesante, y si voy a N.Y. este fin de semana, que seguramente iré, voy a ver si lo compro en la librería francesa, porque me interesa tenerlo de mi propiedad. Es curioso, porque la lectura que hice, no de todo el volumen, sino de algunos de sus ensayos, me provocó una especie de deseo de escribir esa novela, y, además, empujó una serie de imágenes, de manera que durante un rato estuve, diríamos, poseído por la novela, que se manifestaba de una manera distinta totalmente de todo lo que hasta ahora llevo pensado; distinta sobre todo en el modo de elocución. Fue una cosa poco duradera, no podría decir ahora en qué consistió, pero el episodio prueba una vez más esa necesidad que tengo de acicates, de espolonazos que hagan funcionar la cabeza, en fin, que me sitúen en el terreno propicio y apto para el trabajo. No me conviene, sin embargo, seguir ahora ese camino: todo lo referente a la novela queda en segundo término, debo pensar solamente en el ensayo, no por nada, porque el mundo puede seguramente prescindir de él, sino porque puede mejorar un poco mi situación. Probablemente, de él depende, al menos en parte, el que esa casa que proyecto pueda construirse.

Es curioso, pero no tengo la menor idea de cómo puede ser esa casa. ¡Cuidado que llevo años, yo creo que desde los trece o catorce, quizás antes, proyectando casas! Todos los años de mi vida van unidos a un proyecto de casa. Yo creo que todas las posibilidades arquitectónicas las he repasado durante cincuenta años, e imaginado yo creo que hasta castillos. Y, sin embargo, cuando se acerca la posibilidad real de tener una, no sé cómo puede ser y cómo va a ser. De lo único que tengo idea es de un jardín, y eso porque recuerdo, porque tengo presente el de la casa de Tere, en Parquelagos, pero, fuera de eso, nada. Si acaso, una idea de mi estudio, que me gustaría que estuviese exento, o, al menos, no incorporado al cuerpo de la casa, que constituyese una especie de celda de cartujo, y pienso, ¿cómo no?, en la Cartuja de Valldemosa, con un jardín igualmente privado, es decir, aislarme dentro del aislamiento. Las dimensiones no me importan: no necesito que todo esto sea grande, lo que necesito es que exista. Y que exista en forma de realidad recoleta: dos paredes laterales y una apertura al paisaje. Dimensiones, me da igual, que sean pequeñas, que sean suficientes. Entonces, en estas condiciones, podía servir el plano de la casa de T.S., con este añadido del estudio, suponiendo que la disposición del terreno diese lugar a lo que quiero, que no lo sé. Pero ahora mismo estoy viendo los jardinillos de Valldemosa: son pequeños, y lo único que hacen es acotar el paisaje: en vez de dejarlo desparramado, le ponen un límite, por lo menos lateral, y aíslan. Yo no sé si tanto muro de separación no representará un aumento de precio al que no pueda llegar, pero, en fin, en proyectarlo no se pierde nada. Entonces sería un cuadrilátero, un rectángulo, con una habitación previa, entre la casa y el estudio, donde pondría mi salita romántica, e, inmediatamente, la biblioteca-cuarto de trabajo, con tres paredes de libros y una abierta al jardín. Podría tener dos ventanales y, en el medio, una chimenea. Delante mismo, una zona de piedra tapada, cubierta, o sea, con un alpendre, y, luego, el jardín un poco más bajo. Ahora, si no es un poco más bajo, da igual. Esto no es cuestión de gabinete. Esa especie de visera serviría de pantalla en el verano, porque si está orientado hacia el O., coge todo el sol del verano, y, al mismo tiempo, podría cubrirme un poco en los días del otoño y sería siempre un lugar donde se puede instalar una mesa de trabajo. Incluso podría llevar en una esquina una chimenea. El jardín, que sería un césped, unos cuantos árboles o arbustos... plantaré naturalmente un ciprés, y me moriré antes de que sea adulto, pero ahí quedará un ciprés plantado en mi memoria. También un grupo de *vidueiros* (1), si hay sitio.

Hay otra posibilidad, que es la de encontrar por allí, quizá por Nigrán, una casa antigua aprovechable, y acomodarse a ella, hacer las reformas necesarias y... Hay casas de estas del siglo XIX que son muy bonitas, pero todas las que he visto tienen el inconveniente de estar en la carretera, y esto querría evitarlo, porque, incluso en el invierno, hay bastante tránsito, incluso en el invierno hay un tránsito tremendo. La parcela que le gusta a F. tiene la ventaja de estar alejada de la carretera, en el alto de una colina, y tiene la desventaja de estar muy cerca de una serie de chalés burgueses. En fin, chalés de gente sencilla, y tampoco hay por qué despreciarla. No se puede aplicar a todo el mundo un criterio estético, porque entonces se queda uno solo. Mucho peores son los de aquí y sin embargo tengo que soportarlos en la medida en que es posible. Como por fortuna no son gente sociable, lo que hay que soportarlos no es mucho. En fin, esta ventaja está compensada por la soledad que engendra. Si no fueran tan túzaros, podría establecerse con ellos cualquier clase de sociedad, y yo no me sentiría tan solo. En fin, llega un momento en que ya no es un problema de selección, de personalidad atractiva, sino simplemente de unas bases mínimas que permitan hablar y tener un trato, y, claro, lo que más me

(1) Abedules.

separa de ellos es la mentalidad. La verdad es que no me entiendo con ellos en ningún terreno, ni en el intelectual. ¡Qué aislamiento, Dios mío! Parece mentira que entre los hombres se pueda establecer tan escasa comunicación. Y creo haber observado que este año es mayor que los anteriores. No sé por qué me parece que alguna razón, alguna causa que yo no calibro, me separa de ellos. Hay una chica...

15 de setiembre, 1972

Viernes, quince, a las tres y media de la tarde, de un día claro y caluroso. Las nieblas de ayer se las llevó el viento, o quizá se hayan desvanecido solas. He estado en la Facultad por la mañana, he comido en el restaurante, llegó carta de F., y he regresado. Más o menos las cosas marchan, lo único que no he arreglado todavía es el problema de lavar la ropa, no he encontrado manera de averiguar dónde está la lavandería del Indian Quad. En fin, si lavo un par de camisas, puedo arreglarme un par de días más, a ver si a principios de semana lo averiguo.

19 de setiembre, 1972

Hoy es el martes, diecinueve de setiembre. Uno de esos días en que la soledad me llega más a lo vivo. Llevo en casa desde las cuatro y media, y llevo hecho todo lo que podía hacer: prepararme la comida, escribir una carta, intentar trabajar, leer un poco. De todo, sólo la carta ha llegado a su fin; para eso, con dos interrupciones. El resto se ha quedado en meros intentos: incluso la comida, también hoy me falló. Y, por supuesto, esto mismo que estoy haciendo, que no sé qué decir aunque tenga necesidad de decir algo, de engañarme a mí mismo hablando en voz alta y de escucharme a mí mismo como si fuera otra persona. Parece mentira que, después de las experiencias anteriores, haya cometido el error de volver. Si en el mes de mayo, o en el de junio, escribo una carta diciendo que no vengo, se hubieran arreglado perfectamente sin mí, como se van a arreglar el resto del tiempo. El refrán dice que el hombre tropieza dos veces en la misma piedra, pero no dice nada de tres: yo soy el que tropieza tres. Estoy dilapidando mi tiempo, llevo más de un año así, y hoy estoy especialmente malhumorado, porque de un recorte que mandó F. deduzco que el Instituto de Coia no va a funcionar el año que viene: lo deduzco con cierto fundamento. Es decir, no lo deduzco, lo dice el recorte: no funcionará hasta dentro de dos años. Su función ha sido sacrificada a las necesidades del otro Instituto. Y esto destruye todos mis proyectos, esto me confina en Madrid quizá para el resto de mi vida. En Mirasierra como única realidad, sin necesidad de volver a pensar en El Escorial como escapatoria. Dolores de cabeza y todo eso que trae consigo el estar en Madrid: pérdida de tiempo, mayor dispersión todavía, incapacidad para concentrarme. Allí, que lo tengo todo, me falta lo que tengo aquí, y aquí, que tengo soledad, me falta lo que la hace fértil. ¡Dios mío! ¡Error tras error, disparate tras disparate! Soy tan ingenuo, que sigo haciendo proyectos sobre lo que está en manos de otros. En la carta que le escribí hoy a F. le decía: nos quedamos con nuestras únicas realidades, el Instituto de Orcasitas y la casa de Mirasierra. ¡Dios mío! No es lo mismo quedarme en Madrid que en Vigo. No es lo mismo buscar en Madrid que buscar en Vigo ese complemento que nos va a hacer tanta falta. Parece que es más fácil en Madrid, y resulta que no. Bien es verdad que siempre tengo el *Faro* y las posibilidades de publicar allí diez o doce artículos, aunque, claro, diez o doce artículos en Vigo y diez o doce artículos en Madrid, me obligan a escribir un artículo diario, y después de un artículo diario, ¿qué me queda para las novelas? Tendré que pensar otra vez en la crítica, al cabo de diez años, esos diez años precisamente en que han cambiado tantas cosas, incluso las costumbres teatrales. ¿Cuál será el periódico de Madrid que me quiera? ¿A qué puerta llamaré que me digan sí? ¡Dios mío! No queda más que una esperanza, la de que salga alguna cátedra que me pueda convenir, fuera de Madrid. Quizá mañana escriba una carta a P.V. pidiéndole que me envíe, si puede, la lista aproximada de las vacantes que van a salir. Para calmar un poco mi impaciencia.

19 de setiembre, 1972

Segundo comentario el día diecinueve de setiembre: el primero figura en otro carrete, y es de índole personal. Quisiera que éste no lo fuese: quisiera, en éste, aclarar la situación de mi trabajo, o de mis trabajos.

En primer lugar, lo referente al ensayo del *Quijote*, que lleva camino de fracasar. Lleva camino de fracasar, primero, porque, de pronto, he perdido la visión de conjunto, no sé de dónde vengo ni adónde voy. Esto ya es grave. Segundo, porque, deliberadamente he dejado en España todos los esbozos anteriores, y alguno de ellos me sería útil: todas las fichas, que eran un buen montón, que tampoco traje. Tercero, porque el hallazgo de un librillo al que me referí en alguna nota anterior, me ha descubierto que buena parte o al menos una parte de lo que yo había pensado ya lo había pensado otro antes, y esto me hace temer que lo que resta de mi cosecha tampoco resulte original. Y si bien el haber conocido oportunamente este librillo me permitirá citarlo e incluso apoyarme en él cuando me convenga, no hay duda de que otros librillos semejantes pueden andar por ahí, quedarán sin la cita oportuna, y yo quedaré, o como ignorante, o como ladrón de ideas ajenas, nada de lo cual me hace la menor gracia. Este trabajo, o tiene porvenir, o no lo tiene (¡genial descubrimiento, Gonzalo!), los cinco... las cinco páginas que tengo escritas no me gustan, y ¡qué le voy a hacer!, no me gustan, no me gusta el modo como están escritas, no me gusta el sistema; el aire, el tono, no me gustan. Y, además, están escritas en un lenguaje... que no es el mío habitual cuando escribo ensayos. En fin, yo creo que lo más original de todo lo que me queda, es el estudio uno por uno de esos episodios con clave, de esos cuya clave he descubierto, y tal y como llevo la redacción del ensayo, no les saco partido alguno. Tanto no les saco partido alguno, que el lector puede quedarse sin saber, primero, que lo he descubierto yo, y, segundo, que es importante.

Vayamos ahora a la novela. La novela no existe. Existe un título, existe un proyecto. Este proyecto está basado en unos materiales antiguos, susceptibles, efectivamente, de ser tratados de otra manera, quizá de la única manera que puede hacerlos válidos, y hay una idea, que juzgo nueva, que me está desbaratando todo. Me lo está desbaratando, porque cada vez que me pongo a pensar en esto, insensiblemente se me va hacia la alegoría, que yo quiero evitar de todas maneras, por lo menos la voluntaria y consciente; no puedo evitar que las cosas se alegoricen luego, o las alegoricen; pero que yo elabore la propia alegoría, esto ya me parece demasiado, porque, además, artísticamente será mucho menos eficaz o perderá toda eficacia. Tengo que lograr una cosa que resulte tan natural, tan real, como la primera ascensión de Castroforte. Pero, por ahora, ni siquiera in mente adquiere esa realidad. ¡Es que no veo imágenes, no tengo más que nociones, conceptos! Quizá con la sola excepción de la máquina de matar, que está ahí, pero que no la tengo inserta en un sistema de otras imágenes. Lo demás son meros conceptos, meras nociones intelectuales, de un contenido alegórico indiscutible. Y tengo que destruirlos, tengo que novelizarlos. Luego, estoy lleno de dudas acerca del uso de otros materiales. Hay un periódico: en fin, este periódico ya es conocido, es *El eco de Villasanta, La voz* y *El Eco*: *La voz de Castroforte* y *El eco de Villasanta.* Este periódico necesita alcanzar una función importante en la novela, una función que afecte a la totalidad de los elementos, una función yo diría mitificadora; así como *La voz de Castroforte* desmitificaba, *El eco de Villasanta* mitifica; *El Eco...* Y el señor que hace este periódico tiene que ser un personaje importante, no secundario, como Belalúa, y de una mentalidad completamente distinta: en resumn, que, además de los viejos materiales que sobrevivieron al naufragio, tengo una pareja de dialogantes, que aún no sé si me sirve o no me sirve... En fin, que no tengo nada. No tengo nada, y lo malo del caso es que, por primera vez, se espera una novela mía, se espera otra. Una carta que recibí hoy de Madrid me cuenta que en la Librería Antonio Machado, un grupo de jóvenes, de una manera espontánea, celebró una especie de coloquio sobre mi obra, y el tono general fue el de esperar la próxima novela, y la próxima novela tiene que ser mejor que La Saga, hay que eliminar de ella los defectos de La Saga, ya tendrá los suyos propios, tiene que estar al mismo nivel, el mismo estilo, aun siendo distinta, en una palabra, tiene que ser lo que yo quiero, pero no sé si puedo, y además no puedo tardar tampoco cinco años en escribirla.

21 de setiembre, 1972

Hoy es jueves, veintiuno de setiembre. Así como las nueve y veinte de la noche. Estoy cansado como un raposo cansado, y todo el día con ganas de descansar. Cansado de mi viaje esta mañana a Stuyvesant Plaza, de las caminatas que di por la Universidad, que la recorrí lo menos tres veces, pero, en fin, he tenido huelgos para escribir una carta de un solo impulso, pero ya se acabaron. Ahora estoy agotado y lo estaré durante un rato porque a mi lado hay el jaleo de siempre, y para qué me voy a acostar, si no duermo. Tampoco me falta sueño, es la verdad, porque me levanté a las siete. Hizo un día gris, no frío: frío por la mañana, pero después templado. He visto a poca gente.

Es curioso: aquella loca llamada M.R., que el año sesenta y siete, en el curso de verano, inició con cierta violencia su antipatía hacia mí, vino hoy a verme para pedir árnica: la pobre llevaba lo menos dos años, si no más, detrás de su Ph.D. Le ha fracasado la primera tesis, no es que quiera que la dirija, sino es que quiere que la oriente, y lo curioso del caso es que, con menos franqueza, el caballero que la va a dirigir, me ha pedido la misma orientación. ¡Pues sí que va a salir de ahí una buena tesis...! La M. está gordita, guapa de cara todavía, supongo que llena de complejos y de represiones, con una necesidad de macho que se le nota en la respiración, pero es una divorciada, creo que católica, de manera que tendrá sus miramientos... Creo que todo su desequilibrio procede del fracaso sentimental y de la carencia de satisfacciones sexuales. ¡Pobre M.! ¡Pobre M.R.! Metida a intelectual sin saber dónde tiene la mano derecha. ¡En fin! El martes tendrá una entrevista conmigo y ya veré qué sale de ella. No creo que nada importante. No creo que salga nada importante.

Ando vacío de ideas, completamente vacío de ideas. No se me ocurre nada sobre nada. *Campana y Piedra* sigue ahí como una nebulosa sin contornos precisos; me faltan elementos nuevos, no tengo la menor idea de lo que va a ser, ni siquiera de lo que quiero que sea. Yo no sé si cuando regrese a España, si cuando llegue allá, tendré la fuerza de voluntad necesaria para encerrarme todos los días, dejar para los sábados las expansiones, y cerrarme al menos todas las tardes aprovechando la ausencia de los niños. Evidentemente para esto tendría que ordenar un poco lo que tengo allí, que no se puede entrar, y quizá poco a poco lograse recobrar esa corriente de la conciencia que arrastra materiales válidos. A fuerza de dar vueltas al tema, se van viendo cosas, y, al cabo de cierto tiempo, ya hay ladrillos bastantes para empezar. Pero, así como estoy ahora, menos que una nebulosa. No es nada, *Campana y Piedra* no es nada todavía. Tengo que buscar otra clase de tipos, otra clase de personajes; tengo que buscarlos en otros ámbitos. Veo un librero encuadernador, por ejemplo, con olor a goma de pegar; no a goma, sino a esa pasta que usan ellos y se hace con harina, el engrudo. Así, entre libros viejos y encuadernaciones a medias puede aparecer un tipo interesante, aquel tipo largo que me encuadernaba a mí en Santiago, moreno, cetrino, con una bata gris: republicano superviviente de todas las revoluciones puede ser, y ese cura que le ando dando vueltas, que todavía no lo veo ni física ni moralmente. Ayer se me ocurría algo de unas profecías siniestras sobre la ciudad, porque en la ciudad se jode mucho. «Pero, ¡no sea usted imbécil, don Fulano! Si ésta fue desde un principio una ciudad clerical, y en toda ciudad clerical hay inmoralidad.» Algo de este tipo se me ocurrió ayer. Profecías que se cumplen, claro. A lo mejor, el que hace las profecías es el encuadernador, y el que se las discute es el cura.

¡Qué sueño tengo, Dios, qué sueño tengo! Y es temprano para acostarme en cualquier caso, hace muy poco que cené; pero quizá, como siga aquí acostado, voy a dormirme sin quererlo.

22 de setiembre, 1972

Hoy es el veintidós de setiembre. Día sin carta. No puedo quejarme, porque ayer tuve tres. Día de viento: no sé si el micrófono recogerá el ruido que mete, dentro del patio, que, como tiene cuatro esquinas abiertas, hay lugar y espacio suficiente para que el viento vaya, venga y silbe. Toda la mañana me ha andado por la cabeza aquello de Núñez de Arce: «la salvaje sinfonía de las olas y del viento», y después vino aquello de Espronceda: «Hojas del árbol caídas...», porque, al salir al vestíbulo a llevar la bolsa de basura, me encontré en el suelo las primeras hojas del otoño. De manera que el otoño ya está aquí. Esta mañana no hice gran cosa, he comido bien, estoy tumbado, y algo me molesta por la zona de la próstata: días atrás me pasó lo mismo, pero hoy me molesta especialmente. Ya veremos lo que sale de ahí. Espero también visita, a media tarde: probablemente V.G. traerá buenas noticias de lo suyo y me las comunicará con su acostumbrada alegría. Por lo demás, tengo la cabeza vacía, quizá porque me pase con las ideas como con las hojas, que se las lleva el viento, y salvo esa visita, toda la tarde por mía. He venido antes de las doce, y lo más verosímil es que no salga hasta mañana. No es que lo sienta. ¿A qué voy a salir, si no tengo adónde ir? Y eso de hablar... pues hablo con el hombre que siempre va conmigo, como decía Machado, y así no se enmohecen las cuerdas vocales, y escuchando luego lo que uno dijo, se hace la ilusión de que no está solo.

Antes se me ocurrió una idea, una idea gráfica; recordando los esquemas tan graciosos que hacen los lingüistas de la escuela de Chomsky, se me ocurrió que a los personajes literarios les pasa un poco lo que a las frases: en cualquier momento de su trayectoria, pueden hacer lo que hacen y muchas otras cosas más. Al personaje le pasa lo que a cada hombre: en cada instante de su vida tiene que escoger entre las mil posibilidades que se le ofrecen; pero esto, a lo mejor, es una mera analogía que no conduce a ninguna parte, aunque también sea aplicable a la teoría de la libertad del personaje: el personaje unívoco no puede elegir; el multívoco, sí. Pero no creo que tenga gran importancia esto, ni tengo la cabeza para pensar, porque estoy dominado por dos ideas: una, el próximo viaje de F., y otra la solución que vamos a dar a nuestra vida. Yo me temo que todo lo que estamos proyectando sea irrealizable.

Coño, este dolor de la próstata me baja por la pierna izquierda, debe afectar a algún nervio. A lo mejor tengo ahí un cáncer que me está aprisionando ya el sistema nervioso. Vaya por Dios. Y si tengo un cáncer ahí, todos los proyectos serán vanos. Pero, en fin, vamos a suponer que no lo tengo, vamos a suponer que se trata de las molestias normales de quien tiene ya la próstata crecida. Entonces, los proyectos siguen vigentes. Para que sean posibles, o tengo que resolver lo de la cátedra de Vigo, que no creo que se resuelva, o tengo que hacer otra combinación, por ejemplo jubilarme, y confieso que ésta me da miedo, porque mientras esté en activo, en caso de necesidad, siempre tengo la puerta abierta para las clases exclusivas y ganar cuarenta mil pesetas. De la otra manera, tengo que limitarme a esas veinte y pico mil, que no creo que lleguen a veinticinco, que reciba de la jubilación y que necesitan ser completadas por cualquier otro procedimiento.

En la carta que le escribí a F. hoy, le decía que estoy incluso dispuesto a seguir viniendo aquí: bien sabe Dios que si lo hago será un gran sacrificio.

Claro está que si este verano hubiera trabajado, no me sería difícil continuar aquí, porque si el año pasado escribí aquí doscientos folios de La Saga, fue porque tenía escritos otros doscientos. Continuar un trabajo empezado es más fácil que empezarlo sin elementos, sin medios, sin nada.

Sigue el viento, cada vez más furioso. El reflejo del sol en la cocina me hiere los ojos: a pesar de las cortinas es bastante fuerte, y hace calor, precisamente porque el sol está pegando ahora mismo en la ventana. Ventana o ventanal. Pues una cosa así es lo que yo necesitaba para cerrar el garaje de ese chalé famoso y hacer en él un ventanal. No sé si los albañiles de allá serían capaces de hacer una cosa como ésta, que al fin y al cabo está inspirada, aunque el señor Stone no lo diga, en las vidrieras góticas inglesas. Es lo que recuerda la fisonomía del patio y el procedimiento de las ventanas. Supongo que esto lo habrán hecho con elementos prefabricados, y aquellos pobres de allá tendrían que hacerlo por las buenas, y no les saldría bien, probablemente. Pero éste sería evidentemente el procedimiento para cerrar en la misma boca esa habitación, aprovechar todo el espacio, tener suficiente luz y ventilación, y tener por fin mi estudio, lo cual me costaría algún dinero, claro, hacer esto: adaptar el garaje para estudio me costaría algún dinero. ¡Carajo con el viento! Me recuerda aquellos vendavales de mi niñez en la casa de Serantes; quizás aquéllos más fuertes a causa del nogal, aquel enorme y hermoso nogal cortado por una mano traidora no sé cuándo, y, sobre todo, no sé para qué. Quizás haya sido sacrificado a las necesidades del tránsito rodado. Aquello era como una magnífica flauta, como un magnífico órgano: llegaba el viento y tenía diez mil agujeros por donde colarse y silbar. Nunca he vuelto a ver vendavales como aquéllos. No sé por qué, pero en la ciudad no se perciben lo mismo. Sin embargo, tengo ahora el recuerdo de un traqueteo de ventanas... quizá fuera en la casa donde nació Jaime: los maineles. Como era alta, le pegaba el viento también. Pero no tengo ningún recuerdo concreto de vendaval allí, sólo el recuerdo de las ventanas. Sí, y el miedo de que se cayesen aquellas estatuas de la casa de delante, en el piso donde vivían los Messía, que tenía una terraza con una barandilla de hierro, y en los cuatro pilares de la barandilla, las cuatro estatuas. ¡Coño, los años que hace que...!

Acaban de venir unos tíos buscando averías en la puerta de mi armario y ahora han venido otros tíos preguntándome si tengo averías en las puertas. Éstos deben de ser los equipos especialistas en puertas, que les toca hoy. Los primeros eran dos, y ahora son otros dos distintos de los primeros. ¡Joder, así salen las cosas de caras en este país! ¡Para cualquier puñetería, cuatro o seis tíos!

En fin, estaba recordando los vendavales de mi niñez, los vendavales. Sí, había los remolinos de hojas en la plaza de Amboage, pero la plaza de Amboage el recuerdo que me trae es de lluvia, de grandes aguaceros, aquellos grandes aguaceros que la llenaban, y luego el agua desembocaba toda en una esquina en cuesta y formaba una especie de laguna en el cruce de dos calles, el cruce de la calle Real con otra que no sé cómo se llama, o cómo se llamaba, que a lo mejor le cambiaron el nombre, pero, que a partir de la calle Real le llamábamos la Cuesta de Rompetelalma, porque era la más pronunciada de toda la ciudad. En el cruce, el empedrado de entonces se hundía un poco y en el centro había un sumidero, pero, claro, cuando el agua bajaba de la plaza de Amboage arrastraba la arena; la arena cegaba el sumidero, y, entonces, se formaba la laguna, y cuando la laguna rebasaba el borde, entonces se iba todo el chorro por la Cuesta de Rompetelalma. Y había una vieja, que se llamaba *La Tarola*, importante personaje de mi infancia, que vendía castañas y cosas de esas precisamente en aquella esquina. Montaba un tenderete con cajones; abría un enorme paraguas de lona, de esos que entonces abundaban en los mercados y sitios así, pero que no los he vuelto a ver: unos paraguas que, abiertos, deberían tener unos tres metros largos de diámetro; lo abría, le servía de refugio, no sólo del viento sino también de la lluvia, y allí se instalaba la pobre, envuelta en sayas y tocas, era una especie de monstruo, yo no sé la cantidad de ropa que llevaría encima aquella mujer, pero todavía era de las que, directamente sobre la cabeza, se colocaba unas tocas blancas, y encima unas tocas negras, como las monjas, y allí se estaba esperando a que los niños fuésemos a comprarle una perra chica de castañas y muchas veces a que nos metiéramos con ella, y una de esas veces de aguacero, el torrente que vino por la vereda desde el centro de la plaza fue tan violento que arrastró al tenderete, al paraguas y a *La Tarola*, y los tres quedaron flotando en la laguna del cruce de las calles, la pobre

Tarola con las piernas al aire, envueltas en trapos, pegando gritos hasta que alguien vino a socorrerla. Fue un espectáculo grotesco si los hay. Yo no sé si en El Ferrol seguirá lloviendo lo mismo, porque, dada la configuración de la ciudad, esas torrenteras deben de existir lo mismo. Habrán cambiado el empedrado, pero la inclinación de las calles, no.

También recuerdo, en Madrid, en la casa de la avenida de los Toreros, dos tremendas tormentas. Una de ellas estaban en casa Fina y Paquita, muertas de miedo, y yo vine en un autobús, y para llegar hasta casa tuve que meterme en el agua hasta media pierna. La otra vez fue un día que regresaba de una conferencia fuera de Madrid. Ya estaba casado con F. Toreaba *El Cordobés* y el recinto de la plaza y las calles se llenaron de agua. Yo llegué a casa, alguien me traía en coche en ese momento, y retumbó un trueno enorme en aquel ámbito inmenso. Otra vez iba por Castilla en automóvil y me cogió una de esas tormentas al principio secas, con un viento feroz, se llenaba el aire de polvo y de briznas de paja. Era la época de la trilla. Debió de ser un momento parecido a aquel que describe Ortega y Gasset en aquel capítulo que se llama «Nuestra Señora del harnero». Estaba el cielo color acero, eran las cuatro o las cinco de la tarde, y luego se levantó un ventarrón furioso que casi se llevaba el coche, y el aire se llenó de polvo y de paja que casi no se veía. Tuvimos que refugiarnos en un pueblo de aquellos; debíamos de ir por la provincia de Palencia, o quizá ya por la de Burgos. Después empezó a llover, y ya de la lluvia no me acuerdo. No me acuerdo más que del cielo oscuro y del aire, y aquellos relámpagos. El cielo acero y cárdeno, porque tenía partes cárdenas. El cielo estaba lleno de obispos, girones de obispos. Cabezas de obispos y tiestos de albahaca. ¿De dónde habré sacado yo esto, coño?

Ojos verdes, verdes como la albahaca.
Verdes como el trigo verde,
y el verde, verde limón.

Si tengo suerte, pasado mañana, cuando vuelva de N.Y., me traeré grabados seis discos de flamenco, por lo menos tendré que tocar. Acabaré aprendiendo los martinetes y las tonás y las siguiriyas, los cantes matrices. Tendría gracia que a mis años pudiese cantar flamenco. Pero, ¿quién sabe?, a fuerza de soledad, pues hasta flamenco se puede aprender.

Esta cinta está dando las boqueadas. Yo estoy mirando cómo camina en espera del patatús. ¡Ay, Dios mío, si lo nuestro fuera tan sencillo, si no fuera más que esto, una cosa que anda y de pronto, se para, y se acabó! Pero todos los barruntos son de que es algo más.

Y deja un rastro de dolor y gozo.
semejante al que deja cuando cruza
el cielo un meteoro.

¿Por qué habré citado ahora a Bécquer? ¿Qué será lo que me ha traído estos versos a la memoria? No era mal poeta el andova, no; no siempre lo mismo, pero, a veces, muy bueno.

Sólo sé que ese mundo de visiones
vive fuera y va dentro de nosotros.
Pero sé que conozco a muchas gentes
a quienes no conozco.

Quizá sea así, pero quizás haya una tergiversación de adversativas. Más o menos, el poema termina de esa manera.

No, no. El poema no es así, sino éste:

Yo no sé si ese mundo de visiones
vive fuera o va dentro de nosotros,
sólo sé que conozco a muchas gentes
a quienes no conozco.

Ésta es la versión correcta.

Y después de haber charlado una hora con V.G., de haber escrito dos cartas, de haber cenado, de haber descansado, de haber lavado la vajilla, resulta que no son más que las siete menos cuarto. Me quedan todavía por delante cuatro horas vacías, cuatro horas. Cuatro horas que no puedo llenar hablando solo, porque ni siquiera tengo qué decir para tanto tiempo.

El viento sigue silbando, el sol ha caído y ya no me molesta el reflejo. Quedan todavía diecinueve días para que venga F. Más. ¿Cómo más? Cinco días del mes de octubre y ocho del mes de setiembre son trece. ¡Ah! Está más cerca de lo que yo pensaba. Trece días durante los cuales pasaré el tiempo esperando. El tiempo suspendido, lleno de horas como éstas. Si Dios no lo remedia y me manda uno de esos espolonazos que ponen la maquinita en marcha y me hacen trabajar.

Hace unos minutos estuve hojeando el librito ese, *La profesión del caballero,* donde he encontrado tantas cosas de las que yo había pensado, y me gustaría ser capaz de hacer una síntesis de lo que yo quiero hacer, lo cual sería posible si yo supiera lo que quiero hacer, pero quizá diciendo lo que sé, pueda llegar a saber lo que no sé. Por lo pronto, está todo el sistema del Narrador: creo que eso es absolutamente original, o al menos relativamente original: sería raro que nadie se hubiera dado cuenta todavía de este procedimiento. Pero, bueno: de momento yo lo ignoro y lo tengo por original. El problema es: ¿cuáles de mis materiales meto en esa parte del trabajo? Porque muchos de ellos tienen una doble utilización: quiere decir que caben en un capítulo o en otro, y, claro, si los utilizo en uno, normalmente deben de quedar inútiles para el otro, porque el efecto sorpresa ya se ha perdido. De manera que todos esos hallazgos de claves que nos permiten darnos cuenta de que don Quijote es siempre consciente y de que nos engaña con la realidad, los puedo utilizar más adelante, y limitarme a uno de ellos, al primero, como muestra de uno de los procedimientos del Narrador, es decir, mantener en el lector la conciencia de que el personaje está loco, pero, al mismo tiempo dar una clave que nos permite averiguar que el personaje es consciente de lo que está haciendo. Bueno. Con esto ya tengo el problema del Narrador resuelto. Incluso esto que acabo de decir ya está escrito, y falta añadir la coincidencia de la opinión del Narrador con la de todos los personajes secundarios que rodean al principal. La opinión del Narrador es la vox populi. Está loco porque todo el mundo piensa que está loco. Bueno. Y, después, ¿qué? ¿Se impone un comentario capítulo por capítulo, o bien agrupar hechos y darles una explicación? El primer procedimiento permite seguir adelante sin tener una idea general, pero el segundo exige evidentemente una idea general, porque para agrupar materiales hace falta un criterio de separación y de unión. ¿Cuál es este criterio? En un principio, yo tenía la pretensión de aplicar al Quijote mi teoría del personaje y mi teoría de la novela. Esta idea ha quedado en segundo término, y parece que ahora predomina la del Quijote como sistema lúdico, o lúdicro, como me enseñó Dámaso. Entonces, hay que ver cómo no solamente el Narrador, con su doble sistema, plantea un juego, sino que hay que verlo también en los otros sistemas. Es un juego o son un juego las relaciones de don Quijote y Sancho: un juego de varios matices con un predominio de la burla de uno sobre el otro: cada uno de ellos se burla del otro. Pero hay que demostrar que don Quijote no sólo se burla de Sancho conscientemente, sino que es también consciente de la burla de Sancho. Las dos claves están, una en la primera parte, episodio de Sierra Morena, otra en la segunda, episodio de la Cueva de Montesinos.

Luego hay todo aquello que pudiéramos recoger bajo el epígrafe «Don Quijote y el lenguaje», que es ni más ni menos que esto: Don Quijote transforma la realidad mediante el lenguaje, por lo general usando la metáfora, y hay que insistir en todas aquellas ocasiones en que al dar a una cosa el nombre de otra produce una metáfora, empezando por su propia personalidad de caballero andante. Después, la creación de situaciones mediante la palabra; ejemplo típico, el Barco encantado. Hay una cosa que se me ocurrió el otro día, que no sé si tengo apuntada, y es que... se me ha ido, coño, se me ha ido y de qué manera, ¡zas!, como una luz que se apaga. Qué es lo que se me ocurrió el otro día y he olvidado, ni la menor idea: tuve de pronto un vislumbre, pero lo bastante fugaz como para no poder tomar conciencia de él. ¡Vaya por Dios! Vamos a continuar en otra dirección. La psicología de don Quijote: es estúpido empeñarse en concebir la psicología de don Quijote como una psicología real. Cualquier interpretación realista de la psicología de don Quijote tiene que empezar por eliminar elementos, siempre estas pretensiones consisten en acomodar una realidad poética a un esquema científico: pónganse como se pongan, nunca una realidad poética puede coincidir con el esquema científico ni tiene por qué coincidir. Probablemente un examen científico y riguroso de la psicología de don Quijote podría mostrar que no es una psicología real. Pero lo importante es que este problema es absolutamente secundario, porque no está escrito en ninguna parte que los personajes de las novelas hayan de tener necesariamente una psicología real. Hay también el dato de que don Quijote, cuando se refiere a la materia caballeresca que ha leído, respeta los datos y parece tomarlos en serio, pero cuando es él el que inventa, lo hace de una manera burlesca, o sea que Caraculiambro inicia una larga nómina que se continúa en la serie de caballeros de los ejércitos contendientes, y en otras ocasiones también repite el procedimiento de inventar nombres burlescos. Esto necesariamente supone establecer una distancia entre su creación y él mismo, una actitud refleja.

Otra cosa: evidentemente existe una superposición de personalidades: la de Alonso Quijano y la de don Quijote. El problema es si forman un bloque compacto o si se mantienen distintas en todo momento, es decir, si en todo momento don Quijote no es don Quijote, y si en todo momento Alonso Quijano sabe que está fingiendo ser don Quijote. Yo no sé si será posible mantener alguna de las dos tesis, puesto que algunas veces parece que actúan como una sola personalidad, y otras veces parece que son dos. Yo me inclino a creer que salvo en contadas ocasiones en que la tensión hace que el personaje asuma a la persona (y a ver si nos entendemos con estos conceptos al parecer burgueses), como son por ejemplo, en el episodio del león, y en algunos momentos quizá de la casa de los duques, por lo general se puede ver siempre una distancia entre la máscara y la realidad, entre Alonso Quijano y don Quijote. No olvidemos a este respecto que el testigo es Sancho Panza, y que Sancho Panza cree y no cree en la ficción, pero siempre le llama «Don Quijote».

Claro está que, en la segunda parte, el cura y el barbero y todos estos le llaman don Quijote: es una manera de venir a su terreno. «Mire mi señor don Quijote.»

Sigo sin acordarme de lo de antes.

En relación con algo que dije en este carrete, no sé si hoy o ayer, acerca de las posibilidades de elección del personaje, yo creo que, cuando estamos leyendo, nos damos cuenta de que don Quijote, en el momento de hacer algo, puede no hacerlo, es decir, que no va movido por una fuerza ajena a su voluntad, sino que es su voluntad la que lo mueve. Esto hay que verlo con cuidado.

Está cayendo la tarde, todavía queda por ahí un resplandor de sol, el viento silba (no ha dejado de silbar) y la Mohawk Tower está en relativo silencio, y digo relativo porque mis vecinos están ahí, tienen la TV a una moderada intensidad. La oigo, pero no sé lo que dice, no me estorba. No creo que el micrófono la recoja.

Son las seis. Bueno. Si yo hiciera un resumen de todas estas cosas, digamos unas fichas, y cada una de ellas encabezara una serie en la que fuera apuntando todo lo que se relaciona con ellas, algo tendría. Quizá de todo esto pudiera salir un orden de capítulos. Claro, hay otro capítulo al cual hoy no he hecho referencia aquí, o por lo menos otro tema, que es el de la composición, de la distribución de los materiales, aquellos gráficos en que se ve cómo la primera y la segunda parte son estructuralmente muy semejantes, tanto que casi son iguales, y luego hay el tema de cómo la segunda parte es sustancialmente continuación de la primera, no una distinta novela. Sería una distinta novela si pudiese empezar sin tener en cuenta la primera parte, pero una comprensión cabal de la segunda parte requiere la primera, y esto hay que montarlo sobre la idea, que creo que también es mía, de que don Quijote, en la primera parte, busca ser personaje literario, y como al principio de la segunda parte se entera de que ya lo es, lo que hace es buscar el reconocimiento como tal, es decir, que en la segunda parte don Quijote va al encuentro de sí mismo, confía en que la gente que se tropieza haya leído la primera parte y lo identifique, y, en efecto, esto sucede unas veces, y, otras veces, no.

También hay que tener en cuenta algunos pequeños detalles que corrigen otras afirmaciones, por ejemplo, el Narrador dice constantemente que lo que está escribiendo es una historia y no una ficción, y sin embargo en las últimas líneas aconseja al lector que le haga el mismo caso que a los libros de caballerías, lo cual es muy de tener en cuenta, y, por otra parte, revelador no sólo de que él sabe que no está escribiendo una historia, sino que no la propone como historia, la propone irónicamente, es otro elemento del juego.

Con esto que he olvidado me va a pasar lo mismo que con algo que dije en Maryland, en la conferencia sobre el esperpento, que estaba apuntado en unas fichas, y como perdí las fichas no he vuelto a recordarlo más, y escribí el ensayo a falta de eso, que no sé lo que es: no volví a recordarlo más. A ver si tengo la mala pata de que tampoco recuerde esto.

Bueno. Parece que hubo suerte. Encontré un papel con unas cuantas palabras que me permiten reconstruir la idea completa. Don Quijote pronuncia dos clases de discursos: los serios y los burlescos. En los serios expone ideas del dominio común, tópicos literarios, por ejemplo el de las armas y las letras o el de la Edad de oro: sabemos ya el origen de todas esas ideas, pero, en cambio, los burlescos son absolutamente personales, de manera que unos y otros nos presentan dos facetas del personaje: por una parte, aceptando ideas tópicas, y por la otra elaborando fantasías personales. Las fantasías personales revelan un espíritu burlesco. Entonces podemos decir que las primeras, las serias, pertenecen al «papel», y que las segundas, aunque el personaje sea su protagonista, como en el caso de la Cueva de Montesinos, revelan la imaginación del «autor», es decir, del que las inventa, de don Quijote. Responden más a su verdadera personalidad que a la personalidad adventicia, que es la que hace uso de las primeras en situaciones públicas. Bueno, hay que estudiar esto, pero el núcleo de la idea está aquí.

26 de setiembre, 1972

Hoy es el día 26 de setiembre. Acostado ya, sin novedades, después de un día gris y caliente en el que lo más que hice fue escribir alguna carta y llevar unos pantalones y unas camisas al tinte y estar tumbado. Realmente, hay algo que me preocupa, y es este dolor que tengo a la izquierda del recto, entendiendo por izquierda la parte del corazón, que me hace temer la existencia de algo grave. Dios no lo quiera, pero si Dios lo quiere es estúpido oponerse más allá de lo que los hombres dan de sí. Si estuviera en España, ya me habrían hecho una exploración; en este país tengo que retrasarla. En este momento me encuentro sin seguro, y al menos hasta que reciba la tarjeta de GHI y de Blue Cross, es decir, hasta que esté en regla, no puedo intentar nada. Es posible también que se trate solamente de unas hemorroides internas, o que sean consecuencias, reflejos, lo que sea, de mi próstata inflamada, pero no hay que descartar la posibilidad de que se trate simplemente de un cáncer de recto o de un cáncer de próstata. En cualquiera de los dos casos, Gonzalo, te queda poco de vida.

En fin... Es curioso, pero no lo siento por mí. Lo siento por mi mujer y mis hijos, a quienes mi marcha dejará indudablemente sin muchas cosas. Ante todo, sin un marido y sin un padre: después, ante un programa de dificultades en una edad difícil para todos. ¿Qué será de ellos? Pues no lo sé. Las niñas gritan por los pasillos: hacen bien, tienen veinte años, es la edad de gritar por los pasillos y por los jardines. Hoy, cuando regresé a las seis, la tarde estaba caliente, y el patio del cuadrángulo lleno de muchachos y de muchachas que sentían el otoño, pero lo sentían como primavera, evidentemente.

Parece que, por fin, va a venir F., que llegará aquí el día cinco y me acompañará durante tres semanas. Pienso que quizá voy a morirme: deben ser tres semanas que recuerde siempre. Hay un aspecto en el que, claro, será difícil crearle recuerdos, pero quedan los demás, Gonzalo, quedan los demás. En fin, la pobre merece más de lo que tiene, y yo le daré lo que pueda. Lo demás, ¿qué importa? Incluso... Si uno ha alcanzado algo, ¿quién duda que, así, no lo estropeará? Siempre pensé que si Dios me daba vida, escribiría aún tres o cuatro libros. Ahora mismo no recuerdo cuáles son. Pues bien: ¿qué más da que no los escriba? Pensemos que, viviendo, a lo mejor tampoco los escribo.

Es curioso, me duele todo el lado izquierdo. He tenido una especie de latido doloroso en el cuello, y ahora un dolor en el brazo izquierdo. Es verdad que hoy tomé bicarbonato y debo de estar lleno de gases, y que los gases me estarán oprimiendo el corazón, pero, a lo mejor no es eso. En fin, creo que haré bien dejando de pensar en mi salud e incluso en mi muerte, que, si ha de llegar, ya llegará, y no creo que sea fácil ponerle remedio. Habrá que armarse de paciencia, pedirle a Dios que le dé a uno fortaleza, y si Dios le escucha a uno, pues, con eso y la ayuda de los calmantes, puede uno ir tirando hasta que llegue el momento. Confieso, sin embargo, Señor, que no me gusta morir tan pronto. Tengo algunas cosas que hacer en el mundo, quizá también algunas que deshacer. Te confieso, Señor, Tú lo sabes, que siempre esperé al menos alcanzar la edad de mi padre, once años más, dentro de once años, pueden estar casadas las niñas, por lo menos Álvaro estará en la Universidad, José tendrá catorce años... No es lo mismo, Señor. No es lo mismo. Realmente, que pierdan al padre a esta edad, para unos será un recuerdo cada vez más borroso; para otros, ni siquiera eso. Se acordarán por que se lo dicen, será un recuerdo recibido de segunda mano: José, Luis, quizá Juan también. En fin, Señor, hágase tu voluntad. Pero ya conoces mi deseo. Desde este miedo, te ofrezco mi vida, la pongo en tus manos y te pido que me la conserves. Yo no soy un héroe ni un santo. En fin, te pido perdón y espero que me des tiempo y conciencia para pedírtelo más veces, todas las que haga falta.

¿27 de setiembre, 1972?

Supongo que hoy es el veintisiete, aunque no esté muy seguro. Me encontré tan mal al mediodía, que tuve que venirme a casa y estar más de una hora acostado. Ahora me encuentro mejor, sin encontrarme bien del todo, y, no sé, supongo que habrá sido una de esas caídas, quizá de tensión, que tengo a veces, pero que por otra parte presentaba todas las características de una pregripe. No lo sé. El tiempo, desde luego, no está nada saludable: sin sol, caluroso, húmedo, el tiempo pintiparado para engripecerse y quedarse una semana en la cama. Me siguen las molestias, pienso que se trata más bien de unas hemorroides internas, en fin, no quiero admitir la idea de que se trate de un tumor, lo cual no quiere decir que la descarte enteramente.

Hoy he recibido un paquete con tabaco y medicinas, pero no tuve carta. Yo, por mi parte, envié la escrita ayer... no, la escribí esta mañana, y eso es lo que hice en todo el día: eso y leer el *Quijote*. Leí el capítulo del Caballero del Verde gabán, mejor dicho, de su hijo, porque fue el capítulo de su casa, y el capítulo de la Cueva de Montesinos. La Cueva de Montesinos se trata evidentemente de un discurso burlesco de don Quijote, compuesto de los elementos que él domina: la primera parte, temas caballerescos, Montesinos, Durandarte, Belerma y toda esa historia, pero contada de tal manera que provoque el asombro y la ira de Sancho; la segunda parte, formada con elementos de la reciente experiencia de Dulcinea y su encantamiento, es de tal modo evidente la burla... Yo no me explico cómo nadie ha insistido... cómo se puede tomar el viaje de otra manera, y cómo ese imbécil de Durán puede solicitar un psicoanálisis del sueño. ¡Pues sí que iba a sacar mucho en limpio el carajo éste, del psicoanálisis del sueño! Y, después, nada más. Estuvo V. conmigo un rato, llevaba una falda hasta los pies, horrible, y no hablé con nadie más, casi ni conmigo mismo. Quise preparar las cosas para la cena, para no tener que esperar hora y media al llegar a casa, y me encontré con la desagradable sorpresa de que un bisté de jamón que tenía aquí se había estropeado, y tuve que tirarlo. Por fortuna tengo un caldo, algunos restos de pollo y de jamón, y con todo eso haré un tabardillo en la batidora, e iré bien cenado. Hoy no comí mal, de manera que no hay que preocuparse. Ni siquiera habrá necesidad de añadir un huevo.

Y fuera de estas menudencias de mi vida diaria, no tengo nada que decir. Mi cabeza está vacía, o, lo que es peor, está llena de otra clase de preocupaciones...

Se me ocurrió antes, si esa gente quisiera, podrían mandarme a Vigo agregado mientras no funciona el Instituto de Coia, esto sería una manera de resolver rápidamente el problema; sería un modo... siempre y cuando quisieran hacerlo. Supongo que los de allá me recibirían de uñas, pensando que les iba a quitar algo, pero ya se arreglaría, ya se arreglaría. En parte estoy dispuesto incluso a no dar clase: que me encarguen de lo que sea, de la biblioteca, me es igual. No quiero rivalidades, menos con los muchachos jóvenes.

En fin, no sé, ya veremos. Es una solución que no se me había ocurrido, pero de todas maneras le puedo escribir una carta a alguien o puedo hacer una visita o un par de visitas cuando llegue a España. Habría que conseguirlo, Dios mío, habría que conseguirlo de alguna manera: me da miedo la vida en Madrid por no pocas razones. Quizás en cierto orden de cosas sea más satisfactoria, pero es sólo de momento. El proyecto de La Ramallosa parece ser el más razonable de todos cuantos hemos hecho. Son muchas las cosas resueltas con él y muchas las que se pueden resolver.

28 de setiembre, 1972

Día veintiocho de setiembre. En cierto modo, un día perfecto, o, al menos, un día ejemplar, quiero decir, modelo de soledad. Su resumen: he hablado con dos personas, ambas mujeres; ninguna de las dos me interesaba lo que decía y de ninguna de las dos me importaba la compañía. De la última de ellas estaba deseando que se fuera para quedarme solo, y una vez solo, pues estuve solo. Hice mi cena, cené, miré la TV., no me enteré de nada, fumé unos pitillos, comencé a leer uno de esos artículos cuyo primer párrafo es 00, el segundo 01, el tercero 02, artículo que supone la imposibilidad del relato, la inexistencia de la Literatura, etc., etc. Después me cuidé un poco de mi salud, y ahora estoy en la cama: un día perfecto. Bueno, había un pequeño detalle, y es que esta mañana di un paseo largo y me cansé bastante, pero el paseo tampoco me dio la compañía, ni de los árboles, ni de las calles ni de las cosas que pasan. Verdaderamente, si no estuviera esperando a F., estaría tan desesperado, que un día cualquiera cogería el avión y me marcharía. Es absolutamente imposible pensar que yo pueda volver aquí otro año, ni siquiera como sacrificio hecho por mis hijos. No puedo venir porque estoy convencido de que, si vengo, me vuelvo loco. Y, claro, es el modo cómo estoy palpando esta absoluta insolidaridad, esta absoluta atomización de la sociedad, que alcanza aquí indudablemente una medida muy superior a la que alcanza en Europa. En fin, no sé si en alguna gran ciudad la gente podrá estar tan sola, supongo que sí; pero por lo menos en los medios en que yo me muevo la soledad no existe. Se puede dar en personajes estrafalarios, se puede dar en quien la busca, se puede dar en tipos que vivan al margen, y, por supuesto, se puede dar en la Literatura, pero yo no conozco a nadie que allá experimente la soledad de esta manera. En cualquier caso, la familia, los amigos, unos conocidos del café, las chicas de la cafetería, unos conocidos con los que pueda tropezarse, los compañeros de la oficina... Existe una comunicación humana; aquí, no. Es la experiencia más profunda de toda mi vida, mucho más que en los años anteriores: el primero, porque encontré la manera de evadirla, trabajando; la segunda vez que vine, pues, qué sé yo, hablaba todavía con alguien, hablaba con S.; pero, como esta vez, nunca.

29 de setiembre, 1972

Hoy es el veintinueve de setiembre, fiesta, si no recuerdo mal, de San Miguel. Comienzo antes que de costumbre, porque poco más de las tres son, y estoy levantado desde las siete de la mañana, tiempo durante el cual no hice nada positivo, salvo dormir un poco después de comer. Estoy bastante cabreado. Estos ensayos, sean estructuralistas, sean transformacionalistas, tienen la virtud de cabrearme, y no por los ensayos en sí ni por la pretensión, que me parece estupenda, común a todos, de hacer ciencia de la Literatura, sino por ese desprecio implícito que se advierte en buena parte de ellos, ese desprecio que se deriva, por ejemplo, de la frase de Julia Kristeva: «Para la semiótica, la literatura no existe.» O esa insistencia en sacar a luz ideologías, operación que me parece perfectamente inútil cuando no consiste en explicar el papel de la ideología en la economía del libro. Y es que, claro, todas estas cosas forman parte de sistemas mucho más generales que yo, en parte, desconozco, y en parte no comparto. Por ejemplo, todo lo que tienen de marxismo la mayor parte de estos trabajos: lo que tienen de marxismo, de un marxismo que yo no sé si Marx, que no era marxista, aprobaría. Están haciendo con el marxismo algo muy parecido a lo que sucedió con el cristianismo, están sacándole consecuencias, y, claro, si estas consecuencias, sumadas, constituyen la cara actual del marxismo, evidentemente yo no soy marxista, y mucha otra gente, otras personas que se lo creen tampoco lo son. Pienso, por ejemplo, en mi amigo M. Pero, en fin, la razón del cabreo es que intentan dejarnos en paños menores, casi en crearle a uno la conciencia de que escribir una novela es pecado. Salvo que sea una de las que escriben ellos, claro: salvo si uno escribe una bobada estilo Philipe Soller, o estilo Jean Pierre Faye, como se pronuncie, que no lo sé. Qué coño, no hay quien les hinque el diente, cuidado que he intentado veces leerlas, no hay una sola línea que le prenda a uno. Hace falta una voluntad, hace falta una resistencia tremendas para poder leerlas; es decir, carecen de eso que se llama interés. Coño, si vamos a hacer una literatura sin interés no vale la pena hacerla, porque, francamente, leer un libro por el gusto de ver cómo están construidas media docena de líneas y luego dejarlo, pues no es esto la función de la lectura. Después, todos esos líos que se están armando con el problema del «narrador», cuestiones que me parece que están un poco exageradas. Me parece simplemente que no son fundamentales, o, por menos, no son necesariamente fundamentales en todos los casos. Son ardides de que se vale el novelista para poner en juego sus materiales. Ahora, lo gracioso del caso es que el inventor de este problema es Cervantes. Están hablando por ejemplo de *Tom Jones* o de *Tristram Shandy*, y estos dos libros no hacen más que imitar todo el problema del narrador en el *Quijote*, y el narrador en el *Quijote* es un ardid del que se vale Cervantes para burlarse de su propia novela, burla que queda perfectamente clara si se coteja la afirmación constante de que se trata de una verdadera y puntual historia con lo que dice al final de que hay que prestarle el mismo crédito que a las novelas de caballerías. Claro, en el *Quijote*, el problema tiene importancia por la sencilla razón de que se trata de un problema estructural profundo; quiero decir que el *Quijote* no sería la misma novela si no estuviera contada así. Pero la mayor parte de las novelas, aunque se cuenten de otra manera, son las mismas novelas: ésta es la diferencia, a mi juicio. En fin, todo esto, si yo tuviese ganas de trabajar, podría por lo menos hacer un ensayo y meter en él todas mis ideas sobre el particular. Pero, ¡coño!, tengo esta pereza encima y esta insistencia en problemas prácticos que no voy a resolver desde aquí, que el trabajo es imposible.

Hoy he tenido carta de F., ya comenta el fracaso del proyecto Vigo, y la pobre abre otra puerta a la esperanza que me parece mucho más difícil todavía, que es un proyecto Escorial. Efectivamente, en los recortes que recibí ayer, viene un anuncio de una urbanización en El Escorial que tiene Instituto de E.M. Yo no sé si se trata del edificio de un Instituto ya fundado o de un proyecto a largo plazo. Habría que ver esto con cuidado, porque, tratándose de El Escorial, los problemas son los mismos: está al lado de Madrid, el traslado no es caro, quizá con diez o quince mil pesetas pudiera hacerse, e incluso podría ser precedido del alquiler de una casa. En fin, pasa siempre: una puerta se abre y otras se cierran. Tendría que pensarlo mucho, habiendo la posibilidad de El Escorial, que, al fin y al cabo es como estar en Madrid sin las desventajas de Madrid; sitio quizás incómodo en el verano viviendo en la ciudad, pero, en fin, son dos meses. Incómodo también sin coche. Y todo esto habría que verlo, Gonzalo: implica renunciar a mi retiro gallego y a la proximidad del mar. Pero yo tengo tantas ganas de irme a Galicia, y los gallegos no tienen ningunas ganas de que me vaya a Galicia. Tengo que pensar que nadie me ha echado una mano. Nadie me ha echado una manita. Pues hay por ahí unas cuantas cartas a las cuales no he recibido respuesta: el llamado V., que debe de ser un voceras: mucho haré, mucho haré, pero no hizo nada. Y vamos a ver qué dice el otro V. de esa posibilidad. Tampoco he recibido carta de C., y estoy seguro de que no me escribirá. Sospecho que hice un poco el primo mandándole un ejemplar de La Saga. Me he preguntado yo muchas veces por qué en el fondo no siente por mí simpatía, por qué no le gustan mis novelas, salvo *Off side,* y yo creo que es una cuestión ideológica: C. debe de ser uno de estos radicacales burgueses que se crían en... X., apoyados en una ideología inconsistente hecha de anticlericalismo, antimilitarismo y esas cosas, pero nada más, y, claro está, novelas en las que hay problemas religiosos, por ejemplo, las rechazan por su misma materia. Yo creo que la razón es ésa. Tanto la trilogía como *Don Juan* son dos novelas con problema religioso, y, en cambio, *Off side,* donde no hay más que algo de sátira social, les parece estupendo. Bueno. Pues me ha fastidiado mi vecino, porque estoy oyendo al lado música de jazz, que confieso que en este momento no me interesa nada. Pensaba pasar la tarde por lo menos en silencio, y el silencio se me ha acabado.

Coño, una de mis deficiencias es el desconocimiento de la música, mi desconocimiento total de lo que es la música, porque esta mañana estuve leyendo un ensayo sobre la técnica musical de *Finnegän's wake* y habla allí de una serie de cosas para mí totalmente desconocidas. Ya es un poco tarde para que yo me ponga ahora a aprenderlas. Sí, ya es más bien tarde.

Once y cuarto de la noche. Después de haber matado el tiempo como pude, con un viaje a mi despacho a través del campus semivacío, y un ratillo de lectura. Ni siquiera de lectura: un ratillo de hojear algo que estaba encima de mi mesa. No sé si en esta indecisión oscura en que me encuentro, sin saber qué hacer, con unas ideas vaguísimas que casi no existen, unas ideas que apenas pasan de querer hacer algo; yo no sé si todos estos materiales esbozados y estos esquemas apuntan a algo que pudiéramos llamar un poema burlesco, poema en prosa, por supuesto. Un poema burlesco que sea ni más ni menos que una protesta contra la Historia, pero, si empiezo así, malo. Si parto de los símbolos, malo. Tengo que partir de los personajes reales. Sólo con personajes reales se pueden operar luego las transformaciones y los juegos que considere necesarios. Cuando digo personajes reales, coño, no quiero decir personajes tomados de la realidad, sino ficciones de la realidad, es decir, los personajes que ya tengo y algunos parecidos. Para llevar a cabo la idea que parece que se va aclarando, que se va abriendo paso, lo que necesito no son unos cuantos personajes, sino una unidad ululante, necesito lo que se dice todo un pueblo, y el problema ahora es meter todo un pueblo en la novela, sin acudir a los procedimientos ya conocidos, y que desde las primeras líneas la novela tenga ya un tono que no debe perder. No lo veo. La idea está ahí, el material está en otra parte, pero no lo veo. No lo veo. Ahora se me está ocurriendo algo que ya dije más veces, no con ocasión de esta novela: hacer una novela realista con materia irreal. Ésta es otra frase abstracta, porque esto no quiere decir nada mientras no se hace. Mientras no se hace no se sabe lo que se va a hacer. Entonces, esto sería escribir la novela... ¡qué sé yo...! como escribí la trilogía, de pronto, ¡zas!, aparecen los vikingos, y yo, muy serio, describo la llegada de los vikingos y lo que pasa. Muy serio, sin sonreír siquiera. Entonces, la introducción de un elemento irreal arrastra a lo demás. No sé. Es una posibilidad como otras, pero no sé cuál es la conveniente. Y aun así, decir «de una manera realista» es también muy vago, porque no voy a partir de la técnica dramática: eso sería realmente dar un salto atrás. No se trata de eso: no se trata de volver a *Off side*, repetir diálogos y diálogos que me obliguen además a un desarrollo cronológico riguroso: lo cual por otra parte podría ser un elemento irónico más, bien manejado. A condición de hacer la cronología rigurosa de cosas que no tienen cronología, lo cual me aparta ya del enunciado realista. ¡Ay, Dios mío! Después, se divierte uno mucho escribiendo, pero los caminos hasta entonces no son nada fáciles, bien lo sabe Dios. Y, además de todo esto, tengo sed.

Una epopeya burlesca, con un comienzo semejante al de la *Eneida*, solamente para poder preguntar: Dime, musa, ¿por qué coño pasa esto? La epopeya como búsqueda: quién busca y qué busca. No hay un quién, sino varios quiénes, y cada cuál busca lo suyo. Marcelo, Ignacio... No sé si fue ayer, tampoco sé si lo apunté aquí, cuando vi que este tema tiene también una estructura exagonal, un hombre con dos mujeres y dos hombres con una mujer, más luego todos los que andan alrededor: habría que ver qué tipo de relaciones existen entre todos estos que andan alrededor: entre sí y con la... con los dos triángulos centrales: otra estrella de Sión, que aquí no es símbolo de nada judaico. Bueno, no es un exágono, es una estrella de seis puntas, que no es lo mismo. Hay una serie de tipos más por ahí perdidos, y los que irán surgiendo, que no sé quiénes son todavía. Gente que está en sus cuchitriles, en sus tiendas, que todavía no han salido de ellas, gente que todavía no conozco.

1 de octubre, 1972

Hoy es el uno de octubre. Domingo. Día excepcionalmente largo, porque cometí el error de pensar que hoy se cambiaba la hora, y nunca he logrado averiguar qué pasa cuando se cambia la hora. Lo primero es que no sé si adelanta o se atrasa: en una palabra, que telefoneé a F. porque hoy es su cumpleaños, pensando que allá serían las once, y resulta que eran las nueve. En fin, las cosas por allá van normalmente, y eso me dejó tranquilo. Por lo demás, he perdido la tarde como de costumbre, y ahora no puedo dormir a causa del jaleo de mis vecinos, el jaleo de siempre, que tiene todo el aire de prolongarse hoy más de lo habitual. Si no fuera por el jaleo, quizá lograse decir algunas cosas que se me ocurren, por ejemplo, la necesidad de aprovechar en el comienzo dos ideas que andan por ahí, supongo que algunas veces me habré referido a ellas, pero nunca las he juntado: la primera, aquella que había escogido como comienzo, el profesor de la Universidad que dice: si un hombre se tira por la ventana o viceversa; la segunda, la del indio. Entonces, podemos hacer un juego mezclando estas dos cosas, discutiendo la realidad de la frase, si quiere decir algo o no quiere decir nada, y la realidad del indio, y esta discusión puede llevarse a cabo por dos procedimientos distintos: quien discute la realidad del indio son los dos periódicos locales, que han armado una polémica; en cambio, la discusión sobre la frase del profesor, queda a cargo de personajes, todavía no sé cuáles. Y hay que poner de relieve cómo, para la gente, tiene más importancia la frase del profesor que la presencia del indio, y este comentario lo hace uno de los periódicos: a pesar del tiempo que llevamos llamando la atención sobre el hecho de que varios convecinos nuestros hayan visto un indio por las calles de la ciudad, la gente sigue discutiendo si don Fulano de Tal, al decir tal cosa, ha querido decir algo o no ha querido decir nada. Los elementos «otros», es decir, que alrededor de este juego veamos ya aparecer temas y personajes, verdaderamente es algo que podría ir haciendo: siempre sería un punto de partida. Si un hombre se tira por la ventana o viceversa: la mitad de la frase quiere decir algo; la otra mitad, no. Habría que montar un buen análisis que fuese al mismo tiempo ingenioso, gracioso y lírico. A ver cómo coño se le saca lirismo a esto. Así, a primera vista, no se lo veo. Pero, ¡quién sabe! Menos da una piedra. Hay que darle un nombre a este profesor, un hombre gallego: don Adolfo Pumpido.

Bueno, esto queda apuntado aquí, y a lo mejor sirve de algo. Lo que es muy posible es que la grabación haya salido mezclada con lo que estoy oyendo aquí al lado, que es un anuncio de la TV.

Pues, sí, efectivamente: toda la grabación ha salido sobre un fondo televisivo precioso. Por lo menos tengo aquí el testimonio de que el silencio en que vivo, el silencio que me rodea, se parece mucho al de la casa de don Diego de Miranda. A lo mejor, sirve para justificarme yo mismo de mi propia vagancia. En fin, vamos a ver si hay suerte y puedo dormir.

2 de octubre, 1972

Hoy es el lunes, dos de octubre. El lunes dos de octubre, y ahora mismo acabo de acordarme de que pasado mañana es el santo de Francisca. Yo me he olvidado, de la misma manera que me olvidé del cumpleaños de Álvaro: realmente, mi memoria para esas cosas es fatal. Y me acordé ayer del cumpleaños de F. por verdadero milagro. ¡Ay, Dios mío, cómo anda mi cabeza! Ahora se me plantea la cuestión de si ayer hice o no comentario alguno a la noticia de la reedición de *Don Juan.* Por una parte, no recuerdo haberlo hecho, por otra me parece raro. No tengo ganas de ponerme a escuchar las tonterías que haya dicho ayer, y el comentario que se me ocurre, es, primero, que me fastidia que hayan hecho esa edición sin contar conmigo, porque había bastantes erratas que corregir y una frase que añadir. Una frase que ya debía estar en la primera edición, pero que es imperdonable que no salga en la segunda. El segundo comentario, de orden económico, la noticia que me dio F. no parece que suponga ningún giro, no parece que suponga ningún cheque. Entonces, dejarán para mejor ocasión el anticipo. Porque si las ediciones sucesivas a la primera obedecen a las mismas leyes que la primera, una de las leyes es el anticipo. Bueno, por fortuna, de momento no tengo necesidad de él, y mejor será si consigo cobrar una cantidad sustanciosa junta. Cien ejemplares de *Don Juan*... no sé cómo se estará vendiendo, si a doscientas pesetas o a ciento cincuenta: va a representar poco más de mil pesetas. Tengo la costumbre de perder los papeles, y no sé realmente cuántos ejemplares quedaban de la primera edición. Pero, en fin, aunque me lo liquiden todo, no creo que sea una gran cantidad: lo único sustancioso será el anticipo. Y también, de sustancioso... La primera edición me dio diez mil pesetas, hace nueve años. Eran más diez mil pesetas hace nueve años que las veinte mil que me pueda dar ahora. Pero, en último término, siempre queda el consuelo de pensar que el haberse apurado a hacer una segunda edición de *Don Juan*, de la que no habíamos tratado nunca más que de una manera muy vaga, «ya verás cómo se hace una segunda edición», quiere decir que hay algo que lo aconseja, y esto sólo puede ser lo que el propio V. había previsto: que la Saga tira de las otras novelas: quiere decir que La Saga se vende también. Entonces, si con todas estas cosas, inesperadamente, entre un lado y otro, juntase unas pesetillas, se podría pensar de verdad en la aventura de la casa. Se podría pensar de verdad en hacerse una casa o en adquirir una casa hecha. Ayer, casualmente, repasando el «Quijote», leí el cap. de la imprenta de Barcelona, donde dice que, sin dineros, vale un cuatrín la buena fama. Yo, por ahora, ni dineros ni buena fama. Me parecería muy raro que llegasen todos juntos. No sé por qué estoy ahora viendo las caras de los Ferlosio, sobre todo las de Carmiña y Rafael, sobre un fondo de biblioteca, que no es la mía, ni tampoco la de ellos, porque no la conozco. Unas imágenes raras que se cruzan por ahí, que no sé de dónde vienen ni a propósito de qué. Es curioso cómo a veces estas imágenes tienen una tremenda plasticidad, tremenda. En cambio, otras veces anda uno buscándolas, y, o no aparecen, o son borrosas, o esquemáticas. En fin... No sé lo que dirá la ciencia moderna de estas y otras cosas.

Hoy he pasado un día como los demás. No sé por qué estoy sintiendo un gran interés por la métrica española: estoy leyendo el libro de Navarro Tomás, que me parece muy bueno, por lo menos me parece tremendamente informativo: me está descubriendo una serie de cosas que yo ignoraba. También he leído, o, mejor, releído, un ensayo breve de Roland Barthes; he dado una clase que versó sobre la unidad y la diversidad en la obra poética, partiendo de un ejemplo lírico. Después subí al drama y al teatro. Hay algunas cosas que tengo que explicar todavía acerca de eso.

Estuvo a verme un rato B.N. Está la pobre cada vez más insoportable. S. enseñó las piernas todo lo que pudo, con esa inconsciencia que da el hábito, y, por la mañana, vino también a darme la lata W.W., a preguntarme cosas de Valle-Inclán: la pobre me parece que nunca descubrirá la América, lo que se dice nunca.

Ahora mismo se me acaba de recordar una frase de Valle-Inclán: he estado buscando el ritmo y efectivamente era ritmo dactílico, lo cual no quiere decir que todo V.I. esté escrito así.

Ya empieza el jaleo en la habitación de al lado, y yo no puedo hacer nada, porque si en el mes de setiembre voy a hacer un viaje, a partir del enero anterior ya no pienso en otra cosa que en el viaje, y como el jueves viene F., hace días que no hago nada pensando en que va a llegar.

3 de octubre, 1972

Hoy es el dos de octubre, no, el tres. Día dulce, con poco sol, tan sin novedades que las cartas que me llegaron hoy de F. me defraudaron un poco, y la de Hervés, que me llegó puntualmente como martes, tampoco me cuenta nada que valga la pena, salvo que han secuestrado un número de *Índice* a causa de una entrevista con Dionisio. Únicamente he conseguido por fin, después del tiempo que hace que andaba buscándolo, y no por dificultad, sino por impericia, el artículo de Lévy-Strauss y Jacobson sobre «Les chats». Tengo además situado el de Julia Kristeca, que pediré mañana, y con eso habré completado el conjunto de los que se refieren a este tema.

Fuera de esto, el día ha sido normal. A las tres ha habido una reunión de chicas de español en la que estuve poco más de media hora. He venido a casa a las cuatro, tengo una pechuga al fuego, yo estoy acostado y tapado, porque parece que me anda encima algo de gripe, y realmente no me haría ninguna gracia ponerme enfermo mañana y tener que ir con fiebre pasado a N.Y. Confiemos en que no sea así.

El día ha sido de esos en que no se me ha ocurrido nada, ni en un sentido ni en el otro: a pesar de que estuve leyendo un rato el «Quijote», no me sugirió ninguna idea nueva. Estoy más bien atontado. No sé. Hace una hora o así tuve de pronto la conciencia de haber acabado como escritor, y no por falta de imágenes con que llenar más libros, sino por falta de ejercicio, por abandono del ejercicio, del oficio. Prácticamente hace más de un año que no escribo, y eso se nota mucho: cualquiera de las cosas que he comenzado acusan torpeza, vacilación de pensamiento, dificultad expresiva. Los antiguos tenían razón al decir que ningún día sin alguna línea. Ellos lo decían de leer, pero yo lo digo de escribir. A veces escribo algo en el cuaderno, pero también se pasan días y días sin una sola palabra, y esto que hago delante del micrófono ni siquiera es un ejercicio de aclaración de ideas, porque carezco de ellas.

En una de sus cartas, me dice F., en relación con La Saga: «Hay un silencio sepulcral.» Quiere decir que, después de la última reseña publicada en *Triunfo, Triunfo* o *Pueblo*, uno de los dos, no hay nada nuevo. Por otra parte, tampoco tengo respuesta de V.: no sé si pasará algo. Esto hace que me preocupe, y es posible que se trate de una preocupación gratuita, sin fundamento: sin otro fundamento que la interpretación que yo le doy al episodio de la TV, acerca del cual, a lo mejor, estoy equivocado. El tal Meliá, además, de ser crítico de la TV, colabora en *ABC*: tengo una vaga idea, alguien me lo ha dicho. Lo recuerdo más de *Destino* que del *ABC*.

Me encuentro mal. Tengo todos los síntomas de una gripe. Yo creo que debo levantarme, tomar un redoxón y una aspirina. Estas dos cosas juntas probablemente me reanimarán un poco.

Son las seis menos diez, las once en España. Al no haber telefoneado F. no creo que telefonee ya. También es posible que no haya recibido la carta donde le hablaba de llamarme hoy. Y aquí estoy como un perfecto tonto, sin tener nada que decir y sin saber qué decir: con la cabeza vacía, la imaginación de un lado a otro, pero sin fijarse en nada que valga la pena, y aunque haga esfuerzos por llevarla a un tema que me interese, no me obedece. No sé. Quizá sea cosa de que me ponga a leer ahora el ensayo ese: a lo mejor tiene la virtud de excitarme un poco. Vamos a hacerlo.

Continúo unas horas más tarde, cuando ya estoy acostado. Se me ocurrió ponerme a escribir, aprovechando una idea que recordaba de ayer o anteayer, y escribí tres folios y dejo el cuarto comenzado. No sé el valor que pueda tener esto. No sé si tendrá el mero valor de arranque. No sé si el camino que puede salir de aquí es el que debo seguir o no. Por ahora, contado con un tono humorístico, todo lo que cuento es verosímil: no se me ha ocurrido una sola cosa que pueda no serlo. La técnica está emparentada con la de La Saga, pero no es lo mismo, puesto que está formada de pequeños bloques separados entre sí. Lo que llevo escrito está montado sobre un truco, el truco de hablar de lo que ha dicho el profesor Pumpido y lo del indio, sin explicar qué ha dicho el profesor Pumpido y qué es lo del indio. Creo que he tenido una buena idea, aunque todavía no aparezca en lo escrito, y es que, en la ciudad hay dos periódicos, uno *El Eco*, por supuesto, y, otro *El Ideal*, y estos periódicos representan dos posiciones opuestas dentro del obligatorio respeto, y aparentemente pertenecen a grupos también opuestos, uno de ellos muy influido por el clero anticonciliar, y el otro más liberal. Sin embargo, ambos están en manos de don Balbino Cubero, que tiene el sesenta por ciento de las acciones del uno y del otro. Entonces, si bien es cierto que las redacciones son opuestas, las administraciones están tan cerca que en realidad se trata de la misma administración. Pero esto da lugar a que haya un director común a los dos, y este caballero se dedica a decir en *El Eco* lo contrario de lo que dice en *El Ideal*, y viceversa. Hay que presentarlo como figura dramática, como figura partida, diríamos una caricatura de alienación, con la circunstancia de que él no cree ni en lo que dice en *El Ideal*, ni en lo que dice en *El Eco*. Él es un anarquista. Entonces, este punto es el que da la noticia del indio en un periódico y lo que dijo el profesor Pumpido en el otro, y además se enzarza en una polémica cuyo desarrollo nos puede servir un poco de guía cronológica. Este punto además es un personaje importante, es el que conoce a todo el mundo, es el amigo de todo el mundo. Por ahora tengo esbozadas las figuras del... ¡coño! le llamo don Marcelo al cura. No me acuerdo. Bueno. Del cura y del encuadernador por una parte, por otra parte de doña Noema Rosenthal y su marido, y ahora empezaba con Marcelo, la llegada de Marcelo. Pues no sé si hice más... Es igual. Esto lleva el camino de ser una serie de cuadros, una serie de bloques narrativos compactos, en los cuales presento a varios personajes.

No sé si el planteamiento es un poco ingenuo técnicamente, pero al menos es un punto de partida, una base para seguir escribiendo, y ahí hay unos materiales que pueden ser modificados, suprimidos o aumentados, en fin, que es un comienzo de trabajo.

Y ahora empezaba con Marcelo, la llegada de Marcelo. Pues no sé si hice más.

18 de octubre, 1972

Hoy es el dieciocho de octubre. Ayer hubiera hablado un rato delante del micrófono, y no lo hice porque, no sé por qué causa, el aparato no funcionaba. Tuve que llevarlo a arreglar, y se trataba de un cable que se había despegado. Lo siento porque mi ánimo ayer era mejor que hoy, simplemente porque hoy estoy mal del hígado, y ayer estaba contento porque había recibido una carta de V. con algunas críticas. La carta de V. me dice que La Saga va muy bien; que van vendidos inexplicablemente tres mil ejemplares, y que en el mundo literario no se habla de otra cosa: supongo que se referirá al mundo literario de Barcelona. Y entre las críticas que me envía, todas ellas elogiosas, hay una de Antonio, cómo se llama, el de *Arriba*, bastante reticente, con referencia expresa a una influencia de García Márquez; una, francamente entusiasta, de Enrique Sordo; una de Marsá, que no está bien hecha en el sentido de que contiene demasiada teoría, pero donde hay un aspecto de la novela muy bien visto, y luego otras pequeñas, meras notas de periódicos de provincias. El conjunto, muy halagüeño. Me vino muy bien, porque andaba un poco deprimido, y la lectura me levantó el ánimo, a pesar de que estaba peor del hígado que hoy.

Fuera de esto, las cosas siguen igual. El tiempo va poco a poco cambiando y yo envejeciendo: envejeciendo y de qué manera. En fin, hace un rato he recibido una carta de M.D. en que me habla de las tres cátedras que han creado en Galicia: una, en Cambados, otra en Redondela, y la tercera en Vigo-La Guía. Ninguna de las tres me atrae gran cosa, pero en todo caso la de Vigo-La Guía podría servirme para esperar a que pusiesen en marcha el Instituto de Coia, que es mi meta. De momento, lo de La Guía me causaría grandes problemas de transporte, porque, en el caso de irme a vivir a La Ramallosa, la distancia quedaría considerablemente aumentada, y habría que pensar en más de una hora de trayecto, buscar un acomodo por allí por La Guía, no lo sé... El sitio, antes, era bonito y limpio de aire. Ahora es una de las zonas más pobladas de la ciudad, y me temo que no sea fácil vivir allí. En todo caso, le puedo escribir una carta a Landeira, que vive en La Guía, a ver qué posibilidades hay, siempre pensando en una espera de dos años, hasta que el Instituto de Coia funcione. En fin...

Estoy cansado, y hay algunas ideas nuevas sobre *Campana y Piedra* que no sé si tengo apuntadas o no, me parece que no. Una de ellas, es que el nombre del rey vikingo es Olaf, porque Olaf, al revés, es falo, y esto me permitiría hacer un juego. Otra es o se refiere a las leyes que dan los vikingos, que todavía no sé cuáles son. Una tercera, creo que tampoco la he apuntado, tiene que ver con el juego de los dos periódicos con las noticias, los dos periódicos redactados por el mismo individuo, pertenecientes a grupos enemigos y propiedad de la misma persona. También fui recordando algunos «barrios» que tenía olvidados: uno de ellos es el del viejo señor Bendaña, con su palacio destartalado y vacío, batido por la lluvia y por el viento, y la copia del Cristo de Bendaña que vendió hace muchos años. La otra es la academia, todo el mundo de la academia... Esto se me va complicando mucho, porque son muchos los sectores de la ciudad que tengo que poner en juego, pero, en fin, hay que sacarlos adelante como sea.

¡Ay, Jesús, qué sueño tengo! ¡Qué cansado estoy y qué pocas ganas tengo de explicar hoy tres estrofas de *El Diablo mundo*, del *Canto a Teresa*! No tengo ninguna gana de explicarlas, pero para algo estoy aquí, y, ya que estoy, lo haré.

Parece, coño, que el diablo las carga. Tres días seguidos invitado a cenar, los tres días con advertencia previa de que estoy a régimen, y las tres personas creyendo que me dan comida de régimen: el uno me dio salmón, el otro me dio sopa de mariscos y el otro no sé qué me dio. Y mañana, otra invitación donde sucederá lo mismo. Tengo el hígado hinchado, duermo mal, me despierto de noche, tengo que tomar algo, ¡Dios mío! ¡Qué ganas tengo de estar en mi casa!

31 de octubre, 1972

Hoy es el treinta y uno de octubre. Fiesta del Hallowin. Aunque hace frío, los niños de mi antiguo barrio, convenientemente disfrazados, irán de puerta en puerta diciendo el *trick or track*, que no sé cómo se escribe, y abriendo las bolsas, hechas de fundas de almohada, para recibir los regalos. Estoy en la cama, son las ocho, con algo que, si no es una gripe, se le parece mucho. Tengo fiebre y dolor de costado. Supongo que ésta es la consecuencia del viaje del domingo por la tarde: me cogió el frío en el autobús, cuando llegué a casa no me encontraba bien, y dos días después se me declaró la gripe. Pasé el día a aspirinas y redoxones, y hace unos minutos he acudido al remedio heroico del «Hubergrip», que son unos supositorios a base de cloranfenicol, que me quitarán la gripe y me dejarán hecho unos zorros. La última vez que los puse fue en diciembre del setenta, y recuerdo con pesar el estado en que me dejaron. No hay más remedio: o acudir a eso, o correr el riesgo de una gripe que puede durarme mucho tiempo, y los remedios que me den para ella no serán mejores.

Estoy otra vez solo. F. se ha ido el sábado. Según todos los barruntos, yo marcharé el treinta de noviembre: ayer recibí el oficio de Maroño negándome el permiso para continuar aquí una semana más. Lo comuniqué, como diríamos en España, a la superioridad, y más o menos las cosas marchan. No sé cuál será la fórmula, y no sé si presentaré la dimisión al marchar o lo haré más adelante. Yo he ofrecido todas las facilidades, y haré lo que a ellos les apetezca. De una manera o de otra, confío en no volver. Cosa, por otra parte, inexplicable, porque en España se está cada vez peor: hoy tuve una carta en que me dicen que en Vigo hubo quince muertos. La noticia no es oficial, puede ser falsa, puede ser exagerada; en cualquier caso, es un síntoma. Y ¿quién duda que si tuviera yo, diría agallas, pediría otra vez la excedencia, y me vendría para aquí con armas y bagajes? ¿Quién lo duda? Fríamente considerado, esto sería lo más razonable. Sin embargo, no lo haré, aunque no hacerlo implique sumarme a los riesgos del país. Después de todo, si pertenezco a él, ¿por qué no correr su suerte? Puede pasar todo y puede pasarme todo. No sé por qué pienso con horror en volver aquí y desprenderme de las cosas que amo, de las personas... A mis años, quedándome poco de vida... ¿por qué voy a confinarme en un rincón de un bosque donde, como única compensación tendría, ¿qué sé yo?, el dinero? No sé, no sé si hago bien o mal, no sé si mis hijos me lo reprocharán algún día, no sé. Pero no tengo ganas de venir: el secreto está en las ganas. Pero, ¿quién sabe? A lo mejor, Dios me ofrece esa última ocasión, al no dimitir ahora, dejarme la experiencia de unos meses en España, quizá para decidirme.

Fuera de esto, pocas noticias tengo de mi novela. Creo que fue ayer o anteayer... ayer, cuando recibí una carta de Carlos García Bayón, anunciándome que ha escrito un artículo para *La Vanguardia,* y que en *La Vanguardia* ha visto uno de Baltasar Porcel. Espero que me lo envíe V. ¿Qué habrá dicho el exigente B.P.? F. me ha dicho por teléfono el domingo, y la noticia viene vía Pala, que la prensa de Barcelona hablaba constantemente de mí. Parece que uno de los Bartolocci le dijo algo así como «¡Da asco ya, no hacen más que hablar de tu padre!». Y el fenómeno no deja de ser raro, porque, que yo sepa, los catalanes nunca me han prestado demasiada atención. A lo mejor encuentran que La Saga es una novela contra los godos, y esto la habrá hecho simpática. Quizá sea esa misma la razón por la cual en Madrid se guarda silencio. Sin embargo, el artículo de Sordo (Sordo no creo que sea catalán: no sé de dónde es) fue publicado en Madrid. Y, además, en una revista paraestatal, y el de Horno Liria se publicó en *El Heraldo de Aragón*. No creo que a los aragoneses el separatismo les sea simpático. Aunque quizá tengan sus alegatos que hacer a los castellanos.

No sé. Estas cosas son tan difusas, que aun estando allí sería difícil averiguar la verdad, y mucho más aquí donde no puedo más que hacer conjeturas. No me desagrada, evidentemente, aunque a distancia: me siento satisfecho, ¿quién lo duda?

Me había propuesto aprovechar este mes para trabajar un poco, y parece que mis buenos propósitos no van a pasar de ahí. Si empiezo con gripe, quedo cansado, tengo que andar todos los días tirado, volveré otra vez a no hacer nada y a desesperarme. Quizá me baste esa seguridad, dentro de lo humano, de que me voy a marchar el día treinta. Es curioso como cada vez que pienso en eso, en el viaje, en el avión, pienso o digo alguna palabra, o la escribo, con la que pretendo, diríamos, conjurar el destino, en todo momento declaro que mi suerte está en manos de Dios, lo cual es cierto, pero, yo, es como si quisiera hacerle trampa a Dios, esa trampa implícita en nuestras frases habituales: Si Dios quiere, Dios mediante... Evidentemente fueron creadas y usadas por un sentimiento real, luego se convirtieron en fórmulas, y en mi caso también, pero más de una superstición que de una fe. No sé el valor que tendrá una superstición apoyada en una fe, o una fe convertida en superstición: Dios, que me oye, sabe la verdad, Dios, que me oye, tiene mi vida en sus manos. Pero, no sé, hay una especie de viejo temor a mi último viaje, precisamente al viaje de regreso. Por eso, siempre que me voy, pienso que no será el último viaje, y eso es otra trampa al destino, es decir, a Dios, porque es Dios precisamente el que sabe cuál será mi último viaje. En fin, una vez aclarada esta que pudiéramos llamar imperfección espiritual, puedo continuar, y ahora se me recuerdan mis lecturas de estos últimos días: hace algo más de tres semanas, exactamente el sábado día siete, o quizás el viernes día seis, compré en N.Y. las obras completas de Paul Valéry, que me mandaron por correo y tardaron en llegar alrededor de diez días. Las hojeé, las dejé encima de otros libros, pero estos últimos días empecé a leerlas, y leí algunos ensayos que me interesaron mucho. Es curioso, porque la poesía de P.V. nunca me ha interesado gran cosa y sigue sin interesarme, pero, en cambio, sus ensayos me parecen importantes. He leído uno sobre Baudelaire, he leído otro que son una especie de notas sobre poesía; cosa curiosa: la tesis, más o menos explícita, es que la ciencia no tiene nada que hacer con la poesía, tesis antiestructuralista. Y se me ha ocurrido buscar la traducción y hacerla copiar y dársela a mis alumnos, a ver si de esta manera siembro en ellos algún interés y los acostumbro a cierta clase de lecturas. Algo he leído, que me servirá de cita, no sé qué ni para qué, pero algo he leído que me servirá de cita, sí; algo que dice aproximadamente que ningún buen artista pone de manifiesto su sistema, lo cual puede servirme de epígrafe de mi trabajo sobre el *Quijote* si algún día llego a hacerlo. Epígrafe del conjunto del trabajo o de algún fragmento; o, si no epígrafe, pues cita como base de un razonamiento, es decir, un capítulo o semicapítulo titulado: «El sistema oculto», que yo podría enlazar con aquella vieja frase mía, de que la piel recubre los músculos. Los músculos son el sistema, pero no están a la vista. Pienso ahora que me parece un error haber despachado rápidamente la cuestión de que el narrador y Cervantes no son la misma persona, porque justamente ésa es la base de todo mi trabajo. Entonces, me parece capital comenzar diciendo las razones que tengo para pensar así. Y, claro, tales razones no son más que éstas: en el conjunto de la ficción, Cervantes es el que se confiesa autor del libro, y el narrador es el que se confiesa, en una parte, recopilador, y, en otra, casi traductor, de modo que la ficción retórica se basa precisamente en eso. Cervantes inventa un narrador al que atribuye, primero, la función de recopilador y, segundo, la función de traductor, en tanto que él se atribuye a sí mismo la de autor cuando habla en primera persona como tal autor. En ambos prólogos del *Quijote*, sucede esto. En el final de la segunda parte, cuando dice que esta empresa estaba reservada para mí, quien habla no es la pluma de Cervantes, sino la de C.H.B., de modo que, en último término, la identificación sería de Cervantes con C.H., pero no con el narrador, nunca con el narrador. Entonces, el narrador es un elemento de la ficción, una invención de Cervantes. ¿Para qué sirve? Esto es lo que hay que mostrar: para qué sirve.

En fin: este lado de la cinta debe de estar acabándose. Yo no veo si le queda mucho o poco. No quisiera perder unos minutos, y, sin embargo, por mucho que quede, no creo que quepa lo que quiero decir, y lo que quiero decir es importante, por cuanto es una especie de discusión conmigo mismo acerca de la estructura del ensayo.

6 de noviembre, 1972

Hoy es el lunes seis de noviembre, a las doce y media de la madrugada. Esta mañana me he encontrado muy mal, quizás el día en que peor me he encontrado, pero, a partir de las seis o seis y media, me sentí repentinamente bien, y continúo sin cansancio, sin dolor y sin fiebre. No sé si atribuirlo a una aspirina que me tomé a las cuatro y media o cinco menos cuarto de la tarde. Era una aspirina americana: las que había tomado hasta entonces eran aspirinas españolas. Tendríamos que reconocer la superioridad de la química norteamericana, y no me cuesta ningún trabajo hacerlo.

Ahora bien, no me pongo a dictar a deshora para una noticia que bien puede ser una nota de propaganda, sino porque se me acaba de ocurrir una idea que puede ser capital: la idea consiste en narrar *Campana y Piedra* en primera persona. Bien. Esto, hasta ahora, no tiene la menor originalidad. El experimento consiste en que, el que dice «yo» no es siempre la misma persona, pero es siempre una de las personas que están presentes y que hablan. Es decir, que el «yo» es constante, pero el que dice «yo» varía. Quizás esto no esté muy claro, pero yo lo entiendo. Lo entiendo, y hay que hacer el experimento, porque, si da resultado, tengo resuelta la novela: estaba pendiente exclusivamente de encontrar un narrador. «Yo», por lo tanto, puede ser todos los personajes de la novela. De hecho, deben serlo alguna vez. Lo cual además tiene la ventaja de que por lo menos una vez podemos verlos por dentro. Bueno, en fin, luego vendrán las modificaciones, vendrán las precisiones, vendrán las variantes, pero creo que, en principio, tengo lo que buscaba. Es curioso, porque se me ha ocurrido que hay un personaje que siempre dice «Massachussets», lo dice cuando está cabreado, lo dice cuando está alegre, en vez del taco dice «Massachussets». Por ejemplo, «Massachussets», gritó Fulano lleno de júbilo; «Massachussets», como si lo mandara a la mierda.

En fin, como se trata de un hábito que no era posible hace cincuenta años ni hace doscientos, quizá pueda homologarse al monólogo mental del hombre solitario, o, por lo menos, del hombre que está solo, ese monólogo mental que yo practico casi continuamente y que otros muchos también deben de practicar, por lo menos los que tienen una cabeza imaginativa.

Una hora después, o quizá más. Deben de ser las dos y media. Estoy en la cama y me duele el costado. Me pregunto qué habré comido hoy y me haya hecho daño. ¡Pensar que me quedan todavía tres semanas así, sin poder acudir a nadie! No sé si no aprovecharé alguno de estos días para ir al médico, siempre con el temor de que el médico me diga que no. Sin embargo, hoy me duele el costado. Me va a doler toda la noche. Voy a dormir mal. Me gustaría hacerlo bien porque tengo sueño. Esto está en silencio, la tele de mis vecinos se porta hoy con cierta discreción, por lo menos no molesta, y hay un ruido que yo no sé si es de la lluvia o de alguno de esos infinitos artilugios que funcionan día y noche y que le hacen decir a uno que hay silencio cuando lo que hay son ruidos. Pasa con ellos un poco ya como con la música de las estrellas: a fuerza de hábito de oírlos, ya no molestan. Yo creo que cualquiera otra persona situada en mi lugar tendría recursos para pasar el tiempo. Bien sabe Dios que hoy intenté leer un par de cosas, entre otras el trabajo de O'Connor, que le prometí corregírselo, pero tuve un dolor tal de cabeza que no pude continuar. Esto es lo cierto. De manera que mis recursos posibles están en ese sentido limitados por mi escasa capacidad de lectura. Me pregunto con cierta angustia, angustia teórica, claro, cómo será la vida de un soltero de mi edad, por ejemplo, P.P.P.; cómo arreglará su vida este hombre, esa soledad que se ha organizado. El punto de partida debe de ser un egoísmo feroz, una escasa necesidad de los demás, empezando por la necesidad de una mujer. Que no creo que a P. le inquiete ya, y sobre cuyo ejercicio hay ciertas dudas. Pero entre el tiempo que tarda en cuidarse, y esos trabajos que se inventa, y esos otros que hace para ganar dinero, no hay duda de que tiene el día lleno: no digo la vida llena, pero sí el tiempo. Luego, un viaje, un tío que viene a comer con él, y esta clase de cosas le convierten en un hombre feliz. Él, feliz: yo, en su caso, no lo sería. Muchas veces dije que, según el juicio de Nietzsche, según esa medida del hombre por la cantidad de soledad que pueda soportar, poca cosa soy yo: una cosa es que la aguante, otra que la soporte. Un hombre como Nietzsche, con esa tremenda pasión, esa interminable pasión que movía su inteligencia, era capaz de trabajar aun en los ratos que le dejaban libres las neuralgias: entre dolor y dolor de cabeza, escribía media docena de aforismos. Pero, ¿quién duda que hace falta una pasión, del orden que sea? Una tremenda pasión del espíritu, como era la de N., o una pasión más a ras de tierra, como la ambición, el amor o la vanidad. La vanidad es tan socorrida como eficaz. Pero mis pasiones todas son reducidas al mínimo, lo suficientemente desarrolladas como para que sean pecado, pero ahí se quedan, con sus fuerzas motrices reducidas a nada. Mis más recientes ejercicios de vanidad fueron un fracaso, y ni yo mismo me atreví a continuarlos. Mira tú, que en esta situación podría haberlo hecho, y soy incapaz, ni siquiera se me ocurre, ni siquiera aplico la imaginación a eso.

En fin, parece que tengo sueño, y hay que darle gracias a Dios de que así sea. Dejaremos esto para mejor hora. Que Dios nos tenga a todos de su mano.

11 de noviembre, 1972

Hoy es el once de noviembre, si no recuerdo mal, fiesta de san Martiño. Hace un día de lluvia excepcionalmente gris y oscuro: tengo que encender la luz, y ni aun así veo lo suficiente para leer o trabajar. Mi consuelo es el magnetófono. Estoy mejor: no del todo bien, porque aún me quedan unas décimas de fiebre, pero mejor. Ayer me desapareció el dolor de espalda, que bien creí que se trataba de una pleuresía. La última parte de la tarde la pasé bien, levantado y con ánimos, y aunque esta mañana estuve un poco amodorrado, creo que ahora, las dos menos veinte, me encuentro mejor. No tengo nada que hacer, o más bien, no hay nada que pueda hacer. Si intento concentrarme en un tema, se me van las ideas por todas partes, se me escurren como si fuera un colador, unas van y otras vienen, ninguna de ellas vale un pimiento, todas se refieren a cosas todo lo más de interés práctico. Intelectualmente estoy a barbecho, y menos mal si, después del barbecho, hay una buena cosecha.

Ayer tuve carta de V. Me dice que sigue bien la venta del libro, que vaya preparando un volumen corregido para la segunda edición. Que no será inmediata, pero que será pronto: esto lo digo yo, no, lo dice él. Está convencido de que le van a dar al libro el Premio de la Crítica, yo no lo estoy tanto. Y no es imposible que si G.H. saca su novela antes de fin de año, se lo lleve él, aunque supongo que él ya lo tiene. Yo no sé hasta qué punto el Premio de la Crítica podría importarme, de una parte, e influir en el público, por la otra. Personalmente tengo mis dudas de que me lo den y de que sea útil. Únicamente habrá gente que piense que, si no se lo han dado a mi novela y sí a otra, es porque esta otra es mejor que la mía. A lo mejor, tienen razón.

Me faltan diecinueve días para marcharme. Dos días de clase la semana que viene, uno la otra, y dos la última: total, cinco días de clase. La segunda semana, con la fiesta del Thanksgiving por medio, que tendré que irme a pasar a N.Y., porque la Universidad quedará vacía y cerrada, y yo no tengo nada que hacer aquí absolutamente solo, y en este caso, decir absolutamente solo es una expresión exacta. Tenía el proyecto de ir a Chicago, no tengo ganas: me lo impide la dificultad de comunicaciones, la necesidad de coger un avión, en fin, todas esas cosas que a mí me frenan el deseo de moverme. Después de todo, tres días en N.Y. o cuatro, no estarán mal, y, solo o acompañado, algo podré hacer y algo haré, y, en último término, aburrirse allá no es como aburrirse aquí: hay siempre la posibilidad de salir, de ver gente, de ir a las librerías, cualquiera de estas cosas que le entretienen a uno y le devuelven poco a poco el gusto por la vida. El día que hice la última nota en esta *cassette*, se me terminó la primera pista, y al darle la vuelta para continuar, se interpuso algo, creo que una conversación telefónica, y la nota que quería hacer no la hice. Creo recordar, no estoy seguro, de que se refería a mi decisión de que *Campana y piedra* esté contada en primera persona. Pero no una, sino muchas voces. Una no, muchas. Es decir: en cada escena, hay una voz que cuenta en primera persona. Para lo cual, habría que separar tipográficamente unas escenas de otras, mediante unos espacios en blanco. No sé hasta qué punto este procedimiento me resolverá los problemas narrativos: no lo podré saber hasta que lo ensaye, o hasta que me encuentre con la primera dificultad.

Este pasaje, si no recuerdo mal, está inspirado en una descripción que leí en un padre griego o bizantino...

(*Frase suelta, sin relación con lo precedente*)

14 de noviembre, 1972

Hoy es el catorce de noviembre. A las diez y diez de la noche.

Creo que esta tarde he grabado algo en una cinta sin darme cuenta de que estaba para terminar, y, por lo tanto, se ha perdido la grabación y no sé de qué trataba. Lo que sí creo recordar es que me refería a la nieve: a esta hora la nieve ha cesado, hace un viento ruidoso, y el patio del cuadrángulo está bellísimo: iluminado, blanco, tranquilo, con esa reverberación de la nieve. Entreabrí las cortinas, miré, y no se me ocurrió más que decir: Parece falso. Evidentemente, quería decir que parece artístico.

Continúo firme en mi decisión de marcharme el miércoles próximo, y esta tarde intenté preparar una cinta y lo he conseguido solo a medias, y me doy cuenta del esfuerzo que me va a costar cubrir magnetofónicamente las clases de la última semana de noviembre y las de dos semanas de diciembre: total, doce horas de grabación. Estoy tan lacazán, diría un gallego, que en cuanto lo que tengo que hacer es trabajar, no lo hago, y es curioso, porque esto mismo que tenía que hacer hoy, lo haría en clase sin esfuerzo. Y no sé por qué, el hecho de tener delante el magnetófono, me obliga a un trabajo completamente inexplicable. La facilidad con que hablo ahora y la facilidad con que hablo en clase, se convierten en dificultad cuando tengo el micrófono delante para grabar una clase. De todas maneras, esas cintas hay que grabarlas, porque son mi única justificación: me voy, pero dejo mi trabajo hecho, y ahí está. Voy a hacer la propuesta de que me supriman los sueldos de diciembre y enero. Es un sacrificio de ciento noventa mil pesetas, muy importante, pero que yo no sé... Ya sé que algún día me voy a arrepentir, pero las ciento noventa mil pesetas no son capaces de amarrarme aquí un día más. No tengo dominio sobre mi voluntad, o mi voluntad no tiene dominio sobre mis impulsos. Pero el hecho es que padezco una verdadera neurastenia. Yo no sé si esta fiebre que tengo desde hace quince días tendrá su origen en alguna infección, como yo pienso, o lo tendrá en mi estado de ánimo, pero parece imposible que un estado de ánimo me cause una depresión como la de ayer a las tres de la tarde, un malestar tan profundo, y me haga subir la fiebre como lo hizo ayer. Hoy realmente no tengo más que décimas; ayer tenía un grado de temperatura por encima de lo normal.

La cosa está decidida, y si no sucede algo importante que me lo estorbe, dentro de ocho días justos estaré en el aire. Y no tengo más remedio que tomar una determinación, o varias determinaciones, porque, si continúo en este estado, no es que vaya a fracasar como escritor, sino que voy a fracasar en todos los aspectos, absolutamente en todos los aspectos. Empezando por mi fracaso privado de marido y padre. No quiero decir con esto que vaya a empezar a trabajar ocho horas diarias, pero sí que tengo que rehabituarme al trabajo. Nunca he llegado al estado en que me encuentro, nunca mi moral ha estado tan baja, nunca he tenido más miedos, nunca las cosas me han afectado tan desproporcionadamente, porque es indudable que, en lo de ayer, ha influido el artículo de T., y yo, que siempre tomo las cosas con calma, he perdido la calma por completo. Y, a veces, cometo verdaderas niñerías. Y soy víctima de angustias estúpidas, porque esta necesidad de marcharme no es más que el resultado de una angustia prolongada, que se interrumpió con la llegada de F., pero se interrumpió en sus manifestaciones visibles, porque estoy seguro de que, ahora, aunque estuviera F. aquí, querría marcharme igual. Sólo de recordar estas cosas y pensarlas me pongo mal. No sé si tendré una debilidad nerviosa... No puedo diagnosticar porque no conozco la ciencia lo suficiente, la ciencia del diagnóstico, pero todo esto que acabo de decirme es la verdad. Estoy enfermo, y lo que tengo yo es una psicosis, si se llama así, que no lo sé: una verdadera psicosis, que me hace quedar mal y me hace perder un dinero importante, nada más que seis mil dólares que no voy a sustituir por nada. Y que ni siquiera lo que tengo que cobrar en un lado y en otro, suponiendo que me paguen todo, alcanza esa cantidad.

Hoy tuve una carta de H.L. en que me invita a una conferencia en Zaragoza y me habla del Premio de la Crítica, pero he tenido también una serie de recortes que me envió F., y G.H. ha publicado su novela, son ochocientas páginas, seguramente buenas, y no hay que descartar la probabilidad de que esa novela sea mejor que la mía y de que, por lo tanto, se lleve el Premio, que yo he tocado con los dedos un par de veces, pero que siempre la política editorial me birló. G.H. en una entrevista con Quiñonero, cita mi novela muy amablemente, pero esto no quiere decir nada. El Premio de la Crítica debía ser un galardón importante por lo que tiene de gratuito, y no me desagradaría, pero tengo que preparar el ánimo para que no me coja de sorpresa el volver a tocarlo con los dedos y se me vuelva a escapar. Tengo que preparar el ánimo, y hay tiempo, porque los mismos del año pasado, la política de las editoriales, tendrá más fuerza. Entraré en competencia con G.H. y con J.B.... ¡Ay! Y con ese chico de Sevilla, Leyva, cuya novela no conozco, pero creo que es muy buena, y tiene un premio ya. Cualquiera de los tres se lo puede llevar. ¡En fin! La gloria tiene estos quebrantos. Yo he gozado de la mía desde lejos durante estos meses, he tenido una satisfacción nueva, que vino a perturbar un poco la crítica de Antonio, a la cual yo no sé si me he referido ayer ya, en fin, que me parece tan torpe como la que le hizo a *Don Juan,* y esas cosas son como el día, la luz nace, culmina y cae, y al otro día ya es distinto. De manera que hay que pensar que mi día esté declinando, que la sorpresa de La Saga deje de serlo... Tampoco puede pedirse que la gente esté durante un año entero hablando de un libro. En otros aspectos, pues me ha dado un poco a conocer, creo tener el respeto de ciertas gentes, podría incluso, si fuera necesario, anunciar mi retirada: Señores, yo he dado el do de pecho, esto se acabó, y no me queda más que vivir oscuramente como profesor y dedicarme a educar a mis hijos, que buena falta les hace. Esto sería una postura muy digna que exige de mí una decisión que no sé si podría realizar. Decirlo es fácil; hacerlo ya no lo es. Después viene el arrepentimiento, conciencia de fracaso, todas esas cosas meramente imaginativas a las que yo soy tan propicio. Yéndome a vivir a Galicia, esto sí que sería posible. Quedándome en Madrid, es más difícil. Y esto de quedarme en Madrid, carajo, también tiene sus bemoles. Yo no puedo quedarme en Madrid más que dedicándome al periodismo activo, y no sé hasta qué punto algún periódico de Madrid me acogerá. El *ABC* ni siquiera ha publicado la crítica de La Saga; hay alguno que me causa escrúpulos, en el que sin embargo tendría la puerta abierta en cuanto quisiera, claro. Al *Ya* no creo que le interese mi nombre. *Informaciones,* periódico de la tarde, es muy difícil. Tiene, además, críticos teatrales de sobra, porque ahora he visto que Q. también hace crítica teatral. Después hay esos periódicos fantasmas, que ni siquiera sé cómo se llaman, y ese proyecto de un periódico que no sale: ahí sí que pudiera encontrar acomodo, y se acabó. Se acabó como posibilidades de redactor de plantilla, que es lo que me interesa, con sueldo fijo. Por lo pronto, voy a tener que dar en el Instituto las horas completas, es decir, cuatro durante cinco días, de nueve a una y media, con lo cual alcanzaré, creo, las cuarenta mil pesetas. Si los gastos de mi casa e han puesto ahora en las sesenta mil, que no lo sé, no sé si habrán ·ajado tanto; si se han puesto en las sesenta mil, podríamos busar las veinte que faltan en otra parte. No son muchas, pero son ·astantes. Pero, claro, dar clase a las nueve de la mañana, me im·ide ir a los estrenos. Y, por otra parte, es tan cansado... Pero hay ue sacrificarse, no queda más remedio: levantarse a las siete, sar de casa a las ocho y cuarto, y dar mis cuatro horitas como un eñor. Después de todo, yo me lo busco, Gonzalo. Al renunciar a sto, no me queda más que aquello, y esas cuatro horitas lo misıo las tengo que dar en Madrid que en Vigo. Claro que en Madrid stoy lejos y hay que contar con la ida y la vuelta, pero, de todas ıaneras, son cuatro horitas de trabajo. Y menos mal si consigo ue el horario se organice de tal manera que no tenga que ir por ıs tarde, menos mal. Porque si hay algún... alguna broma de éstas or las tardes, entonces estoy fastidiado. No sé cómo estarán los ursos de este año... tendré que dar alguno de cuarto. No sé cuánɔs habrá de sexto, y si habrá uno o dos grupos de orientación uniersitaria: con esos quizá me bastase.

Bueno. Son las once menos cuarto. Se acabó la meditación.

5 de noviembre, 1972

Hoy es el quince de noviembre. ¿Cómo diríamos? Pura y simlemente, día nevado, aunque no nevante, porque la nieve cesó yer, pero fue una nevada fuerte, doce pulgadas, y hoy estaba el aisaje como en sus mejores días. Ya podemos pensar que su fisoɔmía no cambiará hasta el mes de abril. Estéticamente fue una evada con fortuna, porque los bosques están bonitos, y yo anduve uscando frases, y me salió lo de espléndida... no, deslumbrante ıonotonía de la nieve, que tiene la desventaja de que no se refiere ara nada al bosque. La verdad es que el bosque parecía de cristal. l día fue excepcionalmente malo para mí, empezando por la fiebre ue ya tenía por la mañana, un cansancio atroz, un dolor de espalda ıerte, me fue imposible prolongar mi clase más de una hora, tuve ue cenar en el *patroon* y luego, de siete y media a nueve y media, n examen de doctorado. Estaba tan cansado por la mañana, que ɩi a comer a L'École y tuve que tomar un vaso de vino con la comida y, después, un café exprés. Gracias a eso, recuperé las fuerzas, volví a perderlas en la clase, y, después de la cena, no me encontré mal, aunque pudiera encontrarme mejor. Al nivel del suelo la nieve está asquerosa, la gente de la Universidad no ha limpiado, está mezclada con el barro, y, para regresar a casa a las diez menos cuarto, tuve que requerir la ayuda de un colega, que me trajo en su coche y me acompañó hasta un lugar seco. Por fortuna no resbalé, y aquí estoy, acostado, con la esperanza de que toda esta fatiga se traduzca en un sueño inmediato y a ser posible, profundo La única cosa buena del día fue que, mediante siete dólares y medio, conseguí una fotocopia completa del famoso, agotado y rarísimo libro de Souriau *Les deux cent mille situations dramatiques* copia no perfecta, que tendré que leer con esfuerzo, pero que pone a mi disposición un libro que intento comprar desde hace cinco años. No he conseguido, en cambio, todos esos artículos que necesito para completar la serie de comentarios al estudio sobre «Les chats» de Baudelaire. Éste va a ser el botín que me lleve a España estas cosas. Después veré si allá me sirven o no. Lo que ahora veo es que se me acumula el trabajo: no sólo tengo mañana que dejar grabada una clase, y no fácil, sino que, además, tengo que enviar libros por correo, y por tanto hacer los paquetes, y también ver de hacer un paquete con la ropa que me sobra. A ver si llevo la maleta lo más descargada posible, que nunca será mucho.

Ideas, no he tenido una en todo el día. Ni una sola. Estuve tan ajetreado, que ni tiempo me dio de pensar, ni siquiera se me pasaron por la cabeza, mejor dicho estaría por las mientes, las cuestiones que me preocupan: ni la novela, ni el «Quijote». No he tenido cartas, quizá ya no las tenga, aunque acaso haya alguna de F. por ahí, de camino. No espero carta de nadie más.

Mis últimos días de América. Si Dios quiere, pronto daré fin a esta aventura que empezó en enero de 1966 diciendo que sí a una invitación inesperada. Diciendo que sí. Un día haré balance, y reconoceré que, a la vuelta de muchas nostalgias, muchas incomodidades, mucho aburrimiento y algún que otro disgusto, el balance es positivo. Primero, porque me ha ayudado a vivir con cierta holgura, sin esa angustia tantas veces experimentada antes; segundo porque me ha abierto ciertos campos intelectuales que desconocía me ha sacudido el polvo del provincianismo y me ha dado una experiencia que podía ser más rica, pero que no está mal. Es cierto que no he visto muchas ciudades, pero lo es también que he visto algunas cuyo conocimiento es importante para un hombre moder no. He tenido la experiencia de una sociedad tan distinta de la mía, que me ha permitido calibrar con más justicia lo bueno y lo malo de lo que tenemos allá. No ha sido una experiencia baladí, no. Al fin y al cabo, de ella salió La Saga y quizá salga alguna otra cosa más. Hay algunas personas que recordaré, me he acostumbrado a vivir con naturalidad una situación prestigiosa, y no creo dejar de mí un mal recuerdo. Hoy me habló el *chairman* de la clase de Teoría literaria. Es una clase desorganizada, evidentemente, pero creo que con ella he abierto los ojos y despertado la conciencia de los alumnos a ciertos hechos. La prueba de ello está en que los alumnos están entusiasmados con el curso, esto al menos me dijo el chairman. No he tenido ningún éxito con la clase de romanticismo, pero esto se debe tan sólo a la edad, la falta de preparación y el desconocimiento del idioma de los que me escuchan. De manera que la experiencia no es un fracaso. Pudo haber sido mejor, si yo no fuese un vago, y pudo haber sido mejor económicamente si yo no fuese gastador. Pero la llamémosle generosidad y la vagancia forman parte de mi ser, hay que aceptarlas y a otra cosa.

Y ya no volveré a salir de España. Ya, si Dios quiere que llegue allá, España será conmigo hasta el fin de mi vida, y no muy mollar: tendré que volver de nuevo a pelear con la vida, a trabajar duro, y yo ya no estoy para eso. En fin, si Dios me da fuerzas, a sostener hasta el final con la mayor gallardía posible esta inesperada situación que me ha granjeado mi última novela. Nada fácil esto último, ni nada fácil tampoco lo anterior: ganar dinero y aguantar el tipo. Otros problemas tengo que resolver que se resolverán solos, si Dios quiere. Y esta tarea de la paternidad, que se me irá poniendo cada vez más difícil, conforme los niños crezcan y vayan entrando en la edad del dolor: pasen, como todos hemos pasado, de la inocencia al dolor. ¡Que Dios los tenga a todos de su mano, a los pequeños y a los mayores!

19 ó 20 de noviembre, 1972

Hoy es el domingo, no sé si diecinueve o veinte. Anteayer fui a N.Y., ayer vi la película de Buñuel, hoy regresé: viaje pesado, tengo fiebre, la tuve ayer y anteayer. Veremos a ver qué sale de aquí. Tengo en mis manos el pasaje para el miércoles, y ese día, si Dios quiere, regresaré a España. Dios me tenga de su mano.

De la película de Buñuel salí decepcionado. Es una buena película, divertida, pero nada más que una buena película divertida. En fin, por tratarse de Buñuel, se aplicarán los sistemas interpretativos y se sacará punta de donde no la hay. Tiene una buena fotografía, una excelente interpretación, la construcción un poco rara, y no tanto rara como confusa, buen diálogo, y absolutamente ninguna novedad, hasta el punto de que a veces creía estar oyendo una comedia de Benavente y quizá de alguien no tan alto como él. Tiene buenos momentos, pero, en fin, lo que yo esperaba de un director de su fama, de ninguna manera.

A la entrada del cine estaba X., Premio Nobel, alto, cara de bobo. La gente aplaudió, no demasiado, un par de veces. Fernando Rey hace su papel de una manera excelente. Hay algunas situaciones bastante viejas, aunque sacadas adelante con recursos nuevos, con recursos que hoy permiten las costumbres y antes no permitían, y el episodio del obispo me parece perfectamente gratuito e innecesario. Comienza teniendo gracia, y si se hubiera quedado ahí hubiera sido mejor; pero hacer del obispo un asesino me parece rizar el rizo en el vacío sin ninguna finalidad, porque evidentemente de muchas cosas se puede acusar a los obispos, pero parece que el número de asesinos que se cuenta entre ellos, al menos de los modernos, es más bien escaso. Estropea un buen tipo y estropea una buena broma a cuenta de los sacerdotes obreros. En una palabra, la película me parece frustrada, puesto que Buñuel siempre pretende algo más.

Hice algunas compras, la última novela de Robbe-Grillet, que no la conocía, una novela casi corta, de la cual he leído una buena parte, y la mayor parte de lo que he leído son clichés cinematográficos, bien escrita y bien descrita, con una insistencia casi especializada en la vida negra de N.Y. (Al decir negra no me refiero al color): sexo, asesinato... Algunos aciertos, realmente buenos: la escena de la narcoanálisis, de los tres tíos que están aconsejando la catarsis por la violación, el crimen y el incendio me parece excelente, pero, en fin, tampoco es una cosa excepcional, aunque me parece mucho más lograda que la película de Buñuel.

Y poco más: una comida con dos matrimonios extraños y un profesor reputado de maricón, simpático. De los dos matrimonios una pareja era judía; otra, medio judía. La señora judía, que conocí hace años, y era una joven guapa, ahora está más bien gorda, envuelta en un sarín aparatoso: gran estatura, habla muy bien espa ñol, pero nada importante: una de esas reuniones que terminan contando cuentos verdes sin el menor embarazo, donde nadie es reaccionario (esto va siendo ya un cliché social: no ser reaccionario). ¡Qué buen teatro se podía hacer de este tipo, carajo! Es curioso, porque si alguien hiciera en teatro lo que hizo Buñuel en película, dirían que es un teatro anticuado, etc., etc. Y se podía hacer un buen teatro, una buena sátira de costumbres, jugando precisamente con esto, con la burguesía: los mitos y clichés de la burguesía, con mucha más profundidad que Buñuel, que, al fin y al cabo, lo único que viene a decir es que la valija diplomática sirve para el contrabando de drogas, lo cual por otra parte sabe todo el mundo hace mucho tiempo.

Hablé con F. Me esperará el jueves en el aeropuerto. Si el viaje es afortunado, quizás estén también los Ekstein y los Camacho. Pero, lo que yo quiero es estar en mi casa y en mi cama, salir de esta soledad, saber a qué atenerme acerca de mi enfermedad, que para gripe ya está bien, ¡carajo con la gripe!, estoy lleno de dolores raros por la espalda, por el hígado, por las vías urinarias, por «la cap de la faba».

Bueno. No tengo pizca de sueño, a pesar de que me he despertado temprano no tengo sueño. He ido a misa a San Patricio, y el cura, en la homilía, no hizo más que hablar de millones de dólares. ¡Carajo con los curas! San Patricio es una iglesia horrible, llena de tubos... claro, los tubos no son de la iglesia... Es de una frialdad, de un mal gusto. De todas las iglesias que he visto en N.Y., la única que me gusta es una, episcopaliana, que hay en la Quinta Avenida un poco más allá de San Patricio, en la acera de enfrente, en cuyo interior hay una atmósfera religiosa semejante a lo que nosotros tenemos. Pero, coño, San Patricio es intolerable. ¡Qué iglesia! Anteayer... ¿cuándo fue? Ayer, ayer al mediodía entré, y dentro había algo parecido a una feria. ¡Qué barbaridad, qué manera de estar la gente, qué superficialidad, qué falta de sentido y de respeto, sin la más mínima compostura! Yo no sé por qué razón estaba el vestíbulo lleno de gente como si estuvieran viendo un carrusel.

En fin, hice mis últimas compras, y si Dios quiere será mi última visita a N.Y., porque el jueves, D.M., cogeré un autobús, mejor dicho, cogeré un taxi en la estación de autobuses y me iré directamente a Kennedy. Dios quiera que no tenga que volver: ya tengo mi ración de N.Y. colmada.

Ahora voy a grabar en el otro lado de la cinta, que está vacío, unas ideas que se me han ocurrido precisamente en N.Y. esta mañana, cuando regresaba de misa, acerca de ese tema que tengo hace ya bastantes años y al cual vuelvo de vez en cuando y que se ha reactivado.

Terminé la cinta anterior diciendo «que se había reavivado», y ahí termina, pero continúa diciendo que se ha reavivado con la lectura de la novela de Grillet. Que, si escribo ésta, tendría que tener, en el fondo, como objeto de parodia: es el viejo tema de aquel poeta, Lampay, y su mujer, y su hija, y el salón donde reciben a la gente, y la chica griega, y el hombre que tiene una novela que se ha publicado sin éxito. Pues es curioso, porque este tema, debe de haber por ahí alguna grabación, es del verano del sesenta y seis, porque la novela que yo escribiré (si la escribo algún día) de N.Y., la pensé antes de venir a N.Y., como es lógico. Y no la escribí, como es lógico también, porque no conocía N.Y. Pero, en fin, hoy tengo ya la experiencia suficiente como para poder escribirla si me pongo a ello. Lo que pasa es que esta novela tiene un truco que es el mismo que el de *Campana y Piedra*, y si utilizo el truco en *Campana y Piedra* no lo utilizo aquí, y viceversa. Seamos justos y honestos con nosotros mismos: el truco se inventó para esta novela, y luego lo trasladé mutatis mutandis a *Campana y Piedra*. Con la diferencia de que aquí la invasión de N.Y. es por los indios, y allí la invasión de Villasanta de la Estrella es por los vikingos. Y esto se debe a la fiesta vikinga de las Torres del Oeste en Catoira.

Pero la aparición de un indio arrastrándose por la calle con un puñal en la boca pertenece a ésta, y ha pasado a la otra con cierta violencia. Lo que sucede es que en la otra el tema de los vikingos ha traído consigo la máquina de matar, y en cambio en ésta el tema de los indios no ha traído más que la presencia de Sitting Bull a caballo por la Quinta Avenida.

Pero, en fin, es igual: lo que se me ocurrió hoy no tenía nada que ver con esto. Lo que se me ocurrió hoy, a la vista de los rascacielos nuevos de la Tercera Avenida, y de Lexington, es imaginar en uno de ellos, allá arriba, el departamento de un millonario, puede ser griego, un departamento de tres plantas, que es una verdadera fortaleza, con puertas de acero a prueba de bomba, troneras, metralletas, en fin, como para aguantar un sitio: reservas de agua y de comestibles... Y este hombre tiene su ascensor propio, que no se detiene en el camino, que comunica el piso con el garaje privado, de donde sale en coche igualmente blindado y a prueba de balas, cuando tiene que salir. No está mal meter ahí a un tipo como el griego ése, Onassis, el griego Onassis, que tenga su cura propio, y su bruja propia, y la casa llena de putas propias, y la mar llena de barcos propios. En fin, todo lo tiene propio, y tiene miedo de que le venga una muerte que no sea propia.

Si no recuerdo mal, esta novela tenía una construcción bizantina, o, por lo menos, había una parte central estilo novela bizantina: se pierden, se encuentran, se vuelven a perder y se vuelven a encontrar. Y, claro, como hay muchos más mitos en N.Y., se pueden meter ahí. En esa novela había algo de las tuberías del agua y del gas; había la propaganda de una religión nueva... Merece la pena estudiarla. Y, claro, pues el mundo negro, pero en caricatura o en parodia. Hay una descripción de Robbe-Grillet estupenda, de la estación del «Metro» vacía y llena de columnas. Eso lo he visto yo, y lo he visto en esa situación de miedo, porque no había nadie en aquella inmensa estación, que es la última de Manhattan para coger luego el «Metro» para New Jersey, el domingo que fui a ver con Drosula la película del *Satiricón*, aquel domingo que llovía a cántaros, y yo me metí en el «Metro» para ir a N.J., donde tenía mi barco, y a partir de la Calle 14, el «Metro» empezó a quedar vacío, y yo no las tenía todas conmigo: llegué a esa estación final que es enorme, que se pierde de vista, que no se alcanzan las paredes. No había absolutamente nadie. Yo no sabía por dónde había que ir. Después apareció un negro y tuve más miedo todavía. Luego, al cabo de un rato, apareció una vieja, y me sentí protegido por la pobre vieja. Por fin, salí y fui a la otra estación, pero, ¡carajo!, qué miedo pasé. Está espléndidamente descrita por Robbe-Grillet esa estación de «Metro». Pero, claro, hay que ver la cantidad de cosas que se pueden inventar en el «Metro» de N.Y.: puede ir un vagón lleno de muertos, puede ir un vagón lleno de negros violando blancas... ¿Por qué no de blancas violando negros? Coño, hay unas posibilidades ahí estupendas, hombre: la invención de muertes complicadas, muertes barrocas. Inventar algún objeto extraño: inventar la casa de la chica ésta, actriz, la correturnos; inventar un piso por allá, por el Village, o quizás en la Calle 11, que me parece que es donde está el cementerio de los judíos sefarditas, que es un buen sitio para colocar el piso de una muchacha... Ya lo creo.

Hay que huir de imágenes tópicas y escoger algunas que no lo sean, pero sí características: deformarlas y...

La conversación en el salón de Lampay puede ser una conversación estupenda, hombre...

29 de noviembre, 1972

Hoy es el veintinueve de noviembre. Estoy en Barcelona, estuve con V., he comido con él y con el matrimonio P. Él es un muchacho simpático y un poco peludo; ella es una chica mona que hace fotografías con gran habilidad y estudia Historia. Comimos juntos, después me hizo una entrevista que no sé cómo saldrá, porque ya estaba yo bajo los efectos de la noticia. En fin, el libro va muy bien, han vendido ya cuatro mil ejemplares, y hay que hacer una nueva edición para enero. Me han dado copia de algunas críticas nuevas: una de Marcelo Arroita-Jáuregui; otra de un señor que no conozco, publicada en *Revista Médica*, muy curiosa, porque, de pronto, el señor se pone a decir las cosas en un lenguaje supertécnico y superculto, no me explico por qué, quizá por contagio. Para decir cosas bastante sencillas que podría decir con palabras más vulgares. Coño, no sé por qué la gente será tan pedante. La crítica, para mí, no tiene quejas, porque está llena de elogios. Mañana comeré con Gimferrer y con su mujer. Y me marcharé. Tengo ganas de marcharme ya. Cuando estoy triste no me encuentro bien más que en mi casa.

Barcelona es difícil: me refiero a la posibilidad de venir a vivir aquí. Es muy cara, enormemente cara. O encuentro un arreglo en Galicia o me voy a la Ciudad de los Periodistas: no hay más posibilidades de elección. Aquí no tengo nada que hacer.

Pudiera irme a Santiago, si encontrase algo en Santiago, y en Santiago podría encontrar algo a condición de leer mi tesis en la primavera, y para eso tendría que trabajar durante todo este invierno. Yo creo que no estaría nada mal que me pusiera a arreglar mi cuarto de trabajo para reanudar, si soy capaz, algo así como una labor diaria. Ahora tengo todos mis libros, tengo todas las cosas, de manera que no me queda disculpa.

En fin, esto aparte, tengo mucho sueño, he dormido mal en el tren esta noche, y aunque no son más que las diez y diez, creo que me voy a dormir.

1973

17 de setiembre 1973

Hoy es el día de setiembre por la tarde siete y dieciocho minutos. Estoy en Madrid desde ayer. He venido al Instituto nada más que a hacer que hacemos y a cumplir con un mero formulismo. No estoy contento. Por diversas razones han fallado todos los planes: el de ir a Barcelona y el de ir a Mallorca. Si lo de Mallorca ha fallado por causas ajenas a mi voluntad, lo de Barcelona ha fallado por mi culpa. Bien es verdad que ni uno ni otro son importantes. Y que lo que tenía que hacer en B. lo puedo hacer por correo o por teléfono, da igual.

Hoy he venido a casa a las cinco, estoy solo desde entonces; he descansado un rato de un cansancio profundo, cansancio de calor y de altura, y ahora me encuentro mejor, pero no con ganas de ponerme a trabajar. Y, mañana, que podré comer temprano y descansar a las horas de más calor, sin embargo no podré trabajar porque a las seis tengo en el Instituto una reunión a la cual he de asistir también por mero formulismo. Realmente el formulismo a veces es incómodo. Cuando no es más que eso, formulismo.

Me convendría quizás anotar una idea que no creo haber registrado en ninguna parte: una idea referente al personaje Ignacio o Isidro, ahora no me acuerdo cómo se llama, de la novela que estoy escribiendo. Este muchacho es revolucionario y poeta, cuyo ejercicio de la poesía se va aplazando por diversas razones, pero cuyo contenido explica. Este hombre tiene, no una cantidad de poemas, sino un programa y unos proyectos, y lo explica. Y tengo que hacerlo de tal manera que su explicación resulte una caricatura de

10 de setiembre, 1973

Hoy es el diez de setiembre por la tarde. Siete y dieciocho minutos. Estoy en Madrid desde ayer. He venido al Instituto nada más que a hacer que hacemos y a cumplir con un mero formulismo. No estoy contento. Por diversas razones han fallado todos los planes: el de ir a Barcelona y el de ir a Mallorca. Si lo de Mallorca ha fallado por causas ajenas a mi voluntad, lo de Barcelona ha fallado por mi culpa. Bien es verdad que ni uno ni otro son importantes. Y que lo que tenía que hacer en B. lo puedo hacer por correo o por teléfono, da igual.

Hoy he venido a casa a las cinco, estoy solo desde entonces: he descansado un rato de un cansancio profundo, cansancio de calor y de altura, y ahora me encuentro mejor, pero no con ganas de ponerme a trabajar. Y, mañana, que podré comer temprano y descansar a las horas de más calor, sin embargo no podré trabajar porque, a las seis, tengo en el Instituto una reunión a la cual he de asistir también por mero formulismo. Realmente el formulismo a veces es incómodo. Cuando no es más que eso, formulismo.

Me convendría quizás anotar una idea que no creo haber registrado en ninguna parte: una idea referente al personaje Ignacio o Isidro, ahora no me acuerdo cómo se llama, de la novela que estoy escribiendo. Este muchacho es revolucionario y poeta, cuyo ejercicio de la poesía se va aplazando por diversas razones, pero cuyo contenido explica. Este hombre tiene, no una cantidad de poemas, sino un programa y unos proyectos, y lo explica. Y tengo que hacerlo de tal manera que su explicación resulte una caricatura de cierto tipo de explicaciones poéticas, por ejemplo tipo H., o por ejemplo tipo B. Es decir, este hombre usa unos conceptos, unos conceptos-clave, y en torno a ellos se elabora todo un sistema poético trascendente; pero, al mismo tiempo este hombre expone que su poesía será triplemente significativa: el poema puede ser aparentemente un poema revolucionario, una segunda lectura puede darnos un poema sentimental y una tercera lectura puede darnos un poema metafísico. Es decir, que el hombre proyecta escribir unos poemas cada uno de los cuales sea *tres* poemas distintos. De tal manera que, cuando la situación objetiva haga inútil la interpretación primera, queden siempre la segunda o la tercera. Esto hay que hacerlo con ingenio y con gracia, que de otra manera no sería más que una simple parodia de unos y de otros. De manera que tiene que ser algo más que una parodia, no solamente una parodia, y al mismo tiempo un dato biográfico del sujeto, quien, naturalmente, no escribe nunca sus poemas, y cuando envía después de su emigración a otro sistema su mensaje, dice que ha intentado o está intentando desde la cárcel llevar a cabo su programa poético, pero que no se le ocurre nada. Lo que se le ocurre en la cárcel son otras cosas.

Me parece que ésta es una buena idea que tengo que realizar pero con mucho cuidado para que cumpla las dos funciones fundamentales de elemento biográfico y de parodia.

Yo supongo que todo este tiempo que llevo sin hacer notas, se me habrán ocurrido otras cosas. Creo que se me han ocurrido fragmentos referentes a Balbina, cuyo personaje está ya más o menos definido, pero no he encontrado todavía su lenguaje. El lenguaje de Balbina debe ser una mezcla de vulgaridad y pedantería, una y otra suaves, sin incurrir en la caricatura. Me sería muy útil si C.M.G. hiciese delante de este micrófono su parodia, su imitación de E.S., porque si le sale tan bien como la que hizo en mi casa, me daría una serie de elementos vivos que, de otra manera, tengo que buscar no sé dónde.

Es indudable que este lenguaje vulgar al que me refiero no lo conozco bien. El modo de hablar de la gente joven de ahora se me escapa, quizá por falta de frecuentación de los jóvenes, al menos en los últimos tiempos. Sería conveniente estudiar algún espécimen, que no sé dónde puedo encontrar, quizás en alguna de esas revistas que no leo... En fin.

En cambio el personaje que no me sale caricaturizado, el personaje cuya vertiente humorística no veo, es el de Marcelo. La verdad es que Marcelo, lo ponga como lo ponga, es un personaje trágico, incluidos los elementos de farsa que haya en su conducta.

12 de setiembre, 1973

Hoy es el doce de setiembre, miércoles. Hace bastante tiempo, un día de agosto, en medio del Atlántico, recibimos las noticias del fracaso de la Primavera de Praga. Ayer, de noche, en casa de J.B., que celebraba su cumpleaños, nos enteramos de la muerte de Allende. Yo creía que mi escepticismo me tenía ya vacunado contra las depresiones y las tristezas: resulta que no era así. El pobre Allende terminó como tenía que terminar, porque las posturas como la de Allende no pueden prosperar en el mundo en que vivimos. Dios lo tenga en su gloria y que algún día se le haga justicia: de momento no creo que se la haga nadie. Y esto empiezo a decirlo a las nueve de la mañana de un día gris, no sé si es niebla o si son nubes, con calor, después de haber dormido mal, tercera noche que duermo mal en Madrid, sin tener realmente nada que hacer aquí, y con verdaderos deseos ya de marcharme. Estoy harto. No hago más que perder el tiempo. Ayer me pasé tres horas y media en una reunión a la que asistí por puro formalismo y durante la cual me di cuenta una vez más de que la gente es imbécil, de que lo que se puede arreglar en tres cuartos de hora necesita tres horas y media, y de que la gente vive para minucias, bobadas y otras vanidades. Ni se sabe gobernar un centro de una manera autoritaria ni se sabe gobernarlo de una manera democrática. ¡Vaya por Dios! Pues sí que me espera buena a mí. Lo más que hice fue tomar unas notas de unas cosas que se me estaban ocurriendo sobre el «Quijote». Ahora tengo por delante dos días sin hacer nada. El viernes habré de volver, y me consideraría feliz si ese día termino y quedo en disposición de marcharme. El viernes. No tengo nada que hacer aquí, y si voy a volver a fin de mes, cuanto menos tiempo permanezca, mejor. Y creo que es todo cuanto tengo que decir a las nueve de la mañana del día doce de setiembre de mil novecientos setenta y tres. Fracaso en Chile de la instauración del marxismo por vía democrática. R.I.P.

El mismo día, por la tarde

Son las cinco y pico de la tarde. Estoy tumbado, cansado, sin ganas de nada, quizá por falta de sueño. He dormido mal, me han despertado temprano, necesitaba dormir diez o doce horas seguidas para recobrarme. Por una serie de razones, no he podido oír el parte de hoy, no sé cómo van las cosas en Chile. Por otra serie de razones, en el momento en que estaba escuchando las noticias de las cinco, tuve que cortarlas. Por otra parte, no sé por qué sospecho que la censura estará actuando a este respecto y que no sabemos bien lo que va a pasar o lo que ha pasado. El pobre Allende se mató, lo mataron, ¿quién lo sabe y quién lo sabrá? Y yo pienso de mí mismo que por qué soy tan ingenuo, ya que la sola pretensión de realizar el socialismo por vía pacífica es una utopía de tal calibre que sólo puede ocurrírsele a un utopista, como lo era seguramente el pobre Allende: uno de esos seres ingenuos más o menos aprovechados, en este caso mal aprovechado, por unos partidos sin un verdadero líder y un verdadero director. En fin, la CIA habrá actuado por ahí, y acaso la economía tenga mucho que ver con esto. Pobres chilenos, porque no creo que después de esto levanten ya cabeza.

Esto aparte, escribí un artículo que tengo que releer, para una revista cursi llamada *Gentlemen*, y tengo que escribir dos más, para mañana, que tengo que dejar entregados en *Informaciones*, antes de marcharme, e iniciar así mi colaboración fija.

Ahora mismo pretendo descansar un poco, no salir de casa si es posible, a no ser que me llamen, y aprovechar la tarde.

16 de setiembre, 1973

Hoy es el domingo, dieciséis de setiembre. Según todos los barruntos, mañana regreso a casa. El día de hoy se me ha pasado sin darme cuenta, y no porque hubiera tenido alguna causa especial que me sacase de mí, puesto que estuve solo todo el día, o, por lo menos, hasta las siete y media, hora en que me fui a casa de M.J., de donde regresé a las nueve, y ya me había preparado para quedarme en casa, cuando me telefoneó C. y salimos un rato a «Dickens» donde estuve hasta las doce y media. Había una serie de chicas monas, pero entre la oscuridad y la miopía poco más que adiviné lo que eran. Estoy cansado, y el balance de esta semana en Madrid sólo es medianamente positivo: me llevo unos cuantos libros que me costaron bastante dinero, dejo tratado con el *Informaciones* una colaboración fija y he escrito tres artículos que entregaré mañana. Parece ser también que no tendré necesidad de volver a Madrid para el asunto de mi cátedra, ya que un amigo del ministerio se me ha ofrecido a arreglarlo sin necesidad de mi presencia. Esto es poner una pica en Flandes, y es justamente lo que me permite marchar mañana. Hablé con muy poca gente, me ha cogido la sorpresa de lo de Allende, me he convencido de que no tengo nada que hacer en Madrid, donde me siento rodeado de hostilidad física (no me refiero a nadie sino a la ciudad en sí: hoy, cuando regresaba después de comer, al pasar por la calle de Velázquez en el autobús, empezaron a picarme los ojos). En fin, echaré de menos únicamente algunas personas y algunas conversaciones, pero, en general, creo que me compensa el sacrificio. Ayer acudí a una cita a la F.J.M., donde me piden un libro sobre el «Teatro español» en el tiempo de Benavente. Al principio dije que sí, pero como tengo que escribir una carta aceptándolo formalmente, voy a pedir un plazo mayor, hasta diciembre del año que viene, año y medio, porque no quiero que, por causa de este tema que me interesa un pepino, se me frustre la novela. También porque quiero simultanear el trabajo narrativo con la redacción del ensayo sobre el Quijote: creo que ya va siendo hora de hacerlo. Pienso que estoy bastante colmado de ideas, y que si lo demoro más, las ideas se van a secar como los higos. Sin que esto quiera decir que sepan mejor. Es decir, que necesito hacer una última lectura completa del Quijote, para lo cual puedo aprovechar muchos ratos transitivos, y continuar con la novela. Esta lectura del Quijote, íntegra, en un texto que pueda subrayar y anotar con el fin de hacer fichas. Y a ver si entretanto consigo algunos trabajos que me faltan, algunas citas, y dentro de un mes o mes y medio tengo ya el material para ponerme a trabajar. Con una hora u hora y media que dedique a la redacción, en un par de meses puedo tenerlo terminado. Debo, creo yo, sacrificar el libro del teatro a esto, porque esto creo yo que será más importante. Y porque en este momento estoy tan olvidado y apartado del teatro español que no tendría más remedio que empezar por el principio, ponerme a leer autores y autores, y esto me llevaría tiempo y me desplazaría absolutamente de mis preocupaciones actuales. Si para Navidad he terminado lo del Quijote, las horas que me queden libres puedo dedicarlas a la lectura de comedias, lecturas y fichas, y en seis meses tendré el trabajo, o al menos la base del trabajo. Hay un niño que llora. Es tarde. A ver si tengo suerte y duermo pronto. Sueño no me falta. Lo que necesito es desinteresarme de lo real, que parece ser que es la condición del sueño, creo que según Bergson.

1974

26 de enero, 1974

Creo que es el veintiséis de enero. Es la primera anotación que hago este año, porque el otro día lo intenté y por variadas razones se me frustró. Por otra parte, hace ya bastante tiempo que tengo abandonadas estas notas, que es como tener abandonada una dieta. Voy a probar a ver cómo crecen para continuar inmediatamente.

La prueba me satisfactoria, de modo que vamos adelante. Esta semana que hoy termina, si empezamos a contarla por el domingo, semana de escasos acontecimientos, toda ella lluviosa y aburrida, encierra sin embargo una fecha que me importa: el día veintitrés terminé un ensayo sobre don Quijote. Terminé al menos su primera redacción, y hoy me han entregado las copias, originales y copia, que tengo casi corregidas y que servirán, primero, para que las lea alguien que pueda juzgarlas y, segundo, de base para correcciones ulteriores. No puedo todavía juzgarlo, pero evidentemente no es lo que yo esperaba ni lo que yo deseaba. ¿Qué le vamos a hacer! Hay que consolarse pensando que eso sucede siempre con cualquier clase de libro, pero lo que es indudable es que con un poco más de cuidado me hubiera salido mejor. Ocurre ahora mismo yo no tengo suficiente distancia para poder darme cuenta de si en su conjunto es un error o incluye solamente errores parciales, y para averiguarlo pienso mandárselo a dos amigos de distinto criterio con el ruego de que me hagan una crítica implacable. Como ahora mismo me

26 de enero, 1974

Creo que es el veintiséis de enero. Es la primera grabación que hago este año, porque el otro día lo intenté y por variadas razones se me frustró. Por otra parte, hace ya bastante tiempo que tengo abandonadas estas notas, que es como tener abandonada mi conciencia. Voy a probar a ver cómo graba para continuar inmediatamente.

La prueba fue satisfactoria, de modo que vamos adelante. Esta semana que hoy termina si empezamos a contarla por el domingo, semana de escasos acontecimientos, toda ella lluviosa y aburrida, encierra sin embargo una fecha que me importa: el día veintitrés terminé mi ensayo sobre don Quijote. Terminé al menos su primera redacción, y hoy me han entregado las copias, original y copia, que tengo casi corregidas y que servirán, primero, para que las lea alguien que pueda juzgarlas, y, segundo, de base para correcciones ulteriores. No puedo todavía juzgarlo, pero evidentemente no es lo que yo esperaba ni lo que yo deseaba. ¡Qué le vamos a hacer! Hay que consolarse pensando que eso sucede siempre con cualquier clase de libro, pero lo que es indudable es que con un poco más de cuidado me hubiera salido mejor. Quizás ahora mismo yo no tenga suficiente distancia para poder darme cuenta de si en su conjunto es un error o incluye solamente errores parciales, y para averiguarlo pienso mandárselo a dos amigos de distinto criterio con el ruego de que me hagan una crítica implacable. Como si no fuera mío, como si no fuera de un amigo. Si estas críticas son positivas, aunque incluyan censuras y consejos, retomaré el texto y lo modificaré a tenor de estas críticas. Demos por sentado que esta aventura acabará bien, y demos igualmente por sentado que si el libro no lo merece, a juicio de estos amigos, con no publicarlo, listo: queda ahí el original y no se pierde nada. Creo yo que no se pierde nada.

Bueno. Ahora, con la cabeza vacante, tendría que pensar en la novela. Que, naturalmente, en tanto tiempo que hace, no que no escribo, sino que no pienso en ella de una manera continuada, ha cambiado bastante: en dos sentidos, en el de la escritura y en el de los materiales. Por lo pronto, se me ha ocurrido que la ciudad sea una ciudad vacilante. Es Villasanta de la Estrella, pero a veces es París, a veces es N.Y. y a veces es las tres al mismo tiempo. Hoy, por ejemplo, pensaba en un diálogo entre dos personajes uno de los cuales está viendo Villasanta y el otro está viendo N.Y. Sobre esta idea, montar un juego que dé lugar a sistemas de imágenes aplicables en ciertas situaciones, por ejemplo: la entrada del rey Olaf en la ciudad sería la entrada de Sitting Bull en N.Y. por la Quinta Avenida; la ofrenda del rey Olaf de una corona a los caídos, sería la ofrenda por Hitler de una corona al monumento al soldado desconocido en París, sin citar para nada ni la Quinta Avenida ni los Campos Elíseos, pero describiéndolos, describiéndolos con detalles que permitan identificarlos, detalles de edificios, el «Rockefeller Center», por ejemplo, o el Arco del Triunfo. Y esta indecisión en algunos casos va acompañada de una indecisión temporal; por ejemplo, esas memorias que escribe Balbina Bendaña, cuyas iniciales le permiten identificarse con Brigitte Bardot, están redactadas en dos o tres épocas distintas, unas veces en dos y otras en tres, como si en la primera redacción del diario cada página escrita fuese seguida de una página en blanco y la segunda redacción abarcase esas páginas en blanco con sucesos de quince, de veinte años después, a una distancia temporal indeterminada, pero sin señalarla, de manera que, bajo la rúbrica quince de noviembre hay acontecimientos del año treinta y cinco y también acontecimientos de la época indeterminada en que sucede la novela.

Yo creo que esta indecisión temporal podría abarcar, podría incluir, no solamente diríamos la vida de B.B., sino también algunos acontecimientos ajenos a ella, por ejemplo, todo el sector de los anarquistas, que tiene evidentemente más vigencia el año treinta y cinco que el sesenta y cinco. Entonces, hay un doble juego, un juego temporal y un juego espacial, y una implicación de acciones dadas todas como presentes, pero que efectivamente pasan con años de distancia. Yo no sé si esto requerirá una técnica específica o si bastará con poner las cosas sin indicaciones, y a ver qué pasa.

Yo no sé tampoco si este proyecto es viable, y si, en caso de serlo, tendrá valor, porque lo bueno del caso es que este proyecto implica otro, que afecta a la concepción general del libro, y es la suposición de que se trata de un libro ya publicado; segundo, de que ciertos descubrimientos me permiten hacer una edición crítica ampliada de ese libro ya publicado; tercero, que esta edición crítica me autoriza a acompañar el texto de unas notas al margen, o embutidas en el texto, con una caja menor, con un tipo distinto, por ejemplo en cursiva, indicando aquellas partes que merecen ser criticadas, es decir, destrozando por medio de la crítica mi propio texto y aumentando más todavía la ambigüedad. Esto me obliga a escribir un prólogo ficticio que parte (lo tengo anotado o semiescrito por algún lado) del encuentro en Marín con un marinero borracho que va cantando una parte del texto. Esto me lleva a investigar y al descubrimiento de que existen por lo menos tres núcleos humanos, que tengo que describir, que poseen materiales referentes a él de procedencia que ellos dicen fidedigna. A estos tres grupos humanos llamo tres colegios de aedas o de rapsodas, cada uno de los cuales guarda los materiales de su propia perdición. Uno lo situaba en Boiro, que no sé dónde está, pero que está por ahí; otro en Padrón, podría ser el grupo de los frailes del Herbón, que por otra parte se relacionarían con Macías el Enamorado, Alfonso Rodríguez... ¿cómo se llama? Pedro Rodríguez del Padrón o de la Cámara, y un tercero, situado en cualquier parte, es igual. Uno puede ser una rebotica, otro ya está dicho: es un convento, y el tercero ya lo localizaré cuando sea necesario. Entonces, los textos que componen el libro ya publicado los poseen estos tres círculos. Yo puedo tener acceso a ellos, y esto me permite naturalmente dar por definitivos, con el añadido de la gesta del rey Olaf Olafson el Amarillo, el Pálido, que doy como recientemente publicada en Rejkjavik, e inmediatamente traducida al francés, de donde yo la tomo, que se divide en dos partes: una son las hazañas de Olaf Olafson u Olaf Erikson, en el siglo X, y las otras en el siglo XX. Las del siglo XX están centradas en la invasión de Villasanta y son las únicas que transcribo.

También ahora recuerdo que decidí en ese período sin notas, y ahora me viene bien recordarlo, que este texto va a ir alternado con el otro: tiene que haber alguna nota por ahí sobre esto, no me acuerdo, pero tengo la impresión de que sí: fragmentados los dos textos, alternados, de tal manera que el primero termine con una esperanza de salvación de la ciudad, pero que está situado tipográficamente después del último texto en que se narra en el poema la destrucción de la ciudad, que es la destrucción de París, de N.Y. y de Villasanta conjuntamente e indiscriminadamente. Caen los rascacielos, caen las catedrales, el polvo llena los ríos, el pobre río de los sapos, en fin... De manera que, más o menos, estas líneas de construcción, estos trucos, los voy teniendo; lo que me falta es decidirme sobre el modo de escribirlo. La escritura famosa. Puede ser como La Saga, pero tiene que ser partiendo de La Saga: no puedo volver atrás, tengo que seguir adelante. Y ahora, después de publicado el libro de C., más aún; el libro de C. se lleva ahora la palma de la vanguardia. Vamos a ver si lo sobrepasamos o no, aunque, la verdad, tampoco hay por qué preocuparse por sobrepasarlo: el escribir una novela en función de otra me parece el mejor modo de hacerlo mal. Por otra parte, cada cual tiene su camino, y malo cuando coinciden, o cuando el que va por uno se preocupa del que camina por el otro. Lo que tengo que pensar es en hacerlo lo mejor posible con mis materiales, con mis palabras y con mis imaginaciones, y dejarme por completo de que esto de la literatura sea un campeonato o la carrera de los cien metros vallas. Cada cual tiene su sino, yo tengo el mío...

Lo malo es la serie de problemas que me rodean y para los cuales no veo solución; es decir, problemas que se pueden reducir a uno solo: falta de un sitio para trabajar, falta de un sitio idóneo. Estoy defendiéndome con la mesa del comedor, sin mis libros, sacándome las cosas de la manga. Algo que tengo por hacer todavía y no tengo más remedio que hacer es bajar a la biblioteca y buscar unos cuantos textos que necesito para citas del trabajo del Quijote, y ya veré. Ésta es la gran dificultad: debo de reconocer que necesito un sitio para trabajar tranquilo. Lo he tenido en Pontevedra y apenas lo supe aprovechar; tampoco lo tuve en América, al menos utilizable a cualquier hora del día, como el de Pontevedra, y, desde luego, ni en Madrid ni aquí. Si aquí voy haciendo algo, es porque no hay una calle ahí fuera a la que pueda salir. Si la hubiera estaría en ella todo el día.

El hecho es que estuve en Pontevedra, que hice gestiones para recobrar la casa de Arzobispo Malvar, que todavía no sé a estas alturas si la tendré o no la tendré, aunque me temo que no. Y si, como me temo, no la consigo, ahí empiezan mis pesares y mis dificultades mayores. Porque otra solución no la veo. Marchar otra vez de aquí a un sitio lejos supone unos gastos a los que no puedo hacer frente: ésta es la realidad. Y aunque tuviera el dinero para otro traslado, bien sabe Dios que no sé adónde: Mallorca, El Escorial, un lugar de Cataluña, los alrededores de Madrid... En fin el lugar donde yo encontrase una casa en la que pudiera disponer de un piso aparte para trabajar. ¡Decir a Dios, coño, que llevo cuarenta años de escritor y que no he tenido este problema resuelto casi nunca, que he estado siempre escapando del ruido de los hijos, de las intromisiones, de las interrupciones, y, ahora, que me quedan pocos años de vida, el problema me acucia, me angustia, y si no lo resuelvo, ya puedo cortarme la coleta! Bien lo sabe Dios: ya puedo cortarme la coleta.

Si en mil novecientos setenta me hubiera quedado en Pontevedra, como yo quería, y no hubiera ido a Madrid, como quisieron los demás, otro gallo les hubiera cantado a mis libros.

1 de febrero, 1974

Hoy es el uno de febrero de mil novecientos setenta y cuatro. Estoy fastidiado porque el último lunes me arrancaron dos muelas, y, desde entonces, no he encontrado sosiego ni cosa que se le parezca. El tiempo es malo; el frío, grande; el viento y la lluvia, fuertes, y todos los inconvenientes de vivir en La Romana se manifiestan ahora con toda su fuerza y se vienen a sumar a los ya conocidos. Hace tiempo que me confieso a mí mismo que esta aventura puede considerarse como un fracaso, fracaso quizás el mayor de todos los míos; y no veo salida, no veo modo de encontrar una casa donde pueda instalarme con silencio garantizado. ¡Dios mío!

Hoy he recibido una carta de Vergés, llena de entusiasmo, donde me dice más o menos que a pesar de los fuertes anticipos que me hizo sobre La Saga Fuga, la venta los ha cubierto, y todavía me manda cincuenta mil pesetas. Y está muy contento, y tiene mucho entusiasmo, y me pregunta qué libro es el primero que le voy a mandar. Y yo, ¿qué le voy a contestar a este hombre? Pues, de momento, ninguno: ni otra novela, ni mis memorias, ni siquiera el primer tomo de mis obras completas. Esto es lo que pasa, esto es lo que hay. Ahora mismo estoy tumbado en el sofá, envuelto en la manta, con el casco de los auriculares puesto, oyendo música en vez de oír ruidos: habría que preguntarse si la música tan metida en la cabeza no es también un estorbo. Estoy graduándola para que suene lo más suave posible, y lo siento: es un cuarteto de Beethoven. Un cuarteto o un quinteto, no sé. No, un cuarteto, uno de los grandes cuartetos. Lo que puedo hacer es cerrarme al exterior, concentrarme en la música, poner el alma en las orejas y ver de pasar el tiempo. Pero yo tenía ganas de hablar porque no las tengo de escribir.

Ayer empecé una nota para añadir al texto del libro del Quijote; la tengo interminada, y hoy se me anduvieron ocurriendo cosas relativas a esta nota que tengo que añadir, y, en cambio, se me olvidó la continuación que había pensado. Lo que tengo que añadirle se refiere a que la sociedad del tiempo de Cervantes incorporada a la novela, lo está de tal manera que, salvo en muy contadas ocasiones, y no fundamentales, lo mismo puede ser la de su tiempo que la del siglo XIV, porque, aunque él diga lo contrario, con quien compara don Quijote la sociedad de su tiempo, la realidad social de su tiempo, y la realidad moral, es con la de los libros de caballerías, no con la del tiempo de los libros de caballerías y de los caballeros andantes. Si cuando se escribió *Elena y María* hubiese salido Don Quijote en busca de aventuras, le hubiera sucedido algo muy semejante a lo que le pasó saliendo a fines del siglo XVI. Por otra parte, no tenemos la menor idea de si las estructuras sociales que aparecen en la novela son las que caracterizan a aquel tiempo o coinciden con estructuras equivalentes de otros tiempos, anteriores o posteriores. Porque, vamos a ver: los choques más característicos con la realidad son los yangüeses, el ventero, todo esto podía suceder en cualquier época. Estructuras sociales que se transparenten, pues el capitán morisco es el más vinculado a un tiempo histórico, y las aventuras de Barcelona. Lo demás, lo mismo puede pertenecer al XVI que al XVII que al XVIII: España no varió tanto que estructuras semejantes no se pudieran encontrar cien años antes o cien años después. Y si no las mismas, al menos la misma moral: duques que se burlan, venteros que quieren cobrar, yangüeses que pegan, cabreros acogedores... Esto no pertenece a un tiempo determinado. De manera que esto hay que meterlo.

Ayer fue un día en que mi desesperación era tanta que estaba dispuesto a marchar a Madrid. O a cualquier parte donde encuentre una casa que me permita aislarme horas y horas y sacar del aislamiento, del ocio, lo que aquí no consigo de ninguna manera, es decir, la continuidad del trabajo y, sobre todo, de la imaginación. Mi proyectada novela, que cambia cada día, y cada uno de estos cambios se queda en un proyecto que se marcha por donde vino, no llegaré a escribirla si no puedo todas las tardes cerrarme en silencio, tumbarme, hablar delante del magnetófono, estudiar mis imaginaciones (ante todo, registrarlas), crear ese lecho de brasas que permite después que los troncos ardan con regularidad y desprendimiento de calor. Y hablo como técnico en chimenas: gracias a la que tengo, no me muero de frío; pero, coño, me cuesta un ojo de la cara. En fin, no puedo quejarme. Por otro lado, el otro día recibí la liquidación de la editorial, me tienen que dar veinticinco mil pesetas, que, con las cincuenta mil que me mandó este hombre casi tengo pagada la casa de este año. Con veinticinco mil más ya tengo los cuatro trimestres de mi casita. Por ese lado, estoy tranquilo; aunque me cuesta mucho vivir, me voy defendiendo. Es una suerte que a las otras angustias no se una la económica. A pesar de este despilfarro de taxis.

19 de abril, 1974

Hoy es el diecinueve de abril. Comienzo a grabar esta cinta sin ganas de trabajar. No sé si lo conseguiré, porque, entre otras cosas, no estoy seguro de que este aparato funcione: hace poco tiempo que he llevado a arreglar el micrófono, y ahora estoy observando el piloto, y parece que sí, que funciona; pero hace unos minutos había empezado la grabación, y al probar, resultó que había hablado para el aire.

Estoy en la cama, no tan cansado como ayer, pero bastante cansado. Ayer estaba además deprimido, no sé si como consecuencia del estado físico, del cansancio físico, y hoy, afortunadamente, no lo estoy. La verdad es que si la depresión de ayer no obedece a un dolor que me dio, en el estómago, hacia la derecha, no sé si de vesícula o de hígado, no sé, por la tarde, que hace mucho tiempo que no daba tan fuerte, las razones que tenía ayer para estar deprimido son las mismas que las de hoy. Quiere decir que no hice nada, digamos con la máquina, porque ayer continué la copia de unas *cassettes* con notas personales que quiero reunir en una o varia cintas con un cierto orden cronológico, el orden posible de un seño que equivoca las fechas y que mezcla en la misma cinta las cosa de un año y las de otro. La copia no es más que mediana, porqu estoy haciéndolo con el aparato pequeño y a la mínima velocidac para ahorrar cinta, y porque algunas de las grabaciones originale son bastante imperfectas, y están llenas de ruidos y no tienen ir tensidad suficiente. E incluso hay alguna en la que me tiembla l voz como si estuviera llorando. Esta operación tengo que llevarl a cabo, no sólo con las *cassettes*, sino con las muchas cintas de mismo tipo que tengo por ahí desperdigadas y que conviene reunir entre otras razones porque así son materiales que me quedan libre para otros trabajos. Como al mismo tiempo que las grababa la oía, porque el aparato receptor tiene chivato y estoy oyendo lo qu graba, algunas ideas no me parecieron malas, o me parecieron a menos utilizables. Por ejemplo, algún día de la primavera del se tenta y dos, febrero o abril, no recuerdo ahora bien, pero hace má o menos dos años, se me ocurrió, como punto de partida, com punto de arranque, el hallazgo en un museo americano por Jesualdc Bendaña, del Cristo de Bendaña. El modo como estaba planteadc evidentemente no me sirve, puesto que, desde el año setenta y do: hasta ahora, tanto la forma como los materiales de la novela har cambiado mucho, e incluir a Jesualdo Bendaña en la novela serí un error. Pero, en cambio, sería mucho más, ¿cómo diría yo?, má: divertido, que este señor que hace la crítica de *Campana y Piedra* los prólogos, las notas marginales, todo este aparato ficticiamente erudito de que voy a recargar la novela según mi último propósito podría ser precisamente Jesualdo Bendaña, puesto que las cosa: que va a hacer este señor, que son ni más ni menos que una desmi tificación de la novela, una destrucción de la ficción que en ella se cuenta, le van bien a Jesualdo Bendaña, le van bien a la persona lidad que se conoce de Jesualdo Bendaña, y, entonces, admitidc Jesualdo Bendaña como personaje externo a la narración misma como juez, como investigador, como todo esto que va a ser este personaje, el punto de partida de su texto podría ser justamente el hallazgo en un museo americano del Cristo de Bendaña: que nc es una pieza capital en *Campana y Piedra*, pero que es un elemento de uno de los sectores de la ficción.

Entonces, como había pensado, este arranque se cuenta, se enun cia en primera persona, sin decir quién es el que habla, y en algúr momento del discurso o por el texto mismo, el lector que conozca a Jesualdo Bendaña puede por sí deducir o inferior que se trata de él. «Ayer fui con mi mujer a visitar el museo de Tal, y en una de sus salas, como pieza principal de ella, situado con todos los honores, con especial iluminación, etc., etc., me encontré el Cristo de Bendaña, con un marbete que dice: El Cristo de Bendaña, pieza del arte leonés del siglo XII, trabajado en marfil, y que perteneció a la Casa de Bendaña, a la Casa gallega de Bendaña, hasta... tal fecha.» Esta fecha es bastante remota, quizá por los años veinte, y esto le sirve al caballerete este para enlazar este episodio con el trabajo de desmenuzamiento, de análisis, de juicio, de una narración ya publicada, *Campana y Piedra*, ya publicada. Es decir, «yo me he pasado en España mi año sabático, y he dedicado el tiempo a investigar todo lo referente a esa narración publicada anónima en tal fecha, *Campana y Piedra*, por la cual siento interés a causa de una serie de razones que me afectan, y cuyo resultado es esta edición que presento al lector». Entonces este hombre cuenta cómo descubrió la existencia de los colegios de aedas, no tres, no hacen falta tres, basta con dos: el Colegio de Boiro y el Colegio de Herbón. Cómo entró en relaciones con ellos, cómo fue averiguando las procedencias de los distintos materiales, en fin, todo lo que tengo proyectado en esta ficción de edición crítica que es al mismo tiempo un estudio completo de sus materiales, su fiscalización, su fijación, etc., etc. Con lo cual se personaliza este investigador, este crítico, este nuevo personaje, y se establece una relación con La Saga/fuga, relación que de otra manera difícilmente iba a existir, puesto que, aunque *Campana y Piedra* transcurra en Villasanta de la Estrella, la verdad es que Castroforte do Baralla no figura, al menos de un modo natural, en la narración. Quizás, a lo mejor, en algún momento pueda existir una alusión o una referencia, pero en modo alguno como tema constante. Podría ser, evidentemente, pero es algo que no me he propuesto todavía, y que, en todo caso, me serviría de dato cronológico para situar unas acciones antes y otras acciones después de la desaparición de Castroforte. Ésta es una cuestión secundaria a la que no he concedido atención alguna de momento, y, cuando la ocasión llegue, ya la estudiaré.

Bueno. Lo importante ahora (continúo después de una interrupción) es la decisión que tengo que tomar en estos días acerca de si me pongo a trabajar en *Campana y Piedra* o si me pongo a buscar materiales para ese libro estúpidamente comprometido... que ellos me pidieron, que yo acepté, que de hacerlo tengo que entregarlo en setiembre... claro, me vendría muy bien el dinero, unas ciento cuarenta y tantas mil pesetas que me darían a la entrega del original pero que si de lo que sirve es de demora a la novela, me sale por una friolera. Si yo consiguiera ponerme al trabajo por las tardes durante el mes de mayo, escribir un par de horas todos los días, y que me cogiesen las vacaciones metido ya en la novela, toda vez que entre el libro sobre teatro y la novela no hay la menor relación, podría trabajar por las mañanas en el libro sobre teatro y por las tardes en la novela. Ahora, lo que no sé es si este proyecto podrá pasar de proyecto, pro-yecto, convertirse en acto. Quizás exigiese de mí un esfuerzo mental al que no estoy acostumbrado y, sobre todo, un esfuerzo físico, porque, claro, el libro de teatro, que tiene que tener trescientos folios, requiere por lo menos tres meses de trabajo: a noventa folios de los míos por mes, daría quizás algo más de los trescientos folios normales de los que me pudiera copiar esa señorita que me ha hecho la copia del «Quijote». Para hacer trescientos folios de esa manera, quizá bastasen doscientos cincuenta de los míos, que son muy grandes y muy nutridos.

Es decir, para establecer una diferencia radical entre un trabajo y otro, podía quedarme por las mañanas en casa y dedicarme al trabajo del teatro; marcharme a las cuatro, llegar a casa a las cinco y trabajar hasta las ocho. Con un poco de disciplina, los tres cuartos de hora que dura el viaje, bien podrían servirme de preparación, bien podrían servirme de tránsito de unos pensamientos a otros, de manera que, al llegar a las cinco a casa y echar un vistazo al trabajo, pues podría estar en disposición para continuarlo. Renuncio así a una cosa muy importante, que es el trabajo de las mañanas, el trabajo de corrección de lo del día anterior; renuncio así... En fin, a algo tengo que renunciar.

Cabe otra posibilidad, que no es más que remota: yo tengo recibidas setenta y cuatro mil pesetas, o cosa así, como anticipo. Si las tuviera, desde luego, las devolvía, y me quedaba libre de ese compromiso adquirido simplemente por esta incapacidad mía para decir que no. Me recibe un señor, me dice una serie de cosas, y yo no soy capaz de responderle: Mire usted, encárguele el trabajo a otro, porque yo no me siento capaz, o no tengo ganas o no tengo tiempo. Pero no tendría inconveniente ninguno en ceder a esos señores el trabajo sobre el «Quijote» y darlo por cobrado, y entonces podríamos aplazar un año más lo del teatro.

En fin, esto lo tengo que pensar, porque supongo también que habrá muchas maneras de devolver a esos señores las pesetas que me han dado y pedir esa demora con el pretexto de la falta de bibliografía, que es real, porque hay alguno de los capítulos del libro, según el proyecto, que, realmente, ni siquiera tengo idea de dónde podré encontrarla. Desde luego, aquí, ni hablar. Tendría que ir a Madrid y pasarme un mes allí, y un mes en Madrid, durante el verano, aparte de que no tendría sitio para vivir, por lo menos sitio cómodo, supone una serie de riesgos que no quiero correr.

Bueno. Supongamos que me decido por la novela. Lo primero que tengo que preguntarme es si lo que llevo escrito es o no válido. Y para responderme a esto, tendría que leerlo una vez más y ver si hay posibilidad de intercalar determinadas modificaciones sin destruir este texto. Determinadas modificaciones que en alguna parte tengo proyectadas y anotadas, pero que ahora mismo no sé cuáles son. De una manera general, debe tratarse de esos embuchados de carácter surrealista que van a abundar, o que pretendo que abunden, y que darán pie al señor Bendaña para toda una teoría de interpolaciones. Es decir, la totalidad del texto, una vez elaborado, sufrió una revisión a la que se deben este tipo de párrafos que todos ellos revelan una mano, y que aparecen en determinadas... en determinados sectores, atribuidos a determinados personajes, a otros no, y no aparecen en otros. Por ejemplo, este tipo de embuchados no aparece en el texto de Balbina, no tiene nada que hacer en el texto de Balbina; en cambio, tiene que hacer en el texto del catedrático de Paleografía, y también en el texto narrado en tercera persona: justamente según la visión actual de los materiales, ese tipo de textos, ese tipo de embuchados, cabe ahí.

Muchos de ellos, o la mayor parte de ellos, quizás, al menos lo que ahora se me ocurre, está inspirada en capiteles románicos, y la verdad es que necesitaba un buen libro de capiteles románicos con muchas ilustraciones (el texto me trae sin cuidado, ésa es la verdad), para describir aquellos que contengan relieves del tipo que a mí me interesa. Yo no sé si existirá ese libro ni si, en caso de existir, estará a mi alcance. Tendría que escribirle a Vergés, a ver si él puede encontrármelo, y adquirirlo. Por cierto que tengo que escribirle a Vergés, primero porque tengo sin contestar una carta suya, y, segundo, porque les envió unos libros de regalo a mis hijos y todavía no le he dado las gracias.

Bueno. Entonces, volvamos a las páginas que tengo escritas. Las páginas que tengo escritas comienzan contándonos algo de un señor que no nos interesa para nada, un señor que no va a pitar pito alguno en la novela, pero una de cuyas frases he decidido que me sirva: y, justamente, siguiéndole la pista a esta frase en sus metamorfosis, encuentra en su camino a otros personajes de los que vamos a hablar después, personajes que van a ser objeto de narración objetiva, o personajes que van a hablar con voz propia. Ésta es la función que desempeña en el conjunto este manojo de páginas y que mientras no encuentre un modo más atinado de comenzar me sirve de comienzo.

Ahora bien, ¿dónde está, qué queda de uno de mis propósitos más que propósito, deseo, esa visión que ahora se me ocurre comparar a la de un enorme relieve cuadrangular donde un artista románico hubiera labrado sin sujeción a un principio geométrico constructivo, sino todo lo contrario, una muchedumbre de personas, de las cuales vemos caras, cuerpos, extremidades, mezcladas con cierto número de monstruos del mismo modo vistos fragmentariamente, y de otra idea semejante a ésta, que es una idea de topos, de agujeros, de galerías subterráneas? He aquí dos... no sé si imágenes, o formas, o qué diablo es esto, que me obsesionan, y de las cuales me gustaría dar la impresión, pero yo no sé si será posible literariamente: realizar eso que yo todavía no sé lo qué es, y todas las notas que tengo a este respecto contienen la misma afirmación: no sé lo qué es. Quizás una de ellas solamente... una idea plástica, una especie de sensación cenestésica; una idea plástica que acabo de expresar en esa imagen del relieve románico, relieve por otra parte que no existe; pero, en cambio, lo otro, no encuentro comparación posible. Quizá la de una serie de agujeros por la tierra por la que asoman gusanos, pero eso es trasladar a una imagen visible algo que no es visual. Ya digo, es una cosa que se siente en las tripas, por ejemplo, o en el diafragma, o que yo por lo menos lo estoy sintiendo así, lo siento así cada vez que pienso en esto, que la palabra «subterráneo» no aclara: simboliza, pero no define. Porque en la novela hay subterráneos, hay las expediciones subterráneas de Marcelo, pero eso es una cosa del personaje que no tiene nada que ver.

Yo no sé de dónde diablos saqué esta noción, ni sé si en el caso de aclararla un poco más, será algo que pueda expresarse literariamente. Es muy posible que la literatura no pueda hacerlo. Quizá tampoco pueda hacer lo otro. Porque, claro, quiéralo o no, toda vez que hay acciones y personajes, cada vez que describo una acción, individualizo un personaje. Y eso no está mal, y no es incompatible; pero se trata de un principio de composición que, prácticamente, lo veo muy bien, pero, literariamente, no. A no ser que inserte descripciones de eso, pero ésa es otra cuestión: hablar de cabezas juntas, y de un rabo de dragón enroscado a ellas, es una imagen muy concreta que no causa la impresión que puede causar en el conjunto románico esa misma imagen. Realmente se trata de una cuestión de equivalencias, y lo que yo no sé es en qué consiste la equivalencia que yo puedo hallar y cuál es el procedimiento para realizarla, para llevarla a cabo. No lo sé. De nada me sirve el tener una imagen comparativa, si esta imagen comparativa no me dice absolutamente nada.

En fin, quizás en todo esto se trate nada más que de una cuestión superpuesta superficialmente, y quizá se trate nada más que del efecto de una imagen, quizá de una metáfora. No realizable. O quizá realizable en algunos momentos, sólo en algunos momentos.

Son las once menos cuarto, me he olvidado totalmente del Diario Hablado, que tampoco escuché al mediodía: no sé lo que ha pasado por el mundo, aunque supongo que las novedades no tendrán la menor importancia, serán las de siempre, y lo importante son las historias en marcha: Nixon, Pompidou y el partido Celtic-Atlético, que es la preocupación nacional en estos días: el partido Celtic-Atlético el día 24, miércoles. Si llego a tener mi conferencia ese día, quizás alcanzase la docena de espectadores, aunque no sé tampoco cuántos alcanzaré siendo el veintitrés.

Mañana tengo que escribir los *Cuadernos de La Romana*, pero el domingo por la tarde me dedicaré a preparar la conferencia. Tengo que darle una arquitectura, porque el tema no me permite improvisar. Es una de esas conferencias...

21 de abril, 1974

Tarde del domingo, veintiuno de abril. Son las ocho por el reloj, las seis por el sol. Llevo hora y media en cama y acabo de cenar, y habiendo ido esta mañana a Vigo con intención de trabajar, he regresado a las cuatro, y poco tiempo después decidí acostarme. No se trata de que me duela la espalda, de que me duelan los cuadriles, de que me duela el hígado solamente, sino de una flojedad que incluso me hace flaquear las piernas, y eso me pasa por la tarde: por la mañana me encuentro bastante mejor. Ahora me he quedado solo con la intención de preparar o hacer unas notas o lo que sea de la conferencia que tengo que dar mañana... pasado mañana, que me gustaría que fuese una buena conferencia, aunque vaya poca gente y aunque no vaya nadie; de manera que lo que voy a hacer es pasar a la segunda pista de esta cinta, dejando aquí esta nota, y a ver lo que sale. Vamos a poner una señal para no andar luego perdiendo el tiempo.

26 de abril, 1974

Hoy es el viernes, veintiséis de abril. Por no variar, siendo las nueve menos cuarto, estoy en la cama: llevo aquí mis buenas dos horas, que pasé dormitando y oyendo un poco de música que, por cierto, no sonaba nada bien. Cansado, es natural que lo esté, porque esta mañana me levanté a las seis y media, no hubo siesta y me he movido bastante.

Esta mañana, a las ocho y media, empezó el empaquetado de libros, y a las cuatro y diez de la tarde, habían terminado su descarga. Ya está todo en Vigo. Me costó la broma siete mil doscientas pesetas, pero están allá. De la otra manera me hubiera salido más barato, pero no estarían allá, ni ahora, ni dentro de un mes. A la larga, he ahorrado dinero. Ahora confío en que el domingo por la mañana venga el carpintero y me arme los estantes, y, después, con esfuerzo y alguna colaboración, intentaré acomodar los libros y ordenarlos. Después de esto, y aunque no sea más que por vergüenza, no tengo más remedio que ponerme a trabajar. Quizás el plazo de una semana, a partir del domingo, sea un plazo demasiado breve, pero debo procurar acomodarme a él, considerando por ejemplo que hay un día de vacaciones en que puedo trabajar toda la mañana, comer allí, descansar y trabajar un par de horas por la tarde. El esfuerzo final. Y todavía me falta una cortina, o quizá, si lo que voy a hacer es escribir la novela, traslade la máquina a la camilla y trabaje allí, que tiene la ventaja de una... de un mayor aislamiento, y, por lo tanto, menos ruidos.

Ahora bien, ¿por dónde empiezo? ¿Doy por válido lo que tengo escrito, me ato a lo que tengo escrito, o empiezo la novela por tercera vez? El primer comienzo fue desechado, ahí está el segundo: deben de ser doce o catorce folios. Doce o catorce folios poco es.

Me convenía, contra mi costumbre, trabajar en holandesas, porque tengo esos... esas excelentes pastas a presión, americanas, que son del tamaño de holandesas precisamente, y que me convenía utilizar para poderlas llevar conmigo y corregir en cualquier momento y lugar que se me ocurra. Con la máquina grande, quiero decir con la máquina de letra grande, y en holandesas, podemos calcular que me van a salir mil doscientas, porque una holandesa de ésas debe tener justamente la mitad del texto de un folio de los que yo uso, y con la máquina en que yo acostumbro a trabajar.

Pocas ideas nuevas. Una de ellas, que la recuerdo ahora, que debe de pertenecer a ayer o quizás a anteayer, una idea un poco disparatada, pero buscada adrede por su disparate, es la de dos personajes, que son precisamente el cura y el encuadernador, que están dando vueltas a una torre de la catedral por la parte superior y exterior, es decir, agarrados a la barandilla, y los pies en la repisa, y hablando de una cosa que no tiene nada que ver con su situación, pero en la conversación se intercalan de vez en cuando advertencias: Tenga usted cuidado, que esta piedra está resbaladiza, no se me vaya a caer, no ponga el pie donde tiene musgo, y también alguna referencia a la altura en que están, a lo pequeña que se ve la gente en la plaza, etc., etc., con la misma naturalidad con que si estuvieran dando vueltas al palco de la música. Esta imagen puede ser una de tantas, de la misma manera concebidas, personajes que hablan o actúan normalmente en una situación anormal. Si esto se logra hacer de una manera sistemática, puede llegar un momento en que la novela parezca un disparate y en que, además, lo sea. Pero el hecho es que yo me propongo o me propuse hacerlo de una manera sistemática.

Tengo también otra idea, pero aún no la veo clara: esta ciudad tiene sus mitos, pero yo no quiero que sean los habituales mitos históricos. En este caso no nos importa nada ni el Cuerpo Santo, ni el arzobispo Gelmírez ni ninguno de estos señores. Del pasado, nada. Del pasado, nada más las piedras. Pero me andan unos monstruos por la cabeza, de este orden, por ejemplo: aquella mañana, la cola de Fulano (Fulano es el nombre que se da al monstruo) ocupaba entera la calle del Preguntoiro. Podríamos poner Peregrinatorio, y aún le sobraba un buen pedazo que dejaba caer por la cuesta de la Canóniga, o de la Conga. Éste puede ser un lagarto gigantesco o cualquier cosa así. En alguna parte he hablado ya de un periodista. Creo que ya hice la nota correspondiente, pero esto no tiene nada que ver con los mitos. Alguien ve un gato gigantesco, y procura enterarse, muy discretamente, muy a la gallega, si los demás también lo ven, y aunque los demás lo niegan, él está convencido de que lo ven igual que él. Un gato que está sentado en medio de la plaza de don Quijote, y que al sacudir el rabo, de vez en cuando, derriba un automóvil. Cosas de éstas. Cosas de éstas.

Ahora, el mito principal de la ciudad es el arzobispo. No Gelmírez, ni ningún arzobispo histórico, sino El Arzobispo. Tampoco la persona, sino el cargo. Todos están muy jodidos porque no son arzobispos: desde el obispo auxiliar hasta el alcalde, el rector de la Universidad, el gobernador de la plaza, todos están muy jodidos porque no son arzobispos, y porque el arzobispo no es como ellos hubieran sido o hubieran pretendido ser, de ser arzobispos. La impopularidad de este que tenemos aquí, que todavía no me acuerdo cómo se llama ni si le puse nombre, es que no responde a las apetencias de nadie. Es un arzobispo tan particular que no coincide con la idea que nadie tiene de lo que es un arzobispo. Realmente es un señor que se está cargando el mito del Arzobispo.

¡Creo que tengo un poco de fiebre! Lo de siempre.

Se me ocurrió una cosa referente al otro cura, el familiar del otro obispo auxiliar, al secretario del obispo auxiliar, pero ahora no me acuerdo de lo que es. Y el otro día, oyendo una cinta, también había algo que me pareció en cierto modo útil, no sé si lo grabé o no lo grabé, pero tampoco me acuerdo ahora de qué se trata.

Creo que viene la cena ahí.

1975

4 ó 5 de mayo, 1975

Hoy es el domingo cuatro o cinco de mayo. Por la mañana trabajé un poco, por la tarde no hice nada. El trabajo de la mañana consistió en terminar el repaso de *La princesa durmiente va a la escuela*, cuyo original me encontró F. hace algunos días y que he ofrecido a Vergés para publicar en el primer tomo de las Obras completas. Con ese fin hice unas correcciones mínimas, escribiré un prólogo, que será un estudio y una historia. De la historia de esta novela poco me acuerdo. Creía haberla escrito hace veintidós o veintitrés años. Cronológicamente es posterior a *Ifigenia*. No recuerdo más que que me la rechazaron dos editores, uno de Barcelona y otro de Madrid; que no le gustó a Hile Bruns, a quien se la mandé; que D.A. me dijo que tenía preciosas viñetas, lo cual debe interpretarse como que le gustaban algunos fragmentos. Creo que también la leyó P.L.R. y que tampoco le gustó. En fin, que no puede decirse que haya sido un éxito. La única persona que me aconsejó publicarla fue Dionisio, y no hace mucho tiempo todavía me lo dijo. La he leído en tres días. Estoy un poco perplejo, porque lo primero que hice... lo primero que me pasó fue que encontré en ella los gérmenes clarísimos de *Don Juan* y de *La Saga/Fuga*, no porque en estas novelas haya elementos tomados de *La princesa durmiente*, los únicos elementos de La P.D. que usé fue en «Off side», sino por cosas de tono, de actitud, de materiales. Es decir, que en mi literatura hay dos ramas perfectamente definidas: Javier Mariño, Trilogía, Off side; Don Juan, La Saga: evidentemente ésta es la primera de este estilo. No me acordaba de nada o de casi nada, más que de la marcha general de la novela. Fuera del tema central, fantástico, todos los demás elementos descritos son reales, unos más transformados que otros, y la novela, en su conjunto, es una sátira social, una sátira social de todo. Es una novela donde no queda títere con cabeza, con un final catastrófico en que se presiente ya el final de *La Saga/fuga*, y también el de la novela que voy a escribir ahora, es decir, que forma parte de mis novelas pesimistas.

Lo que me preocupa respecta a su significación. Me pregunto yo mismo si es una novela reaccionaria. Por un lado me parece que sí y por otro me parece que no. Me parece que sí por cuanto los valores estimados en la novela son valores que no se usan y quizá no vuelvan a usarse. En el fondo son los mismos valores que estimaba don Quijote. Dionisio dijo cuando la leyó, se refirió cuando la leyó a cierto medievalismo. Esto es lo que no me convence, porque una es la visión de la Edad Media idealizada que pueda tener el rey Canuto, y otra es la que tengo yo, que está ahí con bastante claridad, pero, en fin, de todas maneras, ya no sé, yo mismo no podría definirme, yo pienso que tiene ambas cosas, yo creo que tiene un aspecto reaccionario y un aspecto que no me atrevo a definir como progresista. Claro, no puede ser progresista por cuanto es una novela pesimista, un pesimismo de hace veinte años, un pesimismo anterior a los pesimismos actuales.

En fin, todo esto tengo que organizarlo y decirlo en el prólogo.

En cuanto al valor literario de la novela, en general está bien escrita. Y hay efectivamente partes que están estupendamente escritas, quizá de las mejores páginas que yo haya escrito en mi vida. Quizá fuera a ellas a las que se refería Dámaso cuando habló de las viñetas. Luego, hay historias parciales que tienen gracia: por ejemplo, la que me sirvió de modelo para un aspecto de «Off side», es mucho mejor aquí que en «Off side». Y la técnica, en general, es una técnica tradicional, un sistema causal clarísimo y riguroso; tanto es así que creo que el defecto central de la novela consiste en haber sacrificado la composición a la lógica. O en no haber sabido mantener la lógica y mejorar la composición. Me parece que fue P.L.R. el que me dijo que la parte central era la peor.

Yo creo que lo peor de todo es la primera mitad de la última parte, es decir, aquella en que se describe la gran farsa histórica que tiene que vivir la princesa para su educación. En fin, no sé. A mí la novela no me ha disgustado, y en algunos momentos me ha gustado. Y me he decidido a mandársela a Vergés. Y pueden pasar varias cosas: que me aconseje no publicarla, que le parezca bien incluirla en el primer tomo de O.C., o en cualquier otro tomo, o que se le ocurra publicarla independientemente antes. Si fuera esto, lo cual me haría suponer que le gustaba: si fuera esto, me pondría indudablemente en un brete, porque yo no sé si a mí me convendría publicar esta novela, aun dándola como cosa vieja, es decir, haciéndola preceder de un prólogo histórico y crítico, que sería el mismo con el que pasaría después a las O.C. En cualquier caso le diré a V. que, después de leerla, se la dé a leer a Ginferrer, explicándole de qué se trata, y que G. haga un informe, un papel.

Fuera de eso, llevo una semana sin hacer apenas nada, entregado a la difícil y pesada tarea de montar en Vigo la biblioteca, lo cual me ha dado unas tardes de fatiga con grave repercusión en el hígado y en el estado general: tres tardes me acosté al llegar a casa: venía derrengado. Pero, en fin, parece que la cosa está ya vencida, y que en esta semana que empieza hoy, la biblioteca quedará ordenada. Me hace mucha falta si me voy a poner a trabajar, me hace mucha falta. Quedará ordenada a reserva de unos estantes nuevos que tengo que poner y que no podré poner hasta que me los den, evidentemente. Creo haber sacado el mayor partido posible al breve espacio de que dispongo y que cabrán por lo menos los cuatro quintos de los libros. En todo caso, se puede montar un estante en el pasillo, que podría contener cuatro o cinco tablas: un estante en el pasillo, quizá con ese recurso pudiera meter todos los que tengo en Vigo. Posiblemente esto sea lo mejor. Y este estante lo puedo montar porque tengo abajo materiales suficientes. El problema será llevarlos y montarlos. No son difíciles y creo que la operación del montaje la podré hacer yo mismo.

Lo curioso del caso es que estoy terminando de organizar una casa de la cual ya quiero irme. Yo estoy cansado de Vigo. ¿Habrá alguna ciudad en el mundo de la cual yo no me canse, Señor? En todas hay algo que me gusta y algo que me falta, y no tengo más remedio que escoger, y vaya adonde vaya me sucederá lo mismo, y vaya adonde vaya me cansaré, y quizá también vaya adonde vaya me encontraré tan solitario como aquí. Me pasan los días y los días sin hablar con nadie, o, lo que es peor, hablando de estupideces. Estoy cerrado en casa constantemente, nada me atrae fuera, y sospecho que en Vigo me va a pasar igual: con la biblioteca montada ni siquiera se me ocurrirá ir al café. Ni eso. Va a quedar cómoda, agradable, incluso íntima, ¿para qué quiero más? La verdad es que, para estar solo, lo mismo da ésta que otra parte.

Gonzalo, o el hombre que remedia un error con otro. Ésta es

mi táctica. Y pueden acumularse los errores y hacer de la suma de todos un error garrafal. Este mes me servirá de prueba: arreglados los libros, veré lo que da de sí mi nueva instalación. Tengo que ponerme a escribir la nueva novela. No me falta nada para hacerlo, no me falta absolutamente nada. Por tener, hasta tengo el papel. Hasta una hermosa... un hermoso aparatito americano que me permite llevar el original conmigo como si fuera un libro y trabajar en él en cualquier lugar y ocasión. De manera que si esto no basta es porque ya no hay nada dentro.

¡Dios mío, pensar que cada vez que me pongo a escribir una novela es como si fuese la primera...! ¡Que no me sirve de nada la experiencia!

5 de diciembre, 1975

Hoy es el cinco de diciembre. A estas horas tenía que estar llegando a Málaga, tenía que estar llegando a Málaga para dar mañana una conferencia en Marbella. Estoy en casa, sentado y cansado a causa de una gripe y un catarro que me han impedido el viaje y me han tenido en cama unos días. Todavía no estoy bien. Hoy me he levantado, pero no he salido. Creo que estoy mejor, pero, como pasa siempre, la gripe le deja a uno hecho unos zorros, y necesitaré de los días de vacaciones para reponerme. Me cuesta la broma veinticinco mil pesetas. Vamos a ver si lo aplazamos para otra ocasión, porque ésta ya se ha perdido definitivamente. Hace tiempo que no tomo notas de ninguna clase. Realmente, hace tiempo que mi único trabajo, fuera de las clases, es esa tarde de los sábados que me dedico a escribir la *Torre del Aire*. Por una cosa o por otra, todo lo que tengo pendiente, que es mucho, va quedando para mañana, para la semana que viene, y va retrasándose. Estoy quedando mal en la Academia, y mi novela, mi famosa novela, mi nonnata novela, sigue en la cabeza y no con muy buena salud. Precisamente es de ella de lo que quiero hablar. Estos días, ciertas imágenes, no originales sino recurrentes, me han ocupado el espíritu de una manera constante y casi reiterada. Son, en su conjunto, un nuevo modo de enfocar el tema y de ordenar los materiales. Y por esta razón quiero apuntarlo aquí por si tiene algún valor, o es una de tantas ideas descabelladas de cuya inutilidad y disparate acaba uno convenciéndose. Por alguna razón que no recuerdo, quizá por más de una, he vuelto a rechazar la estructura y el modo de elocución que últimamente había decidido, y este «últimamente» se remonta más allá de seis meses; y no porque haya leído lo escrito y me haya disgustado, sino quizá por razones externas a la novela misma; quizá por la condición de que esa en cierto modo vuelta a la estructura clásica que había decidido, carece de viabilidad. Y acaso también por la influencia de ciertas ideas que en el fondo no comparto, pero que no dejo de tener en cuenta. Y acaso, acaso, obedezca al mismo tiempo a pereza y a falta de otras soluciones mejores. De una manera general, la cosa consiste en que la novela será, no la historia de determinados personajes y la narración de determinados acontecimientos, sino la historia de cómo se inventan esos personajes y de cómo se deciden esos acontecimientos: se trata de presentar, no la novela, sino la génesis de la novela. Pero, claro está, esto puede hacerse de dos maneras: de una manera, que sería lo real: yo tengo estos materiales, han llegado a mí por estos caminos, y lo que pienso hacer con ellos, o lo que puedo hacer con ellos, es esto; y una segunda manera, ficticia: la suposición de que existen unos grupos de personas, y, ahí (en esto viene otra ocasión, aunque no como base de la novela en su conjunto, sino de un prólogo que tenía pensado); existen uno o dos grupos de personas, poseedoras de unos materiales, que acuden a mí como inventor de la historia de Castroforte para que escriba la novela de Villasanta. Estas personas no las tengo inventadas; quizá de todas ellas la única que destaca con un cierto perfil es un cura, y habría que inventarlas, convirtiéndolas, bien en meras funciones, es decir, cada una de ellas se distingue de las otras por los materiales que posee, o bien dotándolas de unos caracteres que las convirtiesen en personajes de novela realista. Quizás éste sea el primer punto que hay que dilucidar y acerca del cual haya que tomar una determinación. Pero no creo que sea muy importante. Porque lo importante, lo que presenta la mayor dificultad, es, toda vez que el libro va a consistir en una serie de conversaciones entre varias personas que inventan mancomunadamente la novela, ver cuáles van a ser las etapas de esta invención. Es decir, que la solución es fácil sólo aparentemente. En realidad se trata de una fórmula dificilísima. Dificilísima si se quiere que estos diálogos presenten los caracteres estéticos que sólo pueden alcanzar si se planea previamente el camino que estas conversaciones van a seguir. Porque, claro, si se tratara de una historia unitaria, la cosa era de cierta facilidad; pero no se trata de una historia unitaria, sino de varias historias coincidentes, entrelazadas y cuyos desarrollos no están previstos. (No debo de perder de vista que esto, en el fondo, ya lo hizo Pirandello.) Es decir, hay una primera etapa en la cual cada uno de los presentes expone sus materiales propios: unos personajes o unos hechos, esto es lo de menos. Pero, después de esto, lo que queda son unas cuantas figuras quietas, estas figuras no hacen nada, estas figuras no se relacionan entre sí; entonces, todas estas cosas hay que provocarlas, hay que dirigirlas, encauzarlas, rectificarlas, rectificarlas, en fin, hay que desarrollar previamente la totalidad de los materiales de la novela, la cual no va a ser escrita, sino que sus diversas partes y componentes van a ser nombrados y descritos. Excepcionalmente puede presentarse una página, un pasaje, un párrafo, porque, si no, sería absolutamente inútil todo esto. Lo que yo quiero es que al final del libro, la novela esté lista para ser escrita. Muy bien: que la escriban.

De manera que tengo, por una parte, que situarme a mí mismo en un mundo ficticio: el que cuenta soy yo, Gonzalo Torrente. Hay una ficción previa en virtud de la cual yo entro en relación con estos personajes, y una primera etapa... ¿no tendría que haber una etapa general en la cual estos señores me dicen que acuden a mí porque soy el autor de... patatín, patatán? Yo les digo que si quieren que les haga una novela, como La saga/fuga y me dicen que no, que esa novela les parece un disparate. Que ellos lo que quieren es que yo haga una novela como todas las novelas, lo cual trae una discusión, ya veremos cuál es. Entonces, estos señores me van hablando de sus personajes. Cada uno de ellos tiene una figura o un grupo de figuras, o una situación de varias figuras, y alguno no tiene tal vez nada de esto, alguno lo que tiene son pasajes descriptivos, imágenes sueltas, en fin, elementos novelescos aunque secundarios que también quiere meter. Entonces, repito, viene la etapa en que cada uno de ellos expone estos materiales, de modo que lo primero que tengo que hacer es un recuento de los materiales, agruparlos y atribuir cada uno de ellos a uno de los personajes. Bien entendido que algunos de estos materiales pueden rechazarse, por ejemplo el viejo Bendaña con su historia, con el lío del Cristo... ¡Ah! Hay una cosa también importante: estos señores poseen unos elementos escritos, que son un cuaderno en el que se cuenta la invasión de la ciudad por los vikingos, y las *cartas escritas a Dios* por un personaje desconocido. Estas cartas en algunos momentos pensé si convendría que fueran propiedad de otro grupo, que ya lo tenía pensado: se trata de un convento de franciscanos donde hay quince o veinte frailes que no son tales frailes, sino que son unos señores que quieren hacer vida de frailes y que han llegado a un acuerdo con los propietarios del convento: viven como frailes, visten como frailes, pero no lo son. Y estos señores son los que poseen las seis u ocho *cartas a Dios* de este personaje desconocido que hay naturalmente que inventar. Hay que inventarlo partiendo de las cartas. Bueno, sea un segundo grupo, sea uno solo, el hecho es que el primer relato escrito, que se trasladará íntegro, aunque ya veremos cómo, pasa sin modificación; pero su existencia, su lectura, exige en cambio ciertas modificaciones de lo demás. Lo segundo, las cartas, obligan a la creación de un personaje inexistente, a meterlo en el mundo imaginado, y a aplicar a este mundo todas las modificaciones que la existencia de este personaje exige.

En fin, lo que necesito para llevar a cabo este proyecto, es tener previamente una visión clara y de conjunto de la totalidad de los materiales y de los puntos de fricción de cada uno con los demás, y de cómo cada una de las historias modifica las restantes. Por ejemplo, uno de los personajes dibuja la figura de P.B.; la presenta como personaje tomado de la realidad. En la realidad, este personaje murió en el monte, y además vivió en una época determinada, vivió durante la guerra; entonces, a este personaje tenemos que trasladarlo de tiempo y ponerlo en relación con la historia del bonzo, y al ponerlo en relación con la historia del bonzo, lo convertimos, de hombre pequeño y feo, en hombre alto y hermoso, y le convertimos también en protagonista de la expedición a través del tiempo y del espacio a la Revolución francesa, cosa que naturalmente no estaba en la mente de ninguno de ellos. Pero, claro, para que sea posible esta operación, primero tenemos que inventar la figura del bonzo, que tampoco es un personaje dibujado por su autor, y en cuya concepción se incluye la figura de M. Mathieu y sus idas y venidas por el espacio y el tiempo. De manera que, por ejemplo, también se discute la conveniencia de que la muchacha que acompaña a este hombre sea una de las Marujitas o sea otra. Pero, claro: si es otra, no hay razón ninguna para que el bonzo cuente el final de la historia, porque el final de la historia se presenta como argucia del bonzo para mantener el crédito y la buena fama de B. en tanto que si la que le acompaña en el viaje es la otra, su buena fama no queda menoscabada, y entonces no hace falta que el bonzo cuente nada. Pero nosotros necesitamos el final de la historia, porque sin él la historia no tiene gracia ninguna. Es decir, hay que ir viendo cómo se complican unas historias con otras, y cómo van saliendo lazos de cada una de ellas que les ponen en relación con las otras y que son las causas y los efectos de las modificaciones de cada una de ellas.

1976

22 de abril, 1976

Hoy es el veintidós de abril. Sigo preocupado con esta novela, que la tengo confusa; con este montón de materiales con los cuales no sé qué hacer. Hoy se me ha ocurrido la utilización como personaje episódico de la Coca de Redondela. Tiene que haber alguna grabación anterior donde haga referencia a este tema, pero no sé dónde está: ni la recuerdo ni la encuentro. Lo que sí recuerdo es que la idea es bastante antigua porque cuando estaba en el instituto de La Guía, en Vigo, había un muchacho de Redondela, y yo le dije una vez que pensaba utilizar la Coca en un relato mío. De todas maneras, no se trata directamente de la Coca, sino de algo que procede de ella y también de aquellas ideas, que tampoco sé dónde están, las recuerdo grabadas en una *cassette* «Philips» de las antiguas, que ahora no encuentro tampoco, con las primeras notas de la Isla, la Reina y la Tarasca. Aquella idea que naufragó y de la cual sin embargo algunos elementos pudieran subsistir aunque sólo sea episódicamente. En cualquier caso, la Coca sería un verdadero dragón de siete cabezas situado en el claustro de la catedral, y sería al mismo tiempo un personaje vivo, aquél precisamente, la Tarasca de la Isla, que por alguna razón, todavía no inventada, pasa a ocupar una cueva próxima a Villasanta que llamaremos la cueva del rey Cintolo. Lo importante de este dragón es su fealdad y su bondad: es un dragón sentimental, creo que lo que realmente lo caracterizaba... ¡Ay Dios mío, este desorden que tengo yo con mis notas me impide saber si esto está o no indicado! Lo importante es que es un dragón musical, cada una de sus siete cabezas corresponde a una nota, canta en do, en fa, en sol, y entre las siete compone un lucido coro. Para qué me sirve este dragón, no lo sé todavía, pero lo estoy viendo, tanto en la isla como en la cueva del rey Cintolo relacionado, ¡qué sé yo!, con las juventudes musicales de Villasanta, con alguna de estas cosas... Ay...

5 de mayo, 1976

Hoy es el cinco de mayo. No sé si fue ayer o anteayer cuando escribí unas páginas que luego abandoné, y las abandoné porque en realidad de lo que se trata principalmente es de que no tengo una idea cabal de la estructura de la novela, para qué la escribo, por qué la escribo, cómo la voy a escribir. El porqué o el para qué no se me presentaron nunca, el cómo es la única pregunta constante. Sin embargo, yo no sé, pero pienso que en alguna parte tengo que haberme referido a una cualidad especial de *La Saga/fuga,* desde luego recuerdo haberlo dicho, haberlo hablado con alguien, pero no recuerdo si estará también escrito. De lo que se trata es de esto: ese pacto entre el autor y el lector, en virtud del cual aquél le dice a éste: cree lo que yo he escrito mientras dure la lectura, bien entendido que si no lo crees es porque el libro es malo, porque al libro le falta realidad suficiente. Este pacto, digo, en *La Saga/fuga* aparece puesto en duda, no de una manera explícita. Es lícito preguntarse si todo aquello que se está leyendo no será una invención de José Bastida, y estoy convencido de que muchos lectores lo han recibido de esta manera; pues bien, a lo que estoy dando vueltas estos días, ayer y hoy, no sé si anteayer también, ha sido precisamente a este problema, el problema de la validez de mis materiales para causar un efecto de verosimilitud, o sea más exactamente lo que yo llamo realidad suficiente, que no deseo causar. Yo no sé, creo que fue anteayer: cuando dejé de escribir o al dejar de escribir, se me recordó aquella experiencia del *Círculo de tiza del Cáucaso* tras la cual descubrí que los elementos introducidos en el drama para deshacer el efecto de realidad, para romper el proceso de identificación del espectador, los incluía éste en el drama como un elemento más, y no rompían la ilusión. Entonces, yo, de lo que trato, de lo que yo trato, es de hacer una experiencia para lo cual no me sirve la tan manida palabra de distanciación. No es eso, no se trata de eso, se trata por ejemplo de jugar con el lector la partida a cartas vistas, poniéndole delante de una manera sistemática todo eso que se le suele ocultar. Es decir: en mi caso concreto, todo eso o todo esto que yo hablo delante del magnetófono y que constituye la apoyatura, el reverso de un anverso más o menos brillante, tomando como parangón la escenografía de un teatro: una cosa es lo que ve el público, otra cosa es lo que está detrás, las armazones de madera. Pues bien, trabajar con las armazones al aire. Mire usted, yo no voy a describir, yo le voy a contar a usted cómo describo. No voy a contar, sino que le voy a mostrar a usted cómo cuento; no voy a inventar, sino que le voy a contar a usted cómo invento...

Entonces, yo pienso que todos estos materiales que voy inventando... Nada más que pensar esto ya se me ha armado una revolución dentro de la cabeza, como si unos objetos ordenados de acuerdo con un principio se moviesen de pronto para ordenarse de acuerdo con otro principio. Me doy cuenta de pronto de que las historias se caen por su base y buscan otras cosas. Y esta interrupción además me hizo olvidar lo que estaba diciendo, voy a darle la vuelta a ver si consigo establecer una ilación.

Pues ni aun así. En cambio, lo que se me ha ocurrido es mucho más importante: he recordado de pronto aquel viejo tema retórico tradicional y sin embargo tan acertado, tan vigente, que no recuerda nadie, de la comparación de los escudos de Aquiles y de Eneas. Homero presenta el escudo de Aquiles no hecho, sino en trance de construcción, y vamos viendo cómo pieza a pieza Hefaistos lo va haciendo hasta tenerlo listo, en tanto que Virgilio nos describe el escudo terminado. Entonces, yo lo que tendría que hacer justamente era remedar el ejemplo de Homero y presentar las cosas, no hechas, sino cómo se están haciendo o en trance de hacerse. Yo no sé el valor que podrá tener esta experiencia, y además no me he preocupado de buscárselo; lo único que sé decir es que me tienta y creo que habría un procedimiento, y es el de mantener estos materiales que he ido acopiando. Por lo pronto, estas dos historias principales, y añadirles luego lo que se me vaya ocurriendo a lo largo de la redacción, todos estos materiales nuevos que surgen siempre, que salen de lugares inesperados y que constituyen realmente el cuerpo del esquema narrativo; pero, claro, hecho de esta manera, es inevitable que sea yo quien lo cuente, no puedo convertirme en narrador objetivo impersonal. Tiene más autenticidad si en la novela hay alguien que diga yo. Claro, hay siempre una posibilidad: el pozo de Cervantes es inagotable. Yo no sé qué día, ni cuándo, hace algún tiempo, pensaba yo que en mi ensayo sobre el Quijote tenía que haber precisado algo más la realidad del narrador, que no es Cervantes, pero que tiene algunos elementos de Cervantes; es decir, que el narrador participa también de la ambigüedad general del libro. Si lo vemos por una parte, no es Cervantes; si lo vemos por otra, lo es. Entonces, de lo que se trata es de inventar un narrador igualmente ambiguo, es decir, un narrador que sea yo y que no sea yo. Que sea yo en cuanto le presto algunas circunstancias de mi yo literario, por ejemplo; pero no le presto ninguna de mi yo biográfico. Más aún, más aún, sería inevitable de esta manera que el narrador así concebido se convirtiese en personaje de la historia, con lo cual evidentemente, tendríamos un sector más, un sector más no aislado de los otros, sino relacionado con ellos... Ay, ay, Dios mío, no sé si todo esto, como me pasa siempre, no serán más que imaginaciones inútiles... Pero, en fin, no hay más remedio que empezar por alguna parte y empezar de algún modo...

12 de mayo, 1976

Hoy es el doce de mayo, ¿doce o trece?, doce. Hoy es el doce de mayo, estoy un poco cansado, estoy un poco fastidiado, esto de los exámenes es una lata, y esto de los viajes es otra lata, y yo no sé cómo van a ir las cosas. Por otra parte, pues siempre hay noticias ingratas, temores que surgen, bueno... Lo que se me ocurrió ayer y no tuve tiempo ni ocasión de registrarlo, fue que la estructura general de la novela es precisamente la historia de cómo se escribe la novela... Vamos a entendernos, aquí no hay nada de unamunesco ni unamuniano ni de pirandeliano, no es cómo se hace una novela, sino la visión de cómo se va haciendo esta novela. Es decir, lo que antes decía referido al escudo de Aquiles convertido en estructura general, advirtiendo que esto me permite por una parte incorporar a la narración todos los matices que me parezcan útiles del proceso e inventar otros que sean útiles, pero que no sean reales, es decir, que yo voy a hacer una ficción. Este escudo de Aquiles cuyas piezas voy a describir y cuya organización voy a describir no tiene por qué ser real, sino que puede también ser ficticio, puede ser como siempre una mezcla de ficción y realidad. Por ejemplo, puedo contar realmente de dónde procede un personaje, pero también puedo inventarle a un personaje una procedencia. Este personaje puede estar formado por tales y tales elementos y no ser cierto, porque indudablemente en este proceso al que me vengo refiriendo, no en el de esta novela concretamente, sino en el de muchas otras, quizás en el de cualquier novela, hay acontecimientos, hay episodios que tienen un valor novelesco, quizá no en los procesos de estos escritores regulares, metódicos, de diez cuartillas diarias, tipo Z., pero sí indudablemente en todos aquellos para quienes escribir una novela es siempre una aventura, una aventura tan arriesgada y tan rica como un viaje al Congo. ¿Por qué coño hablo yo ahora de un viaje al Congo? Yo creo que hay subyacente y acaba de aflorar ahora el recuerdo de Gide, el recuerdo de Gide del *diario de los monederos falsos.* Sin embargo, esto no es exactamente lo que yo quiero hacer; en todo caso lo que yo quiero hacer sería un grado más avanzado, porque a mí me parece que en *los monederos falsos* Gide esconde algunas cartas, se queda con un as en la bocamanga, y yo quiero que todas las cartas estén sobre la mesa, no solamente los materiales imaginativos, sino los formales, y quiero ir más allá, en un sentido mucho más cervantino que gidiano: por ejemplo, se me ha ocurrido, se me han ocurrido dos cosas: una de ellas negar la validez al procedimiento de Unamuno, no al de *Cómo se hace una novela* sino al de *Niebla,* hasta el punto de decir de alguna manera que en ese procedimiento está implícita la pregunta y la respuesta: cuando Augusto Pérez va a ver a Unamuno, Unamuno es el inventor de lo que le dice Augusto Pérez, es algo mucho más allá que eso, pero es también la negativa de la validez de estos procedimientos. Y la segunda cosa que se me ocurrió, y sigo dentro de la estela de Cervantes, *Cervantes' wake...* dentro de la estela de Cervantes es... ¿cómo es esto, diablo, cómo es esto? no es solamente traer a la novela personajes de otra, sino que algún personaje de la novela invente por su cuenta. Esto ya no es cervantino, esto está más allá... esto es ficción, naturalmente, esto ya forma parte de la ficción, no de lo que pueda ser realmente el proceso de invención. Indudablemente tengo que concederle a la imaginación mucho más espacio del que pensaba, incluso en lo referente a esta estructura fundamental. No hay más remedio. Se me ocurre de pronto que debo releer la narración de Periandro, donde hay algo...

Un día, hablando con Isabel, le dije que lo de los vikingos era así como si doblásemos la historia de tal manera que los acontecimentos del año mil cayesen encima de lo actual; pero esto, como metáfora, y en una explicación puede valer, pero no le veo el modo de incorporarlo así, abruptamente, a la novela. Tiene que haber algún personaje que introduzca el tema de los vikingos, lo cual constituiría un sector narrativo más. El problema es saber si va a ser un sector narrativo independiente o relacionado con los otros. Por lo pronto, puede presentarse como fruto de invención ajena, es decir, hay un personaje que inventa la historia de los vikingos, que la inventa o que la descubre, pero realmente Villasanta de la Estrella alrededor del año mil tuvo relaciones con los vikingos; ahora, ¿cuál es el modo de estar presente ese tema en la actualidad...? ¡Ay Dios mío, qué lío me estoy armando!, ¿por qué coño me propondré yo más de lo que necesito proponerme? si toda esta historia contada de una manera normal, una novela normal... una novela normal es un sistema de convenciones, y lo que yo estoy intentado es inventar una convención nueva que venga a sustituir a las anteriores con el mismo resultado... pero es imposible, es imposible, yo ya no puedo tratar de esa manera a mis materiales y a mis personajes, ya no me sale. Estoy viendo ahora mismo, por ejemplo, pues un despacho, la biblioteca de la Universidad, llena de gallinas, por ejemplo. ¿En qué novela realista cabe esta imagen? ¿En qué novela realista cabe la imagen de una biblioteca llena de gallinas, que están allí naturalmente y la gente transcurriendo entre ellas sin que les llame la atención? Claro está que puedo rechazar esta imagen, olvidarla, matarla, pero no deja de ser divertida. En fin, ya veremos qué pasa.

27 de mayo, 1976

Veintisiete de mayo. Tengo ya unos cuantos folios dados por válidos y organizados de tal manera que los primeros parezcan un comienzo de narración que luego se abandona, habida cuenta de que este procedimiento de *dejar vivos en el texto los caminos abandonados* puede convertirse en sistema, es decir, puedo utilizarlo quizás alguna otra vez. Yo creo que responde a una realidad, precisamente a la realidad inicial de cada proceso, por lo menos en mi caso: hasta que encuentre el camino que debo seguir, intento algunos otros: uno, dos, a veces más, y las páginas en que esto queda, se desechan, a veces se destruyen. La diferencia está en que ahora no las destruyo, ahora las dejo donde están y ahí cumplen una función. Después de esto, hay otro grupo de folios que están fechados me parece que el día 22 de este mes, donde ya parece que el camino es más firme y donde he intentado una descripción de la ciudad, por el procedimiento prescrito, que creo que no es mala; creo que no es mala. Y todo eso está redactado utilizando los elementos que se me ocurren al tiempo de la narración, corregidos después... en fin, no tengo nada que objetar. Lo que se me ha ocurrido, y tengo que ver la posibilidad de que sea aceptable, es utilizar la existencia de un «Beato», en vez de los «Tumbos» o además de los «Tumbos»; a este «Beato», darle un papel dinámico, y lo más importante pienso que es la invención de un bibliotecario que en principio está preocupado por el hecho de que el «Beato» haya sido entregado a la custodia de la catedral, que es su propietaria, y no del Estado, que él representa. Pero lo más importante es que se me ocurrió, y esto tengo que estudiarlo con cuidado, que sea este bibliotecario precisamente el que redacta la historia de los vikingos, cuya posición entonces se desplaza para convertirse en una historia añadida, una historia intercalada entre las otras, pero sin relación con ellas, por lo menos en buena parte de su desarrollo; y pienso yo que escrita en futuro, es decir: los vikingos no vienen sino que van a venir, y los vikingos van a venir a esta ciudad de palabras que yo estoy levantando, que yo estoy edificando, no a la ciudad de piedra en que me inspiro. Yo no sé si será conveniente insistir en la diferencia entre ambas ciudades e insistir en esta realidad de la cual el lector tiene que darse cuenta: de que todo son palabras y de que con palabras se puede hacer todo, se puede contar todo, se puede dar realidad a todo, hasta el punto de que yo mismo dentro de la narración no soy más que palabras... Yo creo que esto es un adelanto, aunque se trate de materiales que no pueden ser usados inmediatamente, porque en realidad ese bibliotecario que se me ha ocurrido lo tengo sin estudiar y no puedo introducirlo así como así en la novela sin tener prevista su situación, su condición y sus funciones. Otra ocurrencia que también puede consignarse aquí es la de que, si como pensé un día de estos y no apunté en ninguna parte, voy a meter en la novela la figura de aquella monja madrileña que bajaba al infierno los fines de semana y veía allí a gente conocida viva todavía, hay que poner a su lado a un clérigo que la explota y la dirige. Este clérigo puede inspirarse en una figura concreta, y se me ocurre que lleve un nombre parecido a otra figura concreta, y este nombre que lo tengo ahora mismo en la mente, es el de Almanzora, padre Almanzora, un sujeto que trabaja por su cuenta, que le tiene sorbido el seso al obispo auxiliar, que confiesa a esta monja y la dirige en sus excursiones al infierno, es decir, le sugiere las revelaciones... y al que podemos situar como capellán de un colegio de monjas o de un conventillo de esos de monjas de paisano.

29 de junio, 1976

Hoy, veintinueve de junio, día de San Pedro; tal noche como la de hoy, y podemos hacerlo extensivo a la de ayer y a la de mañana, la gente de mi pueblo se iba a la romería de San Pedro de Leixa, en los alrededores del pazo de Paquita Ozores, y en tales noches se engendraban abundantes niños que hacían crecer la población nueve meses más tarde. El otro día, el veintidós exactamente, terminé un capítulo o subcapítulo o como se llamen estos de ahora, de una manera inesperada, inesperada incluso para mí, inesperada y fértil. Terminé diciendo algo así como esto: de esto tengo que hablar con Lénutchka. Y la mención de Lénutchka fue ni más ni menos que el recuerdo súbito, totalmente inesperado, de Elena Panteleeva. Y esta mención escrita me metió en un lío también inesperado, también súbito, que es el de convertir a Elena, bajo el nombre de Lénutchka, en personaje de la narración. He andado dándole vueltas y he decidido seguir hablando de ella de una manera natural, y en un momento dado, el que sea, que no está previsto todavía, cuando la narración lo pida, decir quién es y cómo vino a la novela, sin mentir: diciendo simplemente algo así como que valiéndome de la magia de la palabra traigo a Elena, que es una persona real, que es un personaje real, y la meto en la novela porque me apetece, y la meto en condición de enamorada mía; y manteniendo su profesión actual y su actitud crítica, convertirla al mismo tiempo en crítica de lo que voy haciendo. Con lo cual la narración adquirirá una dimensión que no tenía, la de incorporar un sistema de juicios, no de conjunto, sino detallados, y no en el sentido de esas novelas francesas que incluyen su propia crítica, sino pura y simplemente como elemento novelesco, esto es lo que quiero que resulte. De momento no se me ocurre más, no sé qué papel va a tener esta muchacha, no sé qué va a hacer conmigo, ni lo que yo voy a hacer con ella, salvo que de vez en cuando yo le consultaré y ella me responderá. Después de ese día y sin la menor relación con Lénutchka, escribí y agregué, lo escribí y lo agregué hace un par de días, lo que llamo la primera secuencia profética, es decir el primer texto de la invasión de los vikingos que el bibliotecario entrega al narrador de la novela. No la he vuelto a leer, no sé si es válido o no lo que he escrito, no sé si lo que se me ha ocurrido como comienzo es un disparate o no lo es. Tengo que dejarlo reposar porque lo más probable es que si lo leo, lo destruya. Más adelante lo veré y ya veremos. Lénutchka, la sorpresa que se va a llevar Elena cuando vea que de una manera tan identificable se encuentre en esta novela (si es que la termino).

Agosto, 1976

Hoy es un día de agosto, no sé cuál, pero al principio. Llevo tres noches obsesionado con una historia que se me ha metido, que se me ha interpuesto, que no tiene nada que ver con lo que yo estoy tratando y que se me ha ocurrido meter en la novela, no sé cuándo ni cómo, pero pienso que será fácilmente engarzable, pura y simplemente para que en la novela quede registrado de una manera patente este hecho tan frecuente, por lo menos en mi caso, y del que quedan constancias variadas a lo largo de estas notas, de que cuando uno está pensando en una cosa se le ocurre otra, que entra con vigor, que desplaza a la anterior y principal, que se constituye en protagonista de la imaginación y que es de tal manera absorbente que no hay modo de desplazarla ni de expulsarla, sino pura y simplemente esperar sentado a que pase. Y toda vez que esta novela es, en cierto modo, la historia de una novela, pues pienso yo si no sería cosa de que sea precisamente en mi novela, esa en la cual este personaje que viene escapando, que viene perseguido y que se esconde en una novela, donde lo haga. Precisamente en la mía, con lo cual, así, de rondón, meto un sistema de materiales totalmente disparatados y con cierto aire paródico, en que hasta ahora andan nada menos que un dictador fácil a la metamorfosis, una caricatura de dictador, una muchacha que se llama Lenn y que podría ser, poniéndola en relación con Lénutchka, el lazo de recuperación de esos materiales, el procedimiento de intercalarlos, de meterlos en el argumento, no en ninguno de los sectores, sino en mi propio sector, en ese sector que está compuesto fundamentalmente por Lénutchka y por mí, y que una vez puesto en claro y estudiado, podría constituir una parte de la novela. Claro está que a nadie se le ocurrirá pensar, si yo no pongo una nota al pie, cosa que no pienso hacer, que ese posible sector narrativo tenga precisamente una significación: es decir, que dentro de la historia sea un elemento con el cual en un principio no se cuenta, pero que es real, que está ahí y que hay que recogerlo. Es el personaje que se refugia en la novela, que era un dictador, que dispuso su propia sustitución por su doble para contemplarse a sí mismo y, ya en el plano de la caricatura, este doble fue sustituido por otro, etc., etc. El cambio de personalidad, la persecución, el encuentro con Lenn, la escapatoria definitiva y probablemente una metamorfosis posterior en algo sudamericano, lo cual por otra parte me puede permitir presentar algunos aspectos caricaturescos de ese tema del poder que es una de mis obsesiones, quizás uno de mis temas más antiguos y que más me preocupan: presentar algún aspecto terrible, cómico de tan terrible, que sin embargo no deja de ser posible, por ejemplo, este hombre despelleja a sus enemigos y los deja sueltos por la selva hasta que se mueren, esto es estremecedor de puro horroroso y al mismo tiempo hace reír. No sé, se me están ocurriendo cosas, en realidad llevo tres días dándole vueltas a esto, vamos a ver si le encuentro salida o si cambio de opinión. También se me ha ocurrido, al margen de esto, que a la historia de Marcelo le puedo dar dos finales, dos finales en tiempos distintos, es decir, si la historia de Marcelo se desarrolla antes de la guerra, Marcelo desesperado por el desprecio de Balbina se suicida metiéndose en el laberinto donde está escondida Esclaramunda; pero, luego, si trasladamos estos mismos amores a la época de los vikingos, Marcelo puede buscar la muerte oponiéndose a ellos de alguna manera. Esto hay que estudiarlo.

2 de noviembre

Hoy es el dos de noviembre. Un buen montón de folios (realmente, no son folios, sino hojas perforadas que reúno en unas tapas de esas industriales inventadas *ad hoc*). Esto va ya vencido, aunque me falte bastante para concluir, y aunque la conclusión sea, en buena parte, imprevisible, pues lo único que sé de verdad es que los vikingos abandonarán la ciudad entregada a la desolación y la muerte, de acuerdo con las más acreditadas profecías y con lo visto por el bonzo en un viaje memorable. Pero, ¿qué ciudad? ¿Ésta de palabras que yo levanto página a página? ¿Y cómo puedo expresar la desolación y la muerte en una ciudad de palabras que yo mismo he inventado?

Hay por ahí unas cintas con notas muy útiles que no consigo encontrar. Lo más probable es que las haya borrado sin querer, por esta mi puñetera distracción o mi más puñetera indiferencia. Loado sea Dios.

Tanto lo que escribí hoy como lo que tengo previsto para mañana, y que hubiera escrito hoy de no encontrarme ya cansado, me da bastante que pensar. Y lo que yo creo es que la experiencia real, la verdadera experiencia que estoy llevando a cabo es la de la imaginación en libertad, la imaginación a su aire, dejarla que invente y escribirlo, sin someterlo a criterios selectivos o a esquemas previamente estudiados. ¡Y cuidado que esta novela dispuso de ellos en abundancia! Si reúno en un manojo todas las *formas* imaginadas para esta novela, todos los *trucos*, ya no tendría que inventar más.

Lo que voy a escribir inmediatamente es la *segunda muerte* de Marcelo. Es una idea vieja, que anda por ahí, por esas *cassettes*, y que más o menos *anuncio* en lo escrito hoy. Se trata precisamente de la intervención de la muñeca erótica, de la sustitución del cuerpo envejecido de Balbina por el de la muñeca erótica. Todo esto conduce a un final desastroso. Y ahí va. No se me ocurre pensar si está bien o mal, si es o no un disparate. Ahí va.

Tengo que dar fin a mi aventura por las tierras calientes. Digo esto porque está prevista mi introducción en el mundo del Shopandshup, llamémosle Chupachú, y resulta que es un mundo tropical. Será inevitable que mi parodia del *dictador abstracto* acabe convertida en parodia de un dictador americano. Se me ha ocurrido esta noche la figura de un tío que cuida de la vida de sus súbditos para que no se los lleven las enfermedades ni otra clase de accidentes, porque *él quiere ser la muerte de todos, el Destino de todos.* A mí me parece que en el fondo del alma de todo Dictador yace, oculta o manifiesta, esta idea o este deseo de ser *el Destino de todos*, que se expresa mediante la condena a muerte, mediante la muerte sin condena, mediante la muerte. La satisfacción más íntima de todo Dictador es la de destruir. Y lo que ya llevo escrito de los puentes inmensos que no terminan, tampoco está mal.

Me siento conmovido por estos dos entes puramente verbales, el Narrador y Lénutchka, me gustaría crearles una escena de gran ternura, dar un poco de sangre enamorada a lo que no es más que sintagmas más o menos organizados.

10 de diciembre

Hoy es el diez de diciembre. De vuelta del acostumbrado viaje a Marbella, con una desviación a Puertollano y regreso por los Yébenes: en un pueblo precioso, no recuerdo su nombre, compramos un pan enorme en un horno de los antiguos, un horno de brasas. ¡Cómo olían las calles próximas! También compré mazapanes en otro pueblo, de Toledo, con una iglesia sorprendentemente bella.

Lo pasé bien, me divertí, me reí. C. se portó como quien es, y en su presencia, ya se sabe, todo Dios a callar y él a contar sus chistes. La verdad es que alguno de ellos tuvo gracia.

Una mañana, fuimos a Estepona, y logré visitar a Anita García, mi viejo amor de los doce años. Es una viejecita simpática, muy amable, que padece del corazón, que está viuda. Me conmoví, realmente. ¡Eran tan hermosas sus trenzas, y sus ojos tan grandes, al menos en mi recuerdo!

De todos modos, a lo largo del viaje, ya no recuerdo dónde, me sentí repentinamente mal. No sé si fue en Sevilla, adonde me llevaron invitado a la inauguración del *Informaciones* andaluz. La fiesta, en la Venta de Antequera, fue por todo lo alto, de esa manera señoril que los andaluces saben. Nos llevaron también a ver bailar a Enrique el Cojo y a otros bailarines. Por cierto que el muchacho que presentó el espectáculo, al hacerlo, citó una frase de *La saga/fuga...*, lo cual me llenó de sorpresa y de satisfacción, nada menos que el que una frase mía haya servido para definir algo tan profundo y difícil como el baile flamenco. Me sentí, de pronto, a la altura del que trajo al «duende» como definición definitiva. ¡Bueno, coño, a ver si ahora me voy a meter en juegos de palabras!

Pero la verdad es que hubo momentos en que me sentí mal, un modo nuevo de sentirme mal. No sé...

Eché un vistazo a mis folios. ¡Qué poco me queda ya! La historia se está agotando. El Narrador va ya por noviembre. Voy a incluir la referencia a este viaje, para más autenticidad o para más cachondeo, no sé. Y lo haré pronto, en seguida, esta misma tarde. Me toca *destruir* a Lénutchka con ese mismo poder que hace días, en una nota que debe de andar por ahí, atribuía al dictador ese, al Supremo (creo que le llamo ahora así, para que se vea más clara la parodia). Pero no sé aún cómo lo voy a hacer, qué palabras voy a usar. Quisiera que me saliese una escena sentimental, de novela romántica, una escena fantástica en la que haya algo real, algo que le guste a Elena cuando lo lea...

Diciembre de 1976, incierto

¡Por fin, a hacer puñetas! La campana no dejó títere con cabeza, y yo me quedé tranquilo, vacío, relajado, como se dice ahora. Pero no me salió fácil ese final. Lo tuve que escribir dos veces, porque, primero, me dejé llevar y lo que destruía la campana era una ciudad de palabras, y luego me pareció demasiado atrevido, carajo, cómo se pondrán algunos lectores, y lo sustituí por una ciudad de piedra: lo mismo, pero piedras y personas en vez de palabras.

De todas maneras, después de andar releyendo aquí y allá, me da la impresión de que hay lugares donde falta algo, esa sensación, porque es una verdadera sensación, de que aquello está incompleto. Pero no soy capaz de repasarlo ahora. Como ya tengo preparada la copia, se la mandaré en seguida a Vergés y, en todo caso, al leer las pruebas podré contemplarlo todo con cierta distancia y completarlo. Ahora no sería capaz. Sigo encontrándome mal.

26 de diciembre

Esto va mal, va peligrosamente. El veintidós mi corazón se decidió a conmoverse, en el sentido literal, a dar una sacudida, y parece que padezco un ataque de angina de pecho, dicho con más solemnidad, *angor pectoris*. Vino de Madrid, con instrumental y enfermera, Paco Vega Díaz, y me diagnosticó. ¿Puedo o no llamar a esto un *infarto*? El infarto es lo que está de moda, de modo que me gustaría quedarme en lo de angor péctoris, que, al menos, tiene nombre latino y suena mejor. Por primera vez mis quejas obedecen a algo real, objetivo, algo que no hace reír al médico y llamarme enfermo imaginario. Por supuesto no he vuelto a fumar, aunque a veces rabio. Dispongo de una bellísima colección de medicinas para tomar tres veces al día. Sin embargo, los ataques se repiten, sobre todo por las mañanas, cuando aún estoy acostado. Más débiles que el primero, por supuesto. Ahora, mi miedo a la muerte tiene una base real, y el día de Nochebuena, que se reunieron aquí todos, me emocioné de veras, cuando emocionarme no me hace ningún bien. De *Fragmentos de Apocalipsis* sólo sé que llegó bien a su destino y que le gusta a Vergés.

Se me ha ocurrido empezar un nuevo cuaderno de aquellos que escribía antaño, uno de los llamados «Mi fuero interno», que el último lo destruí, otro lo perdí, y tres se conservan en una biblioteca remota: un diario irregular, hoy sí, mañana no, pero más abierto a lo no personal que estas notas recitadas delante de un aparato lleno de brujas. A lo mejor lo hago.

Es curioso: todos estos días me anda por la cabeza, de manera obsesiva, un chiste que oí en Marbella, y que consiste en la definición de arcipreste como «obispo técnico de grado medio». ¡Pues sí que es la obsesión más apropiada de un hombre que puede morir en cualquier instante!

31 de diciembre

Yo creo que es Nietszsche quien habla en alguna parte de la *ligereza*. Hace tiempo que no leo a Nietzsche y no sé dónde está el texto, para buscarlo, ni, en el fondo, me hace falta. Además, esto de citar a N. hay que hacerlo con cierta solemnidad, justo con falta de ligereza, y, si es posible, en alemán. Los que leemos a N. en romance no lo leemos de verdad: eso es lo que dicen o piensan Fulano y Zutano, desde su altura. Bueno, pues sí. De lo que sobrevive nos nutrimos unos cuantos, y a mí me anda ahora por la cabeza, inoportunamente, eso de la *ligereza* como valor estético supremo, también como meta inalcanzable, al menos de una manera continuada y total, como, por ejemplo, en *La flauta mágica*, que es la negación de la pesadez, la negación de la trascendencia, el puro juego. ¿Tirulí? Nosotros tenemos la gravedad, ¡ah, coño, la *gravedad*, el supremo valor nacional, la aportación hispana a la cultura, *qué culpa tengo si has pillao la vida en serio*! La gravedad, en sus metamorfosis, echa mano de lo que haya, del espíritu científico, del marxismo-leninismo o del sentimiento trágico de la vida... ¿Qué más da? ¡Y cuando se ríe de la muerte, nuestra gravedad, cuando hace la mueca con una calavera, cuando hace reír a unos huesos descarnados como la manifestación más delicada del sentido del humor! ¡Joder, la muerte, tanto Quevedo y tanto existencialismo nacional, la muerte, la muerte, soneto va, soneto viene! Yo, a lo mejor, muero mañana, y de lo que tengo ganas es de bailar o, al menos, de ver bailar a un coro de doncellas ligeras una música que sea un puro juego, una pura afirmación de la vida en lo que tiene de juego, aunque sea mentira por lo que a la vida respecta, pero al menos el arte, ¡qué coño, tanta gravedad, tanta poesía trágica, tanto espanto! A veces, del mismo arte *jondo* se levanta una espuma ligera, una caligrafía de danza y gorgorito que oculta la tragedia, que la supera, los mejores momentos de Cervantes (sobre esto tengo que ponerme a pensar), y algunas cosas de Picasso, no el *Guernica*, por supuesto, que es una ilustración al *Llanto por Ignacio Sánchez Mejías*. Hay capiteles románicos que son pesados de factura, pero *ligeros* de espíritu.

Hizo falta haber llegado a las puertas mismas de la muerte, haberla visto ahí delante, y saber que todavía está, que todavía puedo caer en ella, para darme cuenta de que yo también pequé, a veces, de gravedad, no he podido sustraerme, y me gustaría, si me queda tiempo, escribir una obra así, ligera, destrascendentalizarlo todo, el amor, la historia, los grandes mitos del poder y de la gloria, componer un *divertimento* con todos esos materiales. Yo no sé dónde andarán las notas que tomé en La Ramallosa el verano pasado sobre una idea que me andaba subterránea y que de pronto afloró en dos o tres imágenes. El recuerdo de V.G., tan escueta de cuerpo, saliendo del agua, en el lago aquel, y, no sé por qué, metida en una historia universitaria en que todo se trasmude y todo suba al cielo, como decía aquella copla de Valle-Inclán que leí a los once o doce años en una revista cubana, tomada del álbum de no sé quién:

Todo levanta el vuelo
y todo se trasmuda,
y todo sube al cielo.
Todo. Menos la duda.

Pero hay que hacer que también la duda ascienda, ¿por qué no? Sólo la duda nos salva del dogmatismo, de la *gravedad*, de *l'esprit de sérieux* o como le llamen ellos. Sólo una gran madurez permite bailar así, sin poner los pies en el suelo, nada de risas ni de sarcasmos, sino la mera, la pura, la bailarina ironía. Una historia de amor con V.G. con un fondo de bosques y lagos, una historia suave, un poco melancólica, que sirva de soporte a la danza. O algo así. No sé todavía lo que es, pero algo así. Yo creo haberlo rozado alguna vez, cuando don Juan mete el brazo en el agua y se inicia la gran operación cósmica, las palabras con que lo describo lo redimen de cualquier seriedad. Algo así. La mayor parte de Chopin es eso, aun en los casos en que subyace un drama, sabe hacer baile del dolor. B. en el *allegreto* de la VII, pero nada más. Y Mozart, coño, sí, Mozart aquí y allá, en muchos más lugares, una *ligereza* indestructible, sigue ligera aún, lo seguirá, porque se apoya en una estructura musical férrea, en esa joía disciplina que le costó la vida desde que empezó a vivir.

Este libro se imprimió en los talleres
de GRÁFICAS GUADA, S. A.
Virgen de Guadalupe, 33
Esplugues de Llobregat.
Barcelona